Konrad von Maurer

Zwei Rechtsfälle in der Eigla

Konrad von Maurer

Zwei Rechtsfälle in der Eigla

ISBN/EAN: 9783743696143

Hergestellt in Europa, USA, Kanada, Australien, Japan

Cover: Foto ©Suzi / pixelio.de

Weitere Bücher finden Sie auf **www.hansebooks.com**

Zwei Rechtsfälle in der Eigla.

Von

K. Maurer.

Aus den Sitzungsberichten der philos.-philol. und der histor. Classe
der k. bayer. Akad. d. Wiss. 1895. Heft I.

— — —

München 1895.
Druck der Akademischen Buchdruckerei von F. Straub.

Zwei Rechtsfälle in der Eigla.

Von K. Maurer.

(Vorgetragen am 9. Februar.)

Die Lebensbeschreibung des isländischen Dichters Egill Skallagrímsson enthält neben mancherlei anderen rechtsgeschichtlich werthvollen Angaben zwei ausführliche Berichte, welche, unter sich eine gewisse Aehnlichkeit zeigend, erwünschte Aufschlüsse über das norwegische Familien- und Erbrecht der älteren Zeit gewähren. Da die beiden Rechtsfälle, auf welche sich diese Berichte beziehen, noch gar manche dunkle Punkte zeigen, will ich sie hier einer eingehenden Untersuchung unterziehen, deren Ergebniss zugleich auch einen Beitrag zur Lösung der vielbestrittenen Frage nach der „Glaubwürdigkeit der Egils-Saga und anderer Isländer-Saga's" liefern mag, welche von dem scharfsinnigen dänischen Gelehrten Edwin Jessen seinerzeit so lebhaft angefochten wurde. [1] Ich benütze dabei die kritische Ausgabe der „Egils saga Skallagrímssonar", welche Finnur Jónsson in den Jahren 1886—88 für das „Samfund til Udgivelse af gammel nordisk Litteratur" besorgt hat, weil sie einen vollständigeren Apparat bietet, als dessen neuere deutsche Ausgabe. [2] Dieser Ausgabe entlehne ich auch die chronolo-

---

[1] In H. v. Sybel's Historischer Zeitschrift, Bd. XXVIII, S. 61 bis 100 (1872).

[2] In Heft 3 der Altnordischen Saga-Bibliothek von H. Gering und E. Mogk (1894).

gischen Angaben; sie stimmen im Wesentlichen mit den An-
sätzen überein, welche Guđbrandur Vigfússon in seiner
bekannten Abhandlung „Um tímatal í Íslendínga sögum í
fornöld" [1] und P. A. Munch in seiner norwegischen Geschichte
bieten, [2] und sie mögen hier um so unbedenklicher benützt
werden, als chronologische Genauigkeit für unsern Zweck
nur ausnahmsweise erforderlich ist.

1.

Der erste der beiden Rechtsfälle ist folgender. Zu Torgar
im südlichen Hálogaland wohnt der reiche Landherr Björgólfr. [3] Alt und verwittwet, hatte er die Verwaltung seiner
gesammten Habe seinem Sohne Brynjólf übergeben; bei
einem Festmahle aber machte er die Bekanntschaft der
schönen Hilldiríđ, der Tochter des Bauern Högni von Leka
im benachbarten Naumdælafylki, und verliebte sich in sie.
Noch in demselben Herbst (845—50) sucht er mit einem
Gefolge von 30 Begleitern den Högni heim und erklärt ihm,
dass er mit seiner Tochter kurze Hochzeit halten und sie
mit sich heim nehmen wolle. [4] Högni sieht sich genöthigt,
der Uebermacht sich zu fügen; Björgólfr kauft seine Tochter
um eine Mark Goldes und beide besteigen sofort zusammen
das Bett. [5] Darauf fährt Hilldiríđr mit Björgólf nach seinem
Hofe zu Torgar zurück und lebt fortan mit ihm. Ob dieses
mit ihrem Willen oder gegen diesen vorgegangen war, wird
uns nicht gesagt; da aber erzählt wird, dass sie schon bei
ihrer ersten Begegnung viel mit ihm gesprochen habe, lässt

[1] Im Safn til sögu Íslands og íslenzkra bókmenta,
Bd. I, S. 185—502 (1855).
[2] Det norske Folks Historie, Bd. I, 1 (1852).
[3] Das Folgende nach Eigla, cap. 7, S. 17—20.
[4] Erendi er þat hingat, at ek vil, at dóttir þín fari heim með
mér, ok mun ek nú gera til hennar lausabrullaup.
[5] Björgólfr keypti hana með eyri gullz, ok gengu þau í eina
reckju bæđi.

sich wohl ein Einverständniss unter Beiden vermuthen. Für unseren Zweck ist indessen dieser Punkt ohne Bedeutung.

Hilldiríðr gewinnt mit Björgólf zwei Söhne namens Hárekr und Hrærekr. Als aber ihr Vater stirbt, schickt Brynjólfr Beide sammt ihrer Mutter zu Högni nach Leka zurück und lässt sie von der Erbschaft ihres Vaters Nichts bekommen; [1] in Leka wuchsen sie fortan auf und wurden nach ihrer Mutter „Hilldiríðarsynir" genannt. [2] Als dann auch Brynjólfr starb, beerbte ihn sein Sohn Bárðr hvíti, der auch sofort Landherr wurde, wie es sein Vater und sein Grossvater gewesen waren; die Söhne der Hilldiríð aber erhielten auch jetzt Nichts von der Erbschaft. [3]

Im Königsdienste hatte sich Bárðr hvíti mit dem Isländer þórólf Kvelldúlfsson befreundet. In der Schlacht im Hafrsfjörðr (872) wurden beide schwer verwundet; aber während die Wunden þórólfs bald heilten, erwiesen sich die Wunden Bárðs tödtlich. Als dieser sich seinem Ende nahe fühlte, bat er den K. Harald zu sich und ersuchte ihn, ihm die freie Verfügung über seinen Nachlass für den Fall seines Todes zu gestatten, [4] und als der König dies zusagte, erklärte er sodann, sein ganzes Vermögen, seine Frau und die Erziehung seines Sohnes aus besonderem Vertrauen seinem Freunde þórólf hinterlassen zu wollen. [5] Mit des Königs Zustimmung bestätigt er diese Erklärung, wie es Rechtens war; [6] dann stirbt er an seinen Wunden. Im nächsten Herbst geht nun

---

[1] Lét þá ecki hafa af föðurarfi þeira.

[2] cap. 7, S. 19.

[3] cap. 8, S. 24: en Hilldiríðarsyner fengu ecki af arfinum þá helldr en fyrr.

[4] ef suá verðr, at ek deyja ór þessom sárom, þá vil ek þess biðja yðr, at þér látið mik ráða firi arfi mínum.

[5] arf minn allan vil ek at taki þórólfr félagi minn ok frændi, land ok lausa aura. Honum vil ek ok gefa konu mína ok son minn til vppfæzlu, þuíat ek trúi honum til þess bezt allra manna.

[6] Hann festir þetta mál, sem log voro til, at leyfi konungs.

5*

þórólfr mit des Königs Urlaub und Vollmacht nach Hálogaland, um sich in den Besitz der Vergabung zu setzen, [1])
nachdem dieser ihn zuvor noch zum Landherrn gemacht und
ihm alle die Krongüter (veizlur) verliehen hatte, welche
Bárðr besessen hatte, einschliesslich der königlichen Rechte
über die Lappen (finnferd), ganz wie diese dem Bárð verliehen gewesen waren. Bárðs Wittwe, Sigríðr Sigurðardóttir,
lässt sich ebenso wie ihr Vater die Abmachung gefallen;
aber doch erfolgt, nachdem diess festgestellt ist, erst noch
eine förmliche Werbung þórólfs um sie, sowie eine feierliche
Verlobung und Hochzeit. [2]) Nun fordern sofort die Hilldiríðarsynir das Vermögen ihres Vaters Björgólf; [3]) þórólf aber
weist diese ihre Forderung unter Bezugnahme auf das Verhalten Brynjólfs und Bárðs zurück, welche jene als Concubinenkinder und darum als nicht erbberechtigt angesehen
hätten. [4]) Hárekr erklärt sich zwar bereit, einen Zeugenbeweis darüber zu erbringen, dass für ihre Mutter ein „mundr"
bezahlt worden sei, [5]) und dass sie ächtgeboren seien, [6]) indem er zugleich beifügt, dass sie dem Brynjólf und Bárð
gegenüber um ihrer Verwandtschaft willen ihren Anspruch
nicht weiter verfolgt hätten, während sie jetzt einem Nicht-
verwandten gegenüber stünden; þórólfr aber beharrt auf der
Ablehnung ihrer Ansprüche, indem er geltend macht, dass

---

[1]) Konungr lofar þat, ok gerir með orðsending ok jartegner,
at þórólfr skal þat allt fá, er Bárðr gaf honum, lætr þat fylgju, at
sú gjof var gior með ráðe konungs, ok hann vill suá vera lúta.

[2]) Das Bisherige nach cap. 9, S. 25—28.

[3]) Fé þat, er átt hafdi Björgólfr faðir þeira.

[4]) þat var mér kunnigt of Brynjólf ok enn kunnara vm Bárð, at
þeir voro manndómsmenn suá miklir, at þeir mundv hafa midlat ykkr
þat af arfi Björgólfs, sem þeir vissi, at réttindi veri til. Var ek nærr
þuí, at þið hófut þetta sama ákall við Bárð, ok heyrðiz mér suá, sem
honum þætti þar engi sannyndi til, þuíat hann kallaði ykr frillusonu.

[5]) at þeir mundu vitni til fá, at móðer þeira var mundi keypt.

[6]) at vit sém menn aðalborner.

sie um so weniger erbberechtigt sein könnten, da ihre Mutter
mit offener Gewalt in Besitz genommen worden sei. [1]

Den Rechtsweg betreten die Hilldiríðarsynir daraufhin
nicht; dagegen wissen sie es durch die niederträchtigste Ver-
leumdung þórólfs beim König dahinzubringen, dass dieser ihm
nicht nur sein Amt in Hálogaland sammt der Finnferð ent-
zieht, sondern auch den gesammten Besitz, welchen Brynjólf
gehabt hatte, und sowohl jene Würden als auch die Verwaltung dieser Besitzthümer ihnen selbst überträgt. [2] Der
weitere Verlauf der Dinge gehört nicht mehr hierher. Er
zeigt lediglich eine Reihe von Gewaltthaten, welche einerseits K. Harald an þórólf begehen lässt, und welche andererseits von diesem dem Könige gegenüber begangen werden,
bis endlich der König selbst diesen überfällt, seinen Hof verbrennen lässt und ihn mit eigener Hand erschlägt; [3] er zeigt
ferner, wie þórólf durch seinen Freund und Verwandten,
Ketill hœngr, an den Hilldiríðarsynir blutig gerächt wird [4]
und wie auch þórólfs Vater und Bruder, Kvelldúlfr und Skallagrímr, nachdem der Letztere vergebens vom König Busse
für seinen Bruder gefordert hat, [5] diesem noch schweren
Schaden zufügen und schliesslich nach Island auswandern, [6]
während der König dafür ihren gesammten Besitz in Norwegen einzieht. [7] Von einer Rechtsfrage ist bei allen diesen
Vorgängen natürlich nicht mehr die Rede.

Die rechtliche Beurtheilung des Falles stösst von Vorn-

---

[1] þuí síðr ætla ek yðr arfborna, at mér er sagt moðer yckur
veri með valldi tekin ok hernumin heim hofð. Das Bisherige nach
cap. 9, S. 29—30.

[2] cap. 16, S. 47: En er hann var í brott farinn, þá feck konungr
í hond Hilldiríðarsonum sýslu þá á Hálogalandi, er áðr hafðe þórólfr
haft, ok suá finnferð. Konungr kastaði eigu sinni á bú í Torgum
ok allar þær eignar, er Brynjólfr hafði átt. Feck þat allt til varð-
veizlu Hilldiríðarsonum.

[3] cap. 22, S. 62—65.   [4] cap. 23, S. 69.   [5] cap. 25,
S. 77—78.   [6] cap. 26—27, S. 81—89.   [7] cap. 30, S. 95.

herein auf eine Schwierigkeit, indem über das Recht, von
welchem man dabei auszugehen hat, keine Klarheit besteht.
Der Landherr Björgólfr war im südlichen Theile von Háloga-
laud, und der Bauer Högni im südlichen Theile des Naumdælafylki sesshaft, sodass das Recht dieser beiden Landschaften
für die rechtliche Beurtheilung der Verbindung massgebend
sein musste, welche der Erstere mit der Tochter des Letzteren
eingegangen hatte. Nun gehörte das Naumdælafylki nach
der Historia Norwegiæ [1]) zur Landschaft Drontheim im
weiteren Sinne des Wortes, also zum Frostuþínge, während
Hálogaland eine „patria" für sich bildete, und ebenso stand
es nach dem gemeinen Landrechte,[2]) soferne nach diesem
zwar die Naumdælir ebenso wie die Raumsdælir und die
Norðmærir das Frostuþíng zu beschicken hatten, aber nicht
die Húleygir. Andererseits aber setzt zwar eine Reihe von
Stellen in unseren Frostuþíngslög voraus, dass der Dingverband lediglich auf die 8 Volklande des eigentlichen Drontheims beschränkt war; [3]) dagegen rechnen einige andere
Stellen zu den Angehörigen des Rechtsverbandes neben den
„innanfjarðarmenn" oder eigentlichen Dröntern auch noch
„útanfjarðarmenn", also Angehörige von Volklanden, welche
ausserhalb des Meerbusens von Drontheim gelegen sind,[4])
oder behandeln neben jenen 8 Volklanden auch noch die
4 Volklande „fyrir útan Agðaness" als zum Verbande gehörig,[5]) unter welchen doch nur Raumsdalr und Norðmæri,
sowie Naumudalr und Hálogaland verstanden werden können,
und hiezu stimmt auch, dass in dem anhangsweise folgenden
Novellenverzeichnisse[6]) einerseits von Rechtsverbesserungen
gesprochen wird, welche die Könige „öllum lögunautum"

---

[1]) bei G. Storm, Monumenta historica Norvegiæ S. 77—78.
[2]) Landslög, þíngf. b, § 2.   [3]) FrþL. IV, § 54; X, § 30; XII,
§ 8.   [4]) ebenda IV, § 56.   [5]) ebenda X, § 3.   [6]) ebenda
XVI, § 1 und 4, dann 2 und 3.

oder „þrœndum ok öllum lögunautum" verwilligten, und andererseits von solchen, welche nur „Háleygjum öllum" oder
„Naumdœlum" verliehen wurden. Ich habe aus diesen und
anderen Stellen schon früher den Schluss gezogen,[1] dass
der Dingverband des Frostuþínges bis in das 13. Jahrhundert
hinein nur die 8 Volklande Drontheims umfasst habe, während die Rechtsgenossenschaft weiter gereicht und auch die
genannten 4 weiteren Volklande ausserhalb des þrándheims-
fjörðr mit inbegriffen habe, und ich habe im Zusammenhange damit auch bereits darauf aufmerksam gemacht, dass
noch nach unseren Frostuþíngslög das Frostuþíng nur von
den 8 Volklanden Drontheims beschickt wurde,[2] während
die Dingpflicht der „útanfjarðarmenn", von welcher daselbst
allerdings auch gesprochen wird,[3] sich nur auf je deren
eigenes fylkisþíng beziehen konnte, welches für sie die oberste
Instanz bildete. Allerdings geht in dem bekannten Rechtsstreite, welchen K. Sigurðr Jórsalafari gegen den Landherrn
Sigurð Hranason führt, die Sache, nachdem sie, sei es nun
am þrándarnessþínge als an dem fylkisþínge von Hálogaland, oder aber am Hrafnistuþínge als an dem fylkisþínge der
Naumdælir abgewiesen worden war,[4] noch an das Frostuþíng oder Eyraþíng;[5] aber es geschieht diess nicht etwa
darum, weil dieses die höhere Instanz für jenes fylkisþíng
gewesen war, sondern aus dem ganz anderen Grunde, weil

---

[1] Die Entstehung der älteren Frostuþíngslög, S. 5 bis
20 (in den Abhandlungen unserer Classe 1875); Gulaþíng, S. 394
bis 403 (Allg. Encyklopädie von Ersch u. Gruber, Bd. 96, 1877). Die
hier über die Dingstätte zu Jórúlfsstaðir ausgesprochene Ansicht habe
ich, beiläufig bemerkt, längst als irrig aufgegeben.
[2] Frþd. II, § 2. [3] ebenda § 1.
[4] Jenes nach der Hulda, Hrokkinskinna und Morkinskinna, Dieses nach Eirspennill, Jöfraskinna, Gullinskinna
und Frísabók.
[5] vgl. G. Storm, Sigurd Ranessöns Proces, S. 13—15, 86—89.

alle Rechtsstreitigkeiten zwischen mehreren gleichzeitig regierenden Königen untereinander an einem der 3 oder 4 grossen
lögþíng in Norwegen entschieden werden mussten. Nach
allem Dem ist anzunehmen, dass wenigstens schon vom Anfang des 12. Jahrhunderts an in Hálogaland sowohl als im
Naumdælafylki die Frostuþíngslög ganz ebenso gegolten haben
wie in der Landschaft Drontheim selbst, wobei ich dahingestellt sein lasse, ob die gelegentlich desselben Rechtsstreites
erwähnte Berufung der Naumdælir neben den Háleygir zum
þrándarnessþínge, oder auch der Háleygir neben den Naumdælir oder auch Raumsdælir zum Hrafnistuþínge [1]) auch noch
auf das Bestehen einer Dinggenossenschaft unter eben diesen
Volklanden neben der Rechtsgenossenschaft schliessen lasse.
Man wird ferner auch wohl vermuthen dürfen, dass derselbe
Rechtszustand auch bereits am Ende des 9. Jahrhunderts
gegolten, oder dass doch wenigstens der isländische Verfasser
der Eigla dessen Geltung für diese Zeit vorausgesetzt haben
werde. Aber freilich ist damit nicht gesagt, dass das Recht
Hálogalands und des Naumdælafylkis im 9. Jahrhundert dasselbe gewesen sei, wie das durch kirchliche Einflüsse vielfach umgestaltete Recht der uns vorliegenden Frostuþíngslög,
und überdiess ist auch noch stets mit der anderen Möglichkeit zu rechnen, dass der Isländer, welcher die Sage auf-
zeichnete, jenes Recht da und dort durch seine eigenen
Rechtsanschauungen trüben lassen konnte.

Diess vorausgeschickt, fragt sich nun zunächst, wieweit
die von Björgólf mit Hilldiríd eingegangene Verbindung
eine rechtmässige Ehe war oder nicht? Es genügt nicht,
wenn Finnur Jónsson bei Besprechung der juristischen Verhältnisse in der Sage sich darauf beruft, [2]) dass die Grágás

---

[1]) G. Storm, Sigurd Ranessöns Proces, S. 13 und S. 36—37;
vgl. auch die Bemerkungen G. Storms S. 51—52.

[2]) Fortale, S. LXXXVI—VII.

als Vorbedingung für das Bestehen einer rechtmässigen Ehe
eine legale Verlobung, das Kaufen der Frau um einen „mundr"
im Betrage von mindestens einer Mark Silbers, sowie die
Feier der Hochzeit sammt offenkundigem Beschreiten des
Ehebettes binnen einer bestimmten Frist und vor einer bestimmten Anzahl von Gästen fordere, und dass auch das
Recht des Gulaþínges ganz ähnliche Vorschriften enthalte,
nur mit dem Unterschiede, dass in diesem der Mindestbetrag
des mundr auf 12 Oeren, also $1\frac{1}{2}$ M., angesetzt sei. Allerdings sagen die isländischen Rechtsbücher:[1] „Sa maðr er
eigi arfgengr er moðir hans er eigi munde keypt morc eþa
meira fe eða eigi brullaup til gert eþa eigi fostnoð. þa er
kona munde keypt er morc 6 alna avra er goldin at munde
eþa handsoloð eða meira fe ella. þa er brull lavp gert at
lögom (ef lögraðande fastnar kono enda se 6 menn at brul-
lavpi et fæsta oc gangi bruðgumi i liose) isama sæing cono",
d. h. „Der Mann ist nicht erbfähig, wenn seine Mutter nicht
um ein Brautgeld von einer Mark oder mehr Geld erkauft,
oder keine Hochzeit mit ihr gehalten, oder sie nicht verlobt
wurde. Dann ist eine Frau um ein Brautgeld erkauft, wenn
eine Mark zu 6 Ellen als Brautgeld bezahlt oder durch
Handschlag versprochen wurde, oder aber mehr Geld. Dann
ist eine Hochzeit gesetzmässig gehalten, wenn der gesetz-
mässige Geschlechtsvormund die Frau verlobt und mindestens
6 Leute bei der Hochzeit zugegen sind, und der Bräutigam
offenkundig mit der Frau in dasselbe Bett geht". In den
Gulaþíngslög, § 51, dagegen lautet die Vorschrift: „þat er
nu þvi nest at vér scolom þat vita hversug vér scolom konor
kaupa með mundi. þess at barn se arfgengt. þa scal maðr
festa með kono þeirri 12 aura öreigi mund, oc hava við

---

[1] Kgsbk, § 118, S. 222; die eingeklammerten Worte sind aus
der Parallelstelle Staðarhólsbk, § 58, S. 66 ergänzt. Sie wieder-
holen sich ebenda, § 171, S. 204; vgl. auch Skálholtsbk, § 13,
S. 80 und Belgsdalsbók, § 49, S. 241.

þat vatta, oc have hann bruðmenn en hon bruð konor, oc
geve henne giof of morgon, er þau hava um nott saman
verit. slica sem hann festi við henne. þa er barn þat arfgengt, er alet er siðan", d. h. „Nun ist das Nächste, was
wir wissen sollen, wie wir Frauen mit Brautgeld kaufen
sollen, sodass das Kind erbfähig werde. Da soll der Mann
mit dieser Frau 12 Unzen Armen-Brautgeld versprechen und
dabei Zeugen zuziehen, und er soll Brautmänner haben und
sie Brautweiber, und er gebe ihr am Morgen, nachdem sie
die Nacht über zusammen gewesen waren, die Gabe, wie er
sie ihr gegenüber versprochen hatte. Dann ist das Kind
erbfähig, das nachher geboren wird". Die Bestimmung wird
anderwärts [1] auch wohl folgendermassen ausgedrückt: „Nv
leikr a tveim tungum hvárt maðr er arfgengr æða eigi.
stemni þeim til þings er hanom stendr firi arve. þa scal
hann niota vatta sinna at hann stemdi hanom þíng. Nu
scolo þat aðrer vattar bera, vér varom þar er moðer hans
var mundi keypt, oc nemna hvar þat var, oc þar varo bæðe
bruðmenn oc brudkonor, oc giof geven su oc við henne var
fest, eigi minni en 12 aurar oreigi mundr", d. h.: „Wird
nun streitig, ob ein Mann erbfähig ist oder nicht, da lade
er den vor das Ding, der ihm das Erbe vorenthält. Da soll
er seiner Zeugen darüber geniessen, dass er ihm ein Ding
anberaumt habe. Dann sollen andere Zeugen darüber aussagen, dass sie dabei anwesend waren als seine Mutter um
ein Brautgeld erkauft wurde und den Ort nennen, an dem
diess geschah, und bezeugen, dass dabei sowohl Brautmänner
als Brautweiber zugegen waren, und dass die Gabe gegeben
wurde, die ihr gegenüber versprochen worden war, nicht
weniger als 12 Unzen Armen-Brautgabe". Damit ist nun
freilich für das Recht des Gulaþinges und für das von diesem
abgezweigte isländische Recht im Wesentlichen erwiesen, was

[1] GþL. § 124.

Finnur Jónsson als dessen Vorschrift bezeichnet hat; aber
für die hier massgebenden Frostuþíngslög beweisen jene
Stellen zunächst Nichts, und da uns jene nur in einer unter
Erzbischof Eysteins Einfluss entstandenen Umarbeitung vorliegen, finden wir in ihnen keine eingehende Vorschrift über
die Form der Eheschliessung vor, weil diese dem ausschliesslichen Bereiche der kirchlichen Gesetzgebung und Gerichtsbarkeit vorbehalten werden wollte. Indessen lässt sich doch
darthun, dass auch dieses Recht wesentlich auf demselben
Standpunkte sich befand, welchen die oben besprochenen beiden Rechte einnahmen. In den Frostuþíngslög, und gleichlautend auch im älteren Stadtrechte, wird einmal die Frage
behandelt, [1] wieweit Brautkinder erbfähig seien und wird
gesagt, dass Kinder, welche der Bräutigam mit seiner Braut
erzeugt, unter der Voraussetzung gleich ehelich geborenen
ihres Vaters Erbe nehmen sollen, dass dieser binnen Jahres-
frist nach eingegangener Verlobung gestorben ist, d. h. innerhalb der Frist, binnen welcher regelmässig die Hochzeit der
Verlobung zu folgen hatte; [2] erben sollen solche Kinder,
wie wenn ihre Mutter um ein Brautgeld erkauft wäre und
dabei wird noch ausdrücklich beigefügt, dass in keinem anderen Falle Jemand zur Erbfolge gelange, es sei denn seine
Mutter um ein Brautgeld erkauft, oder er selbst rechtsförm-
lich in das Geschlecht aufgenommen. Damit ist also gesagt,
dass an und für sich und abgesehen von dem hierher nicht
gehörigen Falle einer künstlichen Aufnahme in die Verwandt-

---

[1] **FrþL. III, § 13**: En ef faður missir viðr ßrir brullaup innan
þeirra 12 munaða, oc er barn getet, þa take barn þat arf faður sins
sem moðer vere myndi kœypt. En í engom stað aðrum kœmr maðr
til arfs nema moðer se myndi kœypt, eða hann se með lagum í ætt
leiddr. Ebenso Bjark R. III, § 68, nur dass hier beidemale „mundi"
statt myndi geschrieben steht. Auch im KrR. Sverris, § 67 kehrt
die Stelle wieder; nur fehlt hier der letzte Satz.

[2] **FrþL. III, § 12; KrR. Sverris, § 66.**

schaft nur diejenigen Kinder als eheliche galten, für deren
Mutter seinerzeit ein „mundr" erlegt worden war; von den
beiden anderen Voraussetzungen einer rechtmässigen Ehe,
welche die Grágás und die Gulaþíngslög neben der Zahlung
des mundr noch kennen, ist aber die eine, die Verlobung
nämlich, durch die Besonderheit des hier besprochenen Falles
als bereits erfüllt bezeichnet, während die andere, nämlich
die Hochzeit, durch die Lage der Dinge unmöglich geworden
ist. Dazu kommt, dass an einer anderen Stelle des Stadtrechtes, welches recht wohl zur Ergänzung des Drönter
Landrechtes herangezogen werden darf, da es mehrfach einen
älteren Text desselben benützt hat, die Abhaltung einer
rechtsförmlichen Hochzeit ganz ausdrücklich neben der Zahlung des Brautgeldes betont wird, wenn es gilt die eheliche
Geburt eines Kindes zu beweisen, indem hier gesagt wird: [1])
„Wenn Jemand einen Zeugenbeweis für seine Erbfähigkeit
erbringen soll, so soll er ihn darüber erbringen, dass seine
Mutter um ein Brautgeld erkauft wurde, und dass dabei
2 Brautmänner und 2 Brautweiber waren, und dass dafür
ein bestimmtes Mindestmass von Bier eingekauft worden war,
und dass ein Dienstknecht und ein Dienstweib dabei war;
dann ist die Hochzeit nach dem Gesetze gehalten und nach
rechtem Stadtrechte". Dass hier ebensowenig als an der entsprechenden Stelle der GþL. § 124 auch noch der Verlobung
als eines weiteren Erfordernisses gedacht wird, erklärt sich
ganz genügend aus dem Umstande, dass die Bezahlung des
Brautgeldes bei der Hochzeit in dem Betrage zu erfolgen
hatte, welcher bei der Verlobung versprochen worden war,
und können wir hiernach mit voller Sicherheit annehmen,

---

[1]) Bjark R. § 132: Ef maðr skal lúta ser vitni bera til arfs,
þá skal svá bera lúta, at móðir hans var mundi keypt, ok þar váru
brúðmenn 2 ok brúðkonur 2 ok þar var inn keyptr askr öldr eða
meira ok þar var griðmaðr ok griðkona. þá er at lögum gert ok
at Bjarkeyjarrétti réttum.

dass die Frostuþíngslög in Bezug auf die Erfordernisse der
Eingehung einer rechtsgültigen Ehe wesentlich denselben
Grundsätzen folgten, wie das Recht des Gulaþínges und des
isländischen Freistaates. [1]) Vergleicht man nun die Angaben der Eigla mit diesen
Rechtsvorschriften, so ist klar, dass zunächst deren Hauptstelle
weder einer Verlobung erwähnt noch auch der Zahlung eines
Brautgeldes, und dass, wenn zwar von einer Hochzeit und
von dem Beschreiten des Bettes die Rede ist, diese Hochzeit
doch ausdrücklich als „lausabrullaup“, d. h. lose, nicht vollkommen gültige Hochzeit bezeichnet wird. [2]) Allerdings wird
gesagt, dass Björgólfr die Hilldiríð um eine Unze Goldes
kaufte, und ich wage nicht mit Finnur Jónsson ohne Weiteres anzunehmen, dass dieser Betrag hinter dem für das
Brautgeld vorgeschriebenen Mindestbetrage zurückgeblieben
sei. Dass sich der Werth des Goldes zu dem des Silbers wie
8 : 1 verhielt, werden wir freilich mit Wilda [3]) und Wein-
hold [4]) annehmen dürfen, wie diess auch Finnur Jónsson

---

[1]) vgl. meine Bemerkungen in der Kritischen Vierteljahrsschrift für Gesetzgebung und Rechtswissenschaft X, S. 362
bis 404 (1868); Fr. Brandt, Forelæsninger over den norske Retshistorie I, S. 93—104 (1880); K. Lehmann, Verlobung und Hochzeit
nach den nordgermanischen Rechten des früheren Mittelalters (1882);
K. Olivecrona, Om Makars Giftorätt i Bo, S. 142—168 (ed. 5, 1882);
E. Hertzberg, De gamle Loves mynding, in Christiania videnskabs-
selskabs forhandlinger 1889, nr. 3; ferner bezüglich Islands V. Finsen's vortreffliche Fremstilling af den islandske Familieret efter
Grágás, S. 225—242, in den Annaler for nordisk Oldkyndighed og
Historie 1849 und L. Beauchet, Formation et dissolution du mariage
dans le droit islandais du moyen-age in der Nouvelle Revue histo-
rique de Droit français et étranger IX, S. 65—106 (1885; auch einzeln 1887).

[2]) cap. 7, S. 19; siehe oben S. 66, Anm. 4. Mit Unrecht legt
Jessen, S. 71, nur auf das Fehlen einer vorhergehenden Verlobung
und eingeladener Gäste Gewicht.

[3]) Strafrecht der Germanen, S. 328—329.

[4]) Altnordisches Leben, S. 119.

gethan hat, und werden wir demnach gleich ihm die Unze
Goldes ihrem Werthe nach einer Mark Silbers gleichzustellen
haben. Aber die Mark, welche nach isländischem Rechte als
der mindeste zulässige Betrag des Brautgeldes galt, war nicht
eine Mark Silbers, sondern eine „mörk sex álna aura",[1]) und
diese verhielt sich zur Mark Silbers wie 1 : 4,[2]) sodass also
eine Unze Goldes gleich 4 Mark dieser geringeren Währung
anzusetzen ist; die 12 Unzen der Gulaþingslög aber, welche
als „öreigi mundr", d. h. Brautgeld eines Armen bezeichnet
wurden,[3]) sind jedenfalls auch nur als „sakmetinn eyrir" zu
verstehen, und dieser verhielt sich zu Erzbischof Eystein's
Zeit, also in der Zeit kurz vor der Entstehung unserer Quelle,
zum „silfrmetinn eyrir" wie 2 : 3,[4]) sodass jene 12 Unzen
nur den Werth einer Unze Silbers erreichten. Den Anforderungen der Gulaþingslög würde also die Unze Goldes,
welche Björgólfr zahlte, eben noch genügt, und die Anforderungen der Grágás würde sie sogar erheblich überschritten
haben; vom Betrage der gemachten Zahlung aus würde sich
demnach kaum ein begründeter Einwand gegen deren Bedeutung als Brautgeld erheben lassen, auch abgesehen davon,
dass es immerhin bedenklich bleibt, aus dem Rechte Islands
und des Gulaþinges auf das Recht des Frostuþinges, und aus
Quellen aus dem Anfange des 13. Jahrhunderts auf das Recht
am Schlusse des 9. Schlüsse zu ziehen, zumal wenn diese
Quellen selbst unter sich nicht einmal übereinstimmen. Entscheidenden Werth glaube ich dagegen darauf legen zu
müssen, dass die Zahlung an unserer Stelle nicht als „mundr"
bezeichnet wird. — Der Ausdruck „kaupa" kann bekannt-

---

[1]) siehe oben S. 73.

[2]) Kgsbk. § 246, S. 192, welche Stelle aber nach AM. 624 in
4 (bei Finsen, III, S. 462) zu berichtigen ist; vgl. V. Finsen, Ord-
register S. 668—69.

[3]) GþL. § 51 und 124, oben S. 73—74.

[4]) Heimskr. Magnús s. Erlíngssonar, cap. 16, S. 792 u. öfter.

lich den Abschluss jedes entgeldlichen Geschäftes bezeichnen,
und auch in der Anwendung auf Weiber kann er noch eine
sehr verschiedene Bedeutung haben. Unsere Sage selbst bezeichnet einmal 1½ Mark Silbers als den gangbaren Preis
einer Unfreien von durchschnittsmässiger Güte, [1]) und nach
einer anderen Quelle galt für eine unfreie Magd eine Mark
Silbers als der Durchschnittspreis, [2]) ein Preis also, welcher
zu der von Björgólf geleisteten Zahlung vollkommen stimmen
würde. Aber auch noch eine ganz andere und viel näher
liegende Möglichkeit ist in unserem Falle gegeben. Das
ältere norwegische Recht kannte nämlich neben der voll-
gültigen Ehe auch noch ein Concubinat, welches von jener
scharf unterschieden, aber doch nicht nur geduldet, sondern
sogar in gewissem Umfang ausdrücklich anerkannt und rechtlich geschützt war. [3]) Verboten und bestraft wurde selbst in
der christlichen Zeit nur die Bigamie und das Halten einer
Concubine neben einer rechtmässigen Ehefrau; [4]) dagegen
soll nach einer Stelle des älteren Stadtrechts [5]) derjenige,
welcher sich eine „birgiskona", d. h. Helferin nimmt, dabei
zwei Zeugen beizieht und offenkundig mit ihr zu Bett geht,
dafür keiner Busse an den König verfallen, sondern nur den
Verwandten des Weibes ihr Recht bezahlen, vorkommenden-

---

[1]) cap. 80, S. 297.

[2]) Laxdœla, cap. 12, S. 28 (ed. Kålund); über den Preis der
Unfreien vgl. A. Gjessing in d. Ann. for nord. Oldk., 1862, S. 123-25.

[3]) vgl. Fr. Brandt, Forelæsninger, I, S. 109--110.

[4]) GþL., § 25; FrþL. III, § 5 und 10; BjarkR. I, § 8 und III,
§ 67; BþL. I, § 17, II, § 8 und III, § 7; EþL. I, § 22 und II, § 18.

[5]) BjarkR. III, § 129: Ef maðr tekr birgiskonu ser ok hefir
vátta tvá viðr ok gengr í liósi í hvílu hennar, þar á konungr öngv-
an rétt á. Nú ef hann liggr með henni í annat sinn. þá skal hann
bœta syni sínum slíkan rétt sem áðr bœtti hann frændum hennar.
En ef annarr maðr liggr með birgiskonu hans. þá skal sá bœta
honum 12 aurum at rétti sínum. Eine andere Hs. schreibt byrgis-
konu, Norges gamle Love, IV, S. 84.

falls sogar seinem eigenen Sohne, d. h. doch wohl in dem
Falle, da er aus einem früheren Beischlafe mit derselben
Concubine bereits einen solchen erzeugt hat, und ihr nun
nochmals beiwohnt. Dagegen gewährt ihm die Stelle sogar
einen Anspruch auf Busse gegen jeden anderen Mann, der
etwa dem Weibe beiwohnt. Ganz ähnlich bestimmt auch eine
Stelle des sogenannten Christenrechtes K. Sverrir's,[1] dass der
Mann, welcher eine „frilla", d. h. Liebste hat, mit der er
Speise und Trank, Sitz und Bett getheilt hat, und welche
er für die Dauer seiner Abwesenheit so gut versorgt hat,
dass sie anderweitiger Unterhaltsmittel ebensowenig bedarf
wie wenn sie eine rechtmässige Ehefrau wäre, für den Fall
ihrer Verführung durch einen Anderen gegen diesen einen
Anspruch auf die Zahlung seines Rechtes haben solle, ganz
wie wenn sie mit ihm verwandt wäre, wogegen sie, wenn
er nicht in dieser Weise für sie gesorgt hat, ihm nicht mehr
gehört als jenem Anderen. Ich habe schon vor Jahren bemerkt,[2] dass beide Stellen augenscheinlich aus einer für
uns verlorenen älteren Redaction der Frostuþingslög stammen,
und dass die Verschiedenheit, welche in Bezug auf die Höhe
des Busssatzes zwischen ihnen besteht, sich zunächst daraus
erklärt, dass in der Stadt alle Leute vom Landherrn ange-
fangen bis herab zu dem Freigelassenen, der sein Freilassungsbier gehalten hat, die gleiche Busse, nämlich die des höldr,
nehmen sollten. Damit war gesagt, dass im Stadtrechte die
vom Zuhälter zu beanspruchende Busse auf einen ein für

---

[1] KrR. Sverrirs, § 69: En ef maðr a ser frillu oc fær han
a fra henne oc hæfir han laght firer hana vistir sua at hon þarf æigi
annara fanga hældr en æigin kona hans. oc hæfir haft hana með ser
til oldrs oc till atz. oc buit sæs hans oc seng oc glæpr maðr hana
fra honom. þa skal slikan reet a henne taka sem a skyld kono sinni.
en ef hann hæfir æigi sua gort þa er hon æigi hans hælldr en hins.

[2] Studien über das sog. Christenrecht K. Sverrirs,
S. 50—53 (1877).

allemal feststehenden Betrag gesetzt werden konnte, während
sie sich im Landrechte je nach seinem Stande verschieden
bemessen musste; dazu kam aber dann freilich auch noch
hinzu, dass das Stadtrecht dem Gekränkten nicht wie das
Landrecht seine volle Busse verwilligte, sondern nur deren
Hälfte, was der Halbheit der Concubinatsverbindung sehr
wohl entspricht und wahrscheinlich auf die Abneigung der
Kirche gegen derartige Verbindungen zurückzuführen sein
wird. Jedenfalls ist klar, dass das Concubinat selbst in vergleichsweise später Zeit vom Recht nicht nur unbehelligt
gelassen, sondern sogar geschützt wurde, vorbehaltlich natürlich der Rechte der Verwandten des Weibes, welche durch
dessen Eingehung nicht verletzt werden durften. Weiterhin
ist dann aber auch nicht minder einleuchtend, dass mit Zustimmung dieser Verwandten derartige Verbindungen vollkommen legal eingegangen werden konnten, und da die
bereits angeführte Stelle des Stadtrechtes ausdrücklich von
einer Beiziehung von Zeugen bei deren Eingehung spricht,
wird sich kaum bezweifeln lassen, dass bei dieser Gelegenheit auch wohl vertragsweise Abmachungen über die ver-
mögensrechtliche Stellung der fridla, birgiskona oder fylgi-
kona (fylgiskona, d. h. Folgerinn) getroffen wurden. Mit
anderen Worten: die Verbindung konnte sich ganz einer
ehelichen analog gestalten, wie diess unter dem Drucke der
Cölibatsgebote noch im späteren Mittelalter bei den Verbindungen norwegischer Priester mit ihren Köchinnen vorkam,
wie denn noch Erzbischof Olaf in seinem Statute vom 23. August 1351 über die zahlreichen Priester klagt,[1] „qui propriæ
salutis et juramenti sui immemores, immunditiæ fœtoribus

---

[1] Norges gamle Love, III, S. 302; vgl. auch R. Keyser,
Den norske Kirkes Historie under Katholicismen, II,
S. 347 u. 433—34, sowie A. Chr. Bang, Udsigt over den norske
Kirkes Historie under Katholicismen, S. 187—90 u. L. Daae,
Norske Bygdesagn, 1, S. 26—28.

turpiter insudantes, non solum sibi focarias simpliciter ad-
jungentes et in curiis suis publice detinentes, verum etiam,
quod execrabilius et dampnabilius est, eas, pactis, donationi-
bus, vel aliis fidelitatis promissionibus intervenientibus, con-
vocatis ad hoc earum consanguineis, ad instar laycorum sibi
impudenter associant et conjungunt." Von hier aus erklären
sich auch Bestimmungen wie die in den Gulaþíngslög,[1])
nach welchen in dem Falle, da Jemand mindestens 20 Jahre
lang ununterbrochen mit seiner fridla gelebt und offenkundig
das Bett getheilt hat, ohne dass eine gegentheilige Bekanntmachung erfolgt wäre, die Verbindung als eine rechtmässige
Ehe gelten, die aus ihr geborenen Kinder erbfähig sein und
auf die Verbundenen die Regeln der legalen Gütergemein-
schaft Anwendung finden sollen, oder auch wie die in den
Borgarþíngslög,[2]) nach welchen ein Weib, welches mindestens
30 Jahre lang mit einem Manne offenkundig als dessen Ehefrau gelebt hat, in güterrechtlicher Beziehung als solche
behandelt werden soll, wenn auch die Zeugen verstorben
sein sollten, welche bei der Eingehung der Ehe beigezogen
worden waren, und durch welche an und für sich diese Eingehung zu erweisen wäre. Allerdings hat E. Hertzberg[3])

------

[1]) G þ L., § 125: Ef maðr byr vid fridlu sinni 20 vetr æda 20
vetrum lengr. gengr i liose i hvilu hennar. verdr engi skilnadr
þeirra a þvi mele. oc koma þar engar lysingar a. adrar a þeim
20 vetrum. hinum fystum. þa ero born þeirra arfgeng. oc leggia log
felag þeirra.

[2]) B þ L. II, § 10: Nv ef hiun hafa buit 30 vættra eda þui lengr.
ero giftar vithni ol i fra daud hefir hon radet lase ok loko at ullum
hibilum setet æftir aldre vid adrar husprœyiar af ullum hœitit œigin
kona hans. þar til skal hon hafa 6 manna vithni at sua hefir verit
bunadr þeira 30 vættra eda þui lengri þa huerfr hon til laga giftar
i gard manz þri dœili af fe i lande ok lausum œyri ok til 3. marka
í mundi. Im Jydske Lov, I, cap. 27 (ed. Thorsen, S. 44—45) beträgt
die Frist umgekehrt nur 3 Jahre.

[3]) Grundtrækkene i den ældste norske Proces, S. 11
bis 12 (1874).

bemerkt, und auch ich habe schon früher und später darauf
hingewiesen,[1]) dass diese Vorschriften zunächst nur durch
die Grundsätze bedingt sind, welche bezüglich der Verjährung
des Zeugenbeweises binnen einer Frist von 20 oder 30 Jahren
gelten, und somit an und für sich keineswegs auf die Verwandlung eines Concubinates in eine rechtmässige Ehe durch
den Ablauf einer solchen Zeitfrist abzielen, wenn sie auch
unter Umständen immerhin zu einer solchen führen können;
aber doch lassen sie sehr deutlich erkennen, dass seiner
äusseren Erscheinung nach das Zusammenleben der Concubine mit ihrem Zuhälter dem der Ehefrau mit ihrem Ehe-
manne so gleichartig, und zumal so gleichmässig ungestört
und offenkundig war, dass, abgesehen von der an den längeren Zeitablauf geknüpften Rechtsvermuthung eben nur
durch ein Zurückgreifen auf die Vertragszeugen festgestellt
werden konnte, welche von beiden Verbindungen im gegebenen Falle vorliege. Scharf getrennt hielt freilich nicht
nur die Kirche die „byrgesconor" von den rechtmässigen
Ehefrauen,[2]) sondern auch das weltliche Recht unterschied
sehr bestimmt zwischen den beiden Verhältnissen, wie denn
z. B. in den Frostuþíngslög der Fall besprochen wird,[3]) da
Jemand seine frilla hinterher heirathet, und dadurch die mit
ihr erzeugten Kinder zu ehelichen macht, falls nur nach der
Hochzeit ihm noch weitere Kinder von der Frau geboren
werden, oder sogar eine eigene Bestimmung erlassen wird,[4])
dass die Verlobung mit der frilla deren Kinder nicht zu
ehelichen machen soll, wenn ihr nicht auch die Hochzeit
folgt. Es entspricht der Mittelstellung, welche das Concu-

---

[1]) Kritische Vierteljahresschrift, X, S. 298—99 (1868);
Studien über das sogenannte Christenrecht K. Sverrirs,
S. 50—51 (1877).

[2]) Homiliubók, S. 216 (ed. Th. Wisén).

[3]) FrþL. III, § 11; KrR. Sverris, § 65.

[4]) FrþL. III, § 13; BjarkR., § 68.

binat zwischen der rechtmässigen Ehe und den ganz ungeregelten geschlechtlichen Verhältnissen einnimmt, dass die
Kinder, welche ein freier Mann mit einer freien Concubine
erzeugt, einerseits von den ehelichen Kindern, andererseits
aber auch nicht nur von den Kindern, welche ein solcher
mit einer Unfreien gewinnt (den þýbornir), sondern auch
von jenen anderen unterschieden werden, welche er insgeheim
mit einer Freien erzeugt, und für welche je nach ihrem
Geschlechte die Bezeichnungen hrísúngr oder hrísa gelten. [1])
Die Gulaþíngslög sagen: [2]) „Der heisst hornongr, der der
Sohn eines freien Weibes ist, für welches kein Brautgeld
bezahlt, mit der aber offenkundig das Bett bestiegen wurde.
Aber der heisst risungr, der der Sohn eines freien Weibes
ist, und heimlich erzeugt. Aber þýborenn sunr ist der Sohn
einer Magd, welchem die Freiheit geschenkt wurde, ehe er
die dritte Weihnacht erlebt hat"; in den Frostuþíngslög
aber wird gesagt: [3]) „Wenn einer ein freies Weib im Wald
beschläft und mit diesem Weibe einen Sohn erzeugt, so heisst
dieser rísungr, der soll dasselbe Recht nehmen, wie es seinem

---

[1]) vgl. über die Terminologie meine Abhandlung über „Die
unächte Geburt nach altnordischem Rechte, S. 4—18 (in
unseren Sitzungsberichten, 1883).

[2]) G þ L., § 104: Sa heiter hornongr er frialsar kono sunr er.
oc eigi golldenn mundr vid. oc genget i liose i hvilu hennar. En sa
heitir risungr er frialsar kono sunr er oc getenn a laun. En þyborenn
sunr er ambattar sunr. sa er frœlsi er gefet. fyrr en hann have 3 netr
hinar helgu.

[3]) Fr þ L. X, § 47: En ef madr legz med frialsri cono í scógi.
oc getr sun med þeirri cono. þá heitir sá rísungr. hann scal taca
slícan rétt sem fadir hans átti. En ef hann legz med frialsri cono
heima a bœ í húsum, oc getr hann sun med þeirri cono. þá heitir
sá hornungr. hann scal oc taca slícan rétt sem fadir hans. En sunr
þýborinn ef honum er frelsi gefit frá horni oc frá nappi. og eigi eldra
en þrévetrum. oc tóc hann hvárki til reips ne til reko. þá scal hann
taca. þridiungi minna rétt en fadir hans. en hann scal vid engi
mann þyrmasc.

Vater zukam. Wenn er aber daheim auf dem Hofe ein Weib
in den Häusern beschläft und mit diesem Weibe einen Sohn
erzeugt, so heisst der hornongr; er soll auch dasselbe Recht
nehmen wie sein Vater. Aber der sunr þýborinn, wenn ihm
die Freiheit geschenkt wurde, ehe er noch das dritte Jahr
überschritten hatte, vom Winkel und vom Troge, und so,
dass er weder Strick noch Spaten angriff, da soll er um ein
Drittel weniger Recht nehmen als sein Vater, und er soll
Niemanden gegenüber Ehrerbietung zu erweisen haben". Die
Bezeichnung hornúngr, d. h. Winkelkind, mag an beiden
Stellen für das Concubinenkind, und die Bezeichnung hrísúngr,
d. h. Buschkind, für den unehelichen Sohn aus einer völlig
ungeregelten Begegnung mit einer freien Mutter darum gewählt worden sein, weil es gerade hier galt, beide möglichst
bestimmt von einander zu unterscheiden, während die Ausdrücke frillusynir und launsynir, welche ursprünglich sicherlich den gleichen Gegensatz bezeichnet hatten, schon frühzeitig auch in weiterem Sinne für alle und jede Arten von
unehelichen Kindern üblich geworden waren und darum ihre
anfängliche beschränktere Bedeutung nicht mehr deutlich
genug zum Ausdrucke bringen konnten. Bezüglich der ihnen
zustehenden Rechte werden übrigens die Concubinenkinder
nur noch von den ehelich geborenen scharf unterschieden,
wie sie denn zumal erst an einer weit späteren Stelle als
diese zur Erbschaft ihres Vaters berufen, und in diesem,
aber auch nur in diesem Sinne als „eigi arfgengir", nicht
erbfähig, bezeichnet wurden; dagegen scheinen die hrísúngar
mit den hornúngar deren sämmtliche Rechte zu theilen, und
nur die þýbornir sind in einer Reihe von Beziehungen diesen
beiden Classen gegenüber zurückgesetzt, welche Zurücksetzung
ursprünglich sogar noch weiter gereicht zu haben scheint,
wie denn zumal auch die in den GþL. § 58 und FrþL. IX,
§ 1 vorgesehene ættleiðing, d. h. Aufnahme in die Verwandtschaft ursprünglich nur für die þýbornir gegolten und erst

hinterher auch auf die beiden Classen der unehelichen Kinder
freier Mütter Anwendung gefunden haben dürfte. Der sehr
erhebliche Unterschied bestand allerdings von Anfang an
zwischen den hrísúngar oder eigentlichen launsynir und den
bornúngar oder eigentlichen frillusynir, dass bei diesen
letzteren zufolge der Offenkundigkeit der zwischen den Aeltern
bestehenden Verbindung die Vaterschaft jederzeit ohne Weiteres feststand, während sie bei jenen ersteren erst durch die
Anerkennung Seitens ihres Vaters, oder, soweit eine solche
zulässig war, durch eine Beweisführung Seitens der Mutter
oder des Kindes selbst festgestellt werden musste; ob aber
zwischen den frillubörn und denjenigen launbörn, deren
Vaterschaft als sicher galt, in früherer Zeit auch noch in
Bezug auf die ihnen zustehenden Rechte ein Unterschied
gemacht worden war oder nicht, lässt sich meines Erachtens
nicht mit Sicherheit entscheiden.   Allerdings wurde, worauf
ich schon früher hingewiesen habe,[1]) in Bezug auf die Thron-
folge die längste Zeit hindurch zwischen beiden Classen von
unächten Kindern kein Unterschied gemacht; aber das Gewicht dieser Thatsache wird dadurch einigermassen verrin-
gert, dass in einzelnen Fällen wenigstens auch wohl von
freien Müttern geborene uneheliche Söhne neben ächt geborenen auf den Thron gelangten, wie denn z. B. Hákon
Aðalsteinsfóstri den K. Eirík blóðöx vom Thron verdrängte,
oder Sigurðr munnr und Eysteinn neben dem allein ehelich
geborenen K. Íngi Haraldsson zur Regierung gelangten.

Diese Auseinandersetzung über den Concubinat scheint
nun deutlich erkennen zu lassen, welcher Art die Verbindung
war, welche Björgólfr mit der Hilldiríd einging. Er leistet
für deren Abtretung ihrem Vater eine Zahlung und diese
Abtretung ist demnach eine vertragsmässige, wenn auch der

---

[1]) Die unächte Geburt, S. 55—59; vgl. auch Fr. Brandt,
Forelæsninger, I, S. 133—34. ·

Vertrag thatsächlich ein erzwungener ist. Er besteigt auch
sofort offenkundig mit Hilldiríð das Lager; aber von einer
vorgängigen Verlobung ist keine Rede und die geleistete
Zahlung wird nicht als mundr bezeichnet. Nicht eine rechtmässige Ehe wird somit abgeschlossen, sondern nur ein Con-
cubinatsverhältniss eingegangen, welches freilich durch die
Zustimmung des Vaters der Hilldiríð rechtlich geregelt war.
Björgólfr selber spricht von einem lausabrullaup, also von
einem Vorgange, der zwar eine Hochzeit, aber doch nur
eine lose, also nicht vollkommene Hochzeit war, was der
Eingehung eines vertragsweise geregelten Concubinates vollständig entspricht. Das Wort kommt meines Wissens nur
an dieser Stelle vor und auch an ihr setzt eine, allerdings
minderwerthige, Hs. dafür den Ausdruck „skyndibrullaup“,
welcher an den beiden weiteren Stellen, an welchen er nachgewiesen ist,[1]) eine einmalige Beiwohnung bei einem ganz
zufälligen Zusammentreffen bezeichnet. Auch die Zusammensetzung „skyndikona“ kommt einmal in der Jómsvíkínga
saga vor,[2]) und zwar als Bezeichnung eines leichtfertigen
Weibes, mit „púta“, d. h. meretrix zusammengestellt, während andere Bearbeitungen dafür „förukona eda putur“,[3])
„lausungarkona“[4]) oder kurzweg „huers dags puta“[5]) geben,
und die lateinische Uebersetzung des Arngrímur lœrði die
betreffenden Worte umschreibt und somit keine Uebersetzung
des hier fraglichen Ausdruckes bietet.[6]) Man könnte hier-

---

[1]) Hrólfs s. kraka, cap. 15, S. 31 (FAS. I); Bosa s., cap. 13,
S. 54 (ed. Jiriczek), wo die ältere Ausgabe (FAS. III, S. 227) freilich
nur das einfache brullaup hat, während die älteste (ed. O. Verelius,
S. 57) schon richtig „skyndebrullaup“ las.

[2]) FMS. XI, cap. 17, S. 54.

[3]) cap. 6, S. 11 (ed. Carl af Petersens); fornkona in der Ausgabe von Adlerstamm, cap. 5, S. 39 ist verdruckt für förukona.

[4]) ed. Cederschiöld, S. 10.

[5]) Flbk, I, § 127, S. 158.

[6]) ed. Gjessing, cap. 14, S. 24.

nach, zumal wenn man bedenkt, dass das Wort brúdhlaup
ursprünglich lediglich die copula carnalis bezeichnet zu haben
scheint, [1] allerdings dafürhalten, dass skyndibrullaup, d. h.
eilfertige Hochzeit, und weiterhin dann auch lausabrullaup,
lediglich in diesem Sinne zu verstehen sei; indessen scheinen
mir doch bezüglich des letzteren Wortes wenigstens überwiegende Gründe für jene andere Deutung zu sprechen. —
Als Ergebniss unserer Untersuchung stellt sich somit die
Thatsache heraus, dass die zwischen Björgólfr und Hilldiríd
bestehende Verbindung lediglich ein vertragsweise eingegangener Concubinat war und dass somit Brynjólfr sowohl als
Bárdr die aus dieser Verbindung hervorgegangenen Söhne
mit vollem Recht als frillusynir bezeichneten und von der
Beerbung ihres Vaters ausschlossen, in Bezug auf welche sie
ja als unächt geboren unbedingt hinter dem ehelich geborenen
Sohne zurückzustehen hatten.   Wenn Hárekr und Hrærekr
die für ihre Mutter geleistete Zahlung als ein Brautgeld und
demgemäss deren Verbindung mit ihrem Vater als eine rechtmässige Ehe aufgefasst wissen wollten, so widerspricht diess
den Thatsachen, und es begreift sich leicht, warum sie niemals ihre Ansprüche auf dem Rechtswege geltend zu machen
wagten. Wenn dagegen þórólfr zur Verstärkung seiner Behauptung, dass sie nicht ehelich geboren seien, sich auch
noch darauf beruft, dass ihre Mutter gewaltsam entführt und
mit Heeresmacht weggeschleppt worden sei, so will damit
offenbar nicht etwa neben dem Fehlen eines legalen Ehe-
bundes noch ein weiterer Grund für den Mangel der Erbfähigkeit der Söhne geltend gemacht, sondern lediglich aus
dem gewaltthätigen Vorgehen Björgólfs recht drastisch die
Nichtexistenz eines rechtmässigen Ehevertrages erschlossen
werden.

[1] vgl. V. Finsen in den Annaler, 1849, S. 236—37, Anm.
und Joh. Fritzner, s. v. brúdlaup, brúdr, u. a. m.

Nun ist allerdings richtig, dass das Besitzrecht þórólfs
vielleicht auch noch von einer ganz anderen Seite her hätte
angefochten werden können. Dieses Besitzrecht beruhte ausschliesslich auf der letztwilligen Verfügung, welche Bárðr
Brynjólfsson mit des Königs Zustimmung zu seinen Gunsten
gemacht hatte und allenfalls noch auf seiner Heirath mit
der Wittwe Bárðs; die Rechtsbeständigkeit jener Verfügung
liess sich aber vielleicht in Frage ziehen. Das norwegische
Recht, so wie es uns in den Provinzialrechten vorliegt, kennt
zwar eine gjaferð,[1]) also eine letztwillige Verfügung über
den gesammten Nachlass an Liegenschaften sowohl als an
Fahrhabe; aber es lässt diese nur für den Fall zu, dass geborene Erben nicht vorhanden sind, und es gestattet anderen-
falls zum Nachtheil dieser letzteren Vergabungen nur in sehr
eng begrenztem Umfange,[2]) wobei noch überdiess zu beachten
kommt, dass von den beiden wichtigsten Ausnahmsfällen der
eine, die tíundargjöf, erst durch die christliche Kirche, und
der andere, die fjórðúngsgjöf, gar erst durch den Cardinal
Nikolaus Brekspear, also im Jahre 1152, in das Recht herein-
kam.[3]) Nun hinterliess aber Bárðr einen ehelichen Sohn
Namens Grímr[4]) und dieser war somit sein geborener Erbe,
dessen Enterbung zu Gunsten þórólfs unmöglich war. Da
nun jene letztwillige Verfügung Bárðs dem þórólf ausdrücklich auch die Erziehung (uppfæzla) dieses seines Sohnes über-
trug, liegt es nahe, mit Finn Jónsson[5]) eine Ungenauigkeit
des Ausdrucks anzunehmen und die Verfügung dahin auszulegen, dass der Nachlass dem þórólf nicht zu eigenem

----

[1]) GþL. § 107; FrþL. IX, § 3 und 4.

[2]) So zumal GþL. § 129.

[3]) vgl. meine Abhandlung „Ueber den Hauptzehnt einiger
nordgermanischer Rechte", S. 16—51 (in den Abhandlungen
unserer Classe, Bd. XIII); ferner Fr. Brandt, 1, S. 155—59.

[4]) Eigla, cap. 8, S. 24.

[5]) Fortale, S. LXXXVII.

Recht, sondern nur zur Verwaltung für den unmündigen
Grím überwiesen und somit nur die gewöhnliche tutela usu-
fructuaria des norwegischen Rechts ihm übertragen werden
wollte. Freilich stösst man dabei sofort auf eine neue
Schwierigkeit. Auch zur Führung der Vormundschaft ist
bekanntlich der nächste geborene Erbe berufen [1]) und von
der Bestellung eines Vormundes durch letztwillige Verfügung
ist nirgends die Rede; indessen bleibt dabei immerhin ein
Ausweg offen. Die GþL. § 103 lassen nämlich die Mutter
schon an vierter Stelle ihr Kind beerben, dann nämlich,
wenn weder Leibeserben, noch der Vater oder Geschwister
desselben vorhanden sind; die für den vorliegenden Fall
massgebenden FrþL. VIII, § 7 berufen sie dagegen erst an
sechster Stelle, also nach den Kindern und Kindeskindern,
dem Vater, den ächt geborenen Geschwistern, den Onkeln
und Tanten, sowie den Neffen und Nichten. Von allen diesen
Verwandten nennt uns nun die Eigla keinen einzigen als
vorhanden, und es wäre demnach recht wohl denkbar, dass
Bárds Wittwe als Mutter Gríms zur Vormundschaft über
diesen berufen gewesen wäre, welche Vormundschaft dann
þórólfr als der ihr bestimmte Ehemann zu führen gehabt
hätte. [2]) In der angegebenen Weise lässt sich somit die Berufung þórólfs zur Vermögensverwaltung immerhin erklären,
vorausgesetzt, dass das Recht des 13. Jahrhunderts auch schon
im 9. galt, oder dass der Verfasser der Eigla sich ohne
Weiters an das norwegische Recht seiner Zeit oder auch an
das Recht seiner isländischen Heimat gehalten hat, welches
letztere die Mutter bereits zwischen den bródir samfeðri und
die systir samfeðra von ehelicher Abkunft einschob. [3]) Jedenfalls ist klar, dass die Zustimmung des Königs die Verfügung

---

[1]) GþL. § 115; FrþL. IX, § 22—23; vgl. Fr. Brandt, I, S. 135
bis 139.

[2]) FrþL. XI, § 5.

[3]) Kgsbk. § 118, S. 218; Staðarhólsbk. § 56, S. 63.

Bárđs nicht rechtsgültig machen konnte, falls sie diess land-
rechtlich nicht bereits war. Jessens Versuch,[1] das Eingreifen
K. Haralds aus dessen angeblicher Einziehung aller Óđalsgüter in Norwegen zu erklären, erweist sich schon dadurch
als völlig verkehrt, dass es sich im gegebenen Falle gar
nicht blos um solche handelte. Ebensowenig kann ich zugeben, dass der König, wie Finnr Jónsson annimmt, darum,
weil Bárđr sein Landherr war, über dessen Besitz schalten
und walten konnte wie es ihm gefiel; aber richtig ist allerdings, dass dieser neben dem ihm zu Eigen gehörigen Vermögen auch noch als Landherr mehrfache „veizlur" und
„lèn" des Königs besass, über welche diesem die freie Verfügung zustand und welche somit nur durch seine Verleihung
auf þórólf übergehen konnten und seinerzeit wirklich übergingen, und nicht minder richtig bleibt überdiess auch, dass
es sich bei K. Haralds bekannter Gewaltthätigkeit immerhin
empfehlen konnte, sich dessen Zustimmung zu erbitten, zumal da eine Sonderung des lehenrechtlichen Besitzes von
den landrechtlichen unter Umständen ihre Schwierigkeiten
haben konnte. In dieser Beziehung ist das Verhalten der
Betheiligten in Bezug auf þórólfs Verheirathung mit Sigríđ
ungemein belehrend. Wie über sein Vermögen und über die
Erziehung seines Sohnes so verfügte Bárđr zugleich auch
über die Hand seiner Frau; aber wenn auch Sigríđr selbst,
ihr Vater und ihre ganze Verwandtschaft auf des Königs
Gebot nicht weniger als auf þórólfs Persönlichkeit hohen
Werth legen, so gehen doch die Werbung, Verlobung und
Hochzeit ganz in gewöhnlicher Weise vor sich. Man sieht,
an den Vorschriften des Landrechts vermochte der Wille des
Königs Nichts zu ändern; aber er war von sehr erheblichem
Einfluss auf die Entschliessungen, welche die Betheiligten
im gegebenen Falle zu fassen hatten. Genau derselbe Vor-

---

[1] ang. Ort, S. 68—70.

gang wiederholt sich später nochmals, nachdem K. Haraldr
den þórólf getödtet hat und nach seinem Willen eben jene
Sigríd mit dessen Verwandten, Eyvindr lambi, verheirathen
will, welcher dabei auch þórólfs ganzen Besitz erhalten soll. [1]
Auch in diesem Falle fügt sich Sigríðr der Werbung, weil
sie keinen anderen Ausweg zu haben glaubt; aber selbstverständlich hat der Zwang, welchen der König auf ihre Entschliessungen ausübt, auch in diesem Falle mit der Rechtsfrage nichts zu thun.

2.

Der zweite Rechtsfall ist etwas verwickelter. Brynjólfr,
ein Sohn des Björn hersir in Sogn und somit von dem oben
genannten Brynjólfr Björgólfsson durchaus zu scheiden, hat
zwei Söhne, Björn und þórðr. Der erstere von diesen sieht
bei einem Gastmahle die þóra hlaðhönd, eine Schwester des
þórir hersir Hróaldsson, verliebt sich in sie und hält sofort
bei diesem ihrem Bruder um sie an. Von ihm abgewiesen
entführt er die þóra und bringt sie zu seinem Vater nach
Aurland, um sie zu heiraten; Brynjólfr aber, mit þórir von
Alters her befreundet, gibt diess nicht zu, erklärt vielmehr
die Entführte in seinem Hause so halten zu wollen wie wenn
sie seine eigene Tochter wäre und lässt ihrem Bruder Busse
anbieten. þórir besteht auf der Rücksendung seiner Schwester,
welcher sich hinwiederum Björn widersetzt. Darüber geht
der Winter hin; im Frühjahre entführt Björn mit Beihülfe
seiner Mutter die þóra aus seines Vaters Haus und gelangt
mit ihr glücklich nach Hjalltland, d. h. Shetland. [2] Hier
hält er mit ihr Hochzeit, [3] erfährt aber auch sofort, dass
K. Harald ihn geächtet und den Jarl Sigurd beauftragt habe,
ihn tödten zu lassen. Daraufhin fährt er nach Island hin-

[1] Eigla, cap. 22, S. 67—68.
[2] cap. 32, S. 102—5.
[3] gerði hann brullaup til þóru.

über, wo er von Skallagrím als Sohn seines Bekannten
Brynjólfr und Schwager seines Bundbruders þórir sehr freund-
lich aufgenommen wird. [1]) Erst hinterher kommt auf, dass
er mit der þóra ohne Zustimmung ihrer Verwandschaft durchgegangen und dass er in Norwegen der Acht verfallen sei;
auf Befragen gesteht er nun auch dem Skallagrím ein, dass
er sie ohne die Zustimmung ihrer Verwandten geheirathet
und dabei zumal nicht mit der Zustimmung ihres Bruders
gehandelt habe. [2]) Auf Island kommt þóra mit einer Tochter
nieder, welche Ásgerðr genannt wird; Skallagrímr aber lässt
sich durch seinen Sohn þórólf, der von dem oben besprochenen gleichnamigen Bruder Skallagríms natürlich wohl zu
unterscheiden ist, dazu bestimmen, zwischen Björn und þórir
eine Aussöhnung zu versuchen. Da auch Brynjólfr sich sofort an der Vermittlung betheiligt, gelingt diese. Als man
hievon auf Island Kenntniss erlangt, [3]) geht Björn mit þórólf
nach Norwegen hinüber, wo nun der Vergleich zwischen ihm
und þórir endgültig abgeschlossen und daraufhin von diesem
auch der þóra Alles ausbezahlt wird, was sie auf seinem
Hofe gut hatte, und von da ab halten þórir und Björn mit
einander gute Freundschaft und Schwägerschaft. [4])

Ásgerðr, die Tochter Björns und der þóra, war bei der
Rückkehr ihrer Eltern nach Norwegen zunächst in Skallagríms Haus auf Island zurückgeblieben und hier heran-
gewachsen. [5]) Inzwischen war ihre Mutter gestorben und ihr

---

[1]) Eigla, cap. 33, S. 105—8.
[2]) cap. 34, S. 108—9.
[3]) cap. 35, S. 111: þá sogdu þeir þau tídendi, at Björn var í
sætt tekinn í Noregi.
[4]) cap. 35, S. 111—12: Laugdu þeir Brynjólfr stefnu sín í milli.
Kom þar ok Bjorn til þeirar stefnu. Trygdu þeir þórer þá sætter
með sér. Sídan greiddi þórer af hendi sé þat, er þóra átti í hans
gardi, ok sídan tóku þeir vpp þórer ok Bjorn vináttu með teingdum.
[5]) cap. 35, S. 111.

Vater hatte eine zweite Frau geheirathet, mit welcher er
eine Tochter Namens Gunnhildr erzeugte. [1] Als aber
þórólfr Skallagrímsson wieder einmal nach Norwegen reiste,
nahm er im Auftrage seines Vaters die Ásgerð mit, um
sie zu ihrem Vater zu bringen. [2] Wirklich führte er sie
diesem zu, der sie mit Freuden aufnahm; Björn lebte aber
auf seinen Gütern ohne in des Königs Dienst treten zu
wollen und wurde darum Björn höldr genannt. [3] Etwas
später wirbt þórólfr um die Ásgerð, verlobt sich mit ihr
und heirathet sie mit Zustimmung ihrer ganzen Verwandtschaft. [4] Nachdem er aber in England gefallen ist, [5]
schliesst seine Wittwe, wiederum mit Zustimmung ihrer
Verwandtschaft, eine zweite Ehe mit þórólfs Bruder Egill. [6]
Schon früher hatte dieser durch mehrere von ihm begangene Todtschläge den Zorn des Königs Eiríkr blóðöx
auf sich geladen, und wenn es auch dem þórir hersir,
dem Bruder der þóra hlaðhönd, damals gelungen war, den
König zur Annahme einer Busse zu bewegen, so hatte dieser
doch erklärt, einen längeren Aufenthalt Egils in seinem
Reiche nicht dulden zu wollen. [7] Trotzdem gestattet der
König später dem þórir zu Liebe einen nochmaligen Winter-
aufenthalt Egils bei diesem; [8] da dieser nun aber, wenn
auch nicht ohne guten Grund, mit Eyvind skreyja, einem
Bruder der bösen Königin Gunnhild, gekämpft und diesem
ein Schiff abgenommen hat, [9] hält selbst sein treuer Freund
Arinbjörn, des þórir hersir Sohn, dessen längeren Aufenthalt
in Norwegen für unmöglich, und Egill führt daraufhin mit
seiner soeben erst geheiratheten Frau nach Island heim. [10]

---

[1] Eigla, cap. 37, S. 117.   [2] cap. 38, S. 119—20.   [3] cap. 41.
S. 128.   [4] cap. 42, S. 129—30 und cap. 44, S. 138.   [5] cap. 54,
S. 172.   [6] cap. 56, S. 182—83.   [7] cap. 44, S. 139: bað þóri
svá til haga, „þótt ek geri sætt nokkura, at Egill sé ekki langvistum
í mínu ríki“.   [8] cap. 48, S. 149—50.   [9] cap. 49, S. 151—51.
[10] cap. 56, S. 183.

Inzwischen hatte Bergönundr, ein Sohn des þorgeirr
þyrnifótr, die Gunnhild geheirathet, die Tochter des Björn
höldr aus seiner zweiten Ehe,[1] und als dann Björn starb,
nachdem Egill und Ásgerðr nach Island zurückgekehrt waren,
nahm er dessen ganzen Nachlass in Besitz, ohne der Rechte
dieser letzteren irgendwie zu achten.[2] Sobald aber Egill
von Björns Tod und dem Vorgehen Bergönunds Kenntniss
erlangt hat, macht er sich trotz alles Vorgefallenen nochmals mit seiner Frau nach Norwegen auf und erhebt hier,
trotz des entschiedenen Abrathens seines Freundes Arinbjörn,
der inzwischen seinen Vater þórir beerbt hat,[3] Namens der
Ásgerð Anspruch auf den halben Nachlass Björns, da dessen
beide Töchter zu dessen Erbschaft gleich nahe berufen seien.
Bergönundr, ein ebenso gewaltthätiger als habgieriger Mann,
weist seine Anforderung derb zurück, weil Egill selbst vom
König geächtet[4] und seine Frau offenkundig von der Mutterseite her unfreier Abkunft sei;[5] als dieser daraufhin erklärt,
die Sache an das Gulaþíng bringen zu wollen und seine
Ladung zu diesem ergehen lässt,[6] antwortet jener mit
Drohungen.[7] Sehr erbost darüber, dass seine Tante eine
unfreie Magd gescholten wurde,[8] wendet sich Arinbjörn zunächst an den König mit der Bitte, ihm und Egill den
Rechtsweg offen zu lassen; aber wenn dieser auch sein Gesuch nicht ausdrücklich abschlägt, so zeigt er sich wenigstens
sehr widerwillig. Als es nun zum Gulaþínge kommt, werden
hier die Richter innerhalb der geheiligten Schranken (vébönd)
niedergesetzt, je ein Dutzend aus dem Firðafylki, Sygnafylki
und Hörðafylki, und da Arinbjörn die Richter aus dem Firða-

---

[1] Eigla, cap. 56, S. 180; vgl. cap. 37, S. 117.
[2] cap. 56, S. 184.　　[3] cap. 56, S. 180.　　[4] útlagi Eiríks
konungs.　　[5] þuí at þat er kunnigt alþýdu, at hon er þýborin
at móderni.　　[6] þá stefner Egill bonum þing ok skýtr málinu
til Gulaþinga laga.　　[7] Das Obige nach cap. 56, S. 185—86.　　[8] er
þóra fodurayster hans var kollut ambátt.

fylki und þórðr von Aurland die aus dem Sygnafylki zu
ernennen hatte, stehen die Aussichten für Egill sehr günstig.
Dieser trägt nun seine Sache vor und macht geltend, dass
seine Frau Ásgerðr als eine Tochter Björns und von allen
Seiten her vornehmster Abkunft [1]) zur Erbschaft berufen sei;
er beantragt daraufhin, dass ihr der halbe Nachlass Björns
an liegender sowohl als fahrender Habe zuerkannt werde.
Bergönundr dagegen bringt vor, dass seine Frau Gunnhildr
die einzige eheliche Tochter Björns und darum auch allein
zu dessen Erbschaft berufen sei, wogegen Ásgerðr, Björns
einzige weitere Tochter, nicht erbberechtigt sei, weil ihre
Mutter mit Gewalt entführt und nur als Concubine gehalten
worden sei, ohne Zustimmung ihrer Verwandtschaft und von
Land zu Land geschleppt; [2]) er erbietet sich zugleich zum
Beweis darüber, dass ihre Mutter zweimal entführt worden
sei, dass sie mit Vikingern und geächteten Leuten das Land
verlassen habe und dass Björn mit ihr während der Zeit
seiner Acht die Ásgerð erzeugt habe. [3]) Er bezeichnet es
ferner als eine Unverschämtheit, dass Egill es wage ins Land
zu kommen, obwohl ihn der König geächtet habe, und dass
er sich unterstehe, seine Frau als erbfähig zu bezeichnen,
obwohl sie eine Unfreie sei; er verlangt schliesslich, dass
ihm die ganze Erbschaft Björns zuerkannt, Ásgerðr aber für
eine Unfreie des Königs erklärt werde, weil zur Zeit ihrer
Erzeugung ihre beiden Aeltern in des Königs Acht gewesen
seien. [4]) Hierauf antwortet sofort Arinbjörn, indem er sich

[1]) óðalborin ok lendborin í allar kynkvíslir, en tiginborin framm
í ættir.

[2]) Var móðir hennar hernumin, en síðan tekin frillutaki ok
ecki at frænda ráði, ok flutt land af landi.

[3]) at þóra hlaðhaund móðir Ásgerðar var hertekin heiman frá
þóris bróður síns, ok annat sinni af Aurlandi frá Brynjólfs. Fór hon
þá af landi á braut með víkingom ok útlaugom konungs, ok í þeiri
útlegd gáto þau Bjaurn dóttor þessa, Ásgerði.

[4]) Vil ek þess krefja dómendr, at þeir dœmi mér allan arf

zur Beweisführung darüber erbietet, dass bei dem zwischen
seinem Vater und dem Björn höldr abgeschlossenen Vergleiche die Verleihung der Erbfähigkeit an Ásgerð ausbe-
dungen worden sei, während er zugleich darauf hinweist,
dass K. Eiríkr selbst wisse, dass er den Björn wieder in den
Landfrieden gesetzt habe. [1]) Wirklich führt er sofort zwölf
wohlbefähigte Ohrenzeugen · des Vergleichsabschlusses vor,
welche sich zur Beeidigung ihrer Aussage erbieten. [2]) Die
Richter erklären sich bereit die Eide anzunehmen, wenn der
König es nicht verbiete, und dieser erklärt, solches weder
erlauben noch verbieten zu wollen. Da lässt die Königin
Gunnhildr, um ihren Günstling Bergönund zu retten, das
Gericht mit Waffengewalt sprengen. [3])

Der weitere Verlauf der Dinge hat zunächst mit der
Rechtsfrage nichts mehr zu thun. Wir hören wie Egill, da
ihm der Rechtsweg abgeschnitten wird, noch am Ding den
Bergönund zum Zweikampfe fordert und zugleich ein förm-
liches Verbot gegen jede Benützung des streitigen Grundbesitzes ergehen lässt; [4]) wie er sodann, vom Könige selbst
verfolgt, zwar sein Kaufschiff verliert, aber dafür auch dem
Könige seinen Verwandten Ketil tödtet und glücklich ent-
kommt. [5]) Wir hören ferner, wie Egill von K. Eirík geüchtet

---

Bjarnar, en dœmi Ásgerði ambátt konunga, því at hon var suá
getin, at þá var faðir hennar ok móðir í úttlegð konungs.

[1]) vitni munum uér framm bera, Eiríkr konungr til þess, ok
láta eiða fylgja, at þat var skilit í sætt þeira Þóris faudur míns ok
Bjarnar haulldz, at Ásgerðr dóttir þeira Bjarnar ok Þóro var til
arfs leidd eptir Bjorn faudor sinn, ok suá þat, sem yðr er sjálfom
kunnikt, konungr, at þú geyrðir Bjorn ílendan, ok aullu því máli
var þá lukt, er úðr hafði milli staðit sættar manna.

[2]) Arinbjörn lét þá framm bera uitnisburðinn 12 menn, ok
allir vel til valdir, ok haufðo allir þeir heyrt á sætt þeira Þóris ok
Bjarnar, ok budo þá konnungi ok dómaundom at sueria þar eptir.

[3]) Das Bisherige nach cap. 56, S. 187—91.

[4]) cap. 56, S. 191—92.

[5]) cap 56, S. 193—97.

wird; [1]) wie er sodann den Bergönund überfällt, ihn sammt
seinem Bruder und einem Verwandten des Königs selbst erschlägt, seinen Hof plündert und dann auch noch des Königs
Sohn Rögnvald sammt seinen Begleitern tödtet, dem König
selbst aber und seiner Königin eine „níðstöng" errichtet und
dann ungefährdet nach Island heimgelangt. [2]) Ebensowenig
ist hier zu besprechen, wie K. Eiríkr von seinem eigenen
Bruder, Hákon Aðalsteinsfóstri, aus Norwegen vertrieben
wird, und wie er sich sofort nach England wendet, wo Egill
nochmals mit ihm zusammentrifft; dagegen muss ein weiterer
Versuch dieses letzteren, das seiner Frau gebührende Erbe
in Besitz zu nehmen, hier noch eingehend erörtert werden.

Den ganzen Nachlass Bergönunds hatte dessen Bruder,
Atli hinn skammi, in Besitz genommen; Egill aber ging von
England aus nach Norwegen hinüber, um ihm gegenüber
die Rechte seiner Frau geltend zu machen. [3]) Durch Empfeh-
lungen des englischen Königs Aðalsteinn (d. h. Æðelstân)
unterstützt, trägt er dem K. Hákon seine Sache vor, beansprucht für seine Frau den halben Nachlass Björns an
liegender und fahrender Habe, und erbietet sich zur Beweisführung durch Zeugen und Eide, [4]) indem er darauf hinweist, wie ihm seinerzeit durch K. Eirík und dessen Frau
am Gulaþínge der Rechtsweg abgeschnitten worden sei, und
den König bittet, ihn nunmehr zu seinem Rechte gelangen
zu lassen. Der König hält ihm zwar scharf genug sein
trotziges und feindseliges Benehmen gegen K. Eirík und
dessen gesammtes Haus vor, verwilligt ihm aber um K. Aðalsteins willen doch den Genuss des Landfriedens und rechtlichen Schutz für seine Ansprüche. [5]) Nun fährt Egill nach
Ask auf der Insel Fenhring in Hörðaland und spricht hier

---

[1]) cap. 57, S. 199.   [2]) cap. 57, S. 199—209.   [3]) cap. 62,
S. 228.   [4]) bauð þar framm vitni ok eiða með máli sínu.   [5]) en
firi saker Aðalsteins konungs fóstra míns, þá skalltu hafa hér frið
í landi ok ná logum ok landsrétti. Das Obige nach cap. 63, S. 229—31.

den Atli um das seiner Frau zugehörige Vermögen an, welches
Bergönundr ihr widerrechtlich vorenthalten habe; [1] dieser
aber verweigert dessen Herausgabe unter Berufung auf das
Urtheil, welches K. Eiríkr zu Gunsten Bergönunds gefällt
habe, [2] indem er zugleich geltend macht, dass eigentlich
Egill ihm seinerseits Busse schulde für die Tödtung seiner
Brüder und die Plünderung ihres Hofes. Daraufhin ladet
Egill ihn vor das Gulaþíng, unter Bezugnahme darauf, dass
ihm K. Hákon ausdrücklich den Rechtsweg eröffnet habe. [3]
Am Gulaþíng trägt Egill sodaun seine Klage und Atli seine
Vertheidigung vor, und der Letztere erbietet sich zu einem
Zwölfereide darüber, dass er keinerlei Guts unter seiner Verwaltung habe, welches dem Egill gehöre; [4] als er sich aber
anschickte, diesen mit seinen Eidhelfern (með eiðalið sitt)
abzuschwören, schnitt ihm Egill die weitere Vertheidigung
durch eine Herausforderung zum Zweikampfe ab, was nach
damaligem Rechte zulässig war. [5] Darauf geht Atli ein und
es kommt zum Zweikampfe; in diesem erlegt Egill seinen
Gegner, worauf er dann den gesammten Grundbesitz an sich
nimmt, den er Namens seiner Frau beansprucht hatte. [6]
Damit ist die Sache endgültig erledigt, wie wir denn den
Egill iu der That später Pachtgelder (landskyldir) in Sogn
erheben [7] oder Vollmacht zu deren Verwaltung und Veräusserung ertheilen sehen. [8]

Die Prüfung dieses zweiten Rechtsfalles ist insofern er-

---

[1] Em ek nú kominn at vitja fjár þess, landa ok lausa aura,
ok krefja þik, at þú later laust ok greiðer mér í hendr.

[2] er Eiríkr konungr dæmdi Aunundi bróður mínum.

[3] Das Obige nach cap. 65, S. 240—42.

[4] en Atli bauð logvorn í mót, tylftareiða, at hann hefði ecki
fé þat at varðueita, er Egill ætti.

[5] cap. 65, S. 242; vgl. auch cap. 64, S. 238—39.

[6] cap. 65, S. 243—45.

[7] cap. 67, S. 247.

[8] cap. 76, S. 279.

leichtert, als keinem Zweifel unterliegen kann, nach welchem
Recht derselbe zu entscheiden ist. Schon Hróaldr, der Vater
des þórir hersir, war Jarl im Firðafylki gewesen; [1] ebenda
wohnte sein Sohn, als dessen Schwester, þóra hlaðhönd, aus
seinem Hause entführt wurde, [2] und auch noch dessen Sohn
Arinbjörn hatte am Gulaþínge die Richter aus dem Firðafylki
zu ernennen. [3] Andererseits wohnte bereits Björn hersir und
nach ihm sein Sohn Brynjólfr auf dem Hofe Aurland in
Sogn; dahin bringt Brynjólfs Sohn Björn die entführte þóra
und von hier aus entführt er sie zum zweiten Male, um mit
ihr ausser Landes zu gehen; [4] nach Brynjólfs Tod aber ernennt ein anderer Sohn desselben, þórðr, die Richter aus
dem Sygnafylki und auch er wohnt auf Aurland. [5] Endlich
þorgeirr þyrnifótr, Bergönunds Vater, bewohnte den Hof Ask
auf der Insel Fenhring (jetzt Askö) in Hörðaland, [6] und
ebenso wohnte hier Bergönundr selbst, als er die Gunnhild
heirathete, [7] und hier wurde er auch von Egill erschlagen. [8]
Die sämmtlichen bei dem Rechtshandel betheiligten Personen,
mit einziger Ausnahme des Klägers, gehörten somit dem
Gulaþíng an, und auch die beiden für diesen in Betracht
kommenden Entführungen wurden im Bereiche dieses Dingverbandes verübt; mit vollem Rechte wurde darum von Egill
die beiden Male, da er den Rechtsweg beschritt, das Gulaþíng angegangen, und nach den Gulaþíngslög musste denn
auch der Rechtsfall entschieden werden. Nun gehören allerdings die uns erhaltenen Aufzeichnungen dieses Provinzial-
rechtes erst der ersten Hälfte des 13. Jahrhunderts an, und
selbst deren älteste Bestandtheile scheinen kaum vor dem
Anfange des 12. Jahrhunderts niedergeschrieben worden zu
sein; aber die Vergleichung des isländischen Rechtes, welches

---

[1] Eigla, cap. 2, S. 6.   [2] cap. 32, S. 102—3.   [3] cap. 56,
S. 187—88.   [4] cap. 32, S. 102—5.   [5] cap. 56, S. 188.
[6] cap. 37, S. 117.   [7] cap. 56, S. 180—81.   [8] cap. 57, S. 202—3.

sich erst bei Lebzeiten Egils von dem Rechte des Gulaþínges abgezweigt hatte, lässt deutlich erkennen, dass in den hier massgebenden Punkten dieses letztere bereits in der ersten Hälfte des 10. Jahrhunderts wesentlich dieselben Bestimmungen enthalten haben muss, wie sie die uns erhaltenen Aufzeichnungen aufweisen.

Was nun die Sache selbst betrifft, so ist zunächst klar, dass die Hochzeit, welche Björn höldr mit der þóra hlaðhönd auf Shetland hielt, obwohl als brullaup bezeichnet, doch keine richtige Hochzeit war und keine rechtmässige Ehe begründen konnte. Björn hatte die þóra nicht nur ohne die Zustimmung, sondern sogar gegen den ausdrücklich erklärten Willen ihres Bruders zu sich genommen, denn er hatte sie aus dessen Haus entführt, nachdem seine Werbung um ihre Hand von þórir zurückgewiesen worden war. Weder von einer legalen Verlobung noch von dem Versprechen und der Zahlung eines Brautgeldes konnte demnach im gegebenen Falle die Rede sein, und doch wurde oben bereits dargelegt, dass sowohl die Gulaþíngslög als die älteren isländischen Rechtsbücher Beides als wesentliche Voraussetzungen einer rechtmässigen Ehe neben der Hochzeit fordern. Dabei bestimmen die ersteren ausdrücklich,[1] dass die Verlobung zunächst durch den Vater der Braut zu erfolgen habe, eventuell aber durch deren Bruder, wenn der Vater bereits verstorben sei, und auch die letzteren lassen in Ermangelung frei und ächt geborener Kinder der Braut zuerst deren Vater und eventuell deren Bruder von der Vaterseite als Verlober eintreten.[2] Nur als ein „frillutak", d. h. als Eingehung

--- ---

[1] GÞL. § 51: Nu er þat þvi neat at madr vill afla sér kvanfanga þess er meira kemr til. þa scal fader sialfr festa dottor sina, ef hon er mær. en broder ef fader er daudr.

[2] Kgsbk. § 144, S. 29: Sonr 16 vetra gamall eþa ellre er fastnandi moþor sinnar frials borinn oc arfgengr oc sva hygginn at hann kunni fyrir erfd at rada. Enn ef eigi er sonr þa er dottir su er gipt

eines Concubinates kann demnach rechtlich die von Björn
mit þóra gehaltene Hochzeit betrachtet werden, ganz wie
die Königin Sigríðr stórráða die Hochzeit des Königs Ólaf
Tryggvason mit der þyri Haraldsdóttir darum als ein frillutak
bezeichnet, weil diese sich ihm blos mit dem Beirathe ihres
Erziehers Özurr Agason selbst verlobt hatte, ohne die Zustimmung ihres Bruders, des Dänenkönigs Sveinn. [1]   Eine
Folge hievon ist aber, dass Ásgerðr als ein ehelich geborenes
Kind nicht gelten und somit auch nicht als solches zur Erbschaft ihres Vaters berufen sein konnte. — Schwieriger ist die
Frage zu beantworten, wie weit die Acht rechtlich begründet
gewesen sei, welche K. Haraldr über Björn sofort nach seiner
Flucht aus Norwegen verhängte.   Allerdings rechnet eine
Stelle in den Gulaþíngslög [2] zu den Leuten, welche der
strengsten Acht unterliegen sollten, unter Anderen auch diejenigen, welche Ehefrauen, Bräute oder Töchter rauben ohne
deren eigenen Willen und den Willen derer, in deren Gewalt
sie stehen; aber diese Bestimmung bezeichnet sich selbst in
ihrer Ueberschrift als eine von K. Magnus erlassene Novelle,
und eine im Drönter Landrechte enthaltene Parallelstelle [3]

er, oc a þa bonde hennar at festa mag kono sína. En þa er faþir
fastnande dottor sinnar. En þa scal broðir samfeðri fastna systor
sina. Aehnlich ebenda, § 255, S. 203; Staðarhólsbók, § 118,
S. 155; Belgsdalsbók, § 48, S. 240.

[1] Ólafs s. Tryggvasonar, cap. 244, S. 291, vgl. cap. 195,
S. 133 (FMS., II.) und Flbk, I, § 372, S. 471—72, vgl. § 303, S. 373.
Bei Oddr, cap. 34, S. 37 u. cap. 49, S. 46 (ed. Munch), dann cap. 42,
S. 311 u. cap. 58, S. 333 (FMS., X), sowie in der Heimskr. cap. 100,
S. 201 u. cap. 106, S. 205 ist der Wortlaut weniger bezeichnend.

[2] GþL. § 32: oc sva þeir menn er konor taca með rane, æða
annarra manna konor festar konor, æða dœtr manna firi utan rað
þeirra er forræðe eigu firi, æða sialfra þeirra, hvegi er siðan gerizt
vili þeirra er hiuskapr ræðzt, oc sva þeir er hemnazt þessara ubota
manna, æða heimta giolld eftir ef vitni veit þat, þa ero þeir ubota-
menn aller, firigort fe oc friði lande oc lausum eyri.

[3] FrþL. V, § 44—46.

sagt ausdrücklich, dass sie eingeführt worden sei „mit dem
Rathe des Königs Magnús und des Erzbischofs Eysteinn und
anderer Bischöfe und aller der weisesten Männer aus allen
Dingverbänden", — sie gehört also erst der zweiten Hälfte
des 12. Jahrhunderts an und kann nicht ohne Weiteres auf
den Schluss des 9. und den Anfang des 10. Jahrhunderts
zurückbezogen werden. Indessen lässt sich doch nicht mit
Sicherheit erkennen, wie viel oder wie wenig von dieser
Vorschrift wirklich neueres Recht war, so dass die Möglichkeit nicht ausgeschlossen erscheint, dass die Bedrohung des
Weiberraubes mit der Acht schon dem älteren Rechte geläufig
gewesen wäre, und es fehlt überdiess nicht an Gründen,
welche diess wahrscheinlich machen. Nach einer Geschichts-
quelle [1]) soll bereits K. Haraldr hárfagri ein Gesetz erlassen
haben, welches die Vergewaltigung von Weibern mit der
Acht bedrohte, von welcher sich der Schuldige durch die
Zahlung von 40 Mark loskaufen konnte, und diese Bestimmung kehrt ganz gleichmässig auch in unseren Gulaþíngslög
wieder. [2]) Allerdings ist die Glaubwürdigkeit jener geschichtlichen Angabe eine recht anfechtbare, und überdiess beziehen
sich beide Stellen auf die Nothzucht und nicht auf den
Frauenraub; aber doch wird auch an einer anderen Stelle
des angeführten Rechtsbuches, [3]) welche ihrem gesammten

---

[1]) **Fagrskinna**, § 17: þá gerði ok Haraldr ný lög um kvenna-
rétt, at sá maðr er tekr konu nauðga, þá skal hánum þat verða at
útlegðarsök, ok skal hann kaupa sik með 40 marka sex álna eyris
í frið aptr.

[2]) GþL., § 199: Nu brytr maðr kono til svefnis, oc verðr hann
kunnr oc sannr at því, þá verðr hann útlagr um eller gjallde 40 marca,
oc bœte henne tvevolldom rétte. Aehnlich auch Bjark R. II, § 46
uud III, § 96; dagegen anders BþL. II, § 18.

[3]) GþL., § 51: Nu tecr maðr festar kono mann. oc gengr at
eiga, oc se þat beggia þeirra rað, þá stefne sa þing, er fyrr hafðe
festa þeim er siðarr fecc; þá eigu þingmenn at dœma þau útlog
bæde. En ef hon segir eigi sinn vilja til þess, þa scilisc hon við þat.

Inhalte nach entschieden altes Recht wiederzugeben scheint,
gesagt, dass für den Fall, dass Einer die Braut des Andern
zur Ehe nimmt, Beide der Acht verfallen sollen, wenn die
Heirath von Beiden gewollt war, dagegen nur der Mann,
wenn das Weib behauptet, wider ihren Willen genommen
worden zu sein. Hier handelt es sich also in der That um
Weiberraub und Entführung, wobei nur wunderlicher Weise
das Verhalten des gesetzlichen Verlobers der Entführten zu
der That ganz ausser Betracht gelassen ist; aber freilich bezieht sich die Stelle nur auf Bräute und bleibt dahingestellt,
ob dasselbe Recht, mit Ausnahme natürlich des auf die Klags-
berechtigung bezüglichen Satzes, auch bezüglich der nicht
verlobten Weiber gegolten habe. Noch weiter dürfte aber die
Vergleichung des isländischen Rechtes führen. Dieses bedroht
nicht nur die Nothzucht und selbst schon den nächsten Versuch zu dieser mit dem Waldgange, also der strengsten Acht,[1]
sondern es bestraft auch ganz ebenso den Frauenraub, welcher
mit der Absicht begangen wird, die Geraubte zu heirathen;[2]
wenn daneben noch speciell der Fall besprochen und mit
der gleichen Strafe bedroht wird, da eine Verlobte weg-
geholt wird, um sie zu ehelichen,[3] so liegt der Grund hiefür doch wohl zunächst darin, dass in diesem letzteren Falle
die Strafe auch dann eintreten sollte, wenn die Weggeführte
eingewilligt hatte, und dass somit bei der Braut zwischen
dem Frauenraub und der Entführung nicht unterschieden
werden wollte. Hält man diese Vorschriften der Grágás mit
den vorher besprochenen Vorschriften der Gulaþingslög zusammen, so möchte immerhin als wahrscheinlich zu bezeichnen
sein, dass bereits das ältere Recht des Gulaþínges den Frauen-

---

[1] Kgsbk, § 155, S. 47; Stadarhlsbk, § 144, S. 176.
[2] Kgsbk, § 159, S. 57: Ef madr tekr kono navdga abrott oc
vill eiga ganga vardar honum þat scog gang; Stadarhlsbk,
§ 158, S. 187; Belgsdalsbk, § 54, S. 248.
[3] Kgsbk, § 160, S. 57—58; Stadarhlsbk, § 160, S. 188—89.

raub mit der Acht bedroht habe, nur freilich mit der
milderen, als útlegð bezeichneten, wogegen er erst durch
K. Magnús Erlíngsson unter die úbótamal eingereiht und
somit mit der strengsten Feindlosigkeit belegt worden wäre,
wie denn auch auf Island der Waldgang möglicherweise erst
später an die Stelle der blossen Landesverweisung getreten
sein mag. Wollte man aber diese Vermuthung nicht für
stichhaltig gelten lassen, so bliebe immer noch der andere
Ausweg, anzunehmen, dass der König die Acht über Björn
ohne bestimmteren Anhaltspunkt im Gesetze lediglich auf
Grund seiner Verpflichtung zur Wahrung von Recht und
Frieden im Lande (landbreinsun) erlassen habe, falls nicht
etwa gar der Verfasser der Eigla sich eines Hineintragens
des Rechtes seiner eigenen Zeit in eine längst vergangene
Vorzeit schuldig gemacht haben sollte.

Eine zweite Frage ist nun aber die, wie weit die durch
die bisher besprochenen Thatsachen geschaffene Sachlage
etwa durch spätere Vorgänge verändert worden sei? Wir
erfahren zunächst, dass zwischen Björn und þórir, dem Bruder der þóra, ein Vergleich zu Stande kam, welchen erst
Brynjólfr für seinen Sohn abschloss[1]) und welcher dann bei
einer Zusammenkunft Björns selbst mit þórir von Beiden
feierlich bestätigt wurde.[2]) Ueber die Bedingungen des Vergleichsabschlusses wird uns dabei allerdings nichts Näheres
mitgetheilt; aber wir erfahren doch wenigstens, dass þórir
fortan seine Verschwägerung (tengðir) mit Björn anerkannte
und dass er auch an þóra Alles entrichtete, was sie an ihn
zu fordern hatte, d. h. doch wohl ihre Mitgift und Ausfertigung, wie sie diese gleich bei ihrer Hochzeit zu bean-

---

[1]) cap. 35, S. 110—11: En þegar er Brynjólfr vissi þessa orðsending, þá lagði hann allan hug á at bjóða sætter firi Bjorn. Kom
þá svá því máli, at þórer tók sætter firi Bjorn. Vgl. auch oben
S. 93, Anm. 4.

. [2]) cap. 35, S. 112: Trygdu þeir þórer þá sætter með sér.

spruchen gehabt hätte, [1]) wenn diese in gesetzlicher Weise
unter Mitwirkung ihres Bruders vor sich gegangen wäre.
Man wird hiernach nicht bezweifeln können, dass durch den
abgeschlossenen Vergleich die zwischen Björn und þóra bestehende Verbindung als eine gültige Ehe anerkannt und
dieser letzteren die Rechte einer rechtmässigen Ehefrau eingeräumt wurden; zweifelhaft wird dagegen vorläufig bleiben
müssen, wie weit damit auch der vor dem Vergleichsabschlusse
geborenen Tochter die Rechte eines ehelich geborenen Kindes
nachträglich verschafft werden konnten und auch die Acht
aufgehoben wurde, welche K. Harald über Björn verhängt
hatte. Ueber beide Fragen scheinen indessen die Verhandlungen am ersten Gulaþínge genügendes Licht zu verbreiten.

Schon bei der ersten Erhebung seines Anspruches Bergönund gegenüber stützt Egill diesen auf die Gleichberechti-
gung der beiden Töchter Björns auf den Nachlass ihres
Vaters und in derselben Weise begründet er sodann auch
seine Klage am Gulaþínge; die Eigenschaft seiner Frau als
eines ehelichen Kindes wird dabei von ihm stillschweigend
vorausgesetzt, und unter dieser Voraussetzung war seine Forderung vollkommen begründet, da ja Björn weder einen
Sohn noch Sohnessohn hinterlassen hatte und somit seine
ehelichen Töchter zu seinem Nachlasse in der That berufen
waren. [2]) Bergönundr dagegen macht in seiner Beantwortung
der Klage beidemale zunächst geltend, dass Egill in Norwegen geächtet sei und sich somit gar nicht im Lande auf-
halten dürfe, und stützt sich andererseits darauf, dass seine
eigene Frau, Gunnhildr, allein eine eheliche Tochter Björns
und darum auch allein zu dessen Erbschaft berufen sei, was
er beim ersten Anlaufe kurz damit begründet, dass Ásgerðr

[1]) vgl. Fr. Brandt, I, S. 95—97.
[2]) GþL. § 103; vgl. Kgsbk. § 118, S. 218; Staðarhólsbk,
§ 56, S. 63; Belgsdalsbk, § 45, S. 238; AM. 173 D, in 4., § 10, S. 460.

offenkundig von einer unfreien Mutter geboren sei, [1] später
aber näher dahin ausführt, dass deren Mutter gewaltsam
geraubt und zweimal entführt, ohne Zustimmung ihrer Verwandtschaft als Concubine gehalten worden sei, und dass
Ásgerðr selbst, weil während der Acht ihrer Aeltern geboren,
für eine Unfreie des Königs erklärt und von jedem Erbrechte
ausgeschlossen werden müsse. [2] Da fällt nun zunächst auf,
dass der Beklagte zwar die Aechtung Egils durch den König
behauptet, offenbar um daraufhin dessen Rechts- und Ge-
richtsfähigkeit zu bemängeln, dass er aber über diesen Punkt
sich nicht zur Beweisführung erbietet, und dass klägerischerseits auf diesen Punkt überhaupt nicht eingegangen wird.
Eine förmliche Achtserklärung scheint in der That gegen
Egill nicht ergangen zu sein. Allerdings hatte K. Eiríkr,
als er von Egill wegen einiger von ihm begangener Todtschläge Busse annahm, ausdrücklich erklärt, trotzdem einen
längeren Aufenthalt desselben in seinem Reiche nicht dulden
zu wollen, und hatte er auch später noch einen wiederholten
Besuch desselben bei þórir nur mit dem nachdrücklichen
Bemerken gestattet, dass diess nur aus besonderer Rücksicht
auf diesen letzteren geschehe; [3] hierin lag aber keineswegs
eine förmliche Achtserklärung, welche dem Egill seine Ge-
richtsfähigkeit entziehen konnte, wenn dieser auch in Folge
jener Erklärungen allen Grund haben mochte, Norwegen
fortan zu meiden. Mag sein, dass mit der zweifelhaften Bedeutung jenes Aufenthaltsverbotes zusammenhängt, dass die
Richter sich hinterher zur Annahme der klägerischerseits
angebotenen Zeugeneide nur unter der Voraussetzung bereit
erklären, dass der König diess nicht verwehre; mag sein
auch, dass durch denselben Umstand zu erklären ist, warum
die Replik und das Anerbieten der Beweisführung nicht mehr
von Egill, der doch die Ladung erlassen und die Klage vor-

---

[1] Siehe oben S. 95, Anm. 5.   [2] siehe oben S. 96, Anm. 3—4.
[3] siehe oben S. 94.

getragen hatte, sondern von Arinbjörn vorgebracht wird,
welcher ganz zweifellos befugt war, vor dem Gerichte aufzutreten. Jedenfalls darf als sicher angenommen werden,
dass diese Bemängelung der Klage einer genügenden rechtlichen Begründung entbehrte und lediglich chicanöser Natur
war. Aber auch insofern, als die Erbfähigkeit der Ásgerđ,
der eigentliche Kernpunkt des Rechtsstreites, in Frage kam,
zeigt sich das Verfahren Bergönunds ganz ebenso chicanös.
Dass er die Rechtsgültigkeit der Ehe des Björn und der
þóra und damit die Berufung der Ásgerđ zur Erbschaft ihres
Vaters neben ihrer zweifellos ehelich geborenen Halbschwester
Gunnhild bestritt, lag freilich in seiner Processrolle und ist
es hiernach nur folgerichtig, wenn er hervorhob, dass þóra
„var .. tekin frillotaki ok ecki at frændaráđi"; wenn er aber
noch weiter ging und behauptete, dass þóra eine Unfreie
gewesen sei und dass somit Ásgerđr „þýborin at móđerni"
und „konungs ambátt" sei, so kann man hierin nichts Anderes erkennen, als eine höchst gehässige Uebertreibung.
Bergönundr selbst will diese seine Behauptung auf zwei
ganz verschiedene Gründe stützen, nämlich einmal darauf,
dass þóra zweimal geraubt (hertekin, hernumin) worden sei,
und zweitens darauf, dass Ásgerđr von ihr zu einer Zeit
empfangen und geboren worden sei, während deren ihre
beiden Aeltern in der Acht gewesen seien. Aber wenn zwar
der im Auslande begangene Menschenraub zweifellos die Unfreiheit begründete, so war diess doch nur eine Folge des
alten Rechtsgrundsatzes, dass der Fremde ausser Landes rechtlos sei; dass dagegen auch der innerhalb des Rechtsverbandes an einem diesem angehörigen Genossen begangene
Raub die gleiche Wirkung gehabt habe, wie diess A. Gjessing[1] und Fr. Brandt[2] aus unserer und einigen anderen

[1] Annaler, 1862, S. 90—93 und 111—17.
[2] (Norsk) Historisk Tidsskrift, I, S. 197—98; Forelæsninger, I, S. 67.

Stellen folgern wollten, halte ich nicht nur für unerwiesen,
sondern sogar für grundsätzlich unmöglich. Die Heerfahrt
innerhalb des eigenen Landes war mit der Acht bedroht, [1])
und auch der Kauf und Verkauf freier Menschen war mit
einer Busse von 40 Mark belegt, [2]) welche Zahlung doch
nur als ein Loskaufen von der Acht aufgefasst werden kann:
die erstere Bestimmung liegt bereits der Acht zu Grunde,
welche K. Haraldr hárfagri über Gönguhrólf verhängte, [3])
und kehrt überdiess auch in zwei Bearbeitungen des isländischen Rechtes wieder [4]) und fehlt in der dritten, der
Konúngsbók, wohl nur in Folge der Lücke, welche diese
Hs. im betreffenden Abschnitte zeigt, und auch die andere
Vorschrift wird nicht als neueres Recht gelten können, da
auch sie ganz dem Geiste der ältesten Rechtsanschauungen
entspricht. Für den anderen Satz aber, dass das Kind ge-
ächteter Aeltern der Knechtschaft des Königs verfalle und
somit unfrei werde, lässt sich vollends nicht der geringste
Schein eines Beweises aufbringen; rechtlos zwar ist der
Geächtete und diese Eigenschaft mag er darum allenfalls
auch auf die Kinder übertragen, welche er während der
Dauer seiner Friedlosigkeit mit seiner eigenen Ehefrau erzeugt, [5]) für die Unfreiheit dieser letzteren aber liegt nicht
der mindeste Grund vor. Es mag übrigens sein, dass den
Sagenschreiber in diesem Punkte eine unklare Erinnerung
an einen anderen Rechtssatz verführte. Es wird uns erzählt, [6])

---

[1]) GþL., § 314; FrþL. IV, § 4 und VII, § 25; ebenso das
Bruchstück der EþL. in Norges gamle Love, II, S. 522.

[2]) ebenda § 71.

[3]) Heimskr. Haralds s. hárfagra, cap. 24, S. 65.

[4]) Staðarhlsbk, § 365, S. 382—83; Belgsdalsbk, § 60,
S. 245—246.

[5]) Kgsbk, § 118, S. 224; Staðarhlsbk, § 59, S. 68; AM. 125,
A in 4.to, Arfaþ., cap. 9, S. 414.

[6]) Fagrskinna, § 17, S. 10: En sú kona er hon leggsk á laun,

dass K. Haraldr hárfagri die Bestimmung eingeführt habe,
dass Weiber, welche sich insgeheim beschlafen liessen, insolange der Knechtschaft des Königs verfallen sollten, als sie
sich nicht mit einem Betrage von 3 Mark aus dieser loskaufen würden. Eine ganz entsprechende Vorschrift enthält
auch noch das ältere Stadtrecht [1] und zwar mit dem Beisatze, dass eine Freigelassene, welche sich desselben Vergehens
schuldig macht, die 3 Mark ihrem Freilasser und nicht dem
Könige zu büssen habe, was natürlich auch zur Folge haben
muss, dass sie im Nichtzahlungsfalle der Schuldknechtschaft
ihres Freilassers und nicht des Königs verfällt. Die Bestimmung über die Freigelassene kehrt in abgekürzter Fassung
auch im Drönter Landrechte wieder, [2] und hier findet sich
auch noch die weitere Vorschrift, [3] dass Klosterfrauen im
gleichen Falle der Knechtschaft des Bischofs verfallen sollen,
wogegen den freigeborenen Weibern weltlichen Standes die
Busse von 3 Mark an den König hier nur für den Fall angedroht wird, [4] dass sie sich mit einem Unfreien vergangen
haben, was aber allerdings sofort angenommen wird, sowie
sie sich weigern, den Kindsvater zu nennen. Ebenso lässt
auch das Recht des Gulaþínges und ähnlich auch das Recht
von Víkin nur dann das freigeborene Weib einer Busse von
3 Mark an den König und die Freigelassene einer Busse von

þá skal hon ganga í konungs garð ok týna frelsi sínu þar til hon
er leyst þadan með þrem mörkum sex álna eyris.

[1] Bjark R. III, § 127: En ef ættborin kona fyrirliggr sér ok
verðr sek við konung, þá skal gialdkyri bióða frændum ok vinum
at þeir leysi hana undan. en ef engi vill undan leysa. þá skal gialdkyri selia hana til þeirra skuldar innan lands. en eigi utan. En
ef leysingia manns fyrirliggr sér eða frilsgefa. þá er hon sek við
skapdróttinn sinn 3 mörkum. jafnt hinn fiórða sem hinn fyrstu. en
sá er lá með er sekr 6 aurum við hann. ekki á konungr á því.

[2] Frþ L. IX, § 16.

[3] ebenda III, § 14; auch KrR. Sverris, § 68.

[4] Frþ L. II. § 1; KrR. Sverris, § 31.

6 Oeren an ihren Freilasser verfallen und eventuell der
Schuldknechtschaft dort des Königs und hier des Freilassers
unterliegen, wenn es ein Unfreier war, mit welchen sie sich
eingelassen hatte; [1] da aber auch das isländische Recht dem
Geschlechtsvormunde des ledigen Weibes, welches sich hat
beschlafen lassen, ganz allgemein einen Anspruch auf eine
Busse von 6 Mark und die Befugniss einräumt, die Schuldige
für diesen Betrag in Schuldknechtschaft zu nehmen, [2] ohne
dabei zu unterscheiden, ob sie sich mit einem Freien oder
Unfreien vergangen hat, so wird man wohl annehmen dürfen,
dass auch in Norwegen, und zwar im Bereiche des Gulaþínges sowohl als des Frostuþínges die Vorschrift wirklich
in der vollen Ausdehnung gegolten haben werde, welche die
Fagrskinna ihr gibt und welche auch das ältere Stadtrecht
noch festhält. [3] Aber wenn man diess auch anerkennt und
überdiess annehmen will, dass an unsere Stelle der Verfasser
der Eigla die in Folge der ausserehelichen Beiwohnung eintretende Schuldknechtschaft mit den Wirkungen der Acht
verwechselt habe, würde Bergönunds Antrag dennoch um
Nichts besser begründet sein; das Stadtrecht sagt uns nämlich, [4] dass die sämmtlichen oben besprochenen Rechtsfolgen
der ausserehelichen Beiwohnung dann nicht eintreten, wenn
es sich um ein offenkundiges Concubinat handelt, bei welchem
ja auch in der That von einem „fyrirliggja sér á laun" nicht
die Rede sein konnte, und wir haben hiernach keinen Grund
anzunehmen, dass im Bereiche des Gulaþínges ein Anderes
gegolten habe; ein Concubinat musste aber in unserem Falle
als gegeben angenommen werden, wenn man die Verbindung

---

[1] GþL. § 198; BþL. II, § 14.

[2] Kgsbk, § 158, S. 53; Stadarhlsbk, § 156, S. 185 u. § 165, S. 194.

[3] vgl. meine Abhandlung über „Die Schuldknechtschaft
nach altnordischem Rechte", S. 11—15 (in unseren Sitzungsberichten, 1874); ferner Fr. Brandt, Forelæsninger, II, S. 87—88.

[4] Bjark R. III, § 129; siehe oben S. 79, Anm. 5.

nicht als eine rechtmässige Ehe gelten lassen wollte, und
konnte demnach auch ein derartiger Einwand nicht als stichhaltig erscheinen. Es begreift sich aber, dass der Sagenschreiber, welchem sichtlich darum zu thun war, Bergönunds
Verhalten als ein möglichst widerrechtliches und heimtücki-
sches erscheinen zu lassen, es mit den Rabulistereien nicht
allzu genau zu nehmen brauchte, selbst wenn er das massgebende Recht genauer kannte, als wir ihm diess zuzutrauen
brauchen. — Auch die Replik, mit welcher Arinbjörn den
Einwendungen des Beklagten entgegentritt, ist nicht ganz
frei von Bedenken. Er führt einerseits aus, dass durch den
von Björn mit þórir abgeschlossenen Vergleich jeder zwischen
ihnen bestehende Zwiespalt erledigt und zumal auch der
Ásgerð ihre volle Erbfähigkeit verschafft worden sei, und
er betont andererseits, dass K. Eiríkr selbst den Björn
wieder in den Frieden eingesetzt habe; über den ersteren
Punkt erbietet er sich zum Beweis und führt auch sofort
12 Zeugen des Vergleichsabschlusses dem Gerichte vor.[1]
Da ist nun zunächst vollkommen sachgemäss und begreiflich, dass nicht nur auf den Vergleichsabschluss Bezug
genommen wird, welcher dem Streite zwischen Björn und
þórir ein Ende machte, sondern zugleich auch auf die Wieder-
einsetzung des Ersteren in den Frieden, welcher Seitens des
Königs erfolgt sein sollte, und zwar war die Bezugnahme
auf diese letztere Thatsache neben jener ersteren darum
nothwendig, weil bei der Verfolgung des Verbrechens, welches zur Verhängung der Acht geführt hatte, der König als
Wahrer des Landfriedens ebensogut betheiligt war, als der
Verletzte selbst. Galt doch sogar der heimliche Abschluss
eines Vergleiches mit dem Schuldigen darum als strafbar,
weil man darin einen Versuch erblickte, den König um sein
Friedensgeld zu bringen (at drepa niðr konúngs rètti);[2]

---

[1] vgl. oben S. 97, Anm. 1—2.
[2] GþL. § 214 und 256; Bjark R. II, § 25 und 35; III, § 95.

dem Könige gebührte nämlich in Achtfällen ein „skógar-
kaup" wie den Beschädigten die ihnen zukommende Zahlung,[1])
weil ja der Verbrecher dem König sowohl als den Beschädigten gegenüber als geächtet galt,[2]) und selbst in geringeren
Fällen bezog der König seinen lögbaug neben dem an den
Verletzten fallenden Rechte,[3]) und das Recht des Aufent-
haltes im Lande (die landsvist) musste dem König gegenüber
eigens erworben werden,[4]) ohne dass damit noch der Frieden
den verletzten Privaten gegenüber erworben würde.[5]) Auch
das kann nicht auffallen, dass die Klagspartei sich nur bezüglich des Vergleichsabschlusses und nicht auch bezüglich
der Aufhebung der Acht zur Beweisführung erbietet; in der
letzteren Beziehung musste die ausdrückliche Bezugnahme
auf die eigene Wissenschaft des am Ding anwesenden Königs
genügen, von welchem diese Aufhebung ausgegangen war.
Bedenklicher ist dagegen, dass in der ersteren Richtung neben
der Thatsache des endgültigen Vertragsabschlusses nur noch
der specielle Umstand hervorgehoben wird, dass Ásgerðr
„var til arfs leidd eptir Björn föður sinn" und nicht die
nachträgliche Genehmigung der zwischen Björn und þóra
eingegangenen Verbindung, aus welcher, wie man meinen
sollte, die Erbfähigkeit ihrer Tochter sich von selbst ergeben
musste. Indessen dürfte sich doch auch diese Schwierigkeit
lösen lassen. Einerseits ist nämlich klar, dass im vorliegenden
Rechtsstreite nur die Erbfähigkeit der Ásgerð zu prüfen war,
wogegen die Rechtmässigkeit der Ehe ihrer Mutter nur in-

---

1) G þ L., § 189 und 244; F r þ L. IV, § 35 und 44, dann
Bjark R. III, § 72.

2) Einleitung zu den FrþL., § 1.

3) FrþL. IV, § 19 und 42; auch einfach baugr oder in Zusammensetzungen wie ránbaugr, slanbaugr u. dgl. m., z. B. G þ L., § 34,
37, 77, 81, 185 und öfter.

4) FrþL. III, § 24.

5) ebenda, IV, § 41; BjarkR. III, § 101; vgl. von Amira,
Vollstreckungsverfahren, S. 50 ff. und Fr. Brandt, II, S. 13.

soweit in Frage kommen konnte, als diese Erbfähigkeit durch
sie bedingt war. Andererseits lässt sich bezweifeln, ob die
im Vergleichswege erfolgte verwandtschaftliche Zustimmung
zu der Verbindung Björns mit der þóra auf die Zeit ihrer
ersten Eingehung ohne Weiteres zurückbezogen, und ob somit auch durch deren nachträgliche Ertheilung der schon
vorher geborenen Tochter ohne Weiteres das Recht eines
ehelichen Kindes verschafft werden konnte. Eine legitimatio
per subsequens matrimonium ist dem norwegischen Rechte
nachweisbar erst sehr spät und lediglich durch den Einfluss
des canonischen Rechtes bekannt geworden. Selbst nach
unseren Frostuþíngslög,[1] auf deren Gestaltung doch Erzbischof
Eysteinn massgebenden Einfluss ausgeübt hatte, ist es nicht
schon die Eingehung der Ehe unter den Aeltern, welche den
vorher von ihnen erzeugten Kindern die Rechte von ehelich
geborenen verleiht, sondern erst die Geburt weiterer Kinder
derselben Aeltern nach deren Verehelichung. Auf demselben
Standpunkte stehen auch noch die neueren Christenrechte
des Gulaþínges und des Borgarþínges,[2] nur mit der Einschränkung, dass beide, der kirchlichen Lehre entsprechend,
die Verlobung an die Stelle der Hochzeit setzen, da ja die
vorgängigen sponsalia de futuro durch die nachfolgende
copula carnalis sofort in eine rechtmässige Ehe verwandelt
wurde und somit auch umgekehrt die nachfolgende Verlobung
bei vorangegangener copula carnalis gleich den sponsalia de
præsenti wirken musste. Erst das Christenrecht Erzbischofs
Jóns[3] spricht den Satz aus, dass schon die blosse Verlobung
mit der bisherigen Concubine deren vorher geborene Kinder
ohne Weiteres zu ehelichen mache, gleichviel ob hinterher
noch weitere Kinder von ihr geboren würden oder nicht,
und erst um dieselbe Zeit fand diese Regel auch in die welt-

[1] FrþL. III, § 11; KrR. Sverris, § 65.
[2] neuerer GþKrR. § 24; neuerer BþKrR. § 16.
[3] KrR. Jóns, § 46.

lichen Gesetzbücher Eingang.[1]) Im heidnischen Norwegen
konnte von derartigen Rechtssätzen noch keine Rede sein,
und es begreift sich somit, dass man beim Vergleichsabschlusse
sich veranlasst sehen mochte, die Erbfähigkeit der Ásgerð
ausdrücklich sicher zu stellen. Allerdings wird man unter
dem „leiða til arfs" an unserer Stelle nicht jene formelle
„ættleiðing" verstehen dürfen, welche die Provinzialrechte
als ein sehr alterthümlich gestaltetes Rechtsgeschäft kennen,[2])
und durch welches sie unächt geborenen Kindern die gleichen
Rechte verschaffen lassen wie ehelich geborenen.[3]) Freilich
ist im 14. Jahrhundert die Bezeichnung „arfleiðing" für
diesen Rechtsact ganz üblich[4]) und auch schon im gemeinen
Landrechte wird einmal der „ættleiðingr" als „með lagum
til arfs leiddr" bezeichnet;[5]) aber dieser feierliche Act setzte
nothwendig die Anwesenheit des unächt Geborenen voraus,
zu dessen Gunsten er vollzogen werden sollte, und er konnte
somit in unserem Falle nicht in Frage kommen, da Ásgerðr
zu der Zeit, in welcher in Norwegen der Vergleich zu Stande
kam, und noch geraume Zeit nachher, sich auf Island auf-
hielt. Der Ausdruck findet sich indessen auch sonst gelegentlich in einem allgemeineren Sinne gebraucht, und zwar nicht
nur auf Island,[6]) wo doch die ættleiðing erst durch die Járnsíða[7]) und Jónsbók[8]) bekannt wurde, sondern auch in der
Anwendung auf Norwegen, soferne einmal von einer Erbeinsetzung eines Bruders durch den anderen gesprochen wird,
welche am Gulaþinge erfolgt, während der Eingesetzte sich

---

[1]) Járnsíða, Erfðat. § 14; Landslög, Erfðat. § 7, nr. 1,
fin. und neuerer BjarkR., ebenda.

[2]) GþL. §58; FrþL. IX, §1; vgl. M. Wergeland, Ættleiðing (1890).

[3]) FrþL. VIII, § 1; vgl. aber auch GþL. § 104, wo die Worte
„uleiddr i ætt" einen Schluss auf die Stellung des ættleiðíngs gestatten.

[4]) vgl. meine Abhdlg. über „Die unächte Geburt", S. 74—75.

[5]) Landslög, Erfðat, § 7 nr. 2.   [6]) Laxdœla (ed. Kålund),
cap. 26, S. 90.   [7]) Erfðatal, cap. 16.   [8]) Erfðatal, nr. 2.

8*

auf Island befindet. [1]) Nur in diesem allgemeineren Sinne
darf die Bezeichnung auch an unserer Stelle verstanden
werden, und wenn zwar in den Provinzialrechten von einer
derartigen freieren Erbeinsetzung nicht gesprochen wird, so
wird doch kaum bezweifelt werden können, dass derartige
Geschäfte rechtlich bindend für die Vertragschliessenden und
deren Erben sein mussten, zumal da auch das isländische
Recht etwas Aehnliches in dem Geschäfte kennt, für welches
die Bezeichnung „at selja“ und „at kaupa arfván“ gebraucht
wird. [2]) So aufgefasst erscheint die Replik der Klagspartei
vollkommen stichhaltig und begreift sich, dass das Gericht
sich bereit zeigte, die von dieser angebotene Beweisführung
entgegenzunehmen; es begreift sich aber auch, dass der Beklagte, von dem Bevorstehen eines für ihn ungünstigen
Urtheiles überzeugt, in dem verzweifelten Mittel einer Spren-
gung des Gerichtes seine Rettung suchte.

Kürzer lässt sich die Wiederaufnahme des Rechtsstreites
durch Egill dem Atli hinn skammi gegenüber erledigen.
Egill sucht sich vor Allem gegen die Einwendungen sicher-
zustellen, welche aus der von K. Eirík über ihn verhängten
Acht hergenommen werden konnten, und er erreicht diess,
indem ihm K. Hákon auf sein Ansuchen ausdrücklich den
Landfrieden verwilligt und den Rechtsweg für seine Ansprüche
eröffnet. [3]) Dann sucht er den Atli in seiner Heimat auf,
richtet an ihn die Forderung auf Herausgabe des von ihm
beanspruchten Nachlasses und erlässt, da Atli diese unter
Berufung auf die von K. Eirík zu Gunsten Bergönunds ge-
fällte Entscheidung schroff verweigert, sofort die Ladung zum
Gulaþinge, unter Bezugnahme auf die vom König ihm er-

---

[1]) Njála, cap. 2, S. 6.
[2]) Kgsbk, § 123, S. 236 und § 125, S. 240; Stadarhlsbk,
§ 65, S. 82—83, § 69, S. 90 und § 79, S. 101; AM. 125, A in 4. Arfaþ.
cap. 10, S. 414—15.
[3]) siehe oben S. 98, Anm. 5.

theilte Ermächtigung. [1]) Insoweit sind bereits folgende Bedenken gegen die Darstellung in der Sage zu erheben. Für
den Anspruch, wie ihn Egill gegen Atli richtet, wird die
Bezeichnung „krefja" gebraucht; nimmt man diese streng
technisch, so deutet sie auf jenes Verfahren mittelst „krafa"
hin, welches die Gulaþíngslög eingehend besprechen, [2]) welches aber auch den Frostuþíngslög und dem älteren Stadtrechte bekannt war, [3]) und wirklich lassen jene ersteren
dieses Verfahren auch in Erbschaftssachen zu. [4]) Aber der
krafa hatte jederzeit eine förmliche heimstefna vorauszugehen
und von einer solchen ist in dem Berichte nicht nur keine
Rede, sondern dem Zusammenhange nach scheint die Möglichkeit einer solchen sogar sehr bestimmt ausgeschlossen zu
sein. Bei der krafa waren ferner die Zeugen vorzuführen
und zu vernehmen, auf deren Aussage die Klage sich stützte;
aber wenn Egill sich zwar dem K. Hákon gegenüber zu
einer Beweisführung durch Zeugen und Eide ausdrücklich
erboten hatte, [5]) so wird doch bei dieser Gelegenheit von
keiner Vorführung von solchen gesprochen, und ebensowenig
der vorgeschriebenen dreimaligen Wiederholung der Aufforderung gedacht, den Kläger sofort zu befriedigen. Endlich
ging die Klage, wenn sich der Beklagte beharrlich weigerte,
den Kläger zu befriedigen, zunächst weiter an das héraðs-
þíng, von welchem sie dann allerdings im weiteren Rechts-
zuge auch noch an das fylkisþíng und schliesslich an das
Gulaþíng gelangen konnte; unsere Stelle aber lässt den
Kläger sofort dieses letztere angehen, ohne jener beiden
Zwischeninstanzen mit einem Worte zu gedenken. Zweifellos

---

[1]) cap. 65, S. 240—42.   [2]) G þ L. § 34—36.
[3]) vgl. darüber von Amira, Das altnorwegische Vollstreckungsverfahren, S. 234—66; E. Hertzberg, Grundtrækkene i den ældste norske Proces, S. 71—100; Fr. Brandt,
Forelæsninger, I, S. 321—22.
[4]) G þ L., § 121.   [5]) siehe oben S. 98, Anm. 4.

liegt hier eine Uncorrectheit der Darstellung vor, welche sich
theils aus einer ungenügenden Bekanntschaft des isländischen
Verfassers mit dem norwegischen Rechtsgange erklären mag,
welcher gerade in Bezug auf das Verfahren mit krafa von
dem isländischen sehr erheblich abwich, theils aber auch
auf das sehr natürliche Bestreben des Sagenschreibers zurückzuführen sein könnte, seine Erzählung rasch voranzuführen
und sich darum bei weniger bedeutsamen Zwischenhandlungen
möglichst wenig aufzuhalten. Ich bemerke bei dieser Gelegenheit noch nachträglich, dass genau dieselbe Uncorrectheit auch schon gelegentlich der ersten, gegen Bergönund
gerichteten Klage Egills sich bemerkbar macht. Auch dort
wird die vorläufige Anforderung, mit welcher Egill seinen
Gegner in dessen eigenem Hause angeht, durch das Zeitwort
„krefja" bezeichnet, ohne dass doch von einer vorgängigen
heimstefna, einer Vorführung von Zeugen oder von einer
mehrmaligen Wiederholung der Anforderung die Rede wäre;
auch dort geht ferner, nachdem der Beklagte die Herausgabe
des Nachlasses schnöde verweigert hat, die Ladung sofort
an das Gulaþing, ohne dass von einem vorläufigen Angehen
eines hèraðsþínges oder fylkisþínges gesprochen würde. [1]
Natürlich ist die gleiche Incorrectheit hier und dort auf
gleiche Weise zu erklären. Auch der Umstand fällt an unserer
Stelle auf, dass Atli sich auf eine Entscheidung beruft,
welche K. Eiríkr zu Gunsten seines Bruders gefällt habe,
während doch von einer solchen vorher nirgends die Rede
gewesen, und die Möglichkeit einer solchen durch den ganzen
Verlauf der Sache sogar geradezu ausgeschlossen war. Zu
einem Urtheile war es bei jener ersten Verhandlung am
Gulaþínge gar nicht gekommen, weil das Gericht gesprengt
worden war, ehe es noch ein solches zu sprechen vermochte;
der König aber hatte sich zwar während der ganzen Verhandlung sehr zu Gunsten Bergönunds eingenommen und

---

[1] cap. 56, S. 186.

sehr feindselig gegen Egill gezeigt, aber ein Urtheil hatte
er in der Sache nicht gefällt und konnte ein solches auch
nicht fällen, weil ihm hiezu alle und jede Competenz fehlte.
Der von Atli erhobene Einwand entbehrt demnach jeder
rechtlichen und thatsächlichen Begründung und wird derselbe dann auch wirklich bei der nachfolgenden Verhandlung
am Gulaþínge nicht mehr vorgebracht. Ungleich bedenklicher noch als alles bisher Erwähnte ist nun aber ein ganz
anderer Punkt. Den früheren Verhandlungen an derselben
Dingstätte gegenüber war die processuale Lage nur insofern
verändert, als nunmehr Atli anstatt Bergönunds in die Rolle
des Beklagten eingerückt war, und man sollte demnach vermuthen, dass auch das Verhalten der Streittheile bei der
zweiten Verhandlung ein ähnliches sein werde wie bei jener
ersten; statt dessen sehen wir aber jetzt nicht etwa den Egill
wie früher sich auf den von Björn mit þórir abgeschlossenen
Vergleich berufen, durch welchen seine Frau erbberechtigt
wurde, und hierüber einen Zeugenbeweis anbieten, wie er
diess früher gethan hatte, sondern es erbietet sich jetzt umgekehrt Atli zu einem Zwölfereide darüber, dass er keinerlei
Gut in seinem Besitz habe, auf welches Egill einen Anspruch
zu erheben berechtigt wäre, und Egill selbst weiss diesem
Anerbieten nichts Anderes entgegenzusetzen, als eine Herausforderung zum Zweikampf, durch welche er den gerichtlichen
Austrag der Sache einfach abschneidet, ganz wie diess früher
Bergönundr durch das Sprengen des Gerichtes gethan hatte.
Da es zweifellos für den Kläger weit aussichtsvoller war,
sich auf einen von ihm selbst geführten Zeugenbeweis zu
stützen, als dem Gegner die Reinigung durch einen seinerseits, wenn auch mit Eidhelfern zu schwörenden Eid zu
überlassen, liegt es nahe zu fragen, ob nicht etwa das Erbringen eines Zeugenbeweises dem Egill aus irgend einem
Grunde in der Zwischenzeit zwischen der ersten und zweiten
Verhandlung unmöglich geworden sei, und es fehlt auch

nicht an Momenten, welche eine derartige Sachlage als möglich erscheinen lassen könnten. Zunächst ist ja denkbar, dass die beim Vertragsabschlusse beigezogenen Zeugen nicht mehr zu beschaffen waren. Schon zwischen dem Abschlusse des Vergleiches, mag man diesen nun mit Finn Jónsson bereits dem Jahre 903, oder mit Guðbrand Vigfússon erst dem Jahre 910 zuweisen, und der ersten Verhandlung am Gulaþínge, welche von Beiden, und auch von P. A. Munch, in das Jahr 934 gesetzt wird, war ein nicht unbeträchtlicher Zeitabstand gelegen und bis zu der zweiten Verhandlung, welche nach Finn Jónsson im Jahre 938 stattfand, waren wiederum mehrere Jahre verflossen; offenbar eine genügend lange Zeit, um das Absterben gar mancher Zeugen während derselben nicht auffällig erscheinen zu lassen. Allerdings hatten im Jahre 934 deren noch 12 am Gulaþínge vorgeführt werden können; aber inzwischen war Arinbjörn mit K. Eirík ausser Landes gegangen, als dieser vor seinem Bruder Hákon hatte flüchten müssen, [1] und gar mancher der Vertragszeugen mochte Beide nach England begleitet haben und darum bei jener zweiten Verhandlung nicht mehr zu Gebote gestanden haben. Ueberdiess kennt das norwegische Recht, wie oben schon gelegentlich zu bemerken war, [2] auch noch eine Verjährung des Zeugenbeweises. [3] Allerdings vollzog sich diese nach unseren Gulaþíngslög binnen 20 Jahren und diese waren bereits abgelaufen, ehe noch die erste Verhandlung am Gulaþínge stattgefunden hatte; aber wenn wir bedenken, dass einerseits in unseren Frostuþíngslög diese Frist von 20 Jahren nur für wenige Ausnahmsfälle festgehalten, der Regel nach aber auf 10 Jahre verkürzt ist, und dass diese Frist andererseits nach den Borgarþíngslög volle 30 Jahre beträgt, so liesse sich allenfalls die Vermuthung wagen, dass

---

[1] cap. 59, S. 213.   [2] oben S. 82 u. 83, Anm. 2 u. 1.
[3] vgl. E. Hertzberg, Grundtrækkene, S. 11—12, wo man auch die massgebenden Quellenstellen angeführt findet.

ursprünglich diese letztere Frist in Norwegen allerwärts
gegolten und erst hinterher auf 20 und beziehungsweise
10 Jahre herabgesetzt worden sein möge. Unter dieser Voraussetzung konnte dann allerdings die Verjährungsfrist für
das Zeugniss im Zeitpunkte der zweiten Verhandlung möglicherweise bereits abgelaufen sein, während diess zur Zeit
der ersten Verhandlung noch nicht der Fall gewesen war,
und da nach eingetretener Verjährung zwar der im Besitze
des bestrittenen Rechtes Befindliche befugt war, sich dieses
dadurch zu sichern, dass er durch einen allein oder mit Eidhelfern geschworenen Eid darthat, dass er sich die betreffende
Zeitfrist hindurch in diesem Besitze befunden habe und dadurch der Verpflichtung zur Führung eines Zeugenbeweises
enthoben sei, dagegen aber der nicht im Besitze befindliche
Kläger nur seinen Gegner zum Reinigungseide drängen
konnte,[1] so würde solchenfalls gerade das Verfahren einzutreten gehabt haben, welches wir in unserem Falle wirklich eingeschlagen fanden. Aber wenn dieses Verfahren unter
den gemachten Voraussetzungen zwar allerdings als ein vollkommen rechtmässiges erscheinen und dann auch ganz begreiflich werden würde, dass Egill die Entscheidung seines
Processes nicht von dem Eide eines gewissenlosen Gegners
und seiner Eidhelfer abhängig machen wollte, vielmehr die
Entscheidung lieber einem Zweikampfe anheimstellte, welcher
ihm im Hinblick auf seine ungewöhnliche Waffentüchtigkeit
einen viel besseren Erfolg versprach, so scheitern doch alle
derartigen Erklärungsversuche an der Thatsache, dass Egill
sich nicht nur dem Könige gegenüber ausdrücklich zu einem
Zeugenbeweise erboten, sondern dass er auch seine Klage
zunächst mittelst einer „krafa" eingeleitet hatte, welche doch
auch wieder ohne Vorführung von Zeugen nicht denkbar

---

[1] G þL. § 39: Nu stendr skulld 20 vetr æða 20 vetrum lengr.
þa fyrnizt su skulld firi vattom. En hann ma koma hanom til eiða
at hvaro. þvi at i sallte liggr soc ef sœkiendr duga.

ist. Auch hier stossen wir somit wieder auf eine sehr fühl-
bare Verwirrung in der Darstellung, welche neben der oben
schon gerügten Unbekanntschaft des Sagenschreibers mit den
Grundgedanken des norwegischen Gerichtsverfahrens auch
eine gewisse Unbedachtsamkeit desselben erkennen lässt, vermöge deren er im Verlaufe seiner Erzählung vergass, was
er doch an einer früheren Stelle desselben gesagt oder vorausgesetzt hatte. Endlich bleibt aber auch noch eine Un-
klarheit bezüglich eines Punktes bestehen, der nicht dem
Verfahren, sondern dem materiellen Rechte angehört. Den
Nachlass des Björn hölldr hatte Bergönundr seinerzeit nicht
kraft eigenen Rechts in Besitz genommen, sondern als Vertreter der Gunnhild, seiner Frau und der angeblich einzigen
ehelichen Tochter des Erblassers. Noch am Gulaþínge des
Jahres 934 war er lediglich als deren gesetzlicher Vertreter
aufgetreten und hatte auch demgemäss beantragt, dass ihr,
nicht ihm, der gesammte Nachlass ihres Vaters zuerkannt
werde. Von da ab wird uns Gunnhildr in der Sage nicht
mehr genannt. Mag sein, dass sie mit so manchen anderen
Hausgenossen umkam, als Egill nach der Tödtung ihres
Mannes dessen Hof zu Askr plünderte;[1] mag sein, dass sie
umgekehrt zu den Wenigen gehörte, die damals lebend da-
vonkamen, — wir erfahren darüber Nichts. Wie kam nun
Atli hinn skammi, Bergönunds Bruder, dazu, sich in den
Besitz dieser Güter zu setzen? Den Bergönund konnte er
als dessen einziger überlebender Bruder beerbt haben, falls
nämlich, was wir nicht wissen, dessen Ehe eine unbeerbte
war; aber auf das Vermögen der Gunnhild, die doch jedenfalls ihren Mann überlebt haben muss, konnte ihm daraus
kein Recht erwachsen. War umgekehrt jene Ehe eine beerbte, so war Atli wohl zur Vormundschaft des Kindes berufen und mochte neben dem Nachlass Bergönunds auch den
der Gunnhild in seine Verwaltung bekommen, wenn diese

---

[1] Eigla, cap. 57, S. 206.

unmittelbar nach ihrem Manne den Tod gefunden hatte;
aber dann musste denn doch gesagt werden, dass er nur als
Vormund den Nachlass in Besitz und zu vertreten hatte.
Der Verfasser der Eigla selbst scheint sich darüber nicht
klar gewesen zu sein, wie man sich den Rechtstitel Atli's
vorzustellen habe, da er sich, so oft er auf dessen Besitz-
verhältnisse zu sprechen kommt, immer nur ganz unbestimmter
Ausdrücke bedient. An der einen Stelle sagt Egill,[1]) von
dem Gute sprechend, dessen ihn K. Eiríkr und Bergönundr
beraubt hatten: „sitr nú ifer þuí fé Atli enn skammi, bróđer
Bergönundar"; an einer zweiten spricht er zu Atli selbst:[2])
„suá er mér sagt, Atli, at þú muner hafa at varđueita fé
þat, er ek á at réttu ok Ásgerđr kona mín"; Atli aber bietet
am Gulaþínge einen Zwölfereid darüber an, „at hann hefđi
ecki fé þat at varđueita, er Egill ætti",[3]) während er freilich
kurz darauf das umstrittene Gut als „eigner mínir" bezeichnet.

Aus den bisherigen Ausführungen dürfte deutlich hervorgehen, dass bezüglich dieses zweiten Rechtsfalles die Sache
etwas anders liegt, als bezüglich jenes anderen, zuvor besprochenen. Bei diesem hatte sich die Darstellung in unserer
Sage als eine in rechtsgeschichtlicher Hinsicht vollkommen
correcte erwiesen; bei jenem dagegen haben sich in ihr nicht
wenige Unklarheiten und Unebenheiten ergeben, welche den
rechtsgeschichtlichen Werth der Quelle sehr erheblich beschränken. Sieht man indessen genauer zu, so stellt sich
sofort heraus, dass auch bei dem zweiten Rechtsfalle die
berichteten Vorgänge ihrem wesentlichen Verlaufe nach
keinen Anlass zu einer Beanstandung bieten, dass vielmehr
alle sich erhebenden Bedenken lediglich gegen deren Aus-
malung im Einzelnen sich richten. Zum Theil handelt es sich
dabei nur um Behauptungen des Beklagten, wie etwa bei
den Einwendungen, welche am ersten Gulaþínge aus der an-

---

[1]) Eigla, cap. 62, S. 228. [2]) cap. 65, S. 241. [3]) cap. 65, S. 242.

geblichen Aechtung Egils, und am zweiten aus dem angeblich von K. Eirík zu Gunsten Bergönunds erlassenen Urtheile
hergenommen werden wollen, oder bei den Ausführungen
des Beklagten im ersten Rechtsstreite über die Eigenschaft
der Ásgerð als einer þýborin dóttir und konúngs ambátt,
möge diese nun auf ihre Geburt von geächteten Aeltern oder
auf die gewaltsame Entführung ihrer Mutter begründet
werden wollen, und insoweit mag der Sagenschreiber, wie
bereits bemerkt wurde, recht wohl absichtlich von ihm selbst
als frivol und haltlos erkannte Erörterungen in seine Erzählung eingestellt haben, um das widerrechtliche und chicanöse
Verfahren Bergönunds und Atlis recht nachdrücklich hervortreten zu lassen. Andere Male dagegen ist diese Erklärungs-
weise allerdings ausgeschlossen, wie etwa bei der zweimaligen,
allerdings mehr angedeuteten Schilderung des Verfahrens mit
krafa, bei der ohne jede Motivirung dem Atli zugetheilten
Processrolle im zweiten Rechtsstreite, und bei der ebenso
unmotivirten Unterlassung einer Beweisführung durch Zeugen
in eben diesem Processe. Aber in Fällen dieser letzteren Art
mag theils die bloss oberflächliche Bekanntschaft des Sagenschreibers mit dem norwegischen Rechte zur Erklärung seiner
Uncorrectheiten dienen, theils sein Bestreben seine Erzählung
durch Weglassung aller minder bedeutsamen Einzelheiten ab-
zurunden und allenfalls auch durch Erfindung individueller
Züge die durch die Wiederholung der Gerichtsverhandlungen
am Gulaþínge bedingte Einförmigkeit minder fühlbar zu
machen; mag sein auch, dass wir in solchen Ausführungen
theilweise Zuthaten eines Ueberarbeiters der ursprünglich
einfacher gestalteten Sage zu erkennen haben, und dass zumal die ganze Episode von Atli hinn skammi einem solchen
zuzutheilen ist, während die ursprüngliche Sage nur von
einer einzigen Verhandlung am Gulaþínge gewusst hatte.
Hierüber enthalte ich mich aber, wie billig, jeder Vermuthung.

Zwei Rechtsfälle aus der Eyrbyggja.

Von

K. Maurer.

Aus den Sitzungsberichten der philos.- philol. und der histor. Classe
der k. bayer. Akad. d. Wiss. 1896. Heft I.

München 1896.
Druck der Akademischen Buchdruckerei von F. Straub.

Zwei Rechtsfälle aus der Eyrbyggja.

Von K. Maurer.

(Vorgetragen am 4. Januar.)

Wie die Eigla, so berichtet auch die Eyrbyggja mehrfach
von Rechtsstreitigkeiten, und diese ihre Berichte sind von erheblicher Bedeutung für die rechtsgeschichtliche Forschung,
welcher sie freilich auch mancherlei Schwierigkeiten bieten.
Zwei von diesen Berichten sollen hier einer genaueren Untersuchung unterzogen werden, und zwar will ich beide gesondert
behandeln, obwohl sie ihrer thatsächlichen Grundlage nach
mit einander in einem gewissen Zusammenhange stehen.

I.

In Máfahlíð auf der Halbinsel Snæfellsnes wohnte in der
zweiten Hälfte des 10. Jahrhunderts eine Frau Namens Geirríðr
mit ihrem Sohne þórarinn svarti;[1] sie war eine Tochter des
þórólfr bægifótr und eine Schwester des Arnkell godi,[2] ihr
Geschlecht aber stammte aus Hálogaland,[3] der nördlichsten
Landschaft von Norwegen. Mit den zauberkundigen Lappen
der benachbarten Finnmark in steter Berührung stehend, galten
die Bewohner dieser Landschaft überhaupt für nicht recht ge-
heuer, und in solchem Rufe stand denn auch Geirríðr und ihr
Vater. þórólfr war ein streitbarer Viking gewesen, und galt
auch nach seiner Niederlassung auf Island als ein sehr gewalt-

---

[1] Eyrbyggja, cap. 15, S. 17. [2] ebenda, cap. 8, S. 9. [3] Landnáma, II, cap. 13, S. 99—100.

1*

thätiger Mann;[1) in seinem Alter wurde er immer noch
schlimmer,[2) und sein Tod, der freilich erst in einer weit
späteren als der hier fraglichen Zeit eintrat, war kein recht
natürlicher:[3) nach seinem Tode gieng er um, und als seine
Leiche, um ferneren Schaden abzuwenden, wieder ausgegraben,[4)
und da auch ein neues Begräbniss nicht hilft, verbrannt wird,
genügt sogar ein bischen Asche, welches von einer Kuh auf-
geleckt wird, um neuen Spuck und schweren Schaden anzu-
richten.[5) Geirríðr selbst aber war zauberkundig[6) und Gunnlaugr, ein Sohn des þorbjörn digri zu Fróðá, kam oft zu ihr
herüber, um etwas von ihren Künsten zu lernen. In Holt,
wenig westlich von Máfahlíð, wohnte dagegen eine Wittwe
Namens Katla mit ihrem Sohne Oddr. Der letztere war sehr
bösartigen Charakters; sie selbst aber war schönen Aussehens,
jedoch wenig beliebt,[7) und wie sich im weiteren Verlaufe der
Erzählung ergiebt, eine schlimme Zaubrerin.[8) Oddr begleitete
den Gunnlaug öfters auf seinen Wanderungen nach Máfahlíð,
und Katla lud ihn wiederholt ein bei ihr zu übernachten; er
aber lehnte ihre Einladung stets ab und gieng immer nach
Fróðá heim, wenn es auch noch so spät am Abend war. Einmal kam es dabei auch zu einem Wortwechsel zwischen ihm
und Katla, indem diese ihm vorwarf, dass er mit Geirríð ein
Liebesverhältniss habe und auf seine gereizte Antwort entgegnete,
dass sie wohl ebensoviel könne als diese;[9) offenbar war sie
eifersüchtig auf ihre Nachbarin und diese ihre Eifersucht sollte
bald zu üblen Folgen führen. Zu Anfang Winters begab
Gunnlaugr sich nämlich eines Tages, von Oddr begleitet, nach
Máfahlíð. Nachdem er sich hier bis tief in den Abend hinein
mit Geirríð unterhalten hatte, warnte ihn diese, noch in der
Nacht beimzukehren, da ihm Gefahr drohe; „þvíat margir eru
marlíðendr, eru ok opt flögð í fögru skinni, en mèr lízt nú eigi

[1) enn mesti újafnaðarmaðr, Eyrb. cap. 8, S. 9.   [2) ebenda,
cap. 30, S. 52.   [3) ebenda, cap. 33, S. 60.   [4) ebenda, cap. 34,
S. 61—63.   [5) ebenda, cap. 63, S. 114—19.   [6) margkunnig,
ebenda, cap. 15, S. 18.   [7) ang. O.   [8) ebenda, cap. 20, S. 32--34.
[9) ebenda, cap. 15, S. 18.

sem hamingjusamligazt á þik", meint sie,[1] d. h. es seien viele
Hexen auf der Fahrt und oft verberge sich eine arge Unhol-
dinn unter einer schönen Haut, er selber aber sehe wenig
glückverheissend aus. Ziemlich unverblümt wird somit auf die
Zauberkünste der Katla hingewiesen: dennoch aber meint
Gunnlaugr, die Sache werde nicht so gefährlich sein und weist
sogar vertrauensvoll darauf hin, dass er nicht ohne einen Begleiter sei. Da lässt ihn Geirríðr ziehen, wiewohl mit der
nochmaligen Warnung, dass er an Oddr keine Hülfe haben
und seinen Eigensinn schwer werde büssen müssen. Als die
Beiden nach Holt kommen, liegt Katla bereits zu Bett, heisst
aber doch ihren Sohn den Gunnlaug zum Uebernachten auf-
fordern; da dieser aber erklärt heim zu wollen, heisst sie ihn
seine Wege gehen, weil er es selbst so wolle. Gunnlaugr kommt
indessen Abends nicht heim. Man spricht davon, ihn suchen
zu wollen, aber es geschieht schliesslich doch nicht. In der
Nacht aber geht þorbjörn einmal vor seinen Hof hinaus, um
sich umzusehen und da findet er seinen Sohn bewusstlos, von
Blut überströmt und das Fleisch von den Knochen gerissen vor
der Thür liegend. Gunnlaugr lag den ganzen Winter über an
seinen Wunden und seine Krankheit wurde viel besprochen;
Oddr Kötluson aber meinte, Geirríðr werde ihn wohl geritten
haben, da die Beiden in unfreundlicher Weise von einander
geschieden seien und dem wurde allgemein Glauben geschenkt.
Von derselben Annahme ausgehend begab sich im nächsten
Frühling, als die Zeit für die gesetzlichen Ladungen herankam,
þorbjörn nach Máfahlíð, um die Geirríð darum vor Gericht zu
laden, dass sie eine Nachtreiterin sei und Gunnlaug's Krankheit verschuldet habe. Die Sache kam an das þórsnessþing und
Snorri goði unterstützte hier den ihm verschwägerten þorbjörn,
während Arnkell goði für seine Schwester die Vertheidigung
führte. Zwölf Geschworene hatten in der Sache zu entscheiden;
da aber weder Snorri noch Arnkell wegen ihrer verwandtschaftlichen, beziehungsweise schwägerlichen Verbindung mit den

---

[1] ebenda, cap. 16, S. 18; über den Ausdruck marlídendr vgl.
J. Fritzner, h. v.

Streittheilen deren Spruch erbringen zu können schienen, gieng
man den Helgi Hofgarðagoði um den Wahrspruch der Zwölferjury an. Da gieng nun Arnkell goði zum Gericht und schwur
auf den Tempelring, dass Geirríðr nicht schuldig sei an der
Krankheit Gunnlaug's; mit ihm leistete þórarinn den Eid und
10 andere Männer, worauf Helgi den Spruch auf „Nichtschuldig"
abgab und damit war der Rechtsstreit für die Klagspartei verloren.[1]

Wir besitzen über dieselben Vorgänge auch noch einen
zweiten Bericht und zwar bietet diesen die Landnáma. Nicht
nur wird in ihr über den Wohnort und die verwandtschaftlichen
Verhältnisse der Geirríðr, sowie des þorbjörn digri und seines
Sohnes Gunnlaugr,[2] ganz dasselbe gesagt wie in der Eyrbyggja,
sondern es wird auch erzählt,[3] wie þorbjörn die Geirríð wegen
Zauberei verklagte, nachdem Gunnlaug an der Krankheit gestorben war, welche er bekam als er zu ihr gegangen war, um
Zauberei zu erlernen, und wie Arnkell goði in der Sache um
eine Zwölferjury angegangen wurde und den Spruch auf „Nichtschuldig" abgab, weil þórarinn einen Eid auf den Altarring
ablegte und damit die Klage zurückwies. Allerdings fehlt
diese letztere Erzählung sowohl in der Hauksbók[4] als auch in
der Melabók, von deren ursprünglicher Redaction glücklicher-
weise das hier in Frage stehende Stück erhalten ist,[5] sowie
in den sogenannten harmonischen Bearbeitungen der Landnáma;
aber sie findet sich in der von Jón Sigurðsson mit B. bezeichneten sogenannten eigentlichen Landnáma, also gerade in ihrem
ältesten Texte. Vergleicht man aber die beiden Berichte mit
einander, so zeigt sich sofort nicht nur, dass die Landnáma die
einschlägigen Vorgänge weit kürzer erzählt als die Eyrbyggja,
sondern es ergeben sich auch sofort zwischen beiden einige
nicht unauffällige sachliche Abweichungen. Nach der Land-

---

[1] Eyrbyggja, cap. 16, § 18—19.
[2] Landnáma, II, cap. 13, S. 100, dann cap. 9, S. 89.
[3] ebenda, II, cap. 9, S. 89.
[4] cap. 67, S. 28—29, ed. Finnur Jónsson.
[5] Anhang III, zur Landn., S. 345.

náma starb Gunnlaugr an den Folgen seiner räthselhaften Krankheit, während die Eyrbyggja nur von seiner Krankheit, nicht
aber von seinem Tode weiss.[1]) Die Landnáma spricht ferner
von einem Reinigungseide þórarins und nur þórarins, während
die Eyrbyggja als Hauptschwörer den Arnkell goði nennt und
neben ihm nicht nur den þórarin, sondern auch noch 10 weitere
Männer als Eidhelfer auftreten lässt. Endlich lässt die Landnáma durch Arnkell goði den Wahrspruch der Zwölferjury erbringen, während die Eyrbyggja ihn vielmehr den Helgi Hofgarðagoði abgeben lässt und zwar mit dem ausdrücklichen
Beifügen, dass Arnkell als Bruder der Beklagten für diese Verrichtung nicht als befähigt gegolten habe. Von diesen drei
Abweichungen wird man nun wohl die erste als bedeutungslos
bezeichnen dürfen, soferne die Eyrbyggja den Tod Gunnlaug's
zwar nicht erwähnt, aber doch auch nicht ausdrücklich ausschliesst; der Bericht der Landnáma mag allenfalls in Bezug
auf diesen Punkt als der vollständigere, der Bericht der Eyrbyggja dagegen als der minder erschöpfende gelten, ohne dass
darum doch ein Widerspruch zwischen beiden angenommen
werden müsste. Ebenso mag allenfalls die blosse Erwähnung
des von þórarinn geschworenen Reinigungseides in der Landnáma auf einer blossen Ungenauigkeit in deren Darstellung beruhen, indem deren sichtlich sehr abgekürzter Bericht eben
unterliess, neben dem Hauptschwörer auch noch der Eidhelfer
zu gedenken; stehen bleibt aber unter allen Umständen die
Thatsache, dass die Landnáma als Hauptschwörer den þórarinn
nennt und den Arnkell den Spruch der Zwölferjury erbringen
lässt, wogegen die Eyrbyggja den Arnkell ausdrücklich als zur
Erbringung dieses Wahrspruches unbefähigt bezeichnet und in
dieser Verwendung durch Helgi Hofgarðagoði ersetzt. dafür
aber ihn als den Hauptschwörer des Reinigungseides, den
þórarinn dagegen nur als einen seiner 11 Eidhelfer bezeichnet.

Aus äusseren Gründen lässt sich nicht zwar mit voller
Gewissheit, aber doch mit grosser Wahrscheinlichkeit bestimmen,

---

[1]) So auch noch an einer späteren Stelle, Eyrb., cap. 20, S. 34.

dass der Bericht der Eyrbyggja grössere Glaubwürdigkeit verdient als der der Landnáma. Allgemeines Einverständniss besteht
darüber, dass die Eyrbyggja, so wie sie uns vorliegt, bereits in der
ersten Hälfte des 13. Jahrhunderts und jedenfalls noch vor der
Unterwerfung Islands unter den norwegischen König aufgezeichnet
wurde; ich verweise dieserhalb nur auf die Aeusserungen von
P. E. Müller,[1]) Finnur Magnússon,[2]) Gudbrandur Vigfússon[3]) und
in meiner Besprechung seiner Ausgabe der Sage,[4]) N. M. Peter-
sen[5]) und E. Mogk,[6]) welche theilweise auch die für diese Zeitbestimmung massgebenden Gründe des Näheren anführen. Andrerseits wissen wir aus der Hauksbók,[7]) dass den ersten Grund zur
Landnáma Ari hinn fróði und Kolskeggr hinn vitri legten und
dass dann Styrmir hinn fróði († 1245) und Sturla þórðarson
(† 1284) das Werk überarbeiteten, worauf Herr Haukr Erlends-
son aus diesen beiden, grösstentheils unter sich übereinstimmenden Bearbeitungen seine eigene Redaction herstellte, indem er
aus jeder von ihnen das entnahm, was sie vor der anderen
voraus hatte. Da nun in der ältesten uns erhaltenen Bearbeitung der Landnáma, der von Jón Sigurðsson mit B. bezeichneten,
doch wohl die des Sturla þórðarson zu erkennen sein wird, so
ist leicht ersichtlich, dass einerseits der Verfasser der Eyrbyggja
recht wohl das grundlegende Werk Ari's benutzt haben konnte,
und dass andererseits doch auch wieder in die Bearbeitung B.
der Landnáma ganz gut einzelne Angaben der Eyrbyggja übergegangen sein mögen, wie denn in der That die letztere einmal
Angaben Ari's anführt, welche nicht in der uns erhaltenen
Íslendíngabók, aber wohl in der Landnáma stehen,[8]) oder wie,

---

[1]) Sagabibliothek, I, S. 197—198 (1817).

[2]) Grönlands historiske Mindesmærker, I, S. 498 (1838).

[3]) Eyrbyggja saga, S. XII—XVI (1864); kürzer: Sturlúnga, I,
S. XLIV (1878).

[4]) Germania, X, S. 487—92 (1865).

[5]) Annaler for nordisk Oldkyndighed og Historie, 1861, S. 211—12.

[6]) in H. Paul's Grundriss der germanischen Philologie, II, S. 118
(1893).

[7]) cap. 354, S. 124.

[8]) Eyrbyggja, cap. 7, S. 8, vgl. mit Landn. II, cap. 15, S. 108—9.

wenn auch nicht B., so doch die Hauksbók ausdrücklich die
Eyrbyggja als Quelle für die von ihr mitgetheilten Máfhlíðinga
vísur anführt.[1]) Insoweit könnte also auch an der hier in
Frage stehenden Stelle an und für sich ebensogut die Eyrbyggja
als Quelle der Landnáma, wie umgekehrt die Landnáma als
Quelle der Eyrbyggja gedient haben; indessen ergiebt sich doch
für die erstere Alternative schon daraus die grössere Wahrscheinlichkeit, dass die ganze Erzählung in der Hauksbók und
in der Melabók fehlt und somit doch wohl kaum schon zum
ursprünglichen Bestande der Landnáma gehört haben wird und
dass diese Erzählung in der Eyrbyggja aufs Engste in den
Zusammenhang der Begebenheiten verwebt ist und mit behag-
lichster Ausführlichkeit vorgetragen wird, während sie in der
Landnáma nicht nur eine blosse, ohne Schaden für das Ganze
leicht zu streichende Episode bildet, was sich allenfalls auch
aus der gesammten Anlage dieses Werkes erklären liesse, sondern auch sehr verkürzt auftritt und zugleich in ihren genea-
logischen Angaben von dem Texte der Melabók sowohl als der
Hauksbók mehrfach abweicht, um der Eyrbyggja zu folgen.
Dass übrigens die Abhängigkeit des Berichtes der Landnáma B.
von dem der Eyrbyggja auch durch innere Gründe bestätigt
wird, zeigt sich sofort gelegentlich der Prüfung beider Dar-
stellungen auf ihren rechtsgeschichtlichen Gehalt, zu welcher
Prüfung nunmehr übergegangen werden kann.

Bei dieser Prüfung ist zunächst eine Reihe von Punkten
auszuscheiden, welche zu einer Beanstandung keinen Anlass
bieten. War Gunnlaugr wirklich an seinen Wunden gestorben,
wie die Landnáma erzählt, so erschien sein Vater unzweifelhaft
als der gesetzlich berufene Blutkläger (vígsakar aðili), da
jener als ein ganz junger Mann noch keinen Sohn haben
konnte, welcher den Vater von der Blutklage hätte ausschliessen können.[2]) So lag aber die Sache doch wohl, da
auch in der Eyrbyggja im weiteren Verlaufe der Begebenheiten

---

[1]) cap. 67. S. 28—29; vgl. Eyrbyggja, cap. 19. S. 28.

[2]) Kgsbk, § 94, S. 167 und § 254, S. 203; Stdrhlsbk, § 297,
S. 394--35; Belgsdalsbk, § 56, S. 244.

von Gunnlaug nicht weiter die Rede ist; sollte derselbe indessen
auch am Leben geblieben sein, so war er doch jedenfalls noch
nicht im Stande seine Sache selbst zu führen und war somit
auch in diesem Falle sein Vater deren natürlichster Vertreter.
Die Ladung des Gegners im Frühling (um stefnudaga) entspricht der gesetzlichen Vorschrift,[1]) nach welcher die Ladung
zum várþíng mindestens 14 Tage vor dem Zusammentritte des
Dinges erfolgen musste und für den Gebrauch des Ausdruckes
stefnudagar für die hiernach übliche Ladungszeit geben Gudbrandur Vigfússon und Joh. Fritzner genügende Belege. Dass die
Klage am þórsnessþínge angebracht wurde, ist ebenfalls ganz
in der Ordnung. Nach dem uns vorliegenden Rechte war das
Frühlingsding zuständig, dem entweder der Kläger oder der
Beklagte angehörte;[2]) in unserem Falle aber gehörten beide
Streittheile dem þórsnessþínge an. Aber auch nach dem älteren
Rechte, wie es um das Jahr 965 herum galt[3]) und nach
welchem alle Kampfsachen bei dem Gerichte angebracht werden
sollten, welches dem Orte der That am Nächsten liege, war
das þórsnessþíng in unserem Falle das zuständige gewesen, da
Gunnlaug's Verwundung zwischen Holt und Fródá erfolgt war.
Ebenso begreiflich ist auch, dass Snorri godi dem þorbjörn
in der Sachführung zur Seite stand. Snorri, oder wie er
eigentlich hiess þorgrímr, war ein Sohn des þorgrím þorsteinsson
und der þordís Súrsdóttir und somit ein Halbbruder der Frau
þorbjörn's, þurídr, soferne diese eine Tochter eben jener
þordís aus ihrer zweiten Ehe mit Börkr digri, dem Bruder
jenes þorgrím þorsteinsson, war;[4]) als Schwager þorbjörns war
er zu solcher Hülfeleistung ohne Zweifel dringend berufen.
Etwas minder einfach löst sich allerdings die Frage, wie Arnkell godi dazu kam, seine Schwester Geirríd im Processe zu
vertreten; aber auch sie löst sich. Geirríðr hatte den þórólf,

---

[1]) Kgsbk, § 56, S. 96.
[2]) Kgsbk, § 56, S. 96.
[3]) Íslendíngabók, cap. 5, S. 8, ed. Finnur Jónsson.
[4]) Eyrbyggja. cap. 12, S. 13, und cap. 15, S. 17; Landn. II, cap. 9,
S. 89 und cap. 27, S. 142—43.

einen Sohn des Herjólfr holkinrassi geheirathet und mit ihm
in Máfahlíd gewohnt; ihrer beider Sohn war þórarinn svarti.[1])
Allerdings nennt die Landnáma diesen þórólf einen Sohn des
þorsteinn kolskeggr und Enkel des Herjólfr holkinrassi;[2]) aber
diese Differenz ist für unsere Zwecke bedeutungslos, da sie die
Person der Geirríd und des þórarin unberührt lässt. Fragt
man aber nach den Regeln, nach welchen die Weiber in Bezug
auf ihre gerichtliche Vertretung behandelt wurden, so muss
vor Allem zwischen der Klags- beziehungsweise Vertheidigungs-
berechtigung (aðild) und dem Rechte vor Gericht aufzutreten
unterschieden werden; es ist ein principieller Fehler Theophil
Wolff's, in seiner Abhandlung „zur Geschichte der Stellver-
tretung vor Gericht nach nordischem Recht"[3]) diesen Unterschied ganz ausser Acht gelassen zu haben. Nach dem Rechte
des 13. Jahrhunderts galt nun zunächst für Ehefrauen die
Regel[4]) dass der Mann bezüglich aller ihrer Rechtssachen,
auch derjenigen, die schon aus der Zeit vor der Eingehung
der Ehe herstammten, der gesetzliche Klags- beziehungsweise
Vertheidigungsberechtigte war, ohne dass er Seitens der Frau
einer Vollmacht bedurft hätte. Wenden wir diese Regel auf
unseren Fall an, so ist klar, dass þórólfr der rechte Process-
führer in der Sache war, wenn er zur betreffenden Zeit noch
lebte und dass solchenfalls Arnkell unmöglich als Vertreter
seiner Schwester auftreten konnte, die ja gar nicht die Partei-
rolle zu übernehmen hatte, soferne die varnaraðild ihrem Mann
und nicht ihr selbst zustand; aber allerdings haben wir allen
Grund anzunehmen, dass zu der Zeit, da die hier fraglichen
Vorgänge sich abspielten, þórólfr bereits längst verstorben und
Geirríðr eine Wittwe war. Gleich im Eingange ihres Berichtes

---

[1]) Eyrbyggja, cap. 8, S. 9; Landn. II. cap. 13, S. 100.

[2]) Landnáma II, cap. 9, S. 91; Melabók, S. 345; Hauksbók,
cap. 68, S. 29.

[3]) in der Zeitschrift für vergleichende Rechtswissenschaft. VI. S. 2
bis 14 (1886).

[4]) Stdrhlsbk, § 167, S. 199; vgl. Vilh. Finsen in den Annaler,
1849, S. 256.

spricht die Eyrbyggja nur von einem Zusammenwohnen mit
ihrem Sohne þórarinn, welcher damals bereits erwachsen und
verheirathet war,[1]) und auch im weiteren Verlaufe der Begebenheiten wird þórólfr schlechterdings nicht erwähnt, beides
nur unter der Voraussetzung erklärlich, dass er bereits nicht
mehr am Leben war. Bezüglich der rechtlichen Stellung der
Wittwen fehlt es aber in den Rechtsbüchern an einer ähnlich
knappen Vorschrift, wie sie bezüglich der Ehefrauen vorliegt,
und muss diese aus einzelnen Andeutungen erschlossen werden.
So wird bezüglich der Jungfrauen gesagt,[2]) dass sie vom erreichten 16. Lebensjahre an bereits Erbe nehmen und die Früchte
ihres Vermögens beziehen sollen gleich den Männern, aber erst
vom erreichten 20. Lebensjahre an auch die eigene Verwaltung
dieses ihres Vermögens und die Vermögensvormundschaft über
Andere zu führen berechtigt sind, während Männern die Verwaltung ihres eigenen Vermögens schon vom erreichten 16. Jahre
und die Vermögensverwaltung über Andere wenigstens dann
schon von diesem Alter an zusteht, wenn sie vorher bereits die
Verwaltung eigenen Vermögens angetreten hatten; die Wittwe
aber erscheint demgegenüber insofern begünstigt, als sie selbst
schon vor vollendetem 16. Lebensjahre nicht nur Erbe nehmen,
sondern auch die Vermögensverwaltung über Andere überkommen kann, sofern nur ihr Geschlechtsvormund (lögráðandi)
dazu seine Zustimmung ertheilt.[3]) Allerdings blieben Weiber
auch noch in höherem Alter hinsichtlich der Veräusserung gewisser besonders werthvoller Vermögensstücke an die Zustimmung ihres Geschlechtsvormundes gebunden[4]) und steht diesem
überdies das Klagerecht wegen gewisser an ihnen verübten
Unzuchtsverbrechen und schwerer Körperverletzungen theils
unbedingt, theils wenigstens für den Fall zu, dass das verletzte
Weib selbst die Klage nicht stellen oder doch nicht mit ge-
nügender Strenge durchführen will, wobei dann also die

---

[1]) Eyrb., cap. 15, S. 17—18.
[2]) Kgsbk, § 118, S. 226; Stdrhlsbk, § 59, S. 69—70.
[3]) Kgsbk. § 118, S. 225; Stdrhlsbk, § 59, S. 69.
[4]) Kgsbk, § 152, S. 45; Stdrhlsbk, § 141, S. 174 und § 390, S. 419.

sakaraðild nicht mehr dem Weibe, sondern ihrem lögráðandi
zukam,[1]) und gelegentlich, wenn auch nicht immer, die Wittwe
wieder ausdrücklich der 20 jährigen Jungfrau gleichgestellt
wird.[2]) Aber die varnaraðild, also die selbständige Processrolle
als beklagter Theil muss den Wittwen ebenso wie den 20 jährigen Jungfrauen unbeschränkt zugekommen sein; konnten sie
doch, weil über ihr Vermögen frei verfügend, von ihnen ver-
wirkte Geldstrafen selbst bezahlen und überdies, anders als
nach schwedischem Recht, selbst der Acht ohne Weiteres verfallen, während andererseits ein selbständiges Interesse der
Verwandtschaft, ihnen die varnaraðild entzogen zu sehen, nicht
vorlag. Indess ist damit noch keineswegs gesagt, dass die
Wittwen und volljährigen Jungfrauen in ihren eigenen Rechtssachen auch sofort als Klägerinnen oder Beklagte selbst vor
Gericht aufzutreten befugt waren; vielmehr bedurften die
Weiber, ganz wie sie um ihres Geschlechtes willen von allen
politischen und damit auch von den gerichtlichen Rechten ausgeschlossen waren, auch zur Processführung stets eines männ-
lichen Vertreters. Allerdings wird dieser Satz meines Wissens
in den Quellen nirgends ausdrücklich ausgesprochen; wohl aber
wird er an nicht wenigen Stellen unserer Rechtsbücher stillschweigend vorausgesetzt, wie denn z. B. in Fällen, in welchen
von Klagerechten der Weiber die Rede ist, stets von einem
Einklagenlassen (sœkja láta) oder von einem Uebertragen der
Sachführung (selja sök) gesprochen wird und in einem Falle,
in welchem Jemand verpflichtet ist, bestimmte ihm zustehende
Klagerechte einem Anderen zu überlassen, gilt dessen Erklärung, diese nur einem Weibe übertragen zu wollen, als
eine Verweigerung der Uebertragung.[3]) Dabei wird nirgends
bezüglich der Wahl ihrer Vertreter den volljährigen Jungfrauen oder Wittwen eine besondere Beschränkung auferlegt und
muss demnach bezüglich ihrer die allgemeine Regel gelten, dass

---

[1]) Vgl. Vilh. Finsen, in den Annaler, 1850, S. 205—20 u. S. 249.
[2]) Kgsbk, § 94, S. 170 und als Referenz § 94, S. 168. Staðarhólsbók, § 336, S. 364; Belgsdlsbk. § 58, S. 245.
[3]) Stdrhlsbk, § 106, S. 136.

Jedermann berechtigt ist seine Vertretung im Processe dem zu
übertragen, dem er sie übertragen will.[1]) Keinem Zweifel kann
hiernach unterliegen, dass in unserem Falle Geirríðr nach den
Rechtsbüchern zu ihrer gerichtlichen Vertheidigung eines Vertreters bedurfte, aber berechtigt war diesen sich selbst zu
wählen, und dass in dieser Beziehung das ältere isländische
Recht vom späteren nicht abwich, lässt sich daraus entnehmen,
dass auch die norwegischen Rechte den unverehelichten mündigen Weibern die Wahl ihrer gerichtlichen Vertreter frei
liessen.[2]) Dass aber Geirríðr ihre Wahl auf ihren Bruder
Arnkell als auf den Tüchtigsten und Angesehensten unter
ihren Angehörigen fallen liess und weder auf ihren für wenig
energisch geltenden[3]) Sohn, noch vollends auf ihren übel-
berüchtigten und ganz unverlässigen Vater, ist vollkommen
selbstverständlich.

Nicht in dem soeben besprochenen Punkte liegt jedoch die
wesentliche Schwierigkeit, welche unsere Berichte in rechtsgeschichtlicher Hinsicht bieten, sondern in dem, was sie über
das Verfahren im Gerichte selbst erzählen. Den Klaganspruch
bezeichnet die Eyrbyggja mit den Worten:[4]) „(þorbjörn) stefndi
Geirríði um þat, at hón væri kveldriða ok hón hefði valdit
meini Gunnlaugs" und bemerkt hinterher: „Tylftarkviðr átti
um at skilja"; die Landnáma aber sagt kürzer,[5]) dass er „stefndi
Geirríði Bægifótsdóttur um fjölkyngi", nachdem sein Sohn gelegentlich eines Besuches bei ihr erkrankt und in Folge dessen
gestorben sei, und auch sie lässt zur Beweisführung eine
„tólftarkvöð" verwenden. Insoweit entsprechen beide Berichte vollkommen den Vorschriften unserer Rechtsbücher. Von
diesen[6]) wird der fordæðuskapr, d. h. das maleficium, mit der

---

[1]) ebenda, § 307. S. 314.
[2]) GþL. § 47; FrþL. X, § 36 und 37; BjarkR.. III. § 99; vgl.
Wolff, ang. O., S. 14—18.
[3]) Eyrb., cap. 15, S. 17—18.
[4]) ebenda, cap. 16. S. 19.
[5]) Landn. II. cap. 9, S. 89.
[6]) Kgsbk, § 7, S. 23; Stðrhlsbk, § 18, S. 27; Skálhltsbk,
§ 11, S. 25; Stðrfellsbk, § 6, S. 72; Belgsdalsbók. § 9, S. 117;

Acht in ihrer strengsten Gestalt bedroht und wird darunter
verstanden, dass Jemand durch Wort oder Zauber (fjölkyngi)
Krankheit oder Tod von Menschen oder Vieh verursacht; der
Beweis soll dabei durch eine Zwölferjury erbracht werden und
noch an einer weiteren Stelle wird gesagt,[1]) dass zwar bei
allen anderen Klagen, welche auf die Acht in ihrer strengeren
oder leichteren Gestalt gehen, der Beweis durch 9 Nachbargeschworene des Beklagten zu führen sei, dass man aber bei
Klagen um Zauberei (fjölkyngi) von dem Goden des Beklagten
eine Zwölferjury zu begehren habe. Für das Verbrechen,
welches verfolgt werden will, wird demnach in den Rechtsbüchern ganz wie in der Landnáma die Bezeichnung fjölkyngi
gebraucht und wenn die Eyrbyggja die Geirríd statt dessen als
kveldriđa bezeichnet und auch Oddr nach ihr behauptet hatte,
„ađ Geirríd mun hafa riđit honum“, so ist dies in gleichem Sinne
zu verstehen. Allerdings bezeichnet kveldriđa oder myrkriđa, d. h.
Nachtreiterin, an sich nur ganz allgemein ein weibliches Wesen,
welches durch die Nacht reitet, und der Ausdruck umfasst darum
ebensowohl Unholdinnen[2]) als irdische Weiber, welche vermöge
ihrer Zauberkunst bei Nacht ausfahren, während doch ein altnorwegisches Rechtsbuch zwischen dem tröll und der fordæđa
scharf unterscheidet und von dem ersteren den Satz gelten lässt[3]):
ækki vældr hon þvi siolf, at hon er troll“. Aber es ist ja bekannt,
dass schon sehr frühzeitig beide zusammengeworfen werden;
das Christenrecht Erzb. Jóns stellt die tröll, die fordæđor und
die, welche Menschen oder Thiere reiten, unbedenklich zu-

Arnarbbk. § 8, S. 168; AM. 158 B. § 7, S. 210; AM. 50. § 7, S. 251;
AM. 181. § 10, S. 331.

[1]) Kgsbk. § 17, S. 36: Stđrhlsbk, § 35, S. 45; Skúlhltsbk,
§ 26, S. 41; Stđrfellsbk, § 10, S. 83—84; Belgsdbk, § 23, S. 133;
Arnarbbk, § 8. S. 168: AM. 158, B, § 15, S. 222; AM. 50 § 16, S. 266;
AM. 181, § 25, S. 354—55.

[2]) Vgl. J. Grimm, Mythologie, II. S. 880—1; E. H. Meyer, Germanische Mythologie, S. 160.

[3]) BþL. I, § 16; vgl. auch das Bruchstück der GþL. § 20
in Norges gamle Love. II. § 20.

sammen[1]), und ebenso verführt das alte Recht des Gulaþinges,
indem es den Vorwurf, ein tröll oder eine fordœða zu sein als
ganz gleich behandelt[2]), — das schonische Kirchenrecht wirft
„truldom ællær fordæþær“ ohne Weiters zusammen,[3]) wie das
seeländische „troldom ællær forgœrninge“ oder „troldom ellir for-
dæthi“ nach einer schonischen Version,[4]) — endlich das west-
götische Recht zählt zu den schwersten Scheltworten den gegen
ein Weib erhobenen Vorwurf, dass man sie im Zwielicht „i trols
ham“ losgegürtet und mit losen Haaren auf einer Zaunthür
habe reiten sehen.[5]) Auch in unseren deutschen Volkssagen
werden oft genug die Hexen mit der elbischen Nachtmahr zusammengeworfen, sodass wir uns nicht wundern können, wenn
auch auf Island schon frühzeitig beide Classen weiblicher Wesen
vermischt und gleichmässig als Nachtfahrerinnen bezeichnet
werden; die Verwendung also der Zwölferjury in unserer Rechtssache steht mit dem Inhalt unserer Rechtsbücher vollkommen
in Einklang. Bedenken erregen dagegen die Berichte der geschichtlichen Quellen über die Zusammensetzung der Zwölferjury, welche überdiess auch unter sich nicht übereinstimmen.
Nach der Eyrbyggja hätte man angenommen, dass weder Snorri
noch Arnkell um die Bildung dieser Jury angegangen werden
konnten, wegen ihrer persönlichen Beziehungen zu dem Kläger
einerseits und zu der Beklagten andererseits; man habe sich
darum mit dem Gesuch um deren Bildung an den Helgi Hof-
gardagodi gewandt, und dieser habe den Wahrspruch denn auch
erbracht. Nach der Landnáma dagegen wäre die Zusammensetzung der Jury von Arnkell verlangt, und deren Spruch dann
auch von ihm abgegeben worden. Dem gegenüber gilt nun
nach den Rechtsbüchern[6]) die durchgreifende Regel, dass um die

---

[1]) Jóns KrR. § 65.
[2]) GþL. § 196.
[3]) cap. 13, S. 369, in Schlyter, Corp. jur. Sueogot. ant. IX.
[4]) Hinter Valdemars Sællandske Lov, S. 70—71.
[5]) I. WGL. Retlb. 5, § 5; II, 9.
[6]) Vgl. Arvid Kempe, Studier öfver den isländska Juryn enligt
Grågås (Lund, 1885), S. 23—24.

Zusammensetzung der Zwölferjury der Gode des Beklagten anzugehen ist (goði sá, er sá er í þingi með, er sóttr er), und
dieser Fall wird darum in denselben stets ohne Weiters vorausgesetzt. Allerdings erleidet diese Regel mehrfache Ausnamen.
So kann es vorkommen, dass der Kläger, unbekannt mit der
Dingzuständigkeit seines Gegners, sich erst durch eine „lögspurníng“, d. h. gesetzliche Befragung, über diese zu unterrichten suchen muss; hat sich nun auf Grund dieser ein Gode
als Gerichtsherr des Beklagten bekannt, oder hat der Beklagte
selbst einen solchen als seinen Gerichtsherrn genannt, so ist der
Kläger berechtigt den ihm Genannten um die Bildung der
Zwölferjury anzugehen,[1]) und wenn nun der Angegangene sich
weigert den Spruch einer solchen zu erbringen, gleichviel ob
er behauptet ein Godord überhaupt nicht zu besitzen oder dass
der Beklagte nicht zu seinem Godorde gehöre, so soll der Spruch
als gegen den Beklagten abgegeben gelten, weil sich dieser
einer „lögvilla“, d. h. Chicane schuldig gemacht hat[2]). Bleibt
die lögspurníng erfolglos, indem sich kein Gode zum Beklagten
bekennt, so darf sich der Kläger an seinem eigenen Goden
halten.[3]) Kann ferner ein „útanþíngsmaðr“, d. h. ein nicht
zum Dingverbande gehöriger Mann ausnamsweise vom Kläger
an seinem eigenen Frühlingsdinge belangt werden, und wird
in diesem Falle die Berufung einer Zwölferjury nöthig, so hat
der Kläger um diese seinen eigenen Goden anzugehen,[4]) natürlich aus dem Grunde, weil der Gode des Beklagten an der
fremden Dingstätte Nichts zu schaffen hat. Gilt es festzustellen,
ob ein Hülfsbedürftiger einem zur Acht oder Landesverweisung
Verurtheilten angehöre und somit vom Dingverbande oder Landesviertel zu übernehmen sei oder nicht, so hat der Gode die Zwölfer-

---

[1]) Kgsbk, § 22, S. 41.
[2]) ebenda, S. 42.
[3]) ebenda, § 249, S. 198; Stadarhlsbk, § 61, S. 76; ebenso ist
auch zu verstehen Kgsbk, § 136, S. 18; Stadarhlsbk. § 97, S. 128–29;
dann auch Skálhltsbk, § 27, S. 42; Arnarbœlisbk, § 4, S. 162;
AM. 181, § 7, S. 323; M. Stephensen, § 17, S. 376.
[4]) Kgsbk, § 58, S. 101 und § 64, S. 117.

jury zu bilden, welcher den fèransdóm, d. h. das Executionsgericht hält oder gehalten hat;[1]) natürlich aus dem ganz ähnlichen Grunde, weil nur dieser an diesem Gerichte amtlich anwesend zu sein hat. Insoweit erklären sich die Ausnahmsfälle
sehr einfach; sie sind entweder durch die Unmöglichkeit begründet, den der Regel nach berufenen Goden des Beklagten
im gegebenen Falle auch wirklich zu verwenden, oder auch
durch das widerrechtliche Verhalten veranlasst, dessen sich der
Beklagte selbst oder dessen Gode bei der Frage nach dessen
Dingzuständigkeit schuldig gemacht hat. Schwieriger steht die
Sache dagegen in einigen weiteren Fällen, in welchen es sich
sammt und sonders um fremdes Gut handelt, das von Jemanden
in provisorischen Besitz genommen worden war und nun dem
Besitzer von einem angeblich besser Berechtigten abgenommen
werden will, sei es nun dass dabei das Gut eines verunglückten
Schiffes in Frage stehe, welches ans Land gespühlt und von
dem betreffenden Grundeigenthümer in Besitz genommen worden
war,[2]) oder eine im Auslande einem Isländer angefallene Erbschaft, deren provisorischen Besitz in Abwesenheit des Erben
ein entfernterer Verwandter ergriffen hat, dem sie nun ein
angeblich näher Berufener abnehmen will,[3]) oder endlich eine
auf Island liegende Erbschaft, welche anstatt des im Auslande
befindlichen Erben von einem entfernteren Verwandten provisorisch in Besitz genommen wurde und bezüglich deren nun
streitig wird, ob der an sich zunächst Berufene, welcher im
Auslande verstorben ist ohne die Erbschaft reclamirt zu haben,
auch wirklich den Erblasser überlebt habe oder nicht? In den
ersteren beiden Fällen soll der Gode des Klägers selbst um die
Zwölferjury angegangen werden, während bezüglich des dritten
Falles sich widersprechende Bestimmungen vorliegen; eine
Stelle[4]) lässt die Frage nach der Priorität des Todes durch

[1]) ebenda, § 50, S. 87 und § 62, S. 116.
[2]) Kgsbk, § 218, S. 134—35; Stadarhlsbk, § 459, S. 535—36.
[3]) Kgsbk, § 126, S. 242—43; Stadarhlsbk, § 70, S. 92.
[4]) Stadarhlsbk, § 59, S. 72; in der Kgsbk. § 124, S. 237 nur
als Referenz.

eine Zwölferjury entscheiden, welche der Gode des Beklagten
zu bilden hat und folgt somit der allgemeinen Regel, nach
einer zweiten Stelle[1]) soll dagegen der Gode die Jury zusammensetzen, welchem der Erblasser angehört hatte und für den Fall,
dass dieser nicht zu ermitteln wäre, der Gode des Klägers,
endlich nach einer dritten Stelle[2]) soll der Gode des Klägers
schlechthin eintreten und nicht bloss eventuell. Keine von
allen diesen Bestimmungen berührt die uns vorliegende Frage
und kann darum deren ziemlich schwierige Erklärung hier
unerörtert bleiben; interessant ist indessen immerhin die in
dem zuletzt besprochenen Falle zu Tage tretende Verschiedenheit der Entscheidung, soferne sie auf ein Schwanken der
Jurisprudenz und Praxis in dem bezüglichen Punkte hinzudeuten scheint. Ungleich bedeutsamer sind dagegen für unseren
Zweck diejenigen Vorschriften, welche sich auf die kviðruðníng
beziehen, d. h. auf die Gründe, aus welchen einzelne Mitglieder
der Jury recusirt werden dürfen. Der Gode, welcher recht-
mässig um eine Zwölferjury angegangen wird, hat diese in der
Weise zu bilden, dass er 11 seiner Dingleute ernennt und selbst
als der zwölfte hinzutritt; [3]) dann aber hat er den, der von
ihm die Jury verlangt hat, zur kviðruðníng aufzufordern,
wobei die Regel ausgesprochen wird:[4]) „hann á svá at hryðja
12 quið sem dóm." Es sollen also bei dieser kviðruðníng dieselben Regeln gelten, welche für die dómruðníng aufgestellt
wurden[5]) und soll somit hier wie dort die Recusation erfolgen
können sowohl „at frændsemi", „at mægðum" und „at guðsifjum",
als auch „at sökum", d. h. sowohl wegen einer innerhalb
bestimmter Grenzen sich haltenden Verwandtschaft, Schwägerschaft oder Gevatterschaft, welche zwischen einem der Jurymänner und dem einen oder anderen Streittheile vorliegt, als
auch wegen eines zwischen beiden bestehenden legalen Feind-
schaftsverhältnisses. Der Satz wird ganz allgemein und vor-

---

1) Kgsbk, § 249, S. 198; Staðarhlsbk, § 61, S. 76.
2) Kgsbk, § 118, S. 226—27; Staðarhlsbk, § 59, S. 71.
3) Kgsbk, § 36, S. 66—67; vgl. auch § 26, S. 51.
4) ebenda, § 36, S. 67.   5) ebenda, § 25, S. 46—48.

behaltlos ausgesprochen und man könnte demnach auf den
ersten Blick hin allenfalls geneigt sein anzunehmen, dass er
sich auf alle 12 Mitglieder der Jury ganz gleichmässig beziehe;
indessen ergibt sich doch bei schärferem Zusehen, dass diess
unmöglich die Meinung sein kann. Die Stellung des Goden
in der Jury ist nämlich eine ganz andere, als die der 11 anderen
Mitglieder derselben. Der Gode hat seine 11 Dingleute zu
ernennen und diese sind verpflichtet, seiner Ernennung Folge
zu leisten. Der Wahrspruch wird zwar von allen 12 Jury-
männern nach Stimmenmehrheit festgestellt; aber bei Stimmengleichheit steht dem Goden der Stichentscheid zu[1]) und wenn
es hiernach zwar formell zuviel gesagt ist, wenn einmal ausgesprochen wird:[2]) „goðinn á at bera slíct sem hann hyggr
réttaz", so mag doch bei dem grossen Einfluss, den der Gode
auf seine Dingleute ausübte, die Sache materiell ziemlich so
gestanden haben, dass er nach eigenem Gutdünken den abzu-
gebenden Wahrspruch zu gestalten vermochte, wie wir denn
auch einmal den Vígaglúm wirklich aus rein persönlichen
Gründen einen augenscheinlich falschen Wahrspruch zu Gunsten
eines Beklagten abgeben sehen,[3]) ohne dass seine 11 Dingleute
dagegen irgend welchen Widerstand geleistet hätten. Der
Gode hat ferner auch den Wahrspruch zu verkünden, nachdem er festgestellt worden ist[4]) und er ist somit das Organ,
durch welches die Jury sich ausspricht. Ueberdiess steht dem
Goden, und das ist für unsere Frage ganz besonders bedeutsam,
für die Auswahl seiner 11 Genossen die Gesammtheit seiner
Dingleute zu Gebote, ohne dass dabei zwischen ansässigen
Bauern und losen Leuten unterschieden würde, welche in
fremdem Hause ihr Domicil haben[5]), und er kann somit für
die legal Abgelehnten sofort Andere ernennen, zumal da ihm
sicherlich, ebenso wie bei der dómruðníng,[6]) für den Fall, dass
alle seine Dingleute bereits verbraucht waren, das Recht zu-

---

[1]) Kgsbk, § 36, S. 67.
[2]) ebenda, § 218, S. 134; Staðarhlsbk, § 459, S. 535.
[3]) Vígaglúms s. cap. 17—18, S. 49—50.   [4]) Kgsbk, § 36, S. 67.
[5]) ebenda, S. 66—67.   [6]) ebenda, § 25, S. 50.

stand, von seinen samþingisgoðar solche zu leihen zu nehmen;
dagegen war der Gode selbst, der die Jury zu bilden und an
ihr theilzunehmen hatte, ein für allemal gesetzlich bestimmt
und konnte somit nicht ohne Weiteres ersetzt werden. Gegen
ihn konnte somit eine Recusation nicht wohl gerichtet werden
und in der That fehlen denn auch alle Bestimmungen darüber,
wie für ihn im Falle einer solchen ein Ersatz beschafft zu
werden hatte; man wird hiernach annehmen müssen, dass sich
die kviðruðníng nur auf die 11 von ihm zu ernennenden Dingleute, nicht aber auf den Goden selbst erstreckte und hiefür
sprechen denn auch geradezu entscheidend folgende Erwägungen.
Unser Rechtsbuch sieht bei Besprechung des Verfahrens mit
der Zwölferjury ausdrücklich den Fall vor,[1] da der Gode bei
der Rechtssache irgendwie selbst betheiligt ist, in deren Verlauf man von ihm die Bildung einer solchen verlangt und es
stellt für diesen Fall zweierlei Regeln auf. Ist dieser Gode
selbst der Beklagte, so soll er zwar selber die 11 þriðjúngsmenn
ernennen, welche an und für sich den Wahrspruch mit ihm
gemeinsam festzustellen hätten; aber er muss die Feststellung
dieses Spruches ihnen allein überlassen und er darf ihn auch
nicht verkündigen, vielmehr hat der Kläger denjenigen von
seinen beiden samþingisgoðar, welcher bezüglich seiner verwandtschaftlichen Verhältnisse am Wenigsten Anstoss bietet,
oder, wenn sich beide hierin gleichstehen, denjenigen welchen
er will, ersuchen, anstatt des an und für sich berufenen Ob-
mannes den ohne sein Zuthun gefundenen Wahrspruch vor
dem Gericht zu verkünden. Ein paar Texte des Christenrechtes
lassen in einem hieher gehörigen Falle den Kläger sogar ohne
Weiteres die Zwölferjury von einem samþingisgoði des Beklagten
verlangen;[2] mag sein, dass dabei eine Verkürzung des Ausdruckes vorliegt, wie denn auch ungesagt bleibt, ob dem Kläger
zwischen den beiden samþingisgoðar schlechthin die Wahl gelassen werden wollte oder nicht, mag aber auch sein, dass die

---

[1] Kgsbk, § 36. S. 67.
[2] Skálhóltsbk, § 27, S. 42; Arnarbbk, § 4. S. 162; AM. 181,
§ 7. S. 923; M. Stephensen, § 17, S. 376.

Praxis wirklich eine zwiespältige war und dass somit von den
angeführten Texten wirklich auch schon die Zusammensetzung
der Jury einem der samþíngisgoðar überlassen werden wollte.
Steht der Gode dagegen als Kläger einem seiner eigenen
þingmenn gegenüber, so soll er zwar selber wie gewöhnlich
seine 11 Jurymänner ernennen und auch selber den von ihnen
gefällten Wahrspruch als ihr Obmann verkündigen; aber die
Feststellung des Spruches hat er ihnen allein zu überlassen,
ohne dass er sich selber daran betheiligen dürfte.[1] Man sieht
selbst in dem Falle, da der Gode selbst Partei ist, entziehen
ihm die Rechtsbücher, oder doch deren älteste Texte, seine
Theilnahme an der Zwölferjury keineswegs vollständig, wenn
sie dieselbe auch auf eine nur formelle Mitwirkung beschränken;
um so weniger ist daran zu denken, dass ihm diese Theilnahme
in einem Falle hätte entzogen werden können, in welchem er
nicht selbst Streittheil, sondern nur mit dem einen oder anderen
Streittheile verwandt war. — Vergleicht man nun die Berichte
unserer beiden geschichtlichen Quellen mit diesen Vorschriften
der Rechtsbücher, so zeigt sich sofort, dass die Darstellung der
gerichtlichen Vorgänge in der Landnáma insoweit vollkommen
diesen letzteren entspricht, als sie den Arnkell, dessen Godord
doch die Beklagte, seine Schwester, zweifellos angehört haben
wird, den Wahrspruch der Zwölferjury erbringen lässt, ohne
dabei irgendwelcher Bemängelung seiner Befähigung zu dieser
Verwendung zu gedenken. Dagegen steht die Erzählung der
Eyrbyggja mit diesen Vorschriften in bestimmtem Widerspruch
und es ist nicht ganz leicht zu erklären, wie sie zu ihrer abweichenden Darstellung kam. Man könnte zunächst mit der
Möglichkeit rechnen, dass der Verfasser der Sage sei es nun
älterem Rechte folgend oder auch irrthümlich in Arnkell nicht
einen gewählten Vertreter seiner Schwester, sondern deren von
Rechtswegen handelnden Geschlechtsvormund, also den richtigen
varnaraðili gesehen hätte, welchenfalls dann allerdings die vom
beklagten Goden handelnde Vorschrift der Rechtsbücher zur

---

[1] Kgsbk, § 36, S. 67.

Anwendung kommen musste,[1]) oder dass er irrthümlich meinte,
die auf den varnaraðili bezügliche Bestimmung auch auf dessen
bevollmächtigten Vertreter anwenden zu müssen, was zu demselben Ergebnisse führen würde. Indessen ist doch kaum
wahrscheinlich, dass das ältere isländische Recht die mündigen
Weiber ledigen Standes in ihrer processualischen Vertretung
grösseren Beschränkungen unterworfen habe als das spätere,
da ja auch die norwegischen Provinzialrechte und speciell die
Gulaþíngslög, wie oben bereits nachgewiesen wurde,[2]) ihnen
in dieser Beziehung nicht geringere Freiheit liessen als die
isländischen Rechtsbücher; ein Irrthum des Verfassers in einem
so auffälligen Punkte wird sich aber um so weniger annehmen
lassen, als dieser sich sonst gerade in rechtlichen Fragen mit
grosser Sicherheit bewegt. Eher liesse sich annehmen, dass in
der älteren Zeit eine schwankende Jurisprudenz in Bezug auf
die einschlägigen Fragen geherrscht habe, wie wir denn in
unseren Rechtsbüchern selbst noch einzelne Spuren hievon gefunden haben und für diese Vermutbung lässt sich geltend
machen, dass die Eyrbyggja selbst nur sagt, dass aus verwandtschaftlichen Gründen weder Snorri noch Arnkell den Spruch
abgeben zu können schien, womit denn doch ausdrücklich auf
eine gewisse Unsicherheit des Rechts hingewiesen sein dürfte.
In der einen oder anderen Weise lässt sich immerhin auch
diese Darstellung der Vorgänge erklären; unter allen Umständen
bleibt aber die Verschiedenheit der beiden Berichte auffällig,
von welchen doch nur der eine oder der andere richtig sein
kann. Die einfachste Lösung der damit aufgeworfenen Frage
wäre nun freilich die, den Bericht der Landnáma als den
unseren Rechtsbüchern vollkommen entsprechenden für den
richtigen und ursprünglichen zu erklären, die Darstellung der
Eyrbyggja dagegen als eine durch unklare oder irrthümliche
Rechtsanschauungen entstellte und getrübte zu betrachten; indessen erheben sich doch gegen eine solche Auffassung sehr

---

[1]) Kgsbk, § 36, S. 67; oben S. 21, Anm. 1 und 2.
[2]) siehe oben S. 14, Anm. 2.

gewichtige Bedenken und zwar nicht nur von Erwägungen
mehr äusserlicher Art ausgehend, wie sie oben bereits dargelegt
wurden,[1]) sondern auch von Seiten einer eingehenden Würdigung der in der Darstellung beider Quellen selbst gelegenen
Momente. Es begreift sich sehr leicht, dass ein Bearbeiter
der Landnáma, welchem der Bericht der Eyrbyggja vorlag,
und welcher ihn in abgekürzter Gestalt seiner Bearbeitung ein-
verleiben wollte, ganz wohl darauf verfallen konnte, ihn so zu
gestalten, wie er uns in unserer Landnáma B. vorliegt, zumal
wenn dieser Bearbeiter mit den Rechtsbüchern des 13. Jahrhunderts so vertraut war wie wir es von dem Lögmanne Sturla
voraussetzen dürfen; er beseitigte damit den Widerspruch, in
welchem der Bericht mit den Vorschriften dieser Rechtsbücher
stand, indem er zugleich die Darstellung seinen Zwecken entsprechend vereinfachte und abkürzte. Aber was hätte umgekehrt den Verfasser der Eyrbyggja, wenn ihm der einfache
Bericht der Landnáma vorgelegen hatte, veranlassen können
ihn zu der Darstellung umzuarbeiten, welche wir in dieser
seiner Sage lesen? Wie sollte er darauf gekommen sein, die
Recusationsfrage in die Sage hineinzutragen, von welcher das
Recht seiner Zeit in dieser Anwendung Nichts wusste und die
überdiess für den weiteren Verlauf der Erzählung keinerlei Bedeutung hatte? Und wie sollte er ferner auf den Namen des Helgi
Hofgarðagoði verfallen sein, der in der Landnáma zwar einmal
genannt wird,[2]) aber ohne diesen seinen Beinamen und der in
den übrigen Sagen nirgends eine Rolle spielt? So wird man
wohl vielmehr annehmen müssen, dass der Bericht der Eyrbyggja der ursprüngliche und dass er gleich dem übrigen
Inhalte dieser Sage wesentlich aus der mündlichen Ueberlieferung geschöpft sei, während erst aus ihm die verkürzte und
theilweise auch absichtlich umgestaltete Darstellung der Landnáma erwachsen ist.

Aber auch noch in einem weiteren Punkte bieten die
Berichte unserer beiden Quellen eine Schwierigkeit. Ueberein-

---

[1]) siehe oben S. 7—9.   [2]) Landn. II, cap. 6, S. 82.

stimmend lassen sie vor dem Gericht zuerst Seitens der Vertheidigung einen Reinigungseid schwören und dann erst den
Wahrspruch der Zwölferjury erbringen, wobei vorläufig ausser
Betracht gelassen werden mag, dass jener Reinigungseid nach
der Eyrbyggja von Arnkell goði zusammen mit þórarinn und
10 weiteren Genossen geleistet wird, während die Landnáma
nur von einem von þórarinn geschworenen Eide spricht. Da
fällt nun zweierlei auf: einmal, dass hier dem Wahrspruche
der Zwölferjury eine anderweitige Beweisführung vorhergeht, auf deren Ergebniss sich dann jener Spruch stützt und
weiterhin, dass als Beweismittel vor der Jury ein, sei es nur
mit alleiniger Hand geschworener oder auch durch Eidhelfer
verstärkter Reinigungseid benützt wird, während sonst der
isländische Process von diesem keinen Gebrauch zu machen
pflegt und auch von einer vorgängigen Beweisführung bei
einem Wahrspruch nirgends die Rede ist, gleichviel ob dieser
von einer Zwölferjury oder von einer Nachbarjury zu erbringen
war. Allerdings kannte das isländische Recht die Verwendung
feierlicher Versicherungen sei es nun der Partei allein oder auch
einer Anzahl von Helfern, deren Versicherung sich an die
vorgängige Versicherung eines Anderen unterstützend anschloss,
und wenn man dabei zwischen der Versicherung auf Eid (eiðr)
und auf Ehrenwort (þegnskaparlagning) unterschied, so war
doch diese Unterscheidung nur formeller Art und scheint überdiess auch die Versicherung auf Ehrenwort im weiteren Sinne
unter der Bezeichnung Eid mit inbegriffen gewesen zu sein,
sodass hier von diesem Unterschiede füglich abgesehen werden
kann.[1]) So mussten die Streittheile beim Beginn ihrer Vorträge vor Gericht einen Gefährdeeid schwören und auch gelegentlich mancher anderer processualischer Handlungen ihren
guten Glauben beschwören; im fimtardóme aber, d. h. dem
obersten Gerichte, musste jener Calumnieneid noch durch den
Eid zweier Mitschwörer verstärkt werden. Wird ferner aus

[1]) vgl. für das Folgende Vilh. Finsen, Glossar, s. v. eiðr, fanga:
kvidr, kennendr, sannaðarmenn, S. 598—600, 627, 634—35, 664—65.
A. Kempe, S. 30—38.

irgendwelchen Gründen, z. B. gelegentlich einer dómruðníng,
kviðruðníng, Wergeldsforderung u. dgl., die Berechnung einer
Verwandtschaft vor Gericht nöthig, so haben unter Umständen
zwei Mitschwörer die eidliche Angabe des Berechnenden (teljandi) zu bestätigen, gleichviel ob die Partei selbst die Berechnung vornimmt, oder ein anderer von ihr ernannter Mann.
Will gegenüber einem in eine Nachbarjury Berufenen eine
„kviðruðníng at leiðarlengð" vorgenommen werden, so muss
die Versicherung, dass Andere näher an dem für die Berufung
massgebenden Orte wohnen als der Berufene, durch 2 Mitschwörer bestätigt werden. In allen diesen Fällen werden die
Mitschwörer als „sannaðarmenn", „sannanarmenn" oder „sönnun-
armenn"[1]) bezeichnet und für ihre Aussage wird die Bezeichnung „at sanna", d. h. bewahrheiten gebraucht; diese sannaðarmenn aber vermag ich, im Gegensatze zu V. Finsen, aber
in Uebereinstimmung mit A. Kempe, nur als Eidhelfer aufzufassen, ohne dass mich die von Finsen gegen diese Auffassung
vorgebrachten Einwendungen beirren könnten. Richtig ist
allerdings, dass in einzelnen Fällen der Eid jener Mitschwörer
nicht blos auf die Reinheit des vom Hauptschwörer abgeleisteten
Eides, sondern zugleich auch auf die materielle Wahrheit der
von diesen beschworenen Thatsache gestellt ist; aber dieselbe
ungenaue Formulirung ihres Eides kommt auch in anderen
Rechten bei ganz unzweifelhaften Eidhelfern vor und beweist
somit nichts. Richtig ist auch, dass in einem vereinzelten
Falle[2]) von der Stellung von 3 Männern gesprochen wird, die
eine Versicherung an Eidesstatt abgeben sollen, ohne dass dabei
einer von ihnen als Hauptschwörer bezeichnet würde; aber
es handelt sich dabei um eine Verwandschaftsberechnung, wobei
unter den 3 Schwörern offenbar der „teljandi" mitgerechnet
ist, und dass dieser eine andere Person als der Beweisführer
selbst ist, kommt nicht nur auch sonst vor, sondern ist im
gegebenen Falle ganz besonders begreiflich, weil hier der Bischof

---

[1]) so in der Njála.

[2]) Kgsbk. § 149. S. 41—42. nur als Referenz; Stðrhlsbk, § 171.
S. 204 5; Belgsdlsbk, § 38, S. 235; AM. 173. D, § 3, S. 456.

von Amtswegen klagt, dem doch nicht wohl die eigene Eides-
leistung zugemuthet werden konnte. Endlich ist auch wahr,
dass der Ausdruck „sanna" einmal ganz unverkennbar auf das
Erbringen eines Wahrspruches durch eine Nachbarjury angewandt wird;[1]) aber dieser Ausdruck kann, wie sich aus zahlreichen Belegstellen ergiebt,[2]) von allen und jeden Aussagen
nicht nur, sondern auch sonstigen Behelfen gebraucht werden,
welche geeignet erscheinen die Wahrheit einer Thatsache festzustellen, wie z. B. vom Gottesurtheil[3]) und in einer unserer
Stelle parallel laufenden Bestimmung wird denn auch richtig
von einem „bera kvið" gesprochen,[4]) wie diess Kempe bereits
bemerkt hat. Die Frage, ob in einem anderen Falle, in
welchem bei einer Verwandschaftsberechnung „5 menn at
sanna með sèr" gefordert werden,[5]) unter diesen ebenfalls Eidhelfer zu verstehen seien, oder aber Nachbargeschworene, wie
solche anderwärts wirklich genannt werden, freilich in einem
Falle, welcher von einer „fjártala" und nicht von einer „frænd-
semistala" handelt,[6]) mag hier ebenso dahingestellt bleiben,
wie die andere Frage, ob die 5 Männer, welche das Zeugniss
eines Ladungszeugen stützen sollen, dessen Genosse ausgeblieben
ist,[7]) als Nachbargeschworene oder als Eidhelfer aufzufassen
sind. Unerörtert mag auch bleiben, ob die „kennendir" oder
„lögkennendir" als Eidhelfer zu betrachten sind, d. h. die
Männer, durch deren Aussage die Identität eines geächteten
Mannes, oder das Recht auf eine gefundene Harpune und
deren Marke, auf bestimmte Schafe, welche von den Hochweiden
herabkommen, oder auf Wrackgut festgestellt wird; sie scheinen,
immer 2 an Zahl, im Anschluss an eine vorgängige Versicherung

---

[1]) Kgsbk. § 33, S. 60.
[2]) vgl. Fritzner, h. v.
[3]) Heimskr., Ínga s. ok brædra hans. cap. 15. S. 739.
[4]) Kgsbk. § 32, S. 56.
[5]) Kgsbk, § 144. S. 30; Stdrhlsbk, § 119, S. 156; vgl. auch
Kgsbk, § 144, S. 32 und Stdrhlsbk, § 123, S. 159, wo indessen keine
Zahl der Beweispersonen genannt ist.
[6]) Kgsbk, § 149, S. 41, nur als Referenz; Stdrhlsbk, § 131. S. 169.
[7]) Kgsbk, § 32, S. 56; Stdrhlsbk, § 130, S. 491.

der Partei auszusagen und werden auch wiederholt als „sannaðarmenn" bezeichnet, wie für ihre Aussage die Bezeichnung
„at sanna" gilt, aber der Inhalt ihrer Aussage gleicht der von
Erfahrungszeugen, nicht von Eidhelfern. Endlich will ich mich
auch über die ziemlich problematische Natur des „fángakviðr"
hier nicht aussprechen,[1]) dessen Mitglieder einmal als „sannaðarmenn" bezeichnet werden und für dessen Wahrspruch einmal der Ausdruck „sanna" gebraucht wird; es mag bezüglich
seiner die Bemerkung genügen, dass er in einigen Fällen zur
Anwendung kommt, in welchen es gilt eine angeblich im Auslande vorgegangene Thatsache zu bestätigen. Aber wie man
auch diese zweifelhafteren Fragen entscheiden möge, so bleibt
doch unter allen Umständen soviel gewiss, dass in keinem
einzigen unter den zahlreichen Fällen, in welchen die Rechtsbücher vom Parteieneide und von der Eideshülfe im Rechtsgange Gebrauch machen, dieser Eid die Bedeutung eines Reinigungseides hat, wie ein solcher nach unseren beiden geschichtlichen Berichten zu Gunsten der Geirríðr geschworen wurde,
und nicht minder gewiss ist, dass die Rechtsbücher nicht die
geringste Spur von einer Beweisführung zeigen, welche vor
einer Jury stattgefunden hätte, wie denn A. Kempe kategorisch
ausspricht,[2]) dass vor der isländischen Jury kein Beweis erbracht
erbracht worden sei, keine Verhandlungen stattgefunden hätten
und keine Untersuchung geführt worden sei. Indessen darf
man aus den Zuständen des 13. Jahrhunderts, dem unsere
Rechtsbücher angehören, nicht ohne Weiteres auf das Recht
Schlüsse ziehen, welches um ein paar Jahrhunderte früher galt;
ganz im Gegentheile fehlt es nicht an Anhaltspunkten für die
Annahme, dass das Beweisverfahren, wie es unsere Rechtsbücher
schildern, das Ergebniss eines längeren Umbildungsprocesses
gewesen sei. Einerseits nämlich wusste das altnorwegische
Recht, von welchem doch das isländische ausgegangen war,
nichts von einer Jury, während diese doch in dem Beweisrechte
der isländischen Rechtsbücher die Hauptrolle spielt und beruhte

---

[1]) vgl. A. Kempe, S. 28—30.   [2]) ang. O., S. 46.

das Beweisverfahren in Norwegen vielmehr von Anfang an
hauptsächlich auf dem Reinigungseide der Partei, mochte dieser
nun mit oder ohne Eideshelfer abgeschworen werden; andererseits aber zeigt die Verwendung des Parteieneides und der
Eideshülfe in den isländischen Rechtsbüchern, wie A. Kempe
schon sehr richtig bemerkt hat,[1]) ganz den Charakter eines
im Zustande der Auflösung begriffenen Institutes, sodass von
beiden Seiten her die Vermuthung sehr nahe gerückt ist, dass
am Schlusse des 10. Jahrhunderts auf Island Reinigungseid
und Eideshülfe immerhin noch eine Rolle gespielt haben dürften.
In der That finden wir zu dem Berichte der Eyrbyggja noch
eine Parallele in einer Erzählung der Vígaglúma, welche sich
auf einen ungefähr dem Jahre 990 angehörigen Vorgang bezieht. In dem Kampfe am Rísateigr hatte Vígaglúmr den
þorvaldr krókr erschlagen, aber dem jungen Guðbrandr þorvarð-
arson eingebildet, dass er der Thäter sei und dieser wurde
denn auch als solcher geächtet;[2]) als nun hinterher die Wahrheit aufkommt, wird sofort gegen Vígaglúm Klage gestellt.
Am Hegranessþínge weiss dieser einen Urtheilsspruch zu verhindern und als die Klage dann an das Allding gelangt, wird
hier im Vergleichswege bestimmt, dass Vígaglúmr binnen ge-
setzter Frist einen Eid dahin abzuleisten habe, dass er den
þorvald krók nicht getötet habe; in drei Tempeln im Eyjafjörðr
sollte der Eid geschworen werden und als misslungen gelten,
wenn diess nicht rechtzeitig geschehen würde.[3]) Wirklich wird
der Eid rechtzeitig in 3 Tempeln geschworen[4]) und wenn zwar
die Worte, in denen diess geschieht, in durchtriebenster Weise
zweideutig gefasst sind, so hat doch dieser Umstand für unseren
Zweck keine Bedeutung: er lässt die Thatsache unberührt, dass
hier ein wirklicher Reinigungseid des Beklagten vorliegt, dessen
heidnische Fassung sehr entschieden für die Aechtheit der Ueberlieferung spricht. Dabei findet die Ableistung des Eides in
3 Tempeln ein Gegenbild in einem angelsächsischen Gesetze,
welches für einen bestimmten Fall einen in 4 Kirchen zu

---

[1]) ang. O., S. 32. [2]) Vígaglúma, cap. 23, S. 69—71. [3]) ebenda,
cap. 24, S. 75. [4]) ebenda, cap. 25, S. 76.

schwörenden Voreid des Klägers und einen in 12 Kirchen zu
schwörenden Reinigungseid des Beklagten vorsieht;[1]) der vom
letzteren in mehrfachen Kirchen oder Tempeln mit alleiniger
Hand zu schwörende Eid ist aber zweifellos als ein Aequivalent
des durch Eidhelfer verstärkten Schwures anzusehen. Allerdings
kommt nach der Vígaglúma der Reinigungseid des Beklagten
nur auf Grund eines Vergleiches, also des Vertragswillens der
Streittheile, nicht auf Grund eines Rechtssatzes zur Anwendung;
aber immerhin zeigt sich auch darin die Erinnerung an dessen
Geltung als Beweismittel noch deutlich bewahrt. Warum sollte
da nicht um dieselbe Zeit auch möglich gewesen sein, dass
eine Zwölferjury ihren Spruch von einem durch den Beklagten
abzuleistenden Reinigungseide abhängig machte? Das geltende
Landrecht forderte zwar keine Beweisführung vor dieser Jury,
aber es schloss sie auch nicht aus und da dieser überlassen
war die für ihren Wahrspruch massgebenden Momente nach
eigenem Ermessen zu ermitteln, konnte sie in einer Zeit, in
welcher die Erinnerung an den Gebrauch des Reinigungseides
als eines Beweismittels noch lebendig war, ganz wohl darauf
verfallen, diesen ihren Spruch von der vorgängigen Ablegung
oder Nichtablegung eines solchen abhängig zu machen. Ist
aber in den Berichten über den Process der Geirríd eine ächte
Ueberlieferung aus einer Zeit zu erkennen, in welcher die Erinnerung an das altnorwegische Beweisverfahren auf der Insel
noch nicht erloschen war, so ist auch sofort klar, dass der
Bericht der Eyrbyggja gegenüber der Landnáma auch aus
inneren Gründen als der weitaus glaubhaftere zu gelten hat.
Ein mit alleiniger Hand geschworener Reinigungseid konnte
nach norwegischem Rechte gegenüber einer auf Tödtung mittelst
Zauberei gehenden Anklage unmöglich genügen, wogegen ein
Zwölfereid in diesem Falle wie gegenüber jeder auf Mord
gehenden Klage durchaus am Platze war.[2])

[1]) Ælfréd, cap. 33.
[2]) Gþl. § 132; Frþl. XV, § 4.

II.

Der Rechtsstreit zwischen þorbjörn digri und Geirrídr war durch die gelungene Vertheidigung der letzteren erledigt; aber doch scheint er zwischen beiden Häusern eine feindselige Stimmung hinterlassen zu haben, welche bald Gelegenheit fand sich neuerdings Luft zu machen. Þorbjörn hatte auf der Bergweide eine zahlreiche Heerde von Pferden, und auch Þórarinn besass einen streitbaren Hengst, der hier frei gieng. Da geschah es nun noch in demselben Jahre, in welchem jener Process stattgefunden hatte,[1] dass sich Þorbjörns Pferde im Herbst nicht finden liessen, obwohl man weit herum nach ihnen suchte. Da schickte þorbjörn zu Anfang des Winters den Odd Kötluson südwärts über das Gebirge zu einem gewissen Spágils, der für geheimer Dinge kundig galt, und an den man sich zu wenden pflegte, wenn man einem Dieb auf die Spur zu kommen oder andere verborgene Dinge zu erfahren wünschte. Oddr fragte diesen, ob Ausländer die Pferde gestohlen hätten,[2] oder Landsleute aus einem anderen Bezirke, oder Nachbarn þorbjörns; Spágils aber meinte, die Pferde seien wohl nicht weit von ihrer Weide weggegangen, es sei aber schlimm, Jemanden namentlich zu beschuldigen, und räthlicher einen Verlust zu leiden, als dass aus der Sache schweres Unglück entstehe. Diese Antwort glaubte nun þorbjörn auf die Leute von Máfahlíd beziehen zu müssen, zumal da Oddr behauptete, der kluge Mann habe noch beigefügt, der Pferdediebstahl sei am Ersten solchen zuzutrauen, die arm seien und überdiess die Zahl ihrer Hausleute über das gewöhnliche Mass erhöht hätten; er machte sich darum sofort auf die Fahrt nach Máfahlíd, und war dabei Oddr unter seinen Begleitern. Dort angekommen findet er den þórarin vor seinem Hause, und erklärt ihm auf seine Frage nach dem Grunde des Besuches, dass er hier nach den ihm im Herbste gestohlenen Pferden suchen, und zu solchem Behufe die Zulassung zur Haus-

---

[1] Eyrb., cap. 18, S. 21; eine Variante sagt, im folgenden Jahre.
[2] Es lagen gerade norwegische Schiffe in der Nähe, ebenda, cap. 18, S. 21 und cap. 22, S. 36 und die Mannschaft eines solchen wohnte zum Theil in Máfahlíd.

suchung verlangen wolle (viljum ver hér beida ranusóknar
hjá ydr). Da nun þórarinn fragt, ob die Haussuchung in gesetzlicher Weise vorgenommen werden wolle und ob gesetzliche
Beschauer (lögsjándr) beigezogen seien um die Sache gehörig
zu untersuchen, ob ferner für die Dauer der Haussuchung Friede
(grid) zugesichert und ob diese auch noch in weiterem Umkreise
vorgenommen werden wolle, erklärt þorbjörn sofort, dass er
eine Ausdehnung der Haussuchung auf andere Höfe für unnöthig
halte, worauf þórarinn sich weigert sie zu gestatten, da sie in
ungesetzlicher Weise (aflaga) betrieben werden wolle. In dieser
Weigerung, es auf die Haussuchung ankommen zu lassen, will
hinwiederum þorbjörn ein Zugeständniss der Schuld erkennen,
und er setzt sofort ein Thürengericht (duradómr) nieder, in
welches er 6 Männer beruft, und in welchem er sofort seine
Klage gegen þórarinn wegen des Pferdediebstahls vorträgt.[1] Im
weiteren Verlaufe der Erzählung wird dann noch berichtet, wie
þórarinn, von seiner Mutter schwer gereizt, das Gericht mit
Gewalt sprengt, und wie es erst nachdem einige Männer gefallen sind, seiner Frau, der edlen Aud, gelingt die Kämpfen-
den zu trennen; wie er dann aber entdeckt, dass ihr im Ge-
tümmel die Hand abgehauen worden war, und nun sofort die
Gegner verfolgt und neuerdings angreift; wie ferner in diesem
zweiten Kampfe unter einer Reihe anderer Erschlagener oder
schwer Verwundeter þorbjörn selbst fällt und sein Sohn Hallsteinn übel verwundet wird, wogegen Oddr durch ein von
seiner Mutter erhaltenes Nothhemd geschützt bleibt.[2] Weiterhin erfahren wir, wie Geirrídr herausbringt, dass Oddr es gewesen war, der die Aud verstümmelt hatte, und wie es mit
ihrer Hülfe gelingt, trotz aller von Katla aufgewandter Zauberkünste ihn und sie gefangen zu nehmen und zu tödten, nachdem Katla zuvor noch ihre Schuld an Gunnlaugs Verletzung
eingestanden hatte.[3] Erzählt wird endlich auch noch, wie
Snorri godi die Blutklage um seinen Schwager þorbjörn erhob,

---

[1] Alles Bisherige nach der Eyrbyggja, cap. 18, S. 21—22.
[2] ebenda, cap. 18, S. 22—24.   [3] ebenda, cap. 20, S. 32—31.

während Arnkell goði sich kräftig um þórarin annahm und
ihm das Verlassen des Landes ermöglichte, ehe noch Snorri
seine Aechtung an þórsnessþínge durchzusetzen vermochte,[1]) und
erzählt wird auch, wie man im nächsten Herbste die Pferde
þorbjörns todt im Gebirge auffand, und nun ersah, dass þórarins
Hengst sie versprengt hatte.[2]) Diese weiteren Begebenheiten
haben indessen für uns keine Bedeutung mehr; dagegen ist zu
beachten, dass auch zu diesem Berichte der Eyrbyggja die
Landnáma wieder eine Parallele bietet.[3]) Auch in diesem
Falle ist es wieder nur die Redaction B., welche diese enthält,
während die Melabók[4]) der betreffenden Vorgänge überhaupt
keine Erwähnung thut, und die Hauksbók[5]) ihrer nur in wenigen
kurzen Worten gedenkt, und zwar unter ausdrücklicher Berufung
auf die Eyrbyggja. Dabei wird der Zeitpunkt, in welchem die
aus den Máñíðíngavísur[6]) angeführte Strophe gesprochen worden
sein soll, allerdings etwas anders angegeben als in dieser letzteren
Sage, und es darf uns somit nicht wundern, wenn auch in der
Redaction B. der Bericht nicht nur sehr abgekürzt, sondern
auch wenigstens in sofern etwas ungenau ist, als er unter
þórarins Mitkämpfern den Norweger Björn nennt, von dessen
Betheiligung am Kampfe die Sage Nichts weiss. Aber solche
kleine Ungenauigkeiten erklären sich leicht aus der Flüchtig-
keit oder aus Gedächtnissfehlern des Compilators von B., und
für uns hat jedenfalls nur die Thatsache Bedeutung, dass auch
hier die Niedersetzung des duradóms durch þorbjörn erwähnt
wird. Gerade diese macht nämlich Schwierigkeiten.

Wir wissen allerdings, dass das ältere isländische Recht
ebenso wie das norwegische neben den Dinggerichten (þínga-
dómar) und dem gleichfalls unter staatlicher Leitung abge-
haltenen Executionsgerichte (fèránsdómr) auch noch Privatgerichte kannte, deren Richter nicht von den Godeu als den

---

[1]) ebenda, cap. 21, S. 34—36. [2]) ebenda, cap. 23, S. 36.
[3]) Landnáma, II, cap. 9, S. 89—90. [4]) ebenda, S. 346. [5]) Hauksbók, cap. 67, S. 28—29.
[6]) vgl. über diese Finnur Jónsson, Den oldnorske og oldislandske
Litteraturs Historie, I, S. 510—12.

Trägern der Staatsgewalt, sondern von den Parteien selbst ernannt
wurden. In den Rechtsbüchern werden uns als solche genannt
das Wiesengericht (engidómr), das Hochweidengericht (afrèttardómr), das Schuldengericht (skuldadómr), das Ge-
meindegericht (hreppadómr) und das Gastgericht; nach
einer Urkunde aus der Mitte des 13. Jahrhunderts reiht sich
diesen ferner auch noch ein weiteres Gericht an,[1]) welches über
auf Strandgut bezügliche Streitigkeiten und Rechtsverletzungen
zu entscheiden hatte. Manche Spuren in den Rechtsbüchern
deuten darauf hin, dass die Competenz der Privatgerichte in
früherer Zeit noch weiter reiche;[2]) aber immerhin erscheint
sie auch nach diesen, ganz wie in Norwegen, auf Civilsachen
und allenfalls noch auf Busssachen beschränkt, welche ja überhaupt mit jenen vielfach gleich behandelt wurden, und nur im
Gastgerichte, bei welchem ein ganz besonderer Nothstand vorlag, konnte allenfalls auch über Achtsachen verhandelt und ab-
geurtheilt werden. Dem gegenüber tritt nun in unserem Falle
ein Privatgericht in einer Diebstahlssache auf, während in dieser
die Klage doch auf die Acht in ihrer strengsten Gestalt gieng,[3])
und dieses Gericht wird dabei als „duradómr", d. h. Thürengericht bezeichnet, mit einem Ausdrucke also, welcher weder
in den Rechtsbüchern noch, vorbehaltlich einer unten noch zu
erwähnenden Ausnahme, in den sonstigen Quellen sich jemals
gebraucht findet. Soll nun unter diesen Umständen der über-
einstimmende Bericht der Eyrbyggja und der Landnáma als
unglaubhaft verworfen werden, oder wenn nicht, wie lässt er
sich erklären?

Vergleichen wir nun zunächst die Vorschriften des einzigen
Rechtsbuches, welches die Haussuchung (rannsókn) eingehend

---

[1]) Diplom. island., I. nr. 137, S. 537.

[2]) vgl. Island von seiner ersten Entdeckung bis zum Untergange des Freistaates, S. 384—92.

[3]) Kgsbk, § 227, S. 162—63; Stdrhlsbk, § 367, S. 384 und § 421,
S. 474; Skálhltsbk, § 35, S. 54; AM. 125, A, S. 440 und AM. 315,
fol. C., S. 231.

behandelt,[1]) mit den Angaben der Eyrbyggja, so ergiebt sich
Folgendes. Das Rechtsbuch gestattet Jedem, dem Etwas ab-
handen gekommen ist, die Vornahme der Haussuchung, bindet
diese aber an sehr genau bestimmte Regeln. Derselbe soll aus
dem eigenen Hause und von den nächsten Höfen Leute mit
sich nehmen, bis zu 30 an der Zahl; die Ueberschreitung dieser
Zahl wird mit strenger Strafe bedroht, andererseits wird durch
dieselbe doch wohl nur eine Maximalgrenze bezeichnet sein
wollen, welche die Begleitung nicht überschreiten darf, ohne
dass darum die genannte Zahl von Genossen schlechthin erreicht
werden müsste. Wenn demnach die Eyrbyggja den þorbjörn
selbzwölft ausziehen lässt, und unter seinen Begleitern neben
seinem Sohne Hallsteinn und mehreren seiner Dienstleute
(húskarlar) noch den Odd von Holt und den þórir Arnarson
von Arnarholt nennt, so steht diess ganz wohl im Einklange
mit den Bestimmungen des Rechtsbuches. Nach seiner Ankunft
bei dem Hofe, auf welchem die Haussuchung gehalten werden
soll, hat sodann zufolge des Rechtsbuches der sie Begehrende
von dem Besitzer dieses Hofes die Zusicherung des Friedens
(grið) zu verlangen, und ihm auch seinerseits solchen zu geloben. Ist diess geschehen, und sind beiderseits je 6 Männer
„í grið“, d. h. doch wohl zur Ueberwachung des gelobten
Friedens ernannt worden, so hat Jener weiter die Erlaubniss
zur Vornahme der Haussuchung sich zu erbitten. Nur drei aus
seiner Schaar dürfen an dieser theilnehmen; andererseits haben
aber auch die sämmtlichen Hausbewohner die Gebäude zu verlassen, mit Ausnahme eines einzigen, welcher jene 3 Männer
zu begleiten hat, um ihnen zu leuchten und alle Schlösser auf-
zusperren. Auf der Verweigerung der in gehöriger Weise
erbetenen Haussuchung steht die strengste Acht; dagegen
braucht der nicht vorschriftsmässig erfolgten Aufforderung nicht
entsprochen zu werden. Demgegenüber lässt die Eyrbyggja
gleich mit dem Begehren der Haussuchung beginnen und es
ist somit ganz in der Ordnung, wenn ihm þórarinn zunächst

---

[1]) Kgsbk, § 230, S. 166—68.

3*

mit der Generalfrage entgegentritt: „er rannsókn þessi nökkut
með lögum upptekin?" und wenn er an diese sodann noch
einige weitere Specialfragen knüpft. Von diesen letzteren ist
die zweite: „vili þér nökkur grið selja oss í rannsókn þessi,"
augenscheinlich wohl begründet, da ja nach der gesetzlichen
Vorschrift das ganze Verfahren mit dem Geben und Nehmen
des gelobten Friedens zu beginnen hatte. Etwas zweifelhafter
mag die Berechtigung der zweiten Frage erscheinen, welche
lautet: hafi þér nökkura lögsjándr til kvaddu at skynja þetta
mál?" Die Bezeichnung „lögsjáendir" wird in den Rechtsbüchern in doppeltem Sinne gebraucht.[1] Einmal heissen so
die Leute, welche die vorschriftsmässige Beschaffenheit der als
Zahlmittel zu verwendenden Gegenstände durch eine gesetzliche
Beschauung zu constatiren haben; sodann aber werden als
„lögsjáendir ok lögsegjendir" auch solche Leute bezeichnet,
welche bei einem Todtschlag zugegen waren und darum auf
Grund ihrer eigenen Anschauung über diesen aussagen können.
Aber an einer ganz vereinzelten Stelle, welche sehr alterthümliches Recht zu überliefern scheint,[2] werden einmal 5 Zeugen
von bestimmt vorgeschriebener Beschaffenheit als „lögsjáendir"
erwähnt, welche der in einer Todtschlagssache um „grið"
Bittende bei Stellung dieser seiner Bitte beizuziehen hat, und
von welchen der Gegner einen Eid darüber fordern durfte,
dass sie gewillt seien, beiden Theilen gleichmässig zu einem
rechten Vergleiche zu verhelfen. Man wird annehmen dürfen,
dass die lögsjáendir, von welchen die Eyrbyggja spricht, bei
dem Austausche des Friedensgelöbnisses eine ähnliche Function
zu erfüllen, d. h. den friedlichen Verlauf der Haussuchung zu
überwachen hatten und da auch nach der angeführten Stelle
der Staðarhólsbók der Gegner ebensogut berechtigt war seine
5 lögsjáendir zu ernennen wie der Gesuchsteller, werden wir
den Ausdruck in der Eyrbyggja wohl mit jenen 12 Männern
in Verbindung bringen dürfen, welche nach den Vorschriften

[1] Belege siehe bei V. Finsen und J. Fritzner, h. v.
[2] Staðarhlsbk, § 277, S. 305—6.

der Konúngsbók über die Haussuchung von beiden Theilen
zu gleichen Hälften zu ernennen waren; sprechen doch auch
beide Rechtsbücher gelegentlich der „griðamál" von 12 „í grið"
zu ernennenden Männer als von einer alten Einrichtung,[1]) ganz
wie die oben angeführte Stelle der Staðarhólsbók sich auf das
alte Recht des Landes beruft. Unter dieser Voraussetzung wird
aber auch þórarins Frage nach den lögsjáendir vollkommen
erklärlich. Endlich dessen dritte Frage: „hafi þér nökkut víðara
farit til rannsóknar?", findet zwar in dem Rechtsbuche keinen
unmittelbaren Stützpunkt; indessen wird doch hier verboten,
dass derjenige, welcher mehrere Höfe zu durchsuchen beabsichtigt, dabei einzelne Höfe überspringe und von hier aus
dürfte sich auch für diese Frage die nöthige Erklärung ergeben.
Jenes Verbot kann nämlich doch nur den Sinn haben, dass
der Haussuchung der beleidigende Charakter benommen werden
wollte, welcher ihr dann innewohnen musste, wenn sie nur
gegen bestimmte einzelne Personen und nicht gegen die sämmtlichen Einwohner einer ganzen Gegend gerichtet werden wollte;
von diesem Gesichtspunkte aus betrachtet erscheint dann aber
auch þórarins letzte Frage ganz wohl verständlich. Da nun
þorbjörn diese letzte Frage in einer Weise beantwortet, welche
zeigt, dass er lediglich þórarins Hof verdächtigen will, die erste
und zweite Frage aber ganz unbeantwortet lässt und somit
das Geloben von Frieden sowohl als die Ernennung der zu
dessen Ueberwachung beizuziehenden Leute stillschweigend ablehnt, erscheint þórarinn in der That auch nach unserem Rechtsbuche berechtigt die Haussuchung als nicht in vorschriftsmässiger
Weise verlangt zu bezeichnen und demgemäss abzulehnen.

Bis hieher ist also in dem Berichte der Eyrbyggja Alles
in Ordnung; von hier ab beginnen aber die Schwierigkeiten.
Für den Fall, dass der Bauer, bei welchem die Haussuchung
gehalten werden will, diese widerrechtlicher Weise nicht gestattet, gleichviel ob er schon die Zusicherung des Friedens
verweigert oder erst hinterher der Fortsetzung des Verfahrens

---

[1]) Kgsbk, § 114, S. 204—5; Staðarhlsbk, § 383, S. 403—4.

sich widersetzt, droht ihm unser Rechtsbuch lediglich die
strenge Acht an und da sogar für den Fall, da bei der Haussuchung gestohlenes Gut gefunden wird, nur die gewöhnliche
Diebstahlsklage gewährt und diese an die Dinggerichte gewiesen
wird, so ist klar, dass auch in jenem ersteren Falle die auf
Waldgang lautende Klage nur an das Dinggericht gehen kann.[1])
Nach der Eyrbyggja dagegen behandelt þorbjörn nicht nur
þórarins zweifellos wohlbegründete Weigerung widerrechtlicher
Weise als unstichhaltig, sondern er folgert auch sofort aus ihr,
dass dessen Schuld als erwiesen zu gelten habe und ernennt
einen duradóm, um sofort vor diesem seine Diebstahlsklage
durchzuführen. Ein Widerspruch zwischen der Eyrbyggja und
den Vorschriften der Konúngsbók liegt somit klar zu Tage;
aber dennoch möchte ich den ersteren nicht für unglaubwürdig
erklären. — Schon von vornherein ist nicht recht ersichtlich,
wie der Verfasser der Sage, nachdem er den Anfang des Verfahrens in einer mit unserem Rechtsbuche im besten Einklange
stehenden Weise geschildert hatte, dazu hätte kommen sollen,
den weiteren Verlauf der Sache in einer diesem bestimmt wider-
sprechenden Weise darzustellen, wenn ihn nicht eine ihm bekannte Ueberlieferung hiezu veranlasst hätte; eine den Vorschriften des Rechtsbuches entsprechende Ladung þórarins vor
das Dinggericht hätte ja ganz ebensogut wie die Ernennung
eines Thürengerichtes einen Angriff dieses letzteren begründen
können, und in dem Gange der Erzählung lag somit keinerlei
Veranlassung, deren Verfasser zur Erfindung eines solchen
Gerichtes zu bestimmen. Nicht zu übersehen ist dabei überdiess, dass die Bestellung des duradóms auch in der Landnáma
erwähnt wird und zwar gerade in derjenigen Redaction derselben, welche wir mit ziemlicher Sicherheit dem Lögmanne
Sturla þórðarson zuschreiben durften. Sollte dieser gewiegte
Jurist den duradóm unbedenklich aus der Eyrbyggja herüber-

---

[1]) Allerdings wird für den Fall, dass gestohlenes Gut in der Hand
eines Hausgenossen betroffen wird, ausnahmsweise gestattet, sofort ge-
waltthätig gegen diesen vorzugehen; aber diese Ausnahme, auf welche
ich unten zurückkommen werde, hat mit unserem Falle nichts zu thun.

genommen haben, wenn ein solcher dem isländischen Rechte
zu allen Zeiten fremd gewesen wäre? Etwas weiter führt uns
die Vergleichung des norwegischen Rechtes, indem sie uns
wenigstens die Erklärung des Namens des Thürengerichtes
bringt. Allerdings ist auch dem norwegischen Rechte die
Bezeichnung duradómr weder für die Privatgerichte überhaupt,
noch für bestimmte Arten derselben bekannt; vielmehr brauchen
die uns erhaltenen Quellen wenigstens für diese stets nur die
Bezeichnung skiladómr. Aber an zwei verschiedenen Stellen
wird uns gesagt,[1]) dass diese in bestimmten Fällen „fyrir durum
verjanda", d. h. vor den Thüren des Beklagten abgehalten
wurden, ganz wie in unserem Falle þorbjörn sein Gericht auf
dem Hofe þórarins in der Art niedersetzt, dass die alte Geirríðr
aus der Hausthür tretend dasselbe sofort sieht. Ein Thürengericht
mochte demnach ein derartiges Gericht ganz wohl heissen und
mochte diese Bezeichnung um so mehr für gewisse Arten von
Privatgerichten gebraucht worden sein, als andere Arten derselben, wie z. B. auf Island der afrèttardómr und der engidómr,
nicht auf dem Hofe eines der Streittheile, sondern auf der streitigen Wiese oder Hochweide gehalten wurden. Nicht unbemerkt
möchte ich dabei lassen, dass die eine der beiden aus den
Gulaþíngslög angeführten Stellen ausdrücklich vorschreibt,[2])
dass der Kläger seine Hälfte des Gerichts so niedersetzen soll,
dass sie „til karldura" gewendet ist, d. h. nach dem auf der
rechten Seite des Hauses gelegenen Haupteingang, während
gerade an dieser Stelle auch nach isländischem Rechte gewisse
Rechtshandlungen vorgenommen werden mussten. So war z. B.
der Kirchenzehnt „þar í túni fyrir karldurum á kirkio bænum"
zu entrichten[3]) und auch andere Zahlungen werden „fyrir
kalldurum" erlegt;[4]) hier muss ferner durch die Ehefrau,
welche sich von ihrem Manne scheiden will, die Scheidungs-
formel zum zweiten Male ausgesprochen werden, nachdem diess

---

[1]) GþL. § 37 und 266.   [2]) GþL. § 266.
[3]) Kgsbk, § 4, S. 14; Staðarhlsbk, § 13, S. 16 u. s. w. Ebenso
der Grabkauf, Kgsbk, § 2, S. 9; Staðarhlsbk, § 2, S. 10.
[4]) Staðarhlsbk, § 396, S. 428.

zuvor schon bei den Pfosten des Ehebettes geschehen war.[1])
Wenn demnach die isländischen Rechtsbücher bei Besprechung
derjenigen Privatgerichte, welche beim Hofe einer bestimmten
Person zu halten sind, sich darauf beschränken, deren „heimili“,
d. h. Wohnstätte als den Gerichtsort zu nehmen, werden wir
doch kaum bezweifeln dürfen, dass sie hier „fyrir karldurum“
gehalten wurden, ganz wie diess auch in Norwegen in den
entsprechenden Fällen der Brauch war. In materieller Beziehung entspricht freilich das norwegische Recht, so wie es
uns vorliegt, keineswegs dem in der Eyrbyggja geschilderten
Verfahren. Es kennt, wie schon gelegentlich bemerkt wurde,
weder in Achtsachen überhaupt, noch in Diebstahlssachen insbesondere ein Privatgericht, während es den Hergang bei der
Haussuchung ganz ähnlich schildert wie die Konúngsbók; dagegen spricht es die Regel aus: „nú ef hinn synjar rannsaks,
þá sannar hann sèr stuld á hendr“[2]) und da es selbst den Dieb,
der mit der gestohlenen Sache ergriffen wird, nicht sofort
tödten, sondern nur gefangen dem Vogte oder dem Landherrn
des Königs einliefern und von diesem vor ein Dinggericht
stellen lässt,[3]) versteht es sich doch wohl von selbst, dass auch
mit dem durch die Haussuchung überführten nicht anders verfahren wird. Aber in Norwegen galt die Regel: „sá scal þing
kenna, er þarf ef hann vill þat“,[4]) oder: „nú scal hverr þingi
ráða, er þings þyckizt þurva“[5]) und es konnte somit jederzeit
ein Dinggericht berufen werden, sowie man eines solchen
bedurfte; auf Island dagegen kannte man keine gebotenen
Dinge und hier mochte demnach immerhin ursprünglich ein
Privatgericht auch für eilige Straffälle nöthig geworden sein,
wie ja das Gastgericht wirklich hiefür ein Analogon bietet.
Keine Entscheidung bringen die Berichte zweier geschichtlicher
Quellen über Haussuchungen, welche in älterer Zeit auf Island
gehalten wurden. Die eine von ihnen[6]) erzählt von einem

---

[1]) Njála, cap. 7, S. 32 und cap. 24, S. 96.
[2]) GþL. § 255; ähnlich FrþL. XV. § 7 und BjarkR., III, § 114.
[3]) GþL. § 253; FrþL. XIV, § 12.   [4]) GþL. § 35.   [5]) ebenda,
§ 131.   [6]) Reykdæla, cap. 2, S. 11—13.

Falle, welcher sich kurz vor dem in der Eyrbyggja besprochenen
Vorgange ereignete, und lässt die Klage, nachdem die gesuchten
und angeblich gestohlenen Thiere wirklich gefunden worden
waren, sofort an das Dinggericht gehen, ohne dass von einem
Privatgerichte die Rede wäre; aber die betreffende Sage liegt
uns nur in einer sehr zerrütteten Gestalt vor, sodass ihre
Erzählung recht wohl durch das spätere Recht beeinflusst sein
kann. Der zweite Vorfall, welcher uns in mehrfachen Fassungen
überliefert ist, gehört erst der Regierungszeit des heiligen
Ólafs, also der ersten Hälfte des 11. Jahrhunderts an und wird
in der Fóstbrœdra saga folgendermassen erzählt.[1]) Unter der
Leitung des Goden þorgils Arason wird auf Reykhólar eine
Haussuchung nach gestohlenem Gut vorgenommen. Dabei findet
man in einer dem Schmiede Veglagr gehörigen versperrten
Kiste nicht nur zahlreiche Nachschlüssel, sondern auch einen
Theil des gestohlenen Gutes; er selber ist geständig und weist
in verschiedenen Verstecken noch weitere von ihm gestohlene
Gegenstände nach. Daraufhin soll er ohne Weiteres gehängt
werden und nur in Folge des energischen Einschreitens seines
Freundes þorgeirr Hávarsson lässt man ihn schliesslich laufen.
Auch in diesem Falle ist somit von keinem Thürengericht die
Rede; aber allerdings auch nicht von einem Dinggerichte, vielmehr liegt hier doch wohl der Ausnahmsfall vor, welchen
unser Rechtsbuch mit den Worten bezeichnet:[2]) „en þótt þeir
finni inne þar fóla, oc scalat drepa þá menn nè at þeim gera
ecke, nema þeim verðe handnumit." Aehnlich wie man in
Norwegen zwischen der Klage um kundbare Schuld (vitafè) und
nicht kundbare Schuld unterschied, scheint man eben auf Island
beim Diebstahl zwischen handhafter und nicht handhafter That
unterschieden zu haben, wobei aber das Finden gestohlenen
Gutes bei der Haussuchung noch nicht schlechthin genügte,
um die erstere annehmen zu lassen, sondern nur dann, wenn
die Art des Findens die Person des Diebes ganz augenscheinlich

---

[1]) ed. 1822, cap. 19, S, 84—87; ed. Konráð Gíslason, I, cap. 13,
S. 45—46; Flbk, II, cap. 120, S. 158—59.

[2]) Kgsbk, § 230, S. 167; vgl. oben, S. 38, Anm. 1.

feststellte; im ersteren Falle durfte nach älterem wie nach
späterem Rechte ohne jede gerichtliche Verhandlung zur Execution geschritten werden, während im zweiten Falle eine solche
nöthig war und nur vorläufig noch zweifelhaft bleibt, ob diese
jederzeit vor einem Dinggerichte stattgefunden hatte, wie diess
unser Rechtsbuch vorschreibt, oder ob bei einem erfolgreichen,
aber zum Begriffe der handhaften That doch nicht genügenden
Ergebnisse einer Haussuchung, wie diess unsere Eyrbyggja
voraussetzt, ein blosses Privatgericht die Sache erledigen konnte.
Da scheinen sich nun aber zu Gunsten der letzteren Annahme
zwei Aussprüche unseres Rechtsbuches verwenden zu lassen.
Einmal nämlich sagt dieses:[1] „svú scal at socn fara vm þann
þjófscap, sem þar er eigi er rann sacat"; warum diess, wenn
zu keiner Zeit zwischen beiden Fällen unterschieden worden
wäre? Sodann aber wird noch gesagt:[2] „nú scal vm sacir
þær allar er af rann sócn geraz, stefna heiman oc quedia
heimilis bva 5 til aþingi þess er sóttr er", und wird damit,
wenn man anders das „nú" urgiren darf, ausgesprochen, dass
die Verweisung der Klage an das Ding eine Neuerung sei und
dass somit vordem ein Anderes gegolten habe.   Strengstens
beweisend sind freilich beide Stellen nicht; indessen dürften
sie immerhin einige Wahrscheinlichkeit dafür erbringen, dass
der Bericht der Eyrbyggja und der Landnáma glaubwürdig sei.

    Bestätigt und zugleich vervollständigt werden aber die
bisher gewonnenen Ergebnisse durch zwei weitere Angaben,
welche sich in der Eyrbyggja finden.   Einmal nämlich erzählt
diese,[3] wie Audr. þórarins Frau, kurz nach dem Kampfe, in
welchem þorbjörn gefallen war, die Befürchtung ausspricht,
dass ihr Mann nicht sicher im eigenen Hause sein werde, weil
Snorri godi die Blutklage um seinen Schwager energisch betreiben werde und dabei werden ihr die Worte in den Mund
gelegt: „hrædd em èk, at hèr sè fleiri settir dyradómarnir í
vetr", d. h. ich fürchte, dass im Verlaufe dieses Winters hier
noch mehr Thürengerichte niedergesetzt werden". An Dieb-

----

[1] ang. O.   [2] ebenda, § 230, S. 168.   [3] Eyrbyggja,
cap. 19, § 25.

stahl ist hier, wo es sich um die Verfolgung von Todtschlägen
und Verwundungen handelt, selbstverständlich in keiner Weise
zu denken. Eher möchte man sich an die Haussuchung erinnern,
welche in dem Hause der Katla nach deren Sohn Odd gehalten
wurde[1]) und welche dazu führte, dass er gehängt und sie
gesteinigt wurde; aber freilich ist dabei von keinem Thürengerichte die Rede und überdiess will der von Audr gebrauchte
Ausdruck „hèr“ nicht recht auf den Hof zu Holt passen. Man
könnte die Worte allenfalls auch auf den fèránsdóm beziehen,
welcher gehalten werden musste, als Snorri nach erfolgter
Verurtheilung þórarins das Gut des Verurtheilten (sektarfè)
eintrieb.[2]) Das Executionsgericht wurde ja bei dem Hofe des
Verurtheilten gehalten[3]) und konnte somit allenfalls als Thürengericht bezeichnet werden; aber allerdings war es kein Privatgericht. Wie dem auch sei, jedenfalls zeigt die Stelle, dass
auch in anderen Strafsachen als in Diebstahlssachen duradómar
gehalten werden konnten. Ungleich deutlicher spricht aber
in gleicher Richtung eine zweite Stelle. Die Wittwe þorbjörns,
þurídr, hatte in zweiter Ehe den þórodd skattkaupandi geheirathet und dieser hatte mit ihr den Hof zu Froda übernommen; hier gebar þurídr den Kjartan,[4]) von dem freilich
ungewiss war, ob er auch þórrodds Sohn sei. Später aber
ereigneten sich hier wunderliche Dinge. In demselben Jahre,
in welchem das Christenthum auf Island gesetzlich eingeführt
wurde, kam eine Frau Namens þorgunna von den Hebuden
aus nach Island und nahm auf dem Hofe zu Frodá ihre Unter-
kunft. Obwohl eine fromme Christin, hatte sie doch etwas
Unheimliches an sich und als sie erkrankte und sich dem Tode
nahe fühlte, traf sie eigenthümliche letztwillige Bestimmungen;
in dem fernen Skálholt wollte sie bestattet werden, weil dieser
Ort (der spätere Bischofssitz) der angesehenste im Lande sein
werde, zumal aber lässt sie sich versprechen, dass ihr kost-

---

[1]) ebenda, cap. 20, S. 32.   [2]) ebenda, cap. 22, S. 36.
[3]) Kgsbk, § 48, S. 83—84; § 62, S. 112. Belege aus den geschichtlichen Quellen siehe bei Fritzner, h. v.
[4]) Eyrbyggja, cap. 29, S. 50 und 52.

bares Bettzeug sofort nach ihrem Tode verbrannt werde, weil
es schweres Unglück geben werde, wenn diess nicht geschehe.
Dem ersteren Wunsche wird entsprochen; dagegen lässt sich
þóroddr von seiner Frau, der die Kostbarkeiten der Fremden
schon längst in die Augen gestochen hatten, dazu überreden,
den besten Theil des Bettzeuges unverbrannt zu lassen und nun
geht sofort der unheimlichste Spuk los.[1] Schon während der
Ueberführung ihrer Leiche nach Skálholt war þorgunna um-
gegangen;[2] als dann die Begleiter der Leiche heim kamen,
sah man an der Wand einen Halbmond (urðarmáni) in ver-
kehrter Richtung dahinziehen, der als Vorzeichen eines kommenden Sterbens galt.[3] Dann wurde ein Schafknecht auf dem
Hofe heimgesucht und starb, und nach ihm starb eine Reihe
anderer Leute daselbst; ein gespenstiger Seehund erscheint, wie
es scheint als ein Vorzeichen vor dem Tode þórodds selbst,
der selbsechst in der See ertrinkt und als man ihm das Erb-
thier hält, erscheint er mit seinen Genossen in nassen Gewändern. Die sämmtlichen Todten giengen jetzt um, die einen
in nassen, die anderen in erdigen Gewändern; dann erschien
als neues gespenstiges Zeichen ein Kuhschwanz und nun kam
das Sterben unter die Weiber, bis 18 von den 30 Leuten auf
dem Hofe gestorben waren.[4] Nun wendet sich der junge
Kjartan endlich um Hülfe an seinen Onkel, den klugen Snorri
goði und dieser räth ihm, das Bettzeug der þorgunna sofort
zu verbrennen, die sämmtlichen umgehenden Gespenster vor
einem Thürengerichte zu verklagen und durch einen ihm

[1] Eyrbyggja, cap. 50—51, S. 92—97: þorgunna wird auch und
zwar als zauberkundig genannt in der þorfinns s. karlsefnis, cap. 4,
S. 382—84 (Grönlands hist. Mindesmærker, I), vgl. die Anmerkung 65,
S. 468—71. Vgl auch bezüglich des Textes die Hauksbók, S. 431—32
und A. M. Reeves, The finding of Winland the good, S. 111 u. S. 128—29,
sowie bezüglich der Identität der Person, ebenda, S. 168—70, Anm. 34.

[2] Eyrb., cap. 51, S. 97; eine neue Volkssage siehe in meinen
Isländischen Volkssagen, S. 61 und bei Jón Arnason, Islenzkar þjóð-
sögur, I, S. 227.

[3] Eyrb., cap. 52, S. 98.

[4] ebenda, cap. 53—54, S. 98—101.

mitgegebenen Priester Gottesdienst halten, Wasser weihen und
die Leute Beicht ablegen zu lassen (hann gaf þau ráð til, at
brenna skyldi ársal þorgunnu, en sækja þá menn alla í dyra-
dómi, er aptr gengu; bað prest veita þar tíðir, vígja vatn ok
skripta mönnum). Der Rath wird befolgt und wir erhalten bei
dieser Gelegenheit eine lebendige Schilderung des gesammten
Verfahrens am Thürengerichte.[1]) Nachdem erzählt worden
war, wie Kjartan das Bettzeug der þorgunna verbrannte, hören
wir weiter, wie durch ihn und seine Genossen die um die
Feuerstätte herumsitzenden Gespenster einzeln vor Gericht geladen werden „um þat, at þeir gengi þar um híbýli ólofat, ok
firði menn bæði lífi ok heillum“, d. h. darum, dass sie ohne
Erlaubniss im Hause herum giengen und die Leute um ihr
Leben und ihre Gesundheit brächten. Dann wird der dyradómr
ernannt und werden die Klagen vorgetragen, wobei in Allem
verfahren wird wie bei den Dinggerichten; auch von Geschworenen werden Wahrsprüche erbracht, die Referate erstattet
und die Urtheile gesprochen wie im ordentlichen Verfahren
(„Síðan var nefndr dyradómr, ok sagðar fram sakir, ok farit
at öllum málum sem á þingadómum; váru þar kviðir bornir,
reifð mál ok dæmd“). Sowie Einer nach dem Anderen ver-
urtheilt wurde, erhebt er sich und verlässt das Haus mit einigen
Worten, welche zeigen, wie ungern sie alle gehen; da ausdrücklich gesagt wird, dass sie sich durch die Thür entfernen,
vor welcher das Gericht nicht sitzt („gèkk hann út, þær dyr
sem dómrinn var eigi fyrir settr“), ist klar, dass auch in diesem
Falle das Gericht vor einer der Thüren des Hauses, d. h. „fyrir
karldurum“, sass. Dann trägt noch der Priester Weihwasser
und Reliquien in allen Gebäuden herum und hält am folgenden
Tage Gottesdienst ab; damit ist dann aller Spuk zu Ende und
die bereits erkrankte þuríðr wird sofort wieder gesund. Aus
diesem Berichte über die Wunder zu Frodá (Froðárundr), deren
nicht nur eine schon angeführte Stelle der þorfinns s. karlsefnis,
sondern auch mehrere isländische Annalentexte gedenken,[2]) und

---

[1]) ebenda, cap. 55, S. 101—2.   [2]) Flbk III, S. 505; G. Storm,
Islandske Annaler, S. 179 und 467, zu den Jahren 1000 und 1001.

welche auf der Insel allgemein bekannt sein mussten, können
wir ersehen, dass man um die Wende des 10. und 11. Jahrhunderts auf Island wirklich noch in schweren Strafsachen
Thürengerichte in Anwendung brachte; denn unmöglich hätte
man gegen Gespenster wegen Hausfriedensbruchs und Tödtung
vor einem solchen verhandeln können, wenn nicht auch gegen
lebende Menschen in denselben Fällen dieselben Gerichte als
competent gegolten hätten.[1] Dass der schlaue Snorri sich
nicht auf Gericht und Urtheil allein verliess, darf uns dabei
nicht beirren; die Erfüllung des letzten Willens der þorgunna
musste ihm nöthig erscheinen, damit neuem Spuk vorgebeugt
werde, während die Gerichtsverhandlung doch nur gegenüber
den bereits umgehenden Gespenstern ihre Wirkung thun konnte,
und dass neben den Hülfsmitteln der heidnischen Zeit auch
noch die des neuen Glaubens zur Anwendung gebracht wurden,
entspricht ganz einer Zeit, welche soeben erst den Glaubens-
wechsel erlebt hatte und zumal auch der Persönlichkeit Snorri's
selbst, der beiden Religionen ziemlich gleich gläubig oder un-
gläubig gegenüberstand. Dass dem norwegischen Rechte gegenüber die Competenz der Thürengerichte auf Island auch auf
schwerere Strafsachen ausgedehnt wurde, erklärt sich, wie oben
schon gelegentlich zu bemerken war,[2] sehr einfach daraus,
dass man auf Island aus localen Gründen kein gebotenes Ding
kannte, während doch die beiden gebotenen Dinge, an welchen
Gerichtsbarkeit geübt wurde, in den engen Zeitraum von zwei
Sommermonaten fielen; es begreift sich, dass man, um die
Leute nicht während des weitaus grösseren Theiles des Jahres
ohne Rechtschutz zu lassen, zunächst zu einer Ausdehnung der
Verwendung der Privatgerichte griff, ganz wie man auch später
noch um eines ähnlichen Nothstandes willen Ausländern gegenüber die Gastgerichte auch in Achtsachen verhandeln und erkennen liess. Dem scheint freilich zu widersprechen, dass man
im Verlaufe der Zeit nicht nur diese erweiterte Verwendung

[1] vgl. übrigens über diesen Gespensterprocess Karl von Amira, Thierstrafen und Thierprocesse, S. 55—56 (1891).
[2] siehe oben S. 40.

der Privatgerichte mit einziger Ausnahme der Gastgerichte
wieder fallen liess, sondern selbst deren Gebrauch in Civilsachen
immer mehr einschränkte, während doch auch später noch auf
Island weder gebotene Dinge aufkamen, noch die Zahl der
ungebotenen vermehrt wurde; aber schon Jón Árnason hat darauf
hingewiesen,[1] und auch ich habe bereits an einem früheren
Orte bemerkt,[2] dass es die bei allen Bezirksgerichten stets ob-
waltende Gefahr eines Ausbruches von Gewaltthätigkeiten und
der Unterdrückung der einem fremden Bezirke angehörigen
Partei gewesen zu sein scheint, welche durch zahlreiche Er-
fahrungen klargelegt zu jenem Ergebnisse führte. Schwer zu
bestimmen bleibt aber freilich der Umfang der Zuständigkeit,
welcher den Privatgerichten in Strafsachen nach dem älteren
isländischen Rechte eingeräumt worden war. In Diebstahl-
sachen sehen wir, wenn handhafte That im strengsten Sinne
des Wortes vorlag, ohne jedes vorgängige gerichtliche Verfahren
zur Tödtung des Diebes schreiten und selbst das spätere Recht
gestattet dem, der den Dieb getödtet hat, sich solchenfalls
gegenüber einer wider ihn gerichteten Blutklage durch eine
Klage gegen den todten Mann zu vertheidigen;[3] hat dagegen
zwar die Haussuchung gestohlenes Gut finden lassen, aber nicht
im Besitze einer bestimmten einzelnen Person, oder ist deren
Gestattung widerrechtlich verweigert worden, so wird ein
Thürengericht berufen, wogegen die Klage doch wohl nur an
das Dinggericht gehen kann, wenn nicht einmal ein derartiges
Indicium vorliegt. Auch in dem Gespensterprocesse erscheint
die Berufung des Thürengerichtes dadurch gerechtfertigt, dass
die Gespenster hinsichtlich der Heimsuchung auf der That
ertappt wurden, während bezüglich des Tödtungsverbrechens
wenigstens ein sehr dringender Verdacht vorlag; bedenklicher
ist aber, dass gegen Katla und ihren Sohn Odd gleich mit der
Execution vorgegangen wird, ohne jede vorgängige gerichtliche

---

[1] Historisk Indledning til den gamle og nye Islandske Rættergang,
S. 348—49 (1762).

[2] Island, S. 391.

[3] Stdrhlsbk, § 367, S. 384—85.

Verhandlung. Da Katla mit ihrem Sohne getödtet wird, kann
es sich dabei nicht um die an der Audr begangene Körper-
verletzung handeln, sondern nur um Zauberei und gegen gemein-
schädliche Zauberer sehen wir überhaupt öfter in dieser form-
losen Weise verfahren, wie etwa gegen Kotkell sammt seiner
Frau und Söhnen,[1]) gegen die Audbjörg,[2]) oder gegen die
þuríðr Arngeirsdóttir,[3]) während freilich andere Male gegen sie
am Dinggericht geklagt wird, wie gegen die Geirríd an den
oben besprochenen Stellen der Eyrbyggja und Landnáma, dann
gegen die Hildigunn,[4]) oder in einem früheren Falle gegen
eben jenen Kotkell, wobei es sich freilich nebenbei auch um
Diebereien handelt. In Bezug auf ihn wird einmal gesagt:[5])
„þóttu þat ólífismenn, er slíka fjölkyngi frömðu, sem þau
Kotkell höfðu þá lýst"; wurde etwa die Zauberei bereits im
Heidenthume als ein „crimen exceptum" betrachtet, bei dem
die Einhaltung der gerichtlichen Formen nicht für nöthig galt?
Der Mangel an geschichtlichen Zeugnissen lässt diese wie
manche andere hier einschlägige Frage nicht mit Sicherheit
beantworten; die Glaubwürdigkeit der hier besprochenen Angaben der Eyrbyggja bleibt aber von diesen Unklarheiten
unberührt.

---

[1]) Laxdœla, cap. 35, S. 117—18 und 123—24; cap. 36, S. 124—27,
cap. 37, S. 131—33 und cap. 38, S. 134—35 (edd. Kr. Kålund).

[2]) Gísla s. Súrssonar, I, S. 33 -34; II, S. 118.

[3]) Landnáma, III, cap. 20, S. 235—36; Hauksbók, cap. 223, S. 86.

[4]) Bárdar s. snæfellsáss, cap. 6, S. 12—13; Landnáma II, cap. 7.
S. 83--84, sowie Hauksbók, cap, 63, S. 26.

[5]) Laxdœla, cap. 36, S. 124.

Sitzungsberichte

der

königl. bayer. Akademie der Wissenschaften.

Philosophisch-philologische Classe.

Sitzung vom 6. November 1886.

Herr M a u r e r hielt einen Vortrag:

„Die Eingangsformel der altnordischen Rechts- und Gesetzbücher."

Früher schon hatte ich wiederholt Gelegenheit darauf hinzuweisen, dass in den älteren norwegischen sowohl als isländischen Rechtsaufzeichnungen das Christenrecht voran-zustehen, und an seiner Spitze eine eigenthümlich gestaltete Eingangsformel zu zeigen pflegt.[1]) Es scheint sich aber zu verlohnen, diesen Umstand etwas genauer ins Auge zu fassen, und zu untersuchen, wie weit sich etwa aus demselben auf die ursprüngliche Gestalt dieser Aufzeichnungen irgend welche Schlüsse ziehen lassen. Ich will zunächst den Thatbestand feststellen, und an dessen Vorführung vorerst nur diejenigen Bemerkungen anknüpfen, welche zu dessen Klarlegung nöthig erscheinen und zugleich ohne weitläufigere Erörterungen sich machen lassen.

---

[1]) Vgl. z. B. meine Abhandlung: Die Entstehungszeit der älteren Gulaþíngslög, S. 120 u. fgg. (in den Abhandlungen unserer Akademie, Cl. I. Bd. XII, Abth. III); dann meine Artikel: Grágás, S. 17, Anm. 37, u. Gulaþíngslög, S. 7 (in der Allgemeinen Encyklopädie der Wissenschaften und Künste, Sect. I, Bd. 77 u. 97).

In den beiden Hss., welche das ältere isländische
Recht einigermassen vollständig enthalten, steht der „Kristinna laga þáttr" voran. In der Konúngsbók folgt auf ihn,
nur durch zwei §§. von ihm getrennt, welche als blosse An-
hänge zu ihm gelten können, der þíngskapaþáttr, in der Staðarhólsbók dagegen, welche keinen die Dingordnung behandelnden Abschnitt enthält, folgt sofort das Erbrecht, von
dem Christenrecht nur durch das Zehntrecht und einige weitere kirchenrechtliche Bestimmungen getrennt, welche in
jener ersteren Hs. erst am Schlusse des ganzen Rechtsbuches
nachgetragen werden. An der Spitze des Christenrechtes
zeigt dabei die K. eine Eingangsformel, welche in ihrer religiösen Gestaltung zwar zunächst gerade diesen Abschnitt
ganz passend einleitet, aber doch sichtlich zugleich auch dem
gesammten Rechtsbuche als Einleitung zu dienen bestimmt
ist; sie lautet: „þat er upphaf laga várra, at allir menn skolo
kristnir vera á landi hèr, ok trúa á einn guð föður, ok son, ok
helgan anda," worauf dann sofort die Vorschriften über die Taufe
sich anschliessen, mit welchen das Christenrecht selbst beginnt. Dieselbe Eingangsformel kehrt unverändert auch in
fast allen denjenigen Hss. wider, welche nur das kirchliche
Recht mit Ausschluss des weltlichen enthalten, nämlich in
der Skálholtsbók, Staðarfellsbók, Belgsdalsbók und Arnarbælis-
bók, sowie in AM. 158. B. in 4to, in AM. 181. in 4to, und
in F. Magn. 161 in 4to; nur sehr wenig, und wie es scheint unter
dem Einfluss der Jónsbók, verändert kehrt sie ferner in
AM. 50. in 8to wider, wo sie lautet: „þat er upphaf laga
várra Íslendínga, sem upphaf er allra góðra hluta, at allir menn
skolo vera kristnir hèr á landi, ok trúa á einn guð föður,
ok son, ok heilagan anda," während eine Variante von AM.
181. zwar ebenfalls „Íslendínga" einschiebt, dagegen die
Worte „sem upphaf er allra góðra hluta" nicht hat. Jene
erstere Fassung der Eingangsformel erweist sich somit als
die ächte und ursprüngliche; wenn die Staðarhólsbók, und

sie allein, dafür die Worte gibt: Á dögum feðra várra voro
þau lög sett, at allir menn skolo kristnir vera á landi hèr,
ok trúa á einn guð föður, ok son, ok anda helgan", so haben
wir diese Einkleidung in die Form eines geschichtlichen Berichtes als eine spätere, willkürliche Veränderung anzusehen,
welche für uns nicht weiter in Betracht kommt. Die Worte,
mit welchen die Formel beginnt, scheinen sogar bereits der
heidnischen Zeit angehört zu haben. Die übereinstimmenden
Berichte, welche die Landnáma in der Hauksbók sowohl[1]) als
in der jüngeren Melabók[2]), ferner der þorsteins þ. uxafóts in
der Flateyjarbók[3]) und die ältere Redaction der þorðar s.
hreðu in der Vatnshyrna[4]) bringen, und welche sammt und
sonders aus der älteren Íslendíngabók des Ari fróði abzustam-
men scheinen,[5]) erzählen uns bezüglich des ersten isländischen Landrechtes, der Úlfljótslög: „þat var upphaf enna
heiðnu laga, at menn skyldu eigi hafa höfuðskip í haf, en
ef þeir hefði, þá skyldi þeir af taka höfuð, áðr þeir kæmi í
lands sýn, ok sigla eigi at landi með gapandi höfðum eða gín-
andi trjónum, svá at landvættir fælist við." Damit ist festgestellt, dass bereits im Heidenthume das, freilich noch nicht
aufgezeichnete, aber doch in einem officiellen Rechtsvortrage
verkörperte Landrecht der Insel mit Vorschriften religiösen
Inhaltes begann, und ist überdiess wenigstens wahrscheinlich
gemacht, dass schon damals an der Spitze dieser letzteren
die später üblichen Eingangsworte standen: „þat er upphaf laga
várra"; die letztere Vermuthung aber wird noch durch eine

---

1) **Landnáma**, IV, 7/258—59.
2) **Anhang zur Landnáma.** S. 334—336.
3) **Flbk.** I. S. 249.
4) edd. Gudbrandr Vigfússon 1/93—94.
5) vgl. meine Abhandlung: Die Quellenzeugnisse über das
erste Landrecht und über die Ordnung der Bezirksverfassung auf
Island (in den Abhandlungen unserer Akademie, Cl. I, Bd. XII,
Abth. I.)

weitere Thatsache bestätigt. Den Gesetzsprecher þorgeir
Ljósvetníngagoði, welcher im Jahre 1000 gelegentlich der
Annahme des Christenthums das neue Recht zu formuliren
hatte, lässt eine der einschlägigen Geschichtsquellen mit den
Worten beginnen[1]): „þat er upphaf laga várra, at menn skulu
allir vera kristnir hèr á landi ok trúa á einn guð föður ok son
ok anda helgan" u. s. w.; eine zweite aber lässt ihn die Worte
brauchen:[2]) „þat hefi ek upphaf laga várra til samþykkis
við kristna menn, at hverr maðr á Íslandi, meiri ok minni,
skal vera kristinn, ok skírn taka" u. s. w. Die übrigen
Quellen zeigen zwar nicht dieselbe Wortfassung; aber doch
deuten bei Ari fróði die Worte:[3]) „þá vas þat mælt í lögum",
und in der Kristni s. die Worte:[4]) „þá var þat uppsaga þor-
geirs", ganz gleichmässig auf die formelle Publication des
neuen Rechtes durch den Vortrag des Gesetzsprechers hin,
und erhöhen demnach auch diese beiden Berichte die Wahrscheinlichkeit, dass jene ersteren Quellen die für den Vortrag des Landrechtes feststehende Eingangsformel überliefert
haben werden.

Weniger einfach steht die Sache bezüglich der n o r -
w e g i s c h e n Rechte. Die B o r g a r þ í n g s l ö g zunächst,
von welchen uns nur das Christenrecht erhalten ist, geben
diesem in ihrem ersten und dritten Texte folgende Eingangsformel: „þat er upphaf laga várra, at austr skulum lúta, ok
gefaz Kristi, rœkja kirkjur ok kennemenn"; im zweiten
Texte aber fehlt die gleiche Eingangsformel doch wohl nur aus
dem Grunde, weil derselbe überhaupt an seinem Anfange
defect ist. Auf diese Eingangsformel folgen sodann, ganz
wie im isländischen Rechte, sofort die Bestimmungen über
die Taufe, welche sich deren Wortlaut ganz besonders gut

1) N j á l a , 105/550.
2) F M S. II, 229/242; F l b k. I, 446.
3) Íslendíngabók, 7/12.
4) K r i s t n i s., 11/25.

anschliessen, da sich eben durch den Empfang der Taufe das „gefaz Kristi" vollzieht. Anders, und zwar recht wunderlich, verhalten sich die Eidsifaþíngslög, von welchen uns ebenfalls nur das Christenrecht überliefert ist. In ihren älteren Recension lauten die Eingangsworte nach Hs. A.: „þat er nú því næst, at menn skulu kristnir vera ok nítta heiðnum dóme", und in derselben Fassung kehren dieselben auch in der jüngeren Recension wider, wogegen die Hs. B. der älteren Recension dieselben folgendermassen giebt: „þat er nú því næst, at menn skulu játtæ kristni ok næitta heiðnum dóme", und auch in dem dieser letzteren Hs. angehörigen Inhaltsverzeichniss das erste Capitel mit den Worten aufgeführt wird: „þat er nú því næst, at menn skulu játtæ." Da dieses Inhaltsverzeichniss im Uebrigen mit dem ihm folgenden Texte keineswegs völlig übereinstimmt, darf man dasselbe vielleicht als ein selbständiges Zeugniss zu Gunsten der letzteren Wortfassung gelten lassen, deren antithetische Stellung ohnehin einen alterthümlichen Eindruck macht; indessen können wir von diesem Punkte hier absehen, da immerhin beide Gestaltungen der Eingangsformel im Wesentlichen übereinstimmen. Die sämmtlichen Texte lassen sodann auf diese zunächst die Bestimmungen über die Taufe folgen, und schliessen sich somit insoweit der von den BþL. und den isländischen Rechtsbüchern eingehaltenen Ordnung an; um so auffälliger ist aber, dass die Eingangsformel hier nicht mit den dort gebrauchten Worten beginnt: „þat er upphaf laga várra", sondern vielmehr mit den an sich schon bedenklichen Worten: „þat er nú því næst", welche darauf hinweisen, dass ursprünglich vor den uns erhaltenen Eingangsworten noch irgend etwas anderes gestanden haben muss. Nun ist allerdings richtig, dass in der Hs. B. der älteren Recension dem Texte des Christenrechtes das bereits erwähnte Inhaltsverzeichniss, sodann ein Calendarium, endlich noch ein Verzeichniss der norwegischen Könige vorangeht, welches von Hálfdan svarti bis auf Magnús lagabœtir herabreicht; indessen wird man doch aus dem Voranstehen dieser Stücke jene eigenthümlichen Eingangsworte nicht erklären dürfen. Alle drei Stücke fehlen sowohl in der zweiten Hs. der älteren Recension, als in den beiden Hss. der jüngeren, und doch zeigen alle diese Hss. ganz dieselben Eingangsworte an der Spitze des Christenrechtes; wenn sie sich schon dadurch als eine spätere Zuthat charakterisiren, so weisen auch noch andere Umstände ebendarauf hin. Das Inhaltsverzeichniss zunächst erwähnt in seinen Eingangsworten nur des Christenrechtes und des Königsverzeichnisses, ohne des Calendariums mit einer Sylbe zu gedenken, welches doch zwischen beiden in der Mitte steht; es erwähnt ferner das Königsverzeichniss erst nach dem Christenrechte, während dasselbe doch diesem vorangeht, und auch im Inhaltsverzeichnisse selbst mit den Worten „Hálfdan svarte, Haraldr hárfagre" noch vor dessen erstem Capitel eingestellt wird; endlich zeigt die Herabführung des Königsverzeichnisses bis in die zweite Hälfte des 13. Jhdts., d. h. bis in eine Zeit, in welcher das fragliche Christenrecht bereits durch ein neues verdrängt war, dass das erstere erst einer späteren Zeit angehörte, wozu denn auch die Worte stimmen, mit welchen von dem „Konúngatal" zum Christenrechte übergegangen wird: „hèr segir um gamlan kristendóm várn, ok hvorso hann byrjar", indem von einem alten Christenrechte doch erst gesprochen werden konnte, wenn bereits ein neues an dessen Stelle getreten war. Erweisen sich aber hiernach diese Stücke als spätere Zuthaten, auf welche die Worte: „þat er nú því næst" nicht bezogen werden können, so muss vor dem Christenrechte der EþL. ursprünglich irgend eine andere, uns nicht mehr erhaltene Satzung gestanden sein, über deren Beschaffenheit und Inhalt ich mich vorläufig noch jeder Vermuthung enthalte.

Auch in den beiden anderen Provincialrechten scheint

ursprünglich eine den bisher besprochenen ähnliche Eingangsformel sich vorgefunden zu haben; jedoch zeigt sich in ihnen die Ordnung unserer Texte einigermassen gestört, so dass es nicht ganz leicht ist, deren anfänglichen Zustand sich klar zu machen. Es beginnen aber zunächst die Gulaþíngslög mit folgender Eingangsformel (§. 1): „þat er upphaf laga várra, at vèr skolom lúta austr, ok biðja til hins helga Krist árs ok friðar, ok þess at vèr halldem lande váro bygðu, ok lánardróttne várom heilom; sè hann vinr várr, en vèr hans, en guð sè allra várra vinr." Aber auf diese Eingangsworte folgt dann nicht etwa sofort der von der Taufe handelnde Abschnitt, welchen dieses Rechtsbuch vielmehr erst an einer weit späteren Stelle (§. 21) einreiht, ja überhaupt keine eigentlich kirchenrechtliche Bestimmung, sondern zunächst die unter K. Magnús Erlíngsson's Regierung erlassene Thronfolgeordnung (§. 2), dann eine Reihe von Vorschriften über die Beschickung des Gulaþíngs, welche in der Magnús'schen Redaction des Rechtsbuches etwas anders als in der Ólaf'schen gestaltet erscheinen, aber doch in der Hauptsache beiden gleichmässig angehören (§. 3), hierauf ein paar Vorschriften über die für bestimmte Zeiten gesetzlich gebotene Freilassung von Unfreien auf öffentliche Kosten (§. 4—5), sowie über gebotene Gildefeste (§. 6—7), worauf dann erst in §. 8 das eigentliche Christenrecht mit der Besprechung der Verpflichtungen beginnt, welche dem Bischofe gegenüber seinen Diöcesanen und umgekehrt obliegen. Dass dieser Eingang des Rechtsbuches nicht der ursprüngliche gewesen sein kann, vielmehr eine Störung der anfänglichen Anordnung desselben vorliegen muss, kann keinem Zweifel unterliegen, und kann es nur gelten zu bestimmen, wie weit diese Störung reicht, und wodurch sie bedingt war. Da zeigt sich nun zunächst, dass die Eingangsformel selbst ein durchaus alterthümliches Gepräge trägt. Die ersten Worte: „þat er upphaf laga várra", sind genau dieselben, mit welchen auch

das Recht des isländischen Freistaates im Heidenthum wie
im Christenthum begann. Das „lúta austr“ sodann, d. h.
das sich ostwärts Neigen beim Gebete, entspricht, wie
J. Grimm bereits bemerkt und belegt hat[1]), dem christlichen Gebrauche im Gegensatze zu der Sitte des germanischen Heidenthums, welche beim Gebete die Richtung nord-
wärts nehmen liess; durch eine Bemerkung Gudbrand Vigfússon's, welche dem Heidenthume die Gebetrichtung gegen
Osten zuweisen will,[2]) darf man sich an diesem Satze nicht
beirren lassen, da sich jene Bemerkung lediglich auf eine
den Gesetzsprecher þorkell máni betreffende Erzählung stützt,
welche der Richtung beim Gebete mit keiner Sylbe gedenkt.[3])
Beide Sätze haben wir auch bereits im Eingange der BþL.
vorgefunden; beide gehören augenscheinlich einer dem Heidenthume noch sehr nahe stehenden Zeit an, wie denn zumal
die christliche Richtung beim Gebete gegenüber der heidnischen nur dieser Zeit wichtig genug erscheinen konnte,
um das auf sie bezügliche Gebot gleich an die Spitze des
Christenrechtes stellen zu lassen. Aber auch die, in den
BþL. nicht widerkehrende Formel: „biðja árs ok friðar“
ist, wie sich gleich nachher zeigen wird, dem heidnischen
Opferdienste entlehnt, und die eigenthümliche Art, wie die
Unterwürfigkeit unter Christus und unter den König zusammengestellt wird, scheint vortrefflich zu dem Gesichtspunkte
zu passen, von welchem der heil. Ólaf bei dem Betriebe
seiner Missionsthätigkeit ausging; auf ihn, den Urheber des
ersten für Norwegen erlassenen Christenrechtes, dürfte demnach die Eingangsformel der GþL., und auch die der BþL.,
zurückzuführen sein. Andererseits versteht sich von selbst,

---

1) Deutsche Mythologie, I, S. 28, vgl. II, S. 836 und III, S. 22
und 295.

2) Icelandic Dictionary, s. v. lúta.

3) Landnáma, I, 9/38; vgl. FMS. I, 117/242, und Flbk., I,
S. 268.

dass die Thronfolgeordnung K. Magnús Erlíngsson's nicht vor der von diesem Könige unternommenen Revision des Rechtsbuches in dieses hineingekommen sein kann, und erklärt sich auch die an und für sich sehr auffällige Einreihung einer Thronfolgeordnung in das Christenrecht vollkommen befriedigend aus deren besonderem Inhalt und besonderer Entstehungsweise. Durch den Vertrag, welchen Erlíngr skakki im Jahre 1164 zu Gunsten und im Namen seines Sohnes mit Erzb. Eysteinn abschloss, wurde Norwegen in ein Wahlreich verwandelt, und der massgebende Einfluss auf die Königswahl der Prälatur eingeräumt; eine derartige Thronfolgeordnung konnte aber, weil auf einer Uebereinkunft mit dem Erzbischofe beruhend und ein hochwichtiges Vorrecht der Kirche begründend, recht wohl an die Spitze des kirchlichen Rechtes gestellt worden. Zweifelhafter mag erscheinen, was über die folgenden §§. 3—7 zu sagen ist. Sie alle waren bereits in der Redaction vorhanden gewesen, welche K. Ólafs Namen trägt, und haben in der Magnús'schen Redaction nur eine Umgestaltung erfahren, soweit sie in ihr nicht völlig beseitigt wurden; ob sie aber in jener ersteren auch schon an ihrer jetzigen Stelle gestanden haben, oder ob sie erst durch die Gesetzgebung des K. Magnús, oder am Ende gar erst durch den Compilator unseres Textes an ihren derzeitigen Ort zu stehen gekommen sind, ist eine ganz andere Frage, und damit noch keineswegs entschieden. Umstände, welche später noch zu erörtern sein werden, machen wahrscheinlich, dass in Norwegen von Alters her die Dingordnung in einem gesonderten Abschnitte behandelt worden war, und von hier aus eröffnet sich für uns zumal in Hinblick auf ein unten noch zu besprechendes Vorkommniss eine doppelte Möglichkeit. Es wäre denkbar, dass die ältere Redaction unseres Rechtsbuches noch eine vollständige Dingordnung an ihrem Anfange enthalten hätte, von welcher unser §. 3 nur einen letzten Ueberrest enthielte, während dieselbe im Uebrigen sei es nun durch die Revision Magnús Erlíngsson's, oder auch durch den Compilator unseres Textes beseitigt worden wäre. Da die uns erhaltenen Bruchstücke der Hs. C. erst mit §. 9 beginnen,[1]) fehlt uns jedes directe Zeugniss über die Beschaffenheit der früheren Theile dieser Redaction; der Umstand aber, dass das sogenannte Christenrecht K. Sverrir's für die einschlägigen Parthien einen dem unsrigen gleichgearteten Text der GþL. benützt hat, beweist Nichts, da ja anderweitig bereits feststeht, dass für dieses Rechtsbuch bereits ein dem unsrigen ähnlicher compilirter Text verwendet worden ist.[2]) Andererseits wäre aber auch möglich, dass bereits die älteste Redaction der GþL. von der Dingordnung nicht mehr enthalten hätte als unser Text, und dass das in diesem Enthaltene von Anfang an den Eingang zum Christenrechte gebildet hätte. Die folgenden Erwägungen dürften zu Gunsten dieser zweiten Möglichkeit sprechen. — Betrachten wir uns zunächst §. 4—7, so ergiebt sich, dass der Inhalt dieser §§., so wie ihn die ältere Redaction enthalten hatte, im Wesentlichen aus der heidnischen Zeit in die christliche herübergenommen worden sein muss, wobei nur der heidnische Brauch den Anforderungen des neuen Glaubens entsprechend umgestaltet worden war. In §. 4—5 wird nämlich zunächst bestimmt, dass alljährlich am Gulaþínge ein Unfreier freigelassen werden solle, und ebenso je ein weiterer Unfreier in jedem einzelnen Volklande innerhalb des Dingverbandes; über die Beschaffung dieser Unfreien auf öffentliche Kosten, sowie über die Strafe, welche für den Fall ihrer nicht rechtzeitigen Beschaffung die Pflichtigen treffen sollte, werden dabei genaue Vorschriften gegeben. In §. 6—7 wird sodann vorgesehen, dass zweimal

---

1) Vgl. den vollständigen Abdruck dieser Hs. im vierten Bande von Norges gamle Love, S. 3—14.

2) Vgl. meine Studien über das sog. Christenrecht K. Sverrir's, S. 10 u. ffg.

im Jahre, nämlich im Herbst vor Allerheiligen und dann
wider auf Weihnachten, von allen Bauern ein Trinkgelage
(ölgerð) abgehalten, und dass dabei eine bestimmt vorge-
schriebene Menge von Bier vertrunken werden müsse. Beide
Bestimmungen tragen, so wie sie uns vorliegen, einen entschieden kirchenrechtlichen Charakter, wie sich schon daraus
ergiebt, dass deren Nichtbefolgung mit einer an den Bischof
zu entrichtenden Busse bedroht ist, und die Vorschriften über
die Trinkgelage sammt den auf sie bezüglichen Strafsatz-
ungen werden (§. 7) sogar ausdrücklich als „viðrlög, er vèr
hofum logð til kristinsdóms várs" bezeichnet; beide sind
aber dennoch ganz unverkennbar heidnischen Ursprungs.
Schon längst ist von A. Gjessing ausgesprochen,[1]) und von
mir des Näheren ausgeführt worden,[2]) dass jene Freilassungen an die Stelle früherer Menschenopfer getreten sind;
dass aber diese Trinkgelage nicht minder heidnischen Opfer-
festen ihre Entstehung verdanken, zeigt schon die Bestimmung, dass man das Bier „skal signa til Krist þakka ok
sancta Maríu, til árs ok til friðar", und ist von mir bereits
vor langen Jahren hervorgehoben und durch zahlreiche weitere Nachweise belegt worden.[3]) Ich will hier nicht auf die
einschlägigen Gebräuche der Heidenzeit eingehen, sondern
mich darauf beschränken, an zwei Vorgänge zu erinnern,
welche von K. Hákon góði und von K. Ólaf Tryggvason berichtet werden. Von K. Hákon, der in England die Taufe
empfangen hatte, und gegen die Mitte des 10. Jhdts. in
Norwegen das Christenthum einzuführen versuchte, erzählt

---

1) Annaler for nordisk Oldkyndighed og Historie, 1862, S. 148
und 202.

2) Die Entstehungszeit der älteren Gulaþíngslög S. 148—49;
Die Freigelassenen nach altnorwegischem Recht, S. 24—25 (Sitzungs-
berichte unserer Classe. 1878, I.)

3) Die Bekehrung des norwegischen Stammes zum Christenthume, II, S. 425—28.

die Heimskríngla,[1]) dass er das heidnische Julfest auf die
Weihnachtszeit verlegt, und dabei geboten habe, dass Jedermann an diesem Feste eine gewisse Menge Biers zu einem
Trinkgelage verwenden solle; von K. Ólaf Tryggvason aber
erzählt eine Quelle,[2]) dass er alle Opfer und Opfertränke
abschaffte, und dieselben seinem Volke zulieb durch Fest-
tränke an Weihnachten und Ostern ersetzte, sowie durch
einen Johannistrunk und ein Herbstbier auf Michaeli, wogegen ein paar andere Quellen von einer Traumerscheinung
des heil. Martins von Tours wissen, welcher dem Könige
gegen das Versprechen, die bisher dem Óðinn, Þórr und allen
Æsir gewidmeten Opfertränke in Zukunft ihm zuwenden zu
wollen, seine kräftige Unterstützung im Betriebe der Mission
zusagte.[3]) Diese geschichtlichen Vorgänge zeigen, was wir
übrigens auch abgesehen von ihnen aus der Natur der Sache
zu entnehmen hätten, dass die Vorschriften in §. 4—7 schon
aus der Zeit stammen müssen, in welcher der Uebergang des
Volkes vom Heidenthum zum Christenthum sich vollzog, und
dass bereits in der heidnischen Zeit ihnen entsprechende
Satzungen im Rechte des Gulaþínges enthalten gewesen sein
müssen; andererseits ist aber auch klar, dass dieselben in
der christlichen Zeit schon von Anfang an dem Christenrechte angehört haben müssen, da ihre Ueberarbeitung lediglich im kirchlichen Interesse erfolgt, und ihre Beobachtung
lediglich unter den Schutz des Bischofs gestellt war. Nun
lässt sich nicht verkennen, dass die Vorschrift des §. 4 in
einer vollkommen naturgemässen Verbindung mit dem Inhalt
des §. 3 steht, und zugleich nicht minder naturgemäss zu
den drei nächstfolgenden §§. hinüberleitet, indem von den

---

1) H a k o n a r s. g ó ð a, 15/92; ebenso F M S, I, 21/31—32 und
F l b k, I, S. 54—55.

2) Á g r i p, 16/893.

3) O d d r, 17/24, vgl. 26/30 (ed. Munch.) oder 24/278, vgl. 31/288
(ed. Hafn.) dann F M S. 1, 141/280, u. F l b k, I, S. 283.

Bestimmungen über Zeit und Ort der zu haltenden Dingversammlung, dann über die Art ihrer Beschickung, sehr
wohl auf die an dieser Dingversammlung vorzunehmenden
Freilassungen, und von diesen wider auf die daheim in den
Volklanden vorzunehmenden Freilassungen, sowie weiterhin
auf die Trinkgelage übergegangen werden mochte, deren
periodische Abhaltung sich ja als eine weitere religiöse
Pflicht neben jene Freilassungen stellte. Versetzen wir uns
aber in die heidnische Zeit zurück, in welcher die Dingversammlung zugleich die Bedeutung eines Opferfestes gehabt
hatte, so leuchtet ein, dass die Bestimmungen über Ort und
Zeit ihrer Abhaltung, mit welchen unser §. 3 beginnt, selbst
schon einen halbwegs religiösen Charakter gehabt haben
müssen, und dass sich somit von ihnen aus der Uebergang
zu den verschiedenen Arten der am Ding oder anderwärts
zu beobachtenden Opfergebräuche und zu feiernden Opferfeste ganz besonders leicht ergeben musste. Berücksichtigt
man endlich noch, dass, wie ich anderwärts ausgeführt habe,[1]
die Rechtsaufzeichnungen in Norwegen aller Wahrscheinlichkeit nach ganz ebenso wie auf Island und in Schweden ihren
Ausgangspunkt von mündlichen Rechtsvorträgen genommen
haben, welche die Gesetzsprecher alljährlich am Lögdinge
zu halten hatten, so wird vollends einleuchten, wie leicht
man dazu kommen konnte, diese Vorträge mit den Vorschriften über den Zusammentritt und die Zusammensetzung
eben dieses Lögdinges beginnen, und von hier aus dann zu
den Bestimmungen über die theils am Lögdinge selbst, theils
anderwärts darzubringenden Menschenopfer, sowie über die
sonstigen gesetzlich vorgeschriebenen Opferfeste übergehen
zu lassen. — Man sieht, wenn wir nur die im §. 2 unseres
compilirten Textes enthaltenen Bestimmungen über die Thron-

---

1) Die Entstehungsgeschichte der älteren Gulaþíngslög, S. 165—69;
Das Alter des Gesetzsprecheramtes in Norwegen, S. 30—35.

folgeordnung streichen, ergiebt sich für dessen übrige Ein-
gangsbestimmungen ein ganz verständlicher Zusammenhang,
ohne dass wir behufs seiner Erklärung zu der Annahme zu
greifen brauchten, dass uns in §. 3 nur die Ueberreste einer
früher vollständigeren Dingordnung vorliegen. Allerdings
lassen sich von zweifacher Seite her Einwendungen erheben.
Einmal nämlich fällt auf, dass die isländischen Rechtsbücher
sowohl als die norwegischen BþL. und EþL. das Christenrecht mit den auf die Taufe bezüglichen Vorschriften beginnen, und dass somit der uns vorliegende Text der GþL.,
welcher die Voranstellung dieser Vorschriften mit Nothwendigkeit ausschliesst, in dieser Beziehung von jenen Rechtsbüchern abgeht, während man doch zufolge der feststehenden
Thatsache, dass die sämmtlichen norwegischen Christenrechte
auf die vom heil. Ólaf und dessen Hofbischof Grímkell geschaffene Gesetzgebung zurückgehen, und auch das isländische Christenrecht durch eben diese Gesetzgebung beeinflusst
wurde, ein übereinstimmendes Verhalten aller jener Rechtsquellen in Bezug auf den hier in Frage stehenden Punkt
erwarten sollte. Zweitens aber zeigen die isländischen Úlfljótslög, von denen wir doch mit aller Bestimmtheit wissen,
dass sie gerade nach dem Muster der Gulaþíngslög abgefasst
waren, an ihrer Spitze zwar, wie oben bereits bemerkt, Vorschriften religiösen Charakters, aber doch Vorschriften, die
mit dem Zusammentritte der Landsgemeinde und den an dieser
zu bringenden Opfern Nichts zu thun haben; mögen wir
demnach das Recht des Heidenthums oder der ältesten christlichen Zeit in Betracht ziehen, so scheint die Analogie der
zur Vergleichung zunächst heranzuziehenden Rechte gegen
die Ursprünglichkeit der uns vorliegenden Anordnung der
GþL. zu sprechen. Indessen lassen sich beide Bedenken
immerhin zurückweisen. Dass die Úlfljótslög mit Bestimmungen begannen, welche die Landgeister gegen Beunruhig-
ung schützen sollten, mag recht wohl mit eigenthümlich

isländischen Verhältnissen zusammenhängen; gerade für Island ist der Glaube an „landvættir" ganz vorzugsweise bezeugt,[1]) und in einer Zeit, in welcher die Einwanderung
auf der Insel eben erst zu Ende gieng, mochte man sich hier
wohl veranlasst sehen, denselben gegen aus der See kommende Schiffe Schutz zu ertheilen, wenn auch in der norwegischen Heimath von einem derartigen Schutze derselben
nicht die Rede gewesen war, und ausdrücklich wird uns ja
bezeugt, dass Úlfljótr, wenn auch im Ganzen dem Vorbilde
der Gulaþíngslög folgend, doch keineswegs sklavisch an dieses
sich gebunden habe. Anderntheils aber steht fest, dass schon
in der älteren Redaction der GþL. deren Christenrecht nicht
mit den Vorschriften über die Taufe begonnen haben kann,
da die uns erhaltenen Bruchstücke der Hs. C. diese Vorschriften bereits ganz an derselben Stelle eingereiht zeigen
wie unser compilirter Text. Weder auf die Magnús'sche
Redaction noch auf den Compilator unseres Textes lässt sich
somit die denselben angewiesene Stellung zurückführen; damit verschwindet aber auch jeder Stützpunkt für die Annahme, dass diese Stellung jenen Vorschriften nicht bereits
von des heil. Ólafs Zeiten her zugekommen sein werde.

Ganz eigenthümlich zeigen sich endlich unsere Frostuþíngslög gestaltet. Eine im Cod. Resen. ihnen vorange-
setzte, wahrscheinlich aus zwei verschiedenen Gesetzen des
K. Hákon gamli bestehende Einleitung bespricht an ihrem
Schlusse die neue Eintheilung in 16 Bücher, welche dem
Rechtsbuche nunmehr zu Theil geworden sei, während es
sich früher in „bœlkir" getheilt habe;[2]) dieselbe bricht aber

---

1) Vgl. die Zusammenstellung von Belegen in meiner Schrift.
Die Bekehrung des norwegischen Stammes zum Christenthum, II,
S. 62—66.

2) Auf die von E. S i e v e r s in seiner höchst verdienstlichen
Ausgabe der „Tübinger Bruchstücke der älteren Frostuthingslög"
.S. 37—39 angeregte Frage, ob die Notiz über die neue Eintheilung

mitten im Satze ab, und die hier beginnende Lücke in der
Hs. umfasst auch noch den Anfang des ersten Buches. In
Folge dieses Defectes lässt sich nicht bestimmen, ob an der
Spitze dieses ersten Buches eine Eingangsformel gestanden
sei oder nicht; dagegen ist klar, dass dieses erste Buch die
Dingordnung enthielt, und dass erst nach dieser, in zwei
Bücher zerlegt, das Christenrecht folgte. Aber auch der Anfang des Christenrechtes ist schwer festzustellen. In der Hs.,
welche unserer Ausgabe zu Grunde liegt, also in AM. 60 in
4to, beginnt dasselbe mit den Worten: „þat er upphaf laga
várra, at vèr skolum kristni (bez. Kristi) lyða ok kristnum
dóme, ok konúngi várûm ok biskupi til laga ok til rèttra
mála at kristnum rètte", worauf dann sofort die Bestimmungen über die Taufe folgen. Von den übrigen zu Gebote
stehenden Hss. haben fünf, nämlich die mit S, X und Y
bezeichneten, sowie das Fragm. I. des norwegischen Reichs-
archives und die Tübinger Bruchstücke, den Anfang des
Christenrechtes überhaupt nicht; der nur in späteren Abschriften erhaltene Cod. Resenianus aber wich nach Ausweis
eben dieser Abschriften von jener Wortfassung sehr erheblich ab.[1]) Das dem zweiten Buche voranstehende Inhaltsverzeichniss begann in ihm nicht, wie in AM. 60, mit
„1. At ala skal barn hvært ok kristna" u. s. w., sondern mit
den Worten: „1. Hinn fyrsti capituli í kristnum rètte um
konúngs kosníng", worauf dann erst an zweiter Stelle der

der Frostuþíngslög wirklich den Schluss der vorhergehenden Gesetze
K. Hákons bilde, oder ob sie nicht vielmehr als eine mit jenen gar
nicht zusammenhängende Einleitung zu dem folgenden Rechtsbuche anzusehen sei, kann an diesem Orte nicht eingegangen werden. Ebensowenig gehe ich hier auf die eigenthümliche Ansicht ein, welche Sievers
über die Beschaffenheit der älteren belkir aufgestellt hat; meine Bedenken gegen dieselbe gedenke ich anderwärts geltend zu machen.

1) Ein sehr klares Bild seines Aussehens gewährt nunmehr der
buchstäbliche Abdruck der von Árni Magnússon genommenen Copie
in Norges gamle Love, IV, S. 19—30.

weitere Eintrag folgte: „2. Um barnburð ok faðerni;" die folgenden Capitel des Inhaltsverzeichnisses sind demzufolge im Resen. immer um eine Ziffer voraus, bis sich durch Nicht-numerirung eines §. in dieser Hs. von §. 14 ab die Ziffern beiderseits wider ausgleichen, um dann hinterher in einer hier gleichgültigen Weise neuerdings wider auseinanderzu-gehen.[1]) Mit §. 37, dem §. 38 der Ausgabe entsprechend, bricht sodann in Folge eines weiteren Defectes in der Hs. das Inhaltsverzeichniss des Resen. ab, und in Folge eben dieses Defectes fehlt auch der in diesem Inhaltsverzeichniss aufgeführte §. 1 im Texte des Christenrechtes; die Hs. be-ginnt erst wider mitten in der Ueberschrift des §. 2, welcher dem §. 1 unserer Ausgabe entspricht, und dieser §. selbst beginnt sodann mit den Worten: „þat er því næst, at ala skal," u. s. w., also mit den auf die Taufe bezüglichen Vor-schriften. Es hält nicht schwer, diese Abweichung unter den beiden Hss. zu erklären. Das Capitel „um konúngs kosníng," welches der Resen. an seiner Spitze gezeigt hatte, als er noch vollständig gewesen war, kann nämlich nichts Anderes enthalten haben als jene Thronfolgeordnung K. Magnús Erlíngsson's, welche auch in unserem compilirten Texte der GþL. am Anfange des Christenrechtes steht, so-ferne eben nur diese, wie ich schon mehrfach auszuführen Gelegenheit hatte,[2]) eine regelmässige Wahl der Könige kennt; es begreift sich aber leicht, dass man in der späteren Zeit sich sehr wohl veranlasst sehen konnte, diese Thron-folgeordnung aus dem Rechtsbuche zu streichen. Schon die

---

1) Auch die Tübinger Bruchstücke müssen das Capitel „um konúngs kosníng" enthalten haben, wie ihre Capitelnummern ergeben; vgl. Sievers, S. 33.

2) Die Entstehungszeit der älteren Gulaþíngslög, S. 126. Die Entstehungszeit der älteren Frostuþíngslög, S. 22—23 u. 51—52 (in den Abhandlungen unserer Classe, Bd. XIII, Abth. III); Norwegens Schenkung an den heil. Ólaf, S. 99—101 (ebenda Bd. XIV, Abth. II).

richtige Erkenntniss, dass dieselbe doch im Grunde mit dem Christenrechte Nichts zu schaffen habe, konnte genügen, sie in einer Abschrift zu streicheu, welche nicht das ganze Rechtsbuch, sondern nur dessen kirchenrechtlichen Abschnitt widergeben wollte; noch weit kräftiger musste aber in gleicher Richtung der weitere Umstand wirken, dass jene Thronfolge-ordnung nicht nur durch neuere Gesetze aus den Jahren 1260 und 1273 verdrängt worden war, sondern dass sie auch vorher schon, weil von einem nicht legitimen Könige erlassen, und überdiess mit der Thronberechtigung ihres Hauses schlechterdings unvereinbar, von den Königen aus Sverrirs Geschlecht niemals als zu Recht bestehend anerkannt worden war. Sehen wir doch auch das sogen. Christenrecht K. Sverrir's zwar in seinem Inhaltsverzeichnisse, den GþL. folgend, an erster und zweiter Stelle die Capitelüberschriften einsetzen: „At vèr skulum austr lúta,“ und: „At sá skul konúngr vera, er skilgeten er,“ aber hinterher seinen Text erst mit den Worten beginnen: „þat er nú því næst, at vèr hafum fund várn mæltan á Gulu,“ welche dem §. 3 der GþL. ent-sprechen, so dass also auch hier die im Inhaltsverzeichnisse noch angekündigte Thronfolgeordnung im Texte selbst ge-strichen ist! Halten wir aber daran fest, dass die Thron-folgeordnung des Jahres 1164 ursprünglich an der Spitze des zweiten Buches unserer FrþL. stand, so wird auch sofort klar, dass die auf die Taufe bezüglichen Bestimmungen ur-sprünglich nur mit den Worten begonnen haben können, welche die Abschriften des Resen. zeigen, soferne der zweite §. des Christenrechtes zwar ganz passend mit den Worten eingeleitet werden konnte: „þat er nu því næst,“ aber unmög-lich mit den Worten: „þat er upphaf laga várra,“ wie sie AM. 60. in 4to giebt, wie denn auch wirklich in einer dritten Hs., welche im Uebrigen ziemlich genau mit AM. 60 übereinstimmt, nämlich in AM. 322 fol. (in unserer Ausgabe als B. bezeichnet), dieselben Eingangsworte widerkehren wie im Resen., obwohl dieselben für diese Hs. gar nicht passen, soferne dieselbe ebenfalls nur das Christenrecht enthält, und die Thronfolgeordnung weglässt. Die Worte „þat er nú því næst," welche auf etwas Vorhergehendes deuten, während doch in AM. 322 Nichts vorhergeht, können in diese Hs. augenscheinlich nur aus einer Vorlage herübergenommen worden sein, in welcher denselben wirklich Etwas vorhergieng, und dieses Etwas kann nur jene Thronfolgeordnung gewesen sein, welche im Cod. Resen. wirklich vorhergeht; sollte bezüglich der EþL., in welchen wir ja auch die Worte: „þat er nú því næst" an der Spitze des Christenrechtes stehend fanden, obwohl denselben nichts Weiteres vorangeht, nicht etwa gleichfalls an das Ausfallen derselben Thronfolgeordnung gedacht werden dürfen? In der Eingangsformel aber, welche wir in AM. 60 am Anfange der Bestimmungen über die Taufe vorfinden, werden wir nicht etwa einen willkürlichen Zusatz des Schreibers dieser Hs. zu erkennen haben, sondern diejenige Formel, welche ursprünglich an dem Beginne des ganzen zweiten Buches, also zunächst vor der Thronfolgeordnung gestanden hatte, und welche somit nur dadurch an die Spitze der auf die Taufe bezüglichen Vorschriften zu stehen kam, dass in jener Hs. die Thronfolgeordnung beseitigt wurde; ein Excerpt aus dem Christenrechte des älteren Stadtrechtes,[1]) welches mit den Worten beginnt: „þat er upphaf at Bærkœyar rètte rèttom. En þat er Bærkœyar rèttr, at barn hvert, er boret verðr," u. s. w., darf als Bestätigung hiefür angeführt werden, da dasselbe diese Eingangsformel doch nur aus den FrþL. bezogen haben kann. Eine weit schlagendere, und zugleich viel weiter reichende Bestätigung erhalten aber die obigen Schlussfolgerungen durch ein erst neuerdings entdecktes, und nunmehr im vierten Bande der Gesammtausgabe der älteren nor-

----

1) Bjark. R. I, §. 1.

wegischen Gesetze abgedrucktes Stück, nämlich durch eine
dänische Uebersetzung des Christenrechtes der FrþL., welche
nach ihrer eigenen Angabe am 13. August 1594 abgeschlossen
wurde,[1]) und von deren Existenz G. Storm in seiner Abhandlung: „Magnus Erlingssöns Lov om Kongevalg og Löfte
om Kronens Ofring“ zuerst Mittheilung gemacht hat.[2]) In
dieser Uebersetzung giebt nämlich nicht nur das angehängte
Inhaltsverzeichniss dem ersten Capitel die Ueberschrift: „Om
konger at vdvellie,“ d. h. „um konúnga kosníng,“ sondern
dieses Capitel beginnt auch in seinem Texte mit den Worten:
„Dette er begyndelsen paa vor lag, at wj skulle lyde Christo
oc vor konning, men den skall være konning off Norige,“
u. s. w., worauf dann die Thronfolgeordnung Magnús Erlíngsson's sich anschliesst, und weiterhin das zweite Capitel mit
den Anfangsworten: „Dette er nu der nest“ zu den Bestimmungen über die Taufe übergeht. Storm hat bereits dargethan, dass diese Uebersetzung auf Grund eines Original-
textes bearbeitet ist, welcher dem des Cod. Resen. sehr verwandt war, ohne doch völlig mit ihm zusammenzufallen, und
damit mag auch zusammenhängen, dass die Eingangsformel
etwas anders als in AM. 60 gestaltet erscheint; immerhin
bestätigt die Uebersetzung vollständig die oben vertretene
Annahme, dass die Eingangsformel: „þat er upphaf laga
várra“ ursprünglich an der Spitze des Christenrechtes gestanden, und unmittelbar auf sie die Thronfolgeordnung von
1164 gefolgt war, — dass ferner erst an diese die Vorschriften über die Taufe sich angeschlossen hatten, und zwar
eingeführt durch die Eingangsworte: „þat er nú því næst.“
Auffällig bleibt freilich, dass K. Hákon gamli, von welchem
doch die im Cod. Resen. erhaltene Redaction des Rechtsbuches unzweifelhaft herrührt, in seiner Nachgiebigkeit gegen

1) Norges gamle Love. IV. S. 31—50.
2) Forhandlinger i Videnskabs — Selskabet i Christiania, 1880,
Nr. 14, S. 3—10.

die Kirche so weit gehen konnte, jene Thronfolgeordnung
in diesem stehen zu lassen, wie sie K. Magnús Erlíngsson
in dasselbe hatte einrücken lassen; aber dieses Bedenken
liegt nicht in der hier zu erörternden Richtung, und mag
darum hier ausser Betracht gelassen werden. Ebenso berühre
ich nur im Vorbeigehen eine andere Wunderlichkeit, damit
sie Niemanden beirre. Eine ihren Sprachformen nach jedenfalls sehr späte Hs., welche G. Storm ebenfalls neuerdings
ans Licht gezogen hat, nämlich AM. 313 fol.,[1]) zeigt den
Eingang des Christenrechtes wider anders gestaltet. Die
Eingangsformel lautet hier: „Tat er vphaff laga varu Frosta-
tingsmanna, sem vphaff er allra godra luta, att ver skulum
haffa et halda kristilega tru;" hierauf folgt aber sofort ein
Bekenntniss des christlichen Glaubens, wie wir es in dem
neueren Christenrechte des Gulaþínges aus dem Jahre 1267,
und weiterhin auch in der Járnsíða, dem gemeinen Landrechte
und Stadtrechte, dann in der Jónsbók eingestellt finden,
worauf dann, und zwar eingeleitet durch die Worte: „Tat
er nu tui nest," die Vorschriften über die Taufe sich anschliessen. Augenscheinlich hat sich der Schreiber dieser
Hs., oder irgend ein Vorgänger desselben einer Vermischung
schuldig gemacht, indem er zwar das Christenrecht selbst,
mit einer gleich zu erwähnenden Einschränkung, den älteren
FrþL. entnahm, aber den ihm vorgesetzten Eingang aus einem
der späteren Gesetzbücher, und zwar wahrscheinlich aus dem
gemeinen Landrechte entlehnte. Eine derartige Vermischung
begegnet uns auch anderwärts, unter Umständen sogar in
noch bedenklicherer Weise, wie denn z. B. Cod. Holm. reg.
C. 22 in 4to (in unserer Ausgabe als S. bezeichnet) den Anfang seines Textes dem Christenrechte des Erzb. Jóns entlehnt hat, den Ueberrest aber dem der FrþL; sie ist aber
unserer Hs. um so eher zuzutrauen, als dieselbe auch nicht

---

1) Norges gamle Love, IV, S. 50—65.

unbedeutende Stücke der BþL. in den Text der FrþL. ein-
mischt.

Das Verhältniss der Thronfolgeordnung von 1164 zu
dem uns vorliegenden Texte der FrþL. dürfte durch das
Bisherige genügend aufgeklärt, und insbesondere auch festgestellt sein, dass in diesem ganz ebenso wie in unserem
compilirten Texte der GþL. an der Spitze jener Thronfolgeordnung als des ersten §. des Christenrechtes jene Eingangsformel stand, welche wir ziemlich gleichlautend auch in den
BþL. gefunden haben; dagegen bleibt das Verhältniss noch
einer Aufklärung bedürftig, welches zwischen dem Christenrechte unserer FrþL. und ihrer Dingordnung besteht, sowie
die Reihenfolge, in welcher sich die materiellen Bestimmungen
dieses Christenrechtes an jene Eingangsformel, beziehungsweise jene Thronfolgeordnung anschliessen. Während in den
GþL. auf diese sofort einige kurze Vorschriften über Ort und
Zeit der Versammlung des Gulaþínges, sowie über dessen Zusammensetzung folgen, und sodann durch die Bestimmungen
über die gebotenen Freilassungen an diesem Gulaþínge sowohl als innerhalb der einzelnen Volklande, dann über die
im Herbste und am Weihnachtsfeste abzuhaltenden Trinkgelage der Uebergang zum eigentlichen Christenrechte in der
Art gemacht wird, dass an dessen Anfang die das Verhältniss
des Bischofes zu seinen Diöcesanen regelnden Vorschriften
zu stehen kommen, zeigen die FrþL. eine ganz andere Anordnung des Stoffes. Die Dingordnung zunächst wird hier,
soweit sich diess bei dem defecten Zustande des Cod. Resen.
erkennen lässt, ungleich eingehender behandelt als dort, und
sie wird überdiess als ein selbstständiges Ganzes dem ersten
Buche des Landrechtes zugewiesen, während das Christenrecht erst dessen zweites und drittes Buch einnimmt, eine
Anordnung, zu welcher es wenig zu passen scheint, dass,
wie oben bemerkt, dennoch erst an der Spitze des Christenrechtes die alte Eingangsformel stand: „þat er upphaf laga

várra." Die Vorschriften ferner über die Freilassungen sind
als solche völlig verschwunden, und durch das Gebot der all-
jährlichen Leistung eines gewissen Masses von Wegearbeit
ersetzt; dieses Gebot aber erscheint nicht am Anfange, sondern erst an einer weit späteren Stelle des Christenrechtes
eingestellt.[1]) Weiterhin wird zwar eines gebotenen Trink-
gelages auch in den FrþL. gedacht; aber es ist nicht nur
die Zeit seiner Abhaltung ganz anders bestimmt als in den
GþL., indem dasselbe auf Johanni gefeiert werden soll, sondern es tritt auch die betr. Vorschrift an einer viel späteren
Stelle des Christenrechtes auf,[2]) weder mit der Dingordnung
noch mit jener Bestimmung über die Wegearbeit irgendwie
zusammenhängend. Endlich stehen in den FrþL. an der
Spitze des eigentlichen Kirchenrechtes ganz ebenso wie in
den BþL., EþL., und den isländischen Rechtsbüchern die
Vorschriften über die Taufe, wogegen die Vorschriften über
die gegenseitigen Verpflichtungen des Bischofs und seiner
Diöcesanen hier wie in den eben angeführten Quellen an
einer ganz anderen Stelle abgehandelt werden. Nun ist
allerdings richtig, dass ein Theil dieser Abweichungen sich
ganz wohl auf Veränderungen zurückführen liesse, welche
das Recht im Verlaufe der Zeiten erlitten hat. Die Be-
seitigung der Vorschriften über die Freilassungen wird wohl
im Drontheimischen ganz ebensogut durch K. Magnús Erlíngsson und Erzb. Eysteinn erfolgt sein, als diess für das
Gulaþíng ausdrücklich bezeugt ist; sie erfolgte also in einer
Zeit, in welcher die Zahl der Unfreien in Norwegen bereits
so sehr gesunken war, dass die als ein Werk der christlichen Barmherzigkeit gemeinte alljährliche Freilassung einer
gesetzlich vorgeschriebenen Zahl von Unfreien nur noch als
eine Prämiirung der Sklavenzüchterei wirken konnte, also

---

1) F r þ L. III, §. 19.
2) E b e n d a, II, §. 21.

von demselben Gesichtspunkte aus aufgegeben werden musste,
welcher vordem für deren Einführung bestimmend gewesen
war. Es war unter solchen Umständen vollkommen in der
Ordnung, wenn man an die Stelle der Freilassungen irgend
ein anderes Werk der Wohlthätigkeit setzte, und die Anlage
von Wegen, Brücken, Fähren, Unterkunftshäusern wurde im
Norden von Alters her oft genug unter diesen Gesichtspunkt
gestellt;[1] war aber die Freilassung erst durch Wegearbeit
ersetzt, so konnte selbstverständlich von einer Leistung am
Ding nicht mehr die Rede sein, und war somit auch jeder
Zusammenhang des betr. Gebotes mit den Vorschriften über
die Dingordnung aufgehoben, so dass kein Grund mehr vorlag, die auf diese Leistung und weiterhin auch auf die abge-
haltenen Trinkgelage bezüglichen Bestimmungen noch im
Anschlusse an diese zu behandeln. Aber doch reicht dieser
Erklärungsversuch nicht weit; er lässt uns vielmehr gerade
die wichtigsten Abweichungen in der Anordnung der beiden
Rechtsbücher unerklärt, nämlich einerseits die völlige Abtrennung der Dingordnung vom Christenrechte, und andererseits die verschiedenartige Stellung der auf die Taufe bezüglichen Bestimmungen in diesem. Nach beiden Seiten hin
wird noch eine weitere Erörterung nöthig.

Was nun zunächst das Verhältniss der Dingordnung
zum Christenrechte betrifft, so empfiehlt sich vorab die Beachtung des Verfahrens, welches die späteren Gesetzbücher
in dieser Beziehung einhalten. Das sogenannte Christenrecht K. Sverrir's kommt freilich dabei nicht in Betracht, da es sich in seinen ersten 8—9 §§. lediglich dem
Texte der älteren GþL. anschliesst, so wie er in unserem compilirten Texte vorliegt, was bei der ziemlich mechanischen
Zusammensetzung jenes Christenrechtes aus Stücken der GþL.
und FrþL. zwar nicht auffallen, aber auch für unsere Frage

---

1) Vgl. Rosenberg, Nordboernes Aandsliv, I, 137—39.

Nichts beweisen kann. Ebensowenig lässt sich das n e u e r e C h r i s t e n r e c h t des Borgarþínges für diese verwerthen. Die einzige Hs., in welcher dessen Anfang enthalten ist, hat keinerlei Eingangsformel an ihrer Spitze, sondern beginnt ohne Weiters mit den Bestimmungen über die Zehnlast; da indessen das Beginnen eines Rechtsbuches ohne alle und jede einleitende Worte schon von Vorherein unwahrscheinlich ist, und auch in dem zweiten ziemlich gleichzeitig entstandenen Christenrechte, wie sich sofort zeigen wird, einige Hss. den in anderen aufbewahrten Eingang weglassen, wird sich um so mehr annehmen lassen, dass auch in dem neueren Christenrechte von Víkin der ihm ursprünglich angehörige Eingang erst hinterher durch den Schreiber unserer Hs. beseitigt worden sei, als auch sonst das jüngere Christenrecht des Gulaþínges sich mehrfach für dasselbe benützt zeigt. Auf die halbdänische Bearbeitung unseres Christenrechtes, welche G. Storm neuerdings abdrucken liess,[1]), lege ich darum für unsere Frage keinen Werth, weil dieselbe vielfach auch jenes andere Christenrecht ausgeschrieben hat, und sich somit aus ihr auf die Beschaffenheit der von ihr gebrauchten Borgarþíngslög kein sicherer Schluss ziehen lässt. Volle Klarheit bringt aber auch das j ü n g e r e C h r i s t e n r e c h t d e s G u l a þ í n g e s noch nicht. In der Hs., welche unsere Ausgabe mit A. bezeichnet, beginnt dasselbe mit den Worten: „þat er nú því næst upphaf laga várra Gulaþíngsmanna, sem upphaf er allra góðra luta, at vèr skolum halda ok hafa kristilega trú", an welche sich ein oben schon gelegentlich erwähntes Bekenntniss des christlichen Glaubens anschliesst.[2]) Weiterhin folgt dann eine Auseinandersetzung über den Beruf des Königs und des Bischofs, sowie eine kurze Bestimmung über die Verfolgung von Zauberei und Götzendienst,

---

1) N o r g e s g a m l e L o v e, IV, S. 160--182.

2) Vgl. oben S. 337.

und sodann die Thronfolgeordnung des Jahres 1260; das
eigentliche Kirchenrecht aber beginnt erst nach dieser letzteren, mit §. 9, und zwar stehen in demselben die Ueberschriften über die Zehntlast voran. Sieht man ab von dem
Glaubensbekenntnisse, den Erörterungen über König und Bischof, sowie den an diese sich anschliessenden Bemerkungen
über Götzendienst und Zauberei, welche sämmtlichen Stücke
hier zum ersten Male auftreten, um dann in den späteren
Gesetzbüchern des K. Magnús lagabœtir im Wesentlichen
gleichmässig widerzukehren, so ist offenbar für diesen Eingang das Vorbild der älteren GþL. massgebend gewesen, jedoch mit der Einschränkung, dass nicht nur die bereits in
der Redaction des K. Magnús Erlíngsson gestrichenen Bestimmungen über die Freilassungen weggelassen wurden, sondern auch die auf die Trinkgelage und auf das Gulaþíng
bezüglichen Vorschriften; doch ist dabei in hohem Grade
auffällig, dass die Eingangsworte: „þat er nú því næst" auch
hier wider auf etwas Vorangehendes hindeuten, während doch
in den Hss. Nichts vorhergeht, und auch die Bezeichnung
als „upphaf laga várra" den folgenden Abschnitt als den
ersten des Gesetzbuches ausdrücklich zu erkennen giebt.
Allerdings erscheint zweifelhaft, ob diese Worte an unserer
Stelle ächt und ursprünglich sind. Während nämlich von
den acht Hss., welche das Christenrecht enthalten, eine (H)
an ihrem Anfange defect ist, fehlen die Worte „því næst"
in drei Hss. (B, E, F), und drei weitere (C, D, G) lassen
den ganzen ersten §. aus, so dass also jene ersteren Worte
nur in einer einzigen Hs. überliefert sind. Indessen erklärt
sich das Fehlen des §. 1 in einigen Hss. ganz ebenso wie
dessen abgekürzte Einstellung in zwei andere (B. und F.),
und wie das Fehlen oder abgekürzte Auftreten anderer unter
den ersten acht §§. des Gesetzbuches sehr einfach aus der
Thatsache, dass die sämmtlichen in diesen acht §§. enthaltenen Stücke mit einer unbedeutenden, die Bemerkungen

über Zauberei und Götzendienst betreffenden Ausnahme auch im gemeinen Landrechte standen, oder auch, wie die Thronfolgeordnung, durch ein neueres Aequivalent ersetzt waren, so dass ein Abschreiber sich wohl für befugt halten konnte, sich deren Abschreiben zu ersparen; findet sich doch in einer der abkürzenden Hss. (B) die unzweifelhaft auf diesen Sachverhalt hindeutende Bemerkung beigefügt: „ok geugr svo út sem stendr í landsbókinni þessi capitulum". Das Fehlen aber der Worte „því næst" in drei Hss., welche doch im Uebrigen die Eingangsworte haben, wird wohl auf eine spätere Streichung derselben zurückzuführen sein, soferne es zwar sehr nahe liegen musste, dieselben als für den Anfang eines Gesetzbuches nicht passend zu beseitigen, wenn man sie in der gebrauchten Vorlage vorfand, aber kaum zu erklären wäre, wie man dazu gekommen sein sollte, sie in den Text einzuschalten, wenn man sie in demselben nicht vorgefunden hätte; das Fehlen der Worte in der sonst wesentlich gleichgearteten Einleitung zu den späteren Gesetzbüchern mochte deren Streichung in unserer Quelle nur um so näher legen. Gehörten aber die Worte dem Gesetzbuche von Anfang an zu, so ist auch sofort klar, dass auch in ihm vor dem Christenrechte und seiner auf das gesammte Gesetzbuch bezüglichen Eingangsformel ein anderes Stück gestanden haben muss. Eine Thronfolgeordnung, wie wir eine solche bezüglich der EþL. heranziehen durften,[1]) kann dabei nicht in Frage kommen, da eine solche hinterher nachfolgt, und wird somit nur die Vermuthung übrig bleiben, dass, ähnlich wie in den FþL., eine Dingordnung als gesonderter Abschnitt dem übrigen Gesetzbuche vorangestellt gewesen sein werde. Bestätigt wird diese Vermuthung aber durch das Verhalten der späteren Gesetzbücher. Von diesen zeigt die Júrnsíða als ersten Abschnitt einen þíngfararbálk, und zwar einge-

---

1) Vgl. oben S. 322 und 335.

leitet durch die Worte: „Í nafni föður ok sunar ok andans
helga skolo vèr lögþíng vírt eiga at Öxará í þíngstað rèttom;" dann erst folgt der Kristinndómsbálkr, mit der Eingangsformel beginnend: „þat er upphaf laga várra Íslendínga, sem upphaf er allra góðra luta, at vèr skulom hafa
ok halda kristilega trú." Dieser Kristinndómsbálkr enthält
freilich hier nur das Glaubensbekenntniss, die Erörterung
über König und Bischof, jedoch ohne die Bemerkungen über
Zauberei und Götzendienst, sowie die Thronfolgeordnung von
1260, ganz wie diese Stücke bereits im revidirten Christenrechte des Gulaþínges von 1267 gestanden waren, wogegen
ein eigentliches Kirchenrecht in dem Abschnitte nicht mehr
zu finden ist; es erklärt sich aber diese Wunderlichkeit sehr
einfach aus der Thatsache, dass man sich mit dem Erzbischofe
über die Bearbeitung eines neuen Christenrechtes nicht zu
einigen vermocht hatte, und somit sich vorerst darauf beschränkte, dem noch zu bearbeitenden einstweilen in dem
Gesetzbuch den Platz offen zu halten.[1]) Deutlicher noch
liegt dieselbe Anordnung des Stoffes in den Landslög vor.
In einem voranstehenden Prologe giebt K. Magnús über die
Entstehung dieses Gesetzbuches, dann aber auch über dessen
Eintheilung Aufschluss, und in der letzteren Beziehung sagt
er zunächst: „þíngfarabolkr er nú sem fyrr af andverðu ritaðr
úðr en hefe sealfa bókina", um dann nach einigen motivirenden
Worten weiterzufahren: „Fyrsti lutr bókarinnar er Kristindóms-
bálkr" u. s. w., so dass uns also hier ausdrücklich gesagt
wird, dass der die Dingordnung behandelnde Abschnitt eigent-
lich nicht zum Gesetzbuche selbst gehöre, vielmehr nur eine
Art von Einleitung zu demselben bilde, während erst das
Christenrecht als dessen erster Abschnitt zu gelten habe.
Demgemäss beginnt denn auch hinterher dieser þíngfarabálkr
lediglich mit den Worten: „Friðr ok blessan várs herra

---

1) Vgl. meinen Artikel: Gulaþíngslög, S. 39 u. 55.

Jhesu Christi, arnaðarorð várrar frú sancte Maríe ok hins helga Ólafs konúngs ok allra heilagra manna veri með oss allum Gulaþíngsmannum nú ok jafnan. En vèr skulum lögþíngi várt eiga" u. s. w., wogegen erst an der Spitze des Kristinsdómsbálks die feierliche Eingangsformel steht: „þat er upphaf laga várra Gulaþíngsmanna, sem upphaf er allra góðra luta, at vèr skolum halda ok hafa kristilega trú", worauf dann wie in der Járnsíða das Glaubensbekenntniss, die Auseinandersetzung über König und Bischof, sowie die Thronfolgeordnung zu stehen kommt, nur dass natürlich an die Stelle der Thronfolgeordnung von 1260 die neuere von 1273 getreten ist. Wesentlich ebenso verhält sich das gemeine Stadtrecht und die Jónsbók; wenn aber der Prolog aller drei Gesetzbücher die Aussonderung der Dingordnung aus dem Gesetzbuche selbst, und deren Voranstellung vor dieses als eine schon dem älteren Rechte geläufige Anordnung bezeichnet, so kann sich diess zunächst doch nur auf die FrþL. beziehen, wie denn der ganze Prolog ursprünglich nur für diejenige Ausfertigung des gemeinen Landrechts bestimmt gewesen sein kann, welche für das Frostuþíng ergangen war.[1])

Nach dem Bisherigen wird man auch schon für das neuere Christenrecht des Gulaþínges annehmen dürfen, dass demselben eine Dingordnung voranging, obwohl erst der ihr folgende kirchenrechtliche Abschnitt als der erste des Gesetzbuches bezeichnet wurde; man wird ferner auch schon für die älteren FrþL. die Anschauung für begründet halten dürfen, dass die Dingordnung gewissermassen einleitungsweise dem Gesetzbuche vorangeschickt worden sei, während dieses doch im Grunde erst mit dem Christenrechte beginnen sollte. Woher stammt nun aber diese eigenthümliche Auffassung, und wie erklärt sie sich? Wenn man bedenkt, dass der Prolog des gemeinen Landrechtes bezüglich derselben sehr unzwei-

1) Ang. O., S. 63.

deutig auf die FrþL. zurückweist, und wenn man sich zugleich daran erinnert, dass gerade dieses Rechtsbuch uns nur
in einer Ueberarbeitung vorliegt, welche dessen ursprüngliche Anordnung gründlich verändert, und an die Stelle einer
ursprünglichen Eintheilung in Balken eine neue Eintheilung
in 16 Bücher gesetzt hat, so möchte man zunächst nach der
Vermuthung greifen, dass erst gelegentlich dieser Veränderung die Dingordnung aus dem Rechtsbuche selbst ausge-
schieden, und als ein besonderes Buch diesem vorangestellt worden sein möge.   Die Belassung der alten Eingangsformel an
der Spitze des Christenrechtes, obwohl dieses fortan nicht
mehr den Anfang des genannten Rechtsbuches bildete, liesse
sich ja immerhin aus dem Wunsche erklären, von der alten
Ueberlieferung möglichst wenig abzuweichen, und zumal nicht
an einer Formel zu rütteln, welche das kirchliche Recht als
den Ausgangs- und Stützpunkt der gesammten Rechtsordnung
bezeichnete; die Dingordnung aber liess sich ja um ihrer
rein formalen Natur willen in der That ganz wohl als eine
blosse Einleitung betrachten, die zum Rechtsbuche selbst
eigentlich noch nicht gehörte.   Aber doch will zu dieser
Vermuthung nur wenig passen, dass K. Hákon an derselben
Stelle, an welcher er seine neue Eintheilung des Rechtsbuches ankündigt, auch ausspricht, dass er sich bei deren
Durchführung soweit möglich an dessen frühere Gliederung
gehalten habe, und noch weniger passen, dass die späteren Gesetzbücher sämmtlich die Ausscheidung der Dingordnung aus
dem übrigen Texte beibehalten haben, während sie doch alle
die Eintheilung des Rechtsbuches in 16. Bücher fallen lassen,
und zu dessen älterer Eintheilung in Balken zurückkehren;
überdies fehlt jeder Stützpunkt für die Annahme, dass die
Dingordnung in den FrþL. jemals an einem anderen Orte
als an dem gestanden sei, an welchem sie sich jetzt befindet.
Jedenfalls kann die Vergleichung der GþL. einen solchen
Stützpunkt nicht abgeben, da unverkennbar die Anord-

nung dieses Rechtsbuches von Anfang an eine durchaus
andere war als die der FrþL., und wohl auch der übrigen
Rechtsbücher. Die GþL. enthalten gar nicht eine vollständige Dingordnung, wie die FrþL. eine solche enthalten zu haben scheinen, sondern nur ein paar kurze Bestimmungen über die Dingzeit, den Dingort und die Beschickung der Dingversammlung, und diese Bestimmungen stehen
durch Vermittlung der auf die Menschenopfer, beziehungsweise Freilassungen, und die Trankopfer, beziehungsweise
Trinkgilden bezüglichen Vorschriften im genauesten Zusammenhange mit den Satzungen, welche die gegenseitigen Verpflichtungen des Bischofs und seiner Diöcesanen regeln, welche
hier an der Spitze des eigentlichen Kirchenrechtes stehen;
da auf diese letzteren sofort die Besprechung der Kirchenbaulast folgt, ist klar, dass man hier von den zu Gunsten Gottes
und seiner Heiligen, dann der Bischöfe, Priester und Kirchen
dem Volke auferlegten Lasten ausgieng, und zwar aus dem
einfachen Grunde, weil die Besprechung der am Gulaþinge
selbst vorzunehmenden Freilassungen sehr natürlich zu den
übrigen Lasten dieser Art hinüber führte. In den FrþL. dagegen
stehen an der Spitze des Christenrechtes die Vorschriften
über die Taufe, und dass diese nicht etwa erst gelegentlich
der oben erwähnten Veränderung der Eintheilung des Rechtsbuches an solche Stelle gelangt waren, lässt sich daraus entnehmen, dass dieselbe Anordnung auch in den BþL., EþL.
und dem isländischen Rechte widerkehrt; damit fehlte aber
in allen diesen Rechtsbüchern, und insbesondere auch in den
FrþL., jedes Mittelglied, welches von der Dingordnung oder
den einzelnen auf sie bezüglichen Sätzen zum Kirchenrechte
herüberführen konnte, und werden wir demnach wohl anzunehmen haben, dass die Dingordnung, im Drontheimischen
wenigstens, von jeher als ein gesonderter Abschnitt ausser
aller Verbindung mit dem Christenrechte gestanden war.
Diess vorausgesetzt, bietet nun aber die Vergleichung des

isländischen Rechtes eine ganz andere, und meines Erachtens
vollkommen befriedigende Erklärung dieser eigenthümlichen
Behandlung der Dingordnung. Der isländische Gesetzsprecher war nämlich verpflichtet, die Dingordnung alljährlich gleich beim Beginne des Alldinges vorzutragen, während
ihm bezüglich aller übrigen Theile des Landrechtes nur die
Pflicht oblag, sie einmal während seiner dreijährigen Amts-
periode vorzutragen, und dabei freigestellt blieb, in welchem
Jahre und an welchem Tage der Dingzeit er jeden einzelnen
Abschnitt zum Vortrage bringen wollte.[1]) Da nun die Rechtsaufzeichnungen sich von Anfang an durchaus an seine Rechtsvorträge anlehnten, musste sich von hier aus ganz von selbst
eine Abtrennung des die Dingordnung behandelnden Abschnittes der ersteren von allen anderen Theilen des nieder-
geschriebenen Rechtes ergeben, und in der That bietet uns
die Konúngsbók in ihrem þíngskapaþáttr einen gesonderten,
die Dingordnung behandelnden Abschnitt, der durch mancherlei besondere Ausdrucksweisen sich von allen anderen
Abschnitten unterscheidet. Auch in Schweden scheint der
Rechtsvortrag der Lagmänner der Regel nach stückweise gehalten worden zu sein, da in dem alten Verzeichnisse der
westgötischen Lagmänner von einem unter diesen als etwas
ganz Ungewöhnliches berichtet wird, dass er einmal an einem
einzigen Tage das gesammte Landrecht vorgetragen habe;[2])
ob aber auch hier die Dingordnung anders behandelt worden
sei als das übrige Recht, wird uns allerdings nicht gesagt,
und lässt sich aus der obigen Notiz noch keineswegs mit
Sicherheit erschliessen. Nun scheinen gute Gründe für die
Annahme zu sprechen, dass auch in Norwegen das Lög-
mannsamt von Alters her bestanden habe, und dass die Verpflichtung zum Halten von Rechtsvorträgen am Lögdinge

---

1) Kgsbk, 116/209; 117/216—17.
2) WGL. IV, 14/296; vgl. meine Schrift: Das Alter des
Gesetzsprecheramtes in Norwegen, S. 12—13.

auch hier mit demselben verbunden gewesen sei;[1]) sonach wird man zwar nicht sofort befugt sein, alle Einzelnheiten der auf Island oder in Schweden nachweisbaren Uebung auch auf Norwegen zu übertragen, aber doch immerhin annehmen dürfen, dass auch in Norwegen bezüglich des Vortrages der Dingordnung etwas Eigenes gegolten haben möge, und dass sich von hier aus die eigenthümliche Stellung erklären lassen werde, welche die FrþL., und ihnen folgend auch die späteren Gesetzbücher, der Dingordnung gegenüber dem übrigen Rechte anweisen. Daran, dass es die FrþL. und nicht die GþL. sind, welche der Dingordnung diese ihre besondere Stelle anweisen, während das isländische Recht sich doch umgekehrt von den letzteren und nicht von den ersteren abzweigte, wird man jedenfalls keinen Anstoss nehmen dürfen. Da die uns vorliegende Bearbeitung der GþL., wie bereits bemerkt, überhaupt keine eigentliche Dingordnung enthält, vielmehr nur einzelne ihr angehörige Bestimmungen in das Christenrecht einschaltet, besteht ja die doppelte Möglichkeit, dass der sie behandelnde Rechtsvortrag entweder überhaupt nie schriftlich aufgezeichnet wurde, oder aber dessen gesonderte Aufzeichnung wenigstens in die Bearbeitungen des übrigen Rechtsstoffes nicht aufgenommen wurde; in diesem Punkte mochte aber im Drontheimischen recht wohl anders verfahren worden sein als im Bereiche des Gulaþinges.

Aus den bisherigen Erörterungen dürfte sich aber ein nicht uninteressantes Ergebniss gewinnen lassen. Schon im Heidenthume scheinen wie auf Island so auch in Norwegen religiöse Vorschriften an der Spitze des gesammten Rechtes gestanden zu sein, und wie auf Island, so gieng auch in Norwegen dieser Brauch aus der heidnischen Zeit in die christliche über. Im Gulaþinge scheint man nun bei diesem Uebergange sich möglichst genau an die Anordnung des altheid-

---

1) Vgl. meine angeführte Schrift. S. 30—31.

nischen Rechtes angeschlossen, und lediglich darauf beschränkt
zu haben, die heidnischen Vorschriften, soweit sie diess überhaupt vertrugen, in ein christliches Gewand zu kleiden, während man wahrscheinlich zugleich diejenigen strich, bei denen
diess nicht thunlich schien; auf diesem Wege gelangte man
von der Eingangsformel zu den dürftigen Notizen über die
Haltung des Gulaþínges, und von diesen zu den Freilassungen
am Dinge sowohl als anderswo, sowie zu den vorgeschriebenen Trinkgelagen, und weiterhin zu den Verpflichtungen
der Diöcesanen gegen ihren Bischof und zur Kirchenbaulast,
mit deren Besprechung das eigentliche Kirchenrecht beginnt.
Im Frostuþínge, und das Gleiche muss wohl auch vom Borg-
arþínge und Eidsifaþínge gelten, verfuhr man dagegen anders. Man gieng hier von der Ordnung der heidnischen Zeit
ganz ab, und stellte an die Spitze des Christenrechtes vielmehr die Bestimmungen über die Taufe, mit deren Empfang
sich ja der Eintritt in die christliche Gemeinschaft vollzog;
die Vorschriften über die Freilassungen und Trinkgelage dagegen reihte man, soweit man sie überhaupt aufnahm, erst
an viel späteren Stellen ein, und von Bestimmungen über die
Haltung des Lögdinges sah man im Christenrechte völlig
ab. Da nicht nur drei von den vier norwegischen Provincialrechten diese Anordnung zeigen, sondern auch das isländische Christenrecht den gleichen Weg geht, wird man wohl
die Vermuthung wagen dürfen, dass diese Anordnung des
Stoffes auf die Gesetzgebung des heil. Ólafs zurückzuführen
sei, welche nur im Gulaþínge ausnahmsweise in diesem
Punkte nicht durchzudringen vermochte, weil hier zäheres
Festhalten an der alten Ueberlieferung den neuen kirchlich
richtigeren Gesichtspunkten sich in den Weg stellte.

Anhangsweise mag noch ein Blick auf v e r w a n d t e
Q u e l l e n geworfen werden, deren Einleitungen freilich nur
zum geringsten Theile für die obige Untersuchung Werth
besitzen. Was zunächst die beiden Christenrechte betrifft,

welche von geistlicher Seite her für Norwegen und für Island erlassen wurden, so fehlt ihnen jede eigentliche Eingangsformel. Beide beginnen mit den auf die Taufe bezüglichen Vorschriften, vor welchen im Christenrechte Erzb. Jóns zwei Hss. (F. u. G.) nicht einmal eine Ueberschrift geben und zwei weitere nur eine ganz nichtssagende, nämlich: „Hèr hefr kristinrètt" (A), oder: „Hèr byriaz kristin rèttir um barnsburd" (C), während die übrigen drei zwar Ueberschriften enthalten, welche über die Entstehungsgeschichte der Quelle ganz erwünschte Auskunft geben, jedoch mit den älteren Eingangsformeln in keinerlei Beziehung stehen. Es lautet nämlich die Ueberschrift in D.: „Hèr heffuer Christin rèttin thenn er herra Johann Erchebiscopp setti;" in E.: „Í namfne Jhesu Christi hæfuer hèr lögbók sú sem saman setti Jón ærchibyskup með samþykt Magnús konongs;" endlich in B.: „Hèr hefr upp kristinsdómsbolk þæn er skipaðe Magnús konongr ok Jón ærchibyskup, ok aller aðrer lióðbyskupar í landeno samþyktu með fulkominne staðfæstu, ok hefr hèr ok segir í fyrstu um barnskírslir." Aehnlich steht die Sache auch beim Christenrechte B. Árni's, soweit sich diess aus der sehr wenig genügenden Ausgabe ersehen lässt. Im Texte dieser Ausgabe lautet die Ueberschrift, doch wohl aus AM. 350 fol. entnommen, [1]) wie folgt: „Hèr byrjar upp hinn nýja Christinsdóms Rètt, þann er herra Jón erchibiskup saman setti, ok lögtekinn er um Skálholts biskupsdæme". Zwei andere Hss., AM. 135 und 136 [2]), lesen dafür kürzer: „Hèr hefr upp Kristin rètt" (oder „Kristinna laga rètt") nýja enn lögtekna"; wider eine andere Hs., AM. 128, und wohl auch AM. 158, [3]) giebt dagegen zunächst die Ueberschrift: „Hèr greinir um kristilega trú," und lässt sodann die Eingangsformel folgen: „þat er upphaf laga várra

---

1) Vgl. Praefatio, S. X, not. a, und S. XIII—XVII.
2) Nicht 35 u. 36; siehe Praef., S. XVIII, vgl. S. XII, not. f.
3) Vgl. Praef. S. XVIII und XX—XXI.

Íslendínga, sem upphaf er allra góðra luta, at vèr skulum hafa ok halda kristilega trú," an welche dann das schon mehrfach besprochene Glaubensbekenntniss sich anschliesst. Hier also, aber auch nur hier, haben wir eine wirkliche Eingangsformel vor uns; aber dieselbe ist sammt dem ihr folgenden Glaubensbekenntniss augenscheinlich aus der Jóns-bók abgeschrieben, wie denn in der That von einem „upp-hafa laga várra" nur am Eingange eines Gesetzbuches ge-sprochen werden konnte, welches das gesammte Recht der Insel zu umfassen bestimmt war, nicht aber an der Spitze einer Quelle, welche nur einen einzelnen Theil dieses Rechtes zu behandeln hatte. Wie dem Christenrechte Erzb. Jóns, so muss vielmehr auch dem B. Árni's von Anfang an jede Eingangsformel gefehlt haben.

Aehnlich gestaltet sich die Sache bezüglich der dänischen Rechte.[1]) Im bestimmtesten Widerspruche zu den norwegi-schen Provincialrechten enthält keines der älteren dänischen Rechtsbücher ein Christenrecht; dagegen existirt ein selbst-ständiges Kirchenrecht, welches in ziemlich gleichartiger Be-arbeitung sowohl für Schonen als für Seeland ergangen ist. Aber dieses s c h o n i s c h e und s e e l ä n d i s c h e K i r c h e n r e c h t zeigt in beiden Bearbeitungen keine Eingangsformel, sondern, neben einer Ueberschrift, nur ein Vorwort und Nachwort, welche über die Bedeutung und Entstehungsweise der Quelle Auf-schluss geben, und wird sodann ohne Weiters auf die Vor-schriften über die Einweihung der Kirchen und den Kirchen-satz übergegangen. In den weltlichen Rechtsbüchern da-gegen fehlt ebenfalls jede eigentliche Eingangsformel, und beginnen dieselben entweder wie das s c h o n i s c h e R e c h t s-b u c h in seiner dänischen sowohl als lateinischen Abfassung

---

1) Ich bemerke, dass bezüglich der nur zur Vergleichung her-angezogenen dänischen und schwedischen Quellen auf eine genauere Verfolgung ihrer Gestaltung in den verschiedenen Hss. hier verzichtet werden muss.

ohne jegliche Vorbemerkung mit dem Texte selbst, oder sie enthalten, wie die beiden s e e l ä n d i s c h e n R e c h t s b ü c h e r, an ihrer Spitze doch nur eine kurze Ueberschrift, welche ihren Namen nennt, oder sie haben doch höchstens, wie das J y d s k e L o v , eine Vorrede an ihrer Spitze, welche über die Bedeutung von Recht und Gesetz überhaupt, über die Pflicht des Königs und seiner Beamten, die Rechtsordnung im Lande aufrecht zu halten, endlich über die Entstehung des Gesetzbuches selbst sich ausspricht.[1]) Hier wie dort fehlt es demnach ganz und gar an jedem Gegenstücke zu den Eingangsformeln der älteren norwegischen und isländischen Rechtsquellen.

Dagegen stehen die schwedischen Provincialrechte in der fraglichen Richtung den norwegischen und isländischen wider näher. Sie alle enthalten einen besonderen kirchenrechtlichen Abschnitt, möge derselbe nun als Kirkiubalker oder als Kristnubalker bezeichnet sein, und sie alle stellen denselben an die Spitze des ganzen Rechtsbuches; nur das Recht der Insel Gotland kennt keine Eintheilung in Balken, aber auch dieses zeigt kirchliche Vorschriften an seinem Anfang. Im Uebrigen gehen die verschiedenen Provincialrechte mehrfach auseinander. W e s t g ö t a l a g e n lässt in seiner älteren Redaction auf die Ueberschrift: „Her byriarz laghbok Væsgöta" zunächst nachstehende Eingangsformel folgen: „Krister ær fyrst i laghum warum, þa ær cristna var oc allir cristnir konongær, böndær oc allir bocarlær, biscupær oc allir boclærdir mæn",[2]) an welche sich dann sofort die Vor-

---

1) Auf die Frage, wie weit dieser Prolog sich nur auf das jütische Rechtsbuch, oder zugleich, oder ausschliesslich auf eine andere, reichsgesetzliche Gesetzgebung K. Valdemars beziehe, lasse ich mich hier nicht ein; vgl. L u d w i g H o l b e r g , Leges Waldemari regis (Kopenhagen, 1886), dessen Aufstellungen mir indessen sehr anfechtbar erschienen.

2) Vgl. M. B. R i c h e r t , Om den rätta betydelsen af Vilstgöta-

schriften über die Taufe anschliessen; die jüngere Redaction
dagegen stellt eine ziemlich schwülstige Vorrede noch vor
die Worte: „Hær byrias Uæsgözsk lagh; först kirkyubalker,"
lässt sodann auf diese Ueberschrift ein Verzeichniss der Capitel des Kirchenrechtes folgen, und giebt darauf die Eingangsformel abgekürzt mit den Worten: „Crister ær först
i laghum uarum, tha ær kristna uaar", an welche sich sodann auch hier die Vorschriften über die Taufe anschliessen.
Dagegen hat Östgötalagen nur die Ueberschrift: „Hær
byrias Östgöta lagbbok; först Kristnu balkær, i honum tæl-
ias flokka ælliuo ok tiughu," worauf dann ein Capitelver-
zeichniss folgt, und sodann ohne alle Eingangsformel der
Text selbst mit den Vorschriften über die Kirchenbaulast beginnt. Uplandslagen stellt, wenn ich von einer in la-
teinischem wie schwedischem Texte überlieferten, aber in den
Hss. sehr verschieden behandelten Bestätigungsurkunde K.
Birgir's absehe, eine Vorrede desselben Königs voran, auf
welche ein Verzeichniss der Capitel des Kirkiubalks folgt,
worauf dann an der Spitze des ersten, von der Kirchenbaulast handelnden Capitels folgende Eingangsworte zu stehen
kommen: „A Krist skulu allir kristnir troæ, at han ær guþ,
ok æi æru guþær flere, æn han æn; ængin skal affguþum
blotæ, ok ængin a lundi ællr stenæ troæ, allir skulu kirkiu
dyrkæ, þit skulu allir baþi quikkir ok döþir, komændi ok
farændi i weruld ok aff; Kristær böþ kirkiu byggiæ, ok ty-
und giöræ, Adambær ok hanz synir giörþu tyund fyrst,
ok Salomon kirkiu." Aehnlich verhält sich Södermannalagen, nur dass hier die lateinische „Confirmatio" und der
schwedische „Prologus" den Namen K. Magnus Eriksson's
nennt, und die Eingangsformel die obigen Gedanken in einer
sehr schwülstigen Weise breitgeschlagen zeigt. West-

lagens inlednings- och slutord, (in der Nordisk tidskrift for filologi,
N. R. III, 1879).

m.annalagen beginnt in seiner älteren Redaction ohne alle
Ueberschrift mit den Worten: „Sjgnaþe guþ meþ sinænaþa warþi
meþ ws allum saman, oc sancto Mario bön wars hærra moþir,
oc alguzhælgun, oc þe hælghu kirkiu“, worauf dann sofort die
Vorschriften über die Kirchenbaulast folgen; dessen jüngere
Redaction dagegen giebt zunächst eine „Praefatio“ in schwedischer Sprache, welche theils der Vorrede, theils den Eingangsworten zum Wiþærbob. in ULL. entnommen ist, sodann aber ein Inhaltsverzeichniss der Capitel sämmtlicher
Abschnitte, worauf die doppelte Ueberschrift: „Kristnobalkær“
und „Hær byrias Wæstmanne laghbok“, und weiterhin an
der Spitze der Bestimmungen über die Kirchenbaulast die
Eingangsformel folgt: „Cristno balkar ær först i laghom
warom oc hælagh kirkia“. Helsingelagen bringt zunächst
eine „Praefatio“ in schwedischer Sprache, welche einigermassen eigenthümlich geartet ist, dann folgende Worte:
„Hær byriæs Hælsingæ lundæ laghbook, ok hawr ii sik atta
balkær“ u. s. w., und weiterhin das Verzeichniss der Capitel
des Kirkiubalks, in welchem die Lehre von der Kirchenbaulast voransteht, eingeführt durch genau dieselbe Eingangsformel, wie sie vorhin aus ULL. mitgetheilt wurde: Endlich
Smålandslagen, von welchem nur das Christenrecht erhalten ist, geht seinen ganz besonderen Weg. Ohne irgendwelche Ueberschrift beginnt dasselbe mit cap. 1, welches folgendermassen lautet: „Gwz frither oc sancte Marie vari
meth us, hiit komande oc hæthan farande. The seen alle
skylde till gilzla oc grutha, ey æru biltugha eller banzatte,
alle the som boa innæn Mioaholt oc Myrtlekis, oc mællin
Brutabek ok Biurekis.“ Dann folgt cap. 2, dessen Eingang
lautet: „Nw sculu mæn till thingx fara, oc laghsaghu waræ
höra, höra the som hær æru, oc sighiæ them som hemæ sitiæ,
æn laghsagha waar hoon byrias swa: Wj sculum aa Krist tro
oc kirkiu byggia, fyrmæ systrum oc syzkenom, swa guzcifuom
som manzcifuom,“ worauf dann in demselben Capitel zu den

Bestimmungen über die Kirchenbaulast übergegangen wird. Deutlicher als in irgend einer anderen Quelle tritt hier der Zusammenhang der Rechtsaufzeichnung mit dem Rechtsvortrage des Lagmannes zu Tage; dennoch aber steht, wenn wir von der Erwähnung des Dingfriedens und der Aufforderung zum Anhören des Vortrages absehen, hier ebensowenig als in irgend welchem anderen schwedischen Rechtsbuche irgend welche auf die Dingordnung bezügliche Bemerkung am Eingange der Rechtssammlung. Insoweit also stehen alle diese Rechtsbücher auf einer Linie mit den norwegischen FrþL., BþL. und EþL., und im Gegensatze zu den GþL.; andererseits aber stellt nur Westgötalagen die Bestimmungen über die Taufe an die Spitze des Christenrechtes, und damit des ganzen Rechtsbuches, wogegen die sämmtlichen übrigen Provincialrechte Schwedens mit den Vorschriften über die Kirchenbaulast beginnen, und somit in diesem Punkte den GþL. sich anschliessen, und nicht jenen anderen norwegischen Rechtsbüchern. Indessen lässt sich doch auf diese alleinige Uebereinstimmung kaum die Vermuthung irgend eines äusseren Zusammenhanges, weder des westgötischen Rechtes mit der Hauptgruppe der norwegischen Rechtsbücher, noch der übrigen schwedischen Provincialrechte mit den GþL. stützen; keine der in diesen letzteren gebrauchten Eingangsformeln steht in erkennbarer Verwandtschaft mit den typischen Eingangsworten der norwegisch-isländischen Quellen, und die Stellung der Kirchenbaulast ebensogut als der Taufe an die Spitze des Christenrechtes lag nahe genug, um hier wie dort selbstständig gewählt werden zu können. Dagegen bietet sehr schlagende Anklänge an die norwegischen Eingangsformeln der Anfang eines letzten schwedischen Rechtsbuches, von welchem bisher noch nicht gesprochen wurde, nämlich von Gotlandslagen. Nach einem voranstehenden Inhaltsverzeichnisse folgt in dessen gotländischem Texte die Ueberschrift des ersten Capitels: „Hier byrias lagh Guta, oc

segia so at fyrstum", und sodann dieses Capitel selbst, so
lautend: „þitta ir fyrst upp haf i lagum orum, þet wir sculum naicca haiþnu oc iatta crisnu, oc troa allir a ann guþ
alzvaldanda, oc hann þar biþia þet hann unni os ar oc friþ,
sigr oc hailsu, oc þet et vir magin halda cristindomi orum,
oc tro vari retri, oc landi oru bygdu, oc vir magin huern
dag þet sysla i allum giarningum oc vilia orum, sum guþi
sei dyrþ i, oc or sei mest þarf at beþi til lifs oc sialar;" das
sofort sich anschliessende zweite Capitel handelt sodann von
der Geburt von Kindern, mit den Worten beginnend: „þet
ier nu þi nest, at barn huert scal ala sum fyt verþr a landi oru,
oc ecki ut casta." Wir begegnen also hier zunächst den für
die norwegisch-isländischen Quellen typischen Anfangsworten:
„þat er upphaf laga várra", die in keinem zweiten schwedischen Provincialrechte sich finden. Das „naicca haiþnu oc
iatta crisnu" stimmt sodann sehr auffällig mit den Eingangsworten der EþL., zumal in der Fassung, in welcher sie Hs.
B. der älteren Redaction gibt, nämlich: „at menn skulu
jattæ kristni ok næitta heiðnum dóme"; der weitere Verlauf
der Eingangsworte in Gotlandslagen enthält dagegen sehr
deutliche Anklänge an die einleitenden Worte der GþL. Endlich entspricht der sofortige Uebergang zu den Vorschriften
über die Geburt der Kinder dem Verfahren in den FrþL.,
BþL. und EþL., und selbst die Anfangsworte, mit welchen
diese Vorschriften beginnen: „þet ier nu þi nest at barn
huert scal ala sum fyt verþr" finden in GþL. 21, EþL. I, 1
u. II, 1, FrþL. II, 1 (zumal in Cod. Res. und B.), und weiter
ab auch BþL. I, 1 u. III, 1 ihre Parallele. Schlyter hat
bereits im Vorworte zu seiner Ausgabe des Rechtsbuches [1])
darauf aufmerksam gemacht, dass ähnliche Anklänge an das
norwegische Recht in diesem öfter vorkommen, und diese
Thatsache mit dem Berichte der Historia Gotlandiæ, §. 3

---

1) Samling af Sweriges gamla Lagar, Bd. VII, S. VI—VII.

in Verbindung gebracht, nach welchem der heil. Ólaf auf seiner
Flucht nach Russland im Jahre 1028 die Insel besucht, und
dort mit Erfolg das Christenthum verkündigt habe.   Die
norwegischen Königssagen wissen freilich Nichts von diesem
Besuche; aber sie lassen dafür den heil. Ólaf anlässlich seiner
Rückkehr von Russland die Insel besuchen, also im Jahre
1030,[1]) und es mag ja sein, wie P. A. Munch annimmt,[2])
dass die gotländische Aufzeichnung die beiden Reisen verwechselt hat; wie dem aber auch sei, der Aufenthalt des
Königs auf der Insel darf umsomehr für geschichtlich feststehend gelten, als durch spätere Urkunden die Existenz
einer vielbesuchten Ólafskirche an eben dem Orte erwiesen
ist, welchen die Historia Gotlandiæ als denjenigen bezeichnet,
an welchem der heil. Ólaf sich aufgehalten, und an welchem
ein von ihm bekehrter Gotländer eine Kapelle gebaut habe.[3])
Es bedürfte eingehenderer Untersuchungen, als sie hier an-
gestellt werden können, um die Art und den Umfang klar
zu legen, in welchem das norwegische Recht überhaupt und
das norwegische Christenrecht insbesondere auf das Recht
der Insel Gotland eingewirkt hat.

---

1) Heimskríngla, Ólafss. ens helga, 203/463—64 u. 193/454.
2) Det norske Folks Historie, I, 2, S. 774—76.
3) Vgl. Schlyter, ang. O., S. 314—15.

Sitzungsberichte

der

königl. bayer. Akademie der Wissenschaften.

Philosophisch-philologische Classe.

Sitzung vom 5. November 1887.

Herr Maurer hielt einen Vortrag:

„Das angebliche Vorkommen des Gesetzsprecheramtes in Dänemark."

Die Bedeutung des Gesetzsprecheramtes für die germanische Rechtsgeschichte ist neuerdings bei uns in Deutschland lebhaft erörtert worden. Nachdem ich „Das Alter des
Gesetzsprecheramtes in Norwegen" zum Gegenstande einer
gesonderten Untersuchung gemacht,[1] und dabei auch die
Entwicklung desselben in Schweden und auf Island mit
herangezogen hatte, erschien des Freiherrn Karl von Richt-
hofen tief einschneidender Excurs über den friesischen Asega.[2]
An beide Arbeiten anschliessend äusserte sich einerseits Karl
von Amira über die Bedeutung des Amtes,[3] und brachte

---

1) Festgabe der Münchener Juristenfacultät zum Doctorjubiläum
von Arndts, S. 1—69 (1875).

2) Untersuchungen über Friesische Rechtsgeschichte, II, S. 455
bis 494 (1882).

3) Kritische Vierteljahrsschrift für Gesetzgebung und Rechtswissenschaft, XVIII, S. 169—74 (1876), und Göttingische gelehrte
Anzeigen, 1883, S. 1063—68.

andererseits Richard Schröder einen eingehenderen Aufsatz über „Gesetzsprecheramt und Priesterthum bei den Germanen", [1]) gegen welchen hinwiderum Karl Lehmann einen Aufsatz „Zur Frage nach dem Ursprunge des Gesetzsprecheramtes" richtete. [2]) Neuestens aber hat sowohl R. Schröder [3]) als Heinrich Brunner [4]) sehr bestimmt darauf hingewiesen, dass die Function des Gesetzsprechers bei den verschiedensten germanischen Stämmen wiederkehrt, aber freilich unter den verschiedensten Bezeichnungen und in der verschiedensten Ausprägung, sodass es, wenn irgendwo, gerade hier nothwendig wird, zwischen den verschiedenen Stämmen und Zeiten sorgfältig zu unterscheiden. Ich will nun an dieser Stelle versuchen, dadurch einen Beitrag zur Geschichte des Gesetzsprecheramtes zu liefern, dass ich die bestrittene Frage einer Erörterung unterziehe, ob dasselbe dem dänischen Rechte bekannt gewesen sei oder nicht?

Vilhjálmr Finsen hat in seiner lehrreichen Abhandlung „Om de islandske Love i Fristatstiden" darzuthun gesucht, [5]) dass das Gesetzsprecheramt in Dänemark ganz ebenso gut bekannt gewesen sei wie in Schweden, Norwegen und Island. Unter Bezugnahme auf ihn hat sodann C. Rosenberg dieselbe Ueberzeugung ausgesprochen, [6]) und Joh. Steenstrup nimmt ebenfalls an, dass das Amt in Dänemark vorhanden gewesen sei, obwohl er sich darüber klar ist, dass aus dänischen Quellen nicht der geringste positive Bescheid

---

1) Zeitschrift für Rechtsgeschichte, XVII, German. Abth., S. 214—31 (1883).

2) ebenda, XIX, Germ. Abth., S. 193—99 (1885).

3) Lehrbuch der deutschen Rechtsgeschichte, S. 25, 35, 168 und 221 (1887).

4) Deutsche Rechtsgeschichte, I, S 110—11, 150—54, vgl. 287 (1887).

5) Aarbœger for nordisk Oldkyndighed og Historie, 1873, S. 216 bis 220, Anm.

6) Nordboernes Aandsliv, II, S. 82—83 (1880).

über dasselbe zu gewinnen sei.[1] Auch R. Schröder hat
sich dieser Annahme angeschlossen,[2] der es somit an den
gewichtigsten Vertretern nicht fehlt. Andererseits habe ich
schon vor längerer Zeit erklärt, dass ich in Dänemark nicht
die geringste Spur von Gesetzsprechern nachzuweisen vermöge,[3] und hat nicht nur von Amira diese Erklärung
unbeanstandet hingenommen,[4] sondern auch H. Brunner
sich derselben ausdrücklich angeschlossen,[5] sodass es immerhin an der Zeit sein mag, die Stichhaltigkeit der für die
eine und die andere Ansicht sprechenden Gründe näher zu
prüfen.

Man hat sich zunächst auf die Beschaffenheit der
dänischen Provincialrechte berufen. Man ging dabei
von der feststehenden Thatsache aus, dass in Schweden sowohl als auf Island, und aller Wahrscheinlichkeit nach auch
in Norwegen, die Haltung von Rechtsvorträgen vor der
Landsgemeinde zu den Obliegenheiten des Gesetzsprechers
gehörte, und dass jedenfalls die älteren schwedischen und
isländischen, wahrscheinlich aber auch die älteren norwegischen Rechtsbücher im Anschlusse an diese Rechtsvorträge entstanden sind, und in Folge dessen in ihrer Ausdrucksweise noch vielfach an den Styl jener officiellen mündlichen Vorträge erinnern. Nun glaubte man auch in den
älteren dänischen Rechtsaufzeichnungen eine ähnliche persönliche Sprechweise vorzufinden, wie sie in jenen anderen
Rechtsquellen vorliegt, und auch sonst hin und wieder in
ihnen einzelne Wendungen nachweisen zu können, welche
auf einen officiellen Rechtsvortrag hinzudeuten schienen;
hielt man aber auf Grund derartiger Vorkommnisse die An-

---

1) Normannerne, IV, S. 205—6 (1882).
2) Zeitschrift für Rechtsgeschichte, XVII, S. 216 und 227—28.
3) Alter des Gesetzsprecheramtes, S. 21.
4) Kritische Vierteljahrsschrift, XVIII, S. 174.
5) Deutsche Rechtsgeschichte, I, S. 153 und 154.

nahme für begründet, dass auch in Dänemark vordem officielle Rechtsvorträge am Ding gehalten worden seien, so lag
auch der weitere Schluss auf der Hand, dass es daselbst
auch einen Beamten gegeben haben müsse, zu dessen Verpflichtungen die Haltung solcher Vorträge gehörte. Nun
finden wir in der That gelegentlich Ausdrücke gebraucht
wie: „sum ac af nu sagh“,[1]) d. h. wie ich nun gesagt habe; oder: „æn thæt vilæ vi, at i vithæ, at of thæn
man oc thæn fruæ havæ børn samæn før æn utaruæ dør, ær
ac haf før um mælt, tha aruæ the sum annæn børn, ær vi havæ
før um mælt“,[2]) d. h. aber das wollen wir, das ihr wisset,
dass wenn der Mann und die Frau zusammen Kinder haben,
ehe der Auserbe stirbt, wie ich früher besprochen habe, da
erben sie wie andere Kinder, wie wir zuvor besprochen
haben; oder: „æszæ ac hauær før um mælt“,[3]) d. h. wie ich
vorher darüber gesprochen habe. Ferner: „Thæt sculæ i
vithæ“,[4]) d. h. das sollt ihr wissen; „for thæt sæhiæ vi
sua“,[5]) d. h. dafür sagen wir so; „sva sum ac haf før sagh“,[6])
so wie ich vorher gesagt habe, oder: „sum ac haf før mælt“,[7])
wie ich vorher gesprochen habe. Dann wieder: „Thæt kallæ
vi manz hovæt lot oc fruænnæ“,[8]) d. h. das heissen wir des
Mannes und der Frau Hauptloos; „Thæn husfrø kallæ vi
siuc væræ“,[9]) von der Frau sagen wir dass sie krank sei;
„Thæt scal man oc vithæ“, „Thæt sculæ i oc vithæ“,[10])
d. h. das soll man auch wissen, das sollt ihr auch wissen;
„sum ac haf før sagh“,[11]) oder: „sva sum æc haf før
sagdh“,[12]) d. h. so wie ich vorher gesagt habe; wiederum:
„For thet mælæ vi sva“,[13]) d. h. darüber sprechen wir so,
und „Thæt sculæ i oc vitæ“, das sollt ihr auch wissen,

---

1) Valdemars Sæll. L. 1, § 16, S. 9 (ed. Thorsen).

2) ebenda, 1, § 17, S. 9. 3) ebenda, 1, § 21, S. 11. 4) ebenda, 2, S. 12. 5) ebenda, S. 14. 6) ebenda. 7) ebenda, 3, S. 14.
8) ebenda, 6, S. 17. 9) ebenda. 10) ebenda. 11) ebenda, 8,
S. 18. 12) ebenda, 12, S. 20. 13) ebenda, 13, S. 21.

dann: „For thet sighæ vi sva", darüber sagen wir so, und „ænsæ æc saghæ fọr", wie ich vorher sagte,[1]) oder: „sum æc haf nu sagh",[2]) wie ich nun gesagt habe. Die bisherigen Belege sind sämmtlich dem älteren seeländischen Rechtsbuche entnommen; an sie reiht sich aber auch der Sprachgebrauch zweier abgeleiteter Quellen an. So heisst es in der Skånske Arvebog: „en thet williwm wi at i witæ",[3]) oder: „Then bonda callum wi siwkan wara"[4]) und „the họsfrw callum wi siwka wara";[5]) dann im Orbodemål: „tha skal man thet wida",[6]) oder: „En thet williæ wi at i wida",[7]) dann: „Æn meth guths miskund hawum wi uppi giort a rættu huru meth hærwirki skal fara",[8]) sowie: „En thet skal man wida".[9]) Indessen ist doch die Beweiskraft solcher Redewendungen eine sehr bemessene. Die persönliche Ausdrucksweise: „wie ich gesagt habe", u. dgl. m. dürfte zwar den legislativen Ursprung der betreffenden Aufzeichnungen allerdings ausschliessen, und mit Entschiedenheit auf einen einzelnen Mann als den Sprechenden hindeuten; aber sie steht einem Privatmanne, welcher das Recht seiner Landschaft aufzeichnet, ganz ebenso gut zu wie dem Gesetzsprecher, der seinen officiellen Vortrag hält. Sagt doch auch unser Eike von Repkow, von dem Rechte der Holtseten und Stormarn sprechend: „von irme rechte noch von irme gewedde ne secge ik nicht",[10]) ohne dass man sich darum beigehen liesse, auf einen officiellen Ursprung des Sachsenspiegels zu schliessen! Nicht anders steht es auch mit Redensarten wie: „da sagen wir so", „das nennen wir", „das soll man wissen",

---

1) ebenda. 2) ebenda, 18, S. 24. 3) Skånske Arvebog, 25, S. 210 (ed. Thorsen); vgl. Vald. 1, § 17, S. 9. 4) Arvebog, 41, S. 215; vgl. Vald. 5, S. 16. 5) Arvebog, 42, S. 215; vgl. Vald. 6, S. 17. 6) Orbodemål, 1, S. 224 (ed. Thorsen); vgl. Vald. 53, S. 38. 7) Orbodem. 29, S. 232; vgl. Vald. 35, S. 30. 8) Orbodem. 29, S. 233. 9) Orbodem. 3, S. 225; vgl. Vald. 56, S. 39. 10) Sächs. Landr. III, 64, § 3.

und wenn zwar die persönliche Stylisirung „das sollt ihr
wissen", oder „das wollen wir dass ihr wisst" eher auf eine
Anrede an Anwesende zu deuten scheint, so dürfen doch
auch derartige Redewendungen nicht als concludent betrachtet
werden. Wir wissen, dass das als Orbodemål bezeichnete
Stück ebenso wie Arvebogen lediglich ein Excerpt aus dem
älteren seeländischen Rechtsbuche ist, welches für den Gebrauch in Schonen hergerichtet wurde, und kann somit
keinem Zweifel unterliegen, dass wir es hier lediglich mit
einer Privatarbeit zu thun haben; dennoch aber finden wir
gerade hier die höchst persönliche Bemerkung:[1] „aber mit
Gottes Hülfe haben wir rechtlich erledigt, wie es in Bezug
auf das Heerwerk zu halten ist", während in der ausge-
schriebenen Quelle lediglich die Worte stehen:[2] „utæn han
gør thet mæth hærværke", d. h. es sei denn, dass er es mit
Heerwerk thue, sodass also jene so eigenthümlich stylisirte
Verweisung auf die vorangehenden Vorschriften über das
Heerwerk[3] lediglich eine Zuthat des Excerpirenden ist, die
im Originale aus dem einfachen Grunde gar nicht stehen
konnte, weil in diesem die Bestimmungen über das Heerwerk
nicht vor, sondern hinter derjenigen Stelle stehen, an welcher
im Excerpte auf dieselben verwiesen wird. Wie vorsichtig
man überhaupt mit allen Schlussfolgerungen aus blossen
Redewendungen sein muss, zeigt noch ein weiteres Beispiel.
Man sollte meinen, dass Ausdrücke wie „tha ær thæt rætest",
oder „tha ær thæt bæst",[4] d. h. da ist es am Richtigsten,
oder am Besten, unmöglich in dem officiellen Vortrage eines
Gesetzsprechers gestanden haben können, da dieser eben doch
nur das Recht als ein feststehendes vorzutragen, aber nicht
Zweifeln darüber Ausdruck zu geben berufen war, was wohl
das Beste und Richtigste sein möge; ich unterlasse jedoch

---

1) Orbodem. 29, S. 233; oben, S. 367, Anm. 8.   2) Vald. 35,
S. 30.   3) Orbodem. 3, S. 225; vgl. Vald. 56, S. 39.   4) Vald. 2,
S. 13.

einen derartigen Schluss, so gelegen er für meine Beweisführung käme, aus obigen Worten zu ziehen, weil ich eine ganz ähnliche Ausdrucksweise einmal in einer Quelle gebraucht finde, welche doch ganz unzweifelhaft legislativen Ursprunges ist. In K. Valdemar's II. Jydske Lov wird nämlich der Fall besprochen, da Jemand auf eigenem Grunde Heide in Brand steckt, und das umsichgreifende Feuer dann auf fremdem Gute Schaden thut, oder da ein derartiger Schaden durch einen Bediensteten eines Mannes ohne dessen Wissen und Willen angerichtet wird; nachdem die Verpflichtung zum Schadensersatze, und die etwaige Führung eines Reinigungsbeweises besprochen wurde, wird aber sofort mit den Worten weitergefahren:[1] „Tho ær warlær, at ængi man sættæ eld i hethæ utæn of allæ grannæ warthæ samsatæ um at brennæ antigh mosæ æth hethæ oc gangæ sialfuæ allæ mæth, oc wactæ at æi kumær eld i annens manz marc them til skathæ", d. h. doch ist es vorsichtiger, dass Niemand Heide in Brand steckt, ausser wenn alle Nachbarn darüber einig werden entweder Moos oder Heide zu verbrennen, und alle selbst mitgehen, und darüber wachen, dass nicht das Feuer in eines anderen Mannes Land komme, ihm zum Schaden. Der Gesetzgeber selbst lässt sich also hier darauf ein, den Leuten zu rathen, wie sie am klügsten verfahren, ohne dass er ihnen doch solches Verfahren gebieten, und dessen Unterlassung mit Strafe bedrohen würde, so auffällig uns auch dieses sein Verhalten erscheinen mag.

Die sämmtlichen bisher besprochenen Nachweise, wie sie zuerst Finsen in Bezug genommen hat, gehören übrigens im Grunde nur einer einzigen Quelle an, da ja Arvebogen und Orbodemål nur aus dem älteren seeländischen Rechtsbuche geschöpft sind, welches K. Valdemar's Namen trägt; dagegen zeigt schon das jüngere seeländische Recht, welches

---

1) Jydske Lov, 187, S. 288 (ed. Thorsen).

nach K. Erik benannt ist, eine völlig andere Ausdrucksweise. Die persönliche Sprechweise ist hier so gut wie ganz
verschwunden. Verweisungen auf früher schon Erwähntes
treten hier auf in den Worten: „sum mælt ær“,[1]) „sum nu
ær mælt“,[2]) „sem mælt“,[3]) „thæt ær nu ær mælt“,[4]) „sva
oftæ sum mælt ær“,[5]) „sum um annær ær mælt“,[6]) „samæ
lund ær mælt ær um hors“,[7]) „sum logh ær oc mælt ær“;[8])
oder wieder: „thær foræ ær mælt“,[9]) „ær foræ ær mælt“,[10])
„er fyrræ ær mælt“,[11]) „ær forr er mælt“,[12]) „ær forræ var
mælt“,[13]) „sem forr ær mælt“,[14]) „sem forræ ær mælt“,[15])
„thet ær forræ mælt“,[16]) „thæt ær ræt sum for ær mælt“,[17])
„the sär nu mælt æræ oc næfnd“,[18]) oder auch: „sum uppæ
ær mælt“,[19]) „sum mælt ær uppæ“,[20]) dann „sem up ær
mælt“,[21]) welche letzteren Worte zwar an die für den Rechtsvortrag auf Island gebrauchte Beziehung „uppsaga“ an-
klingen, aber darum noch keineswegs auf einen solchen bezogen zu werden brauchen. Wir finden demnach hier immer
nur ganz unpersönlich gefasste Verweisungen, hin und wieder,
obwohl nur sehr vereinzelt, auch wohl mit ausdrücklicher

---

1) Eriks sællandske Lov, II, 51, S. 52 und 58; 52, S. 61;
87, S. 88; 102, S. 97; 104, S. 99 und 100, dann 101; 108, S. 105;
119, S. 113; 132, S. 122; 133, S. 123 und 124, wiederholt; 147, S. 133
(ed. Thorsen). 2) ebenda, I, 15, S. 9; 31, S. 16; 36, S. 20; II, 122,
S. 114; 129, S. 120; 134, S. 124; 143, S. 130. 3) ebenda, II, 131,
S. 121. 4) ebenda, II, 50, S. 51. 5) ebenda. 6) ebenda, II,
35, S. 42. 7) ebenda, II, 118, S. 112. 8) ebenda, II, 131, S. 121.
9) ebenda, II, 11, S. 7. 10) ebenda, I, 36, S. 20; II, 7, S. 30.
11) ebenda, II, 8, S. 30; 110, S. 106. 12) ebenda, II, 14, S. 33.
13) ebenda, II, 109, S. 105. 14) ebenda, I, 25, S. 14; II, 56,
S. 64; 77, S. 80; 100, S. 96; 118, S. 112; 127, S. 118, wiederholt;
132, S. 122; 133, S. 124. 15) ebenda, II, 6, S. 29. 16) ebenda,
II, 87, S. 87. 17) ebenda, II, 88, S. 88. 18) ebenda, II, 42, S. 45.
19) ebenda, I, 4, S. 5; II, 2, S. 28; 13, S. 32; 14, S. 33; 32, S. 40;
34, S. 41; 47, S. 48; 51, S. 57, wiederholt; 52, S. 61; 62, S. 68; 63,
S. 69, wiederholt; 104, S. 99; 105, S. 102; 127, S. 118. 20) ebenda, II, 62, S. 68; 111, S. 106. 21) ebenda, II, 46, S. 48.

Hervorhebung der schriftlichen Form, indem es heisst: „sva sum fǫrræ ær skrivit",[1]) oder „æfti the logh oc the virthning ær skrivit ær";[2]) nirgends stossen wir dagegen auf einen Sprecher, welcher in eigener Person auftritt. Ebenso lauten die sehr häufig wiederkehrenden Formeln stets unpersönlich, durch welche die Aufmerksamkeit derjenigen erregt werden will, an welche die Belehrung sich richtet; „scal man thet vitæ",[3]) „thet scal man vitæ",[4]) „thet scal man oc vitæ",[5]) „thet scal man that hvaræn vitæ",[6]) „thet scal man oc vitæ sem mælt ær",[7]) „um morthbrand scal man oc vitæ",[8]) oder unmittelbar an den Einzelnen gerichtet, welchen die Sache gerade angeht: „scal han thet vitæ",[9]) „thet scal oc then vitæ, ær bøtær havær takæt".[10]) Ganz dieselbe unpersönliche Sprechweise kehrt endlich auch in den Fällen wieder, in welchen der Sprachgebrauch nachdrücklich hervorgehoben und erklärt werden will, und heisst es dann etwa: „then callæ man siukæn væræ",[11]) „the kallæ men a thingi væræ",[12]) „thet callæ men bunckebrot wæræ",[13]) „thet callæ mæn augskiold forth a riket",[14]) „thet callæ men holsar",[15]) „tha caller man thet hans grannæ være",[16]) „sva mælæ men".[17]) Nirgends spricht also der Verfasser

---

1) ebenda, II, 127, S. 118.   2) ebenda, II, 118, S. 112.
3) ebenda, II, 107, S. 104.   4) ebenda, II. 124, S. 115.   5) ebenda, I, 11, S. 8; 14, S. 9; 15, S. 9; 19, S. 11; 23, S. 12; 24, S. 13;
25, S. 14; 26, S. 14; 27, S. 14; 28, S. 15; 30, S. 15; 32, S. 17; 33,
S. 17; 35, S. 19; 41, S. 22; 44, S. 23; 47, S. 25; 48, S. 25; II, 11,
S. 31; 14, S. 33; 18, S. 34; 26, S. 37; 27, S. 38; 37, S. 43; 40, S. 44;
41, S. 45; 46, S. 48; 48, S. 49; 52, S. 59, wiederholt; 56, S. 64; 58,
S. 65; 68, S. 73; 70, S. 74; 71, S. 75; 74, S. 77; 91, S. 90; 96, S. 92;
104, S. 100; 109, S. 105; 131, S. 121; 132, S. 121.   6) ebenda, II,
108, S. 105.   7) ebenda, II, 28, S. 38.   8) ebenda, II, 15, S. 33.
9) ebenda, II, 83, S. 84.   10) ebenda, II, 6, S. 29.   11) ebenda, I, 31, S. 16.   12) ebenda, II, 17, S. 34.   13) ebenda, II,
24, S. 37.   14) ebenda, II, 27, S. 38.   15) ebenda, II, 38, S. 44.
16) ebenda, II, 108, S. 98.   17) ebenda, II, 104, S. 99.

in eigener Person; nirgends wendet er sich an sein Publicum, als an ihm persönlich gegenüberstehende Leute; nirgends rechnet er sich selbst zu denen, welche dem Gesetze unterworfen sind, das er behandelt, oder welchen der Sprachgebrauch geläufig ist, auf den er Bezug nimmt. Insoweit steht die Sache im jüngeren seeländischen Rechtsbuche nicht anders als im Jydske Lov, von welchem doch, wie bereits bemerkt, nicht bezweifelt werden kann, dass es als wirkliches Gesetzbuch erlassen wurde, und somit in keiner Weise auf einen Rechtsvortrag zurückgeführt werden kann. Auch in diesem lauten die Verweisungen auf früher Gesagtes durchaus unpersönlich: „svm saght ær vm mandrap",[1] „swa sum saght ær"[2] oder „swa sum sagh ær",[3] „sum saght ær",[4] „allæ the forfal thær fyrræ ær saght",[5] „sum fyrræ ær saght",[6] „i allæ thessæ stathæ nu ær saght",[7] „i thessæ stathæ thær saght ær",[8] „sem saght ær i thessæ tu kapitæl",[9] „for then sak i thæt sammæ capitæl ær sagh",[10] oder auch: „swa sum mœlt ær",[11] „swa sum fyr ær mælt",[12] „swa witæ sum fyrræ war withærlaght".[13] Ebenso unpersönlich ist die einmal vorkommende Ermahnung der Leser zur Aufmerksamkeit stylisirt: „Thæt skvlæ mæn oc witæ";[14] nicht anders erscheinen endlich auch die Erklärungen technischer Rechtsausdrücke gefasst, welche in dieser Quelle sehr häufig vorkommen: „thet hetær alt fæthærn",[15] „lærthæ mæn, thæt ær præst oc diacon oc subdiacon",[16] „Thingswitnæ ær thæt",[17] „Thær ær oreght man",[18] „hanran ma wæræ

---

1) Jydske Lov, 70, S. 117. 2) ebenda, 97, S. 158; 108, S. 178; 145, S. 230; 153, S. 238; 174, S. 264. 3) ebenda, 170, S. 259. 4) ebenda, 135, S. 216; 144, S. 228; 170, S. 258, wiederholt; 175, S. 266. 5) ebenda, 123, S. 202. 6) ebenda, 145, S. 229. 7) ebenda, 145, S. 229. 8) ebenda, 145, S. 230. 9) ebenda, 146, S. 231. 10) ebenda, 175, S. 265—66. 11) ebenda, 98, S. 161; 149, S. 235. 12) ebenda, 123, S. 199. 13) ebenda, 178, S. 272. 14) ebenda, 2, S 11. 15) ebenda, 7, S. 20. 16) ebenda, 27, S. 51. 17) ebenda, 34, S. 53. 18) ebenda, 66, S. 113.

hat, æth hanszkæ, æth hwat svm man havær i sin hand", [1])
„Thæt ær boraan", [2]) „Hiorth ran ær", [3]) „Thet ær akær
ran", [4]) „Thæt ær othelbit", [5]) „thæt ær walrof", [6]) „thæt ær
morthbrand", [7]) „Stighæ man ær then", [8]) oder auch: „skips
næfning, thær summæ kallæ far wit næfning". [9]) Natürlich
wird man aus dieser gleichartigen Fassung derartiger Bemerkungen im jüngeren seeländischen Rechtsbuche und im
Jydske Lov nicht den Schluss ziehen wollen, dass jenes ebenso wie dieses ein Erzeugniss der Gesetzgebung sei; ganz
ebensowenig wird man aber auch daraus, dass im älteren
Rechtsbuche von Seeland eine persönliche Sprechweise sich
findet wie in den isländischen, schwedischen und theilweise
auch norwegischen Rechtsaufzeichnungen, sofort schliessen
dürfen, dass jenes ebenso wie diese aus einem officiellen
Rechtsvortrage hervorgegangen sei. Es bleibt vielmehr recht
wohl möglich, dass das ältere seeländische Rechtsbuch ebensowohl als das jüngere lediglich eine Privatarbeit sei, welche
in keinerlei Zusammenhang mit irgend welchem Rechtsvortrage stand, und dass nur der Verfasser des einen Werkes
eine subjectivere Färbung seiner Arbeit zu geben beliebte
als der andere. — Aber allerdings macht eine einzige Stelle
im jüngeren Rechtsbuche von Seeland eine Ausnahme von
der sonstigen Haltung der Quelle, und diese hat denn auch
Finsen richtig hervorgehoben. Dieselbe handelt von Wege-
streitigkeiten, [10]) und schliesst mit den Worten: „æn um
andræ væghe, scoghvægh ællær mællæ toftæ, thet vil jac
frestæ til fleræ cummæ vithær", d. h. aber in Bezug auf
andere Wege, Waldwege oder Feldwege, das will ich ausgesetzt sein lassen bis mehrere dazu kommen. Finsen,

---

1) ebenda, 79, S. 130. 2) ebenda, 79, S. 131. 3) ebenda, 80, S. 132. 4) ebenda, 97, S. 157. 5) ebenda, 120, S. 193
bis 194. 6) ebenda, 147, S. 232. 7) ebenda, 185, S. 284. 8) ebenda, 186, S. 285. 9) ebenda, 193, S. 213. 10) Eriks sæll. Lov,
II, 90, S. 89—90.

welcher diese Stelle ganz besonders beweiskräftig findet, versteht sie dahin, dass der Vortragende die Besprechung der erwähnten Arten von Wegen aufschieben wolle, bis mehrere Dingleute zur Stelle kommen; aber ich sehe nicht ein, wie eine solche Auslegung sich halten lassen kann. Legt man, wie Finsen thut, die Worte einem Gesetzsprecher in den Mund, so ist schwer abzusehen, wesshalb dieser die Besprechung der Feld- und Waldwege für wichtiger halten sollte als die der übrigen Wege und so mancher anderer Rechtsmaterien, und noch weniger zu begreifen, wie er im Voraus wissen konnte, ob bei diesem Theile seines Vortrages viele oder wenige Dingleute anwesend sein würden; man müsste höchstens an einen juristischen Witz denken, wie solche ja allerdings in den älteren Rechtsbüchern öfters vorkommen, aber auch einen solchen weiss ich in den Worten nicht zu finden. Dagegen fand Kolderup-Rosenvinge die Stelle in seinen Bemerkungen zu derselben[1]) „ziemlich dunkel". Er war zunächst geneigt gewesen, anzunehmen, dass der Compilator des Rechtsbuches unter Anderen auch Erkenntnisse und Rechtsbelehrungen benützt habe, wie solche in einer Zeit wenig geordneten Gerichtswesens auf Ansuchen der Streittheile von einzelnen angesehenen Männern am Ding ertheilt worden sein mochten, und dass er nun im gegebenen Falle die Erklärung eines solchen, in einer dunkelen Sache die Abgabe seines Spruches verschieben zu wollen, bis er sich mit mehreren erfahrenen Leuten berathen könne, ungeschickter Weise in seinen Text eingestellt habe. Hinterher aber schloss er sich einer von Werlauff ihm vorgeschlagenen Auslegung an, nach welcher der Compilator die Besprechung der Wald- und Feldwege aufschieben wollte, bis mehrere derartige Wege dazu, d. h. mit zu besprechen kommen würden, indem er bemerkt, dass auch schon eine ältere

---

1) Samling af gamle danske Love, II, S. 378—79.

dänische Uebersetzung aus dem Jahre 1619[1]) die Stelle in
derselben Weise verstanden habe. Indessen ist die erstere
Erklärung kaum annehmbar, da sie nicht nur einer Reihe
rein willkürlicher Voraussetzungen bedarf, sondern überdiess
kaum abzusehen ist, wie selbst der unverständigste Compilator dazu kommen sollte eine Stelle in seine Bearbeitung
aufzunehmen, welche gar Nichts enthält als die Erklärung,
sich erst später erklären zu wollen; der zweiten Auslegung
aber steht zunächst schon das Bedenken entgegen, dass von
Wegen im weiteren Verlaufe des Rechtsbuches nicht mehr
die Rede ist. Schlegel aber scheint anzunehmen,[2]) dass der
Compilator mit den obigen Worten sagen wolle, dass er sich
die Besprechung der Materie für einen Zeitpunkt vorbehalten
wolle, in dem es ihm gelungen sein werde, reichlicheren Stoff
über dieselbe zusammenzubringen; indessen wüsste ich auch
diesen Sinn aus den Worten kaum herauszubringen. Im
älteren seeländischen Rechte wird zwar ebenfalls von Wegen
gesprochen,[3]) aber ohne dass sich daraus irgend Etwas für
die Erklärung unserer Stelle entnehmen liesse, und verzichte
ich darum auf deren Auslegung; immerhin ist aber wenigstens
soviel klar, dass dieselbe keinenfalls einen Beweis für die
Herkunft des Rechtsbuches von einem Rechtsvortrage bietet,
dass vielmehr lediglich der Privatmann, welcher dasselbe
compilirte, hier ausnahmsweise selbst in erster Person von
sich sprach, wie dies der Verfasser des älteren seeländischen
Rechtsbuches ganz regelmässig that.

Von ganz besonderer Bedeutung für die hier vorliegende
Frage ist aber, dass gerade die beiden ältesten dänischen
Landrechtsquellen, die beiden Bearbeitungen des schonischen
Rechtes nämlich, sich ganz entschieden als Privatarbeiten
darstellen, und in keiner Weise auf einen Zusammenhang

---

1) vgl. ebenda, S. LI. 2) Om de gamle Danskes Retssæd-
vaner og Autonomie, S. 84, Anm. 3) Vald. sæll. Lov, 71—74,
S. 47—48.

mit irgend welchen officiellen Rechtsvorträgen hindeuten.
Von der lateinischen Bearbeitung ist dies ohnehin klar, da
sie sich an ihrem Schlusse ausdrücklich als den „liber legis
Scanie" bezeichnet, „quem dominus Andreas, Lundensis ec-
clesie archiepiscopus, Suethie primas, apostolice sedis legatus,
composuit ad utilitatem totius terre";[1] aber auch bezüglich
der dänischen Bearbeitung (Skånelagen) steht die Sache nicht
anders. Alle Verweisungen auf früher schon Erwähntes
sind in dieser durchaus unpersönlich gestellt: „sum för ær
mælt",[2] „sum föræ ær mælt",[3] „mæth thæm för ær mælt",[4]
„ær för waræ mælt",[5] „æn nu ær mælt",[6] „sum mælt ær",[7]
„sum ær mælt",[8] „sum nu ær mælt",[9] „þæse mal æræ al
til ens rættæ mælt æftir laghum",[10] oder auch: „sum för
ær saghæt",[11] „ær för war saght",[12] „sum nu ær sagth",[13]
„sum saghat ær",[14] „swo som saght",[15] „mæþ þem sammæ
loghum sum saghat ær,"[16] „ær fore mandrapær ær saghæt".[17]
Ein einziges Mal finde ich ganz vereinzelt auch die im
jüngeren seeländischen Rechtsbuche so überaus häufig an-
gewandte Formel gebraucht: „thæt skal man oc withe";[18]
dagegen fehlt es aber ganz und gar nicht an Bemerkungen,
welche mit vollster Bestimmtheit zeigen, dass wir es mit
einem Privatmanne, und nicht mit einem kraft öffentlicher
Autorität vortragenden Beamten zu thun haben. Wiederholt

---

1) Bei Schlyter, Corpus juris Sueo-Gotorum antiqui, IX, S. 354;
ich citire die schonischen Quellen immer nach dieser Ausgabe.
2) Skånel. 26, S. 24; 82, S. 74; 119. S. 109; 138, S. 127; 169, S. 162;
195, S. 184; Addit. B. 7, S. 223—24. 3) ebenda, 141, S. 134.
4) ebenda, Addit. B. 7, S. 222. 5) ebenda, Addit. D. 2, S. 228.
6) ebenda, 141, S. 135. 7) ebenda, 179, S. 170; 184, S. 175;
185, S. 175. 8) ebenda, Addit. B. 5, S. 220. 9) ebenda, 220,
S. 207; Addit. B. 5, S. 220. 10) ebenda, 86, S. 79. 11) ebenda, 30, S. 25; 144, S. 138; Addit. D. 6, S. 230. 12) ebenda, 195,
S. 184. 13) ebenda, 63, S. 50. 14) ebenda, 91, S. 84. 15) ebenda, Addit. F. 4, S. 234. 16) ebenda, 83, S. 75. 17) ebenda,
111, S. 100. 18) ebenda, Addit. F. 3, S. 233.

wird nämlich auf das Bestehen verschiedener Ansichten über
einzelne Rechtsfragen hingewiesen, und dabei allenfalls auch
das Für und Wider eingehend erörtert. „þættæ wiliæ summi
men at laghum hauæ“, heisst es dabei allenfalls,[1] oder:
„thæt wiliæ nu sumir men at loghum havæ“,[2] oder noch
kürzer: „sumir men wiliæ“,[3] wobei dann noch beigefügt
wird: „æn þæt ær ey þo sat“; einmal heisst es auch wohl:
„Thæt hauæ Scanungæ oc stundum at loghum hauæt“.[4]
Das sind nun sicherlich keine Bemerkungen, welche für
einen von Amtswegen sprechenden Lagmann passen, und
ganz dasselbe gilt auch von der Art, in welcher das Rechtsbuch wiederholt von dem Könige und seinen Verordnungen
spricht. Schon an einer der oben angeführten Stellen entscheidet dasselbe die Rechtsfrage, ob die Dingleute oder des
Königs Vogt über den Dieb Gewalt haben, zu Gunsten der
ersteren;[5] an einer zweiten Stelle aber bemerkt der Verfasser,[6] dass der freie Mann in allen Fällen, in welchen er
für seine eigene Handlung mit 40 M. büsse, für die Handlung seines Unfreien mit 9 M. zu büssen, oder den Unfreien
auszuliefern und dazu noch den Betrag von 6 M. zu erlegen
habe, und er fügt sodann bei, dass der König als Recht
gelten lassen wolle, dass der Unfreie nie mehr als 3 M.
verwirken könne, ausser wenn der von ihm Verletzte davon
todt bleibe. Das Rechtsbuch des Andreas Sunesen zeigt,[7]
dass für den Fall eines von einem Unfreien begangenen
Todtschlages wirklich entweder volle 9 M. gezahlt werden
mussten, oder aber 6 M. neben gleichzeitiger Auslieferung
des unfreien Thäters; es zeigt aber zugleich auch, dass

---

1) **ebenda**, 74, S. 62 und 75, S. 64, dann 77, S. 66; vgl. Andreas Sunonis, 35, S. 264—66 und 37, S. 266—69.   2) Skånel. 79,
S. 69; vgl. Andr. Sun. 37, S. 266—69.   3) Skånel. 147, S. 141;
vgl. Andr. Sun. 95, S. 315.   4) Skånel. 78, S. 69; vgl. Andr. Sun.
37, S. 268—69.   5) Skånel. 147, S. 141.   6) ebenda, 122, S. 111;
vgl. 120, S. 110.   7) Andr. Sun. 50, S. 282—83.

„secundum quorundam sententiam" das Gleiche in allen Fällen
zu gelten hatte, in welchen der freie Mann für die eigene
That mit 40 M. zu büssen gehabt hätte, wogegen K. Valdemar nicht zugeben wollte, dass der Unfreie zum Nach-
theile seines Herrn mehr als 3 M. verwirken könne, mit
alleiniger Ausnahme des vorerwähnten Falles, dass er einen
Todtschlag an einem freien Mann begehen würde.   Man
sieht, der König, auf welchen beide Texte gleichmässig Bezug
nehmen, war Valdemar II. (1202—41); dagegen steht dahin,
wie das „noluit consentire" zu verstehen sei, ob nämlich der
König, was den Worten nach zunächst läge, einem Beschlusse des Landsdinges seine Zustimmung versagte, oder ob
er umgekehrt eine Verordnung erliess, welche vom Volke
nicht angenommen werden wollte.   Eine dritte Stelle besagt,[1]
dass derjenige, welcher eine Lehmgrube oder eine Fuchs-
grube graben liess, in welcher hinterher ein Anderer um-
kommt, dafür mit 3 M. büssen müsse, ganz wie dies unmittelbar vorher bezüglich desjenigen ausgesprochen worden
war, der einen Brunnen graben liess;[2] dabei wird jedoch
bemerkt, dass der König behaupte, für Gräben jener ersteren
Art habe man keine Busse zu entrichten.   Andreas Sunesen
gibt nur die auf den Brunnen bezügliche Satzung,[3] wogegen jene andere bei ihm fehlt, sodass sich für diesen Fall
nicht mit Sicherheit bestimmen lässt, welcher König gemeint
sei; auffällig ist aber immerhin, dass auch in diesem Falle
wieder der Erzbischof auf Seiten des Königs steht, der Verfasser des dänischen Rechtsbuches dagegen auf Seiten der
Gegenparthei.   Bei einer weiteren Stelle steht die Sache
indessen etwas anders.   Der dänische Text berichtet,[4] dass
der Todtschläger von seinen Verwandten die von ihnen zu
entrichtende Geschlechtsbusse (ættarbot) nicht früher erhalten

---

1) Skånel. 99, S. 91.   2) ebenda, 98, S. 90.   3) Andr. Sun.
54, S. 284—85.   4) Skånel. 84, S. 75—77; vgl. 91, S. 83—84.

solle, als bis er die erste Anzahlung auf das Wergeld aus eigenen Mitteln geleistet habe. Erst nach erfolgter Berichtigung dieser ersten Zahlung aus dem eigenen Vermögen des Thäters selbst soll derselbe seine Verwandten väterlicherseits versammeln, und feststellen, wieviel jeder von diesen zur Geschlechtsbusse beizuschiessen habe; doch hat die Zahlung ihrer Beiträge durch die betreffenden Verwandten erst an dem Tage zu erfolgen, an welchem die zweite Terminzahlung des Wergeldes zu erlegen kommt, und soll dann Zug um Zug gegen die Zahlung sofort das Friedensgelöbniss erfolgen. In ganz derselben Weise soll sodann auch gegenüber der mütterlichen Verwandtschaft verfahren werden, und wird dabei bemerkt, dass der König dies darum angeordnet habe, damit der Todtschläger nicht die von seinen Angehörigen bezogenen Geldmittel verthun, und diese dadurch in die Nothwendigkeit versetzen könne, die bereits gezahlten Beträge noch einmal zahlen zu müssen. Durch Andreas Sunesen erfahren wir,[1]) dass unter jenem ungenannten Könige kein anderer als K. Knut Valdemarsson (1182—1202) zu verstehen ist, dessen einschlägige, am 28. December 1200 ausgestellte Verordnung uns auch wirklich erhalten ist;[2]) der Erzbischof erwähnt aber daneben auch noch eines späteren Gesetzes, welches K. Knuts Bruder und Nachfolger, Valdemar II, mit den verständigsten Männern von Schonen erlassen habe, und durch welches der Verwandtschaft des Todtschlägers jede Verpflichtung abgenommen wurde, für dessen That zu zahlen, es sei denn, dass der Schuldige selbst aus dem Lande entkomme. Von diesem Gesetze K. Valdemars enthält der ursprüngliche Text des dänischen Rechtsbuches keine Spur, wogegen dasselbe sich allerdings in einigen

---

1) Andr. Sun. 45, S. 273—76; 46, S. 276—77; 47, S. 277—78 und 48, S. 278—81.

2) Gedruckt bei Schlyter, ang. O., S. 437—39; bezüglich des Datums vgl. S. CXXV—VI.

Hss. desselben eingestellt oder angehängt findet, und darunter
bereits in einer aus der Mitte des 14. Jhdts. herstammenden
(Cod. C.);[1] während der Verfasser dieses Rechtsbuches also
dem älteren Gesetze K. Knuts nicht entgegen tritt, vielmehr
dasselbe mit sichtlicher Billigung bespricht, betrachtet er
das jüngere Gesetz K. Valdemars, das er doch wohl kennen
musste, als nicht zu Recht bestehend. Eine Kritik könig-
licher Verordnungen und ein oppositionelles Verhalten gegen
solche, wie es sich an den soeben besprochenen Stellen ausspricht, war nun sicherlich in Dänemark im Anfange des
13. Jhdts. Seitens eines öffentlichen Beamten schlechterdings
nicht möglich, wenn auch eine derartig selbstständige Haltung
mit der ursprünglich demokratischen Gestaltung des Gesetzsprecheramtes, wie sie in Schweden und Norwegen im 11.
und noch bis in die Mitte des 12. Jhdts. herein nachweisbar
ist, ganz wohl vereinbar gewesen sein mochte. Klar ist
hiernach, dass Skånelagen, das älteste unter allen dänischen
Rechtsbüchern, nicht nur keinerlei Spur einer Herkunft aus
dem mündlichen Vortrage eines Gesetzsprechers zeigt, sondern
sogar unmöglich aus einem solchen geflossen sein kann,
während man doch gerade bei ihm um seines Alters willen einen
solchen Zusammenhang am Ersten zu erwarten hätte. Unter
den sämmtlichen Provincialrechten Dänemarks ist es somit
lediglich das ältere seeländische, sowie eine einzige Stelle
aus dem jüngeren seeländischen, in welchen man auch nur
versuchen kann, Spuren einer derartigen Entstehung zu finden;
selbst diese dürftigen Behelfe unterliegen aber gewichtigen
Bedenken. Die in Schweden sowohl als in Norwegen und
Island übliche Eintheilung in bælkir oder þættir, welche mit
dem stückweisen Vortrage der einzelnen Rechtsmaterien am
Ding aufs Genaueste zusammenhing, ist den sämmtlichen
dänischen Rechtsbüchern vollständig fremd; überdies fehlt

---

1) Skånel. Addit. B. 5, S. 218—21; vgl. S. XVII—VIII.

jedes geschichtliche Zeugniss dafür, dass in Dänemark jemals
an irgend einem Landsdinge Rechtsvorträge gehalten worden
seien, denn in der von Thorsen,[1]) und nach ihm auch von
Finsen,[2]) in Bezug genommenen Thatsache, dass in der
Stadt Schleswig während des 15., und noch zu Anfang des
16. Jhdts. das Jydske Lov auf dem Rathhause verlesen
wurde, wird man denn doch einen Beleg für den Rechts-
brauch an den Landsdingen des 12. und 13. Jhdts. nicht
erblicken dürfen.

Wenn hiernach aus der Beschaffenheit der dänischen
Provincialrechtsbücher auf die Haltung von officiellen Rechtsvorträgen, und weiterhin auf die Existenz eines Gesetzsprecheramtes kein Schluss zu ziehen ist, so steht es nicht
minder schlimm um die directen historischen Zeugnisse für das Vorhandensein derartiger Beamten, auf welche
man sich bezogen hat. Finsen hat darauf hingewiesen, dass
in Dänemark seit dem Anfange des 14. Jhdts. mehrfach
Landrichter genannt werden, deren Stellung eine ziemlich
ähnliche gewesen sei wie die, welche um dieselbe Zeit in
Schweden die „lagmenn" und in Norwegen die „lögmenn"
einnahmen. Er betont dabei insbesondere den Umstand, dass
für diese dänischen Landrichter auch wohl die Bezeichnung
„legifer" gebraucht werde, welche in Schweden, und zuweilen auch auf Island, den Gesetzsprecher bezeichne, und
dass in dänischen Volksliedern auch mehrfach der Name
„Lovmand" vorkomme. Er meint endlich, wenn sich auch
der Ursprung des Landrichteramtes in Dänemark in der Zeit
nicht weiter hierauf verfolgen lasse, so liege doch der Schluss
nahe, dass der späteren, blos richterlichen Function des Beamten wie in Schweden und Norwegen, so auch in Dänemark
eine ältere, mit dem Rechtsvortrage zusammenhängende

---

1) In der Vorerinnerung zu seiner Ausgabe des Jydske Lov, S. 3.
2) Staðarhólsbók, S. XXXII, Anm. 1.

Stellung desselben vorangegangen sein möge. Ich kann
diese Auffassung nicht für zutreffend halten. Um zunächst
mit dem Amtstitel anzufangen, so ist ja allerdings richtig,
dass in einigen dänischen Volksliedern ein *„Lovmand"* genannt wird. In ein paar Liedern vom Marsk Stig wird ein
„drost her Luoffmand" oder „drost herr Loumand" genannt;[1]
einen „Folckuor Luomandsenn" nennt ein nach ihm und
Königin Helvig benanntes Lied;[2] endlich tritt noch ein
„drost herre Luomand", „drost her Loffmandt", u. dgl. in
dem Liede von Magnus Algotsson auf.[3] Aber in keinem
dieser Lieder scheint das Wort als Amtsbezeichnung gebraucht
zu werden, sondern immer nur als Eigenname; im ersten
und im dritten Liede wird ausdrücklich dem Namen Lovmand
noch die Amtsbezeichnung Drost beigefügt, und wenn zwar
im zweiten Liede die Sache zweifelhafter steht, weil patro-
nymische Bezeichnungen wirklich zuweilen von der Würde
des Vaters statt von dessen Namen aus gebildet werden, so
ist doch dies immerhin etwas Selteneres, und darum ungleich
wahrscheinlicher, dass das Wort auch in diesem dritten Falle
als Name zu fassen sei. Jedenfalls ist die von Svend Grundtvig wiederholt ausgesprochene Behauptung, dass Lovmand
niemals als Eigenname gegolten habe,[4] entschieden un-
richtig. Steenstrup hat den Namen bereits in England als
solchen nachgewiesen,[5] und zwar aus dem Domesdaybuche,

---

1) Svend Grundtvig, Danmarks gamle Folkeviser, III, S. 354,
Str. 93 und 94, dann S. 373, Str. 8 und 9; eine Variante hat freilich
„drost her Offui", S. 363, Str. 7 und 8, und eine andere „Peder Had-
dingssøn", S. 367, Str. 45. Vgl. die Bemerkungen des Herausgebers,
S. 443.

2) ebenda, III, S. 700, Str. 3, 4 und öfter. Vgl. die Bemerkungen des Herausgebers, S. 692—93.

3) ebenda, III, S. 741, Str. 2 und 3, und öfter, S. 742, Str. 3
und 4, und öfter, u. s. w.; vgl. S. 738.

4) ebenda, III, S. 443 und 693.

5) Normannerne, IV, S. 205, Anm. 2.

welches ihn im Eastriding von Yorkshire zweimal nennt. [1])
Auf den Hebuden tritt ferner ein Lögmaðr Guðröðarson
auf als Sohn eines Königs der Inseln, [2]) und noch ein zweiter
Lögmaðr, ein Sohn des dortigen Königs Ólafr bitlíngr, [3])
auch irische Quellen nennen den Namen unter den Führern
nordischer Heerleute, [4]) und zwar nennen sie ihn, ebenso wie
die Chronik von Man, in nicht umgelauteter Form, was für
das Alter der Ueberlieferung nicht ohne Bedeutung ist.
Endlich wird auch in Schweden Ulf Laghmannsson unter
den Mitgliedern der Gesetzgebungscommission genannt, welche
Uplandslagen zu Stande brachte, [5]) und wir sind nicht berechtigt, hiebei weniger an einen Vaternamen zu denken,
als bei dem unmittelbar vorher genannten Röþer Kjældærsson
oder Bændikter Bosson. Nun ist ja allerdings richtig, dass
das Wort früher eine Eigenschaft bezeichnet haben muss,
als es zu einem Eigennamen werden konnte; aber erstens
ist damit noch keineswegs erwiesen, dass diese Eigenschaft
gerade die eines Gesetzsprechers gewesen sein musste, da ja
das Wort auch, gleichbedeutend mit lagamaðr, den rechtskundigen Mann als solchen bezeichnen konnte, ganz abgesehen von irgend einer Würde, welche er bekleidete, [6]) und
zweitens ist bei dem engen Verkehre, welcher überhaupt,
und insbesondere auch auf dem Gebiete der Volkslieder unter

---

1) Domesdaybook, S. 301, Sp. 1, Z. 5, von unten, und Sp. 2,
S. 10, von oben.

2) Heimskríngla, Magnúss s. berfætts, 10, S. 647; Flbk.
II, 364, S. 428 (Orkneyínga s.); Chron. Manniæ, S. 4—5.

3) Chron. Manniæ, S. 7.

4) Vgl. die Nachweise bei Munch, det norsko Folks Historie,
I, 2, S. 198—99 und 202—3, dann Chron. Manniæ, S. 41.

5) ULL. Confirmatio, S. 4; der lateinische Text, S. 2, liest
irrig Langmansson.

6) Siehe z. B. die beiden classischen Stellen in der Konúngsbók, 116, S. 209 und 117, S. 213, und öfter; vgl. auch, was unten
noch über den vielfältigen Gebrauch des Wortes anzuführen sein wird.

den sämmtlichen Stämmen des germanischen Nordens herrschte,
auch recht wohl denkbar, dass der in einem Lande erwachsene
Name in Liedern des anderen sich wiederfinde, wie denn
z. B. wirklich ein norwegisches Lied von Falkvord Lom-
mannsson bekannt ist.[1] — Nicht minder ist richtig, dass
der Ausdruck „*legifer*" in schwedischen Urkunden und Ge-
schichtswerken ständig den Lagmann bezeichnet, und dass
sich derselbe Sprachgebrauch hin und wieder auch in den
isländischen Annalen beobachtet zeigt; am Häufigsten in den
Annales regii (so zu den Jahren 950, 970, 985, 1002, 1004,
1031, 1034, 1054, 1063, 1066, 1072, 1075, 1076, 1084,
1108, 1117, 1123, 1135, 1139, 1146, 1156, 1171, 1181,
1201, 1210, 1215, 1219, 1222, 1232, 1236, 1248, 1251,
1252, 1253, 1259, 1263, 1267, 1268, 1269, 1271, 1272,
1290, 1292, 1294, 1296, 1302, 1307, 1319, 1320, 1341),[2]
aber auch in den Annalen der Hauksbók oder den sogenannten Annales vetustissimi (zu den Jahren 1271, 1272,
1283, 1303),[3] in den Annalen von Flatey (zum Jahre 1272),[4]
den älteren Annalen von Skálholt (zum Jahre 1300),[5] und
den Annalen von Hólar (zum Jahre 1307).[6] Nicht minder
ist auch richtig, dass dieselbe Bezeichnung in Dänemark
hin und wieder für denselben Beamten gebraucht wird,
welcher sonst zumeist „Landsdommer", d. h. Landrichter,
oder „rector placiti generalis" genannt wird. Wir wissen,
dass schon die zum jütischen Rechte gehörigen Artikel
Thord Degn's in ihrem älteren, lateinischen Texte mit den

---

1) Landstad, Norske Folkeviser, S. 297—302.
2) Bei Langebek, Script. rer. Danic., III, S. 33, 34, 35, 37,
41, 43, 44, 45, 46, 47, 49, 50, 51, 53, 54, 55, 58, 63, 65, 73, 77, 80,
82, 84, 90, 92, 97, 99, 100, 102, 105, 109, 110, 112, 119, 120, 121.
125, 127, 131, 135.
3) ebenda, II. S. 193, 195, 198.
4) Flbk. III, S. 538.
5) Nach Jón Sigurđsson, im Safn til sögu Íslands, II, S. 48.
6) ebenda, S. 54.

Worten beginnen: „Articuli et correctiones legis, quas Lithlæ
Thord Diæghen Nöriucie legifer composuit", [1]) während die
beiden dänischen Texte von „lillæ tord dyegens logh, som
lantz dommer war i nørræ iwtland", oder „lillæ tordh diegns
logh, som lantz domere wor uthi nørræ iwtland paa wig-
borgh lantz tingh" sprechen. [2]) Schon Kofod Ancher hat
auf diese Thatsache hingewiesen, [3]) und zugleich bemerkt,
dass nicht nur in Schweden der Lagmann ganz allgemein
als legifer bezeichnet werde, sondern auch der bekannte
dänische Schriftsteller Peder Laalle oder Lolle den Beinamen
„legifer", den er auf dem Titel seiner Sprichwörtersammlung
trägt, daher erhalten habe, dass er nach Arild Huitfeld's
Zeugniss „Landsdommer" in Halland gewesen sei. [4]) Später
ist auch J. Kinch in seiner vortrefflichen Arbeit über Thord
Degn's Artikel auf den Punkt zurückgekommen, [5]) während
Kofod Ancher die Gleichwerthigkeit der Ausdrücke: legifer,
Landsdommer und rector placiti noch anderweitig zu belegen
wusste. [6]) Aber diese Beamte, deren Arild Huitfeld schon zu
Anfang des 14. Jhdts. einige nennt, [7]) hatten mit der Stellung
des Gesetzsprechers, wie sie von Anfang an beschaffen ge-
wesen war, nicht das Mindeste gemein. [8]) Ursprünglich, wie

---

1) A a r s b e r e t n i n g e r f r a d e t K o n g e l i g e G e h e i m e a r k i v,
V, S. 31—32.

2) T h o r s e n, Die dem Jütischen Low verwandten Stadtrechte,
S. 251 und 261.

3) Samlede Skrifter, I, 675.

4) Danmarckis rigis Krønnicke, S. 834.

5) Samlinger til Jysk Historie og Topographie, II, S. 243 und
245, Anm. 1.

6) ang. O., II, S. 846.

7) ang. O., S. 374 und 375, dann 436.

8) Vgl. für das Folgende: Kofod A n c h e r, ang. O., II, S. 846
bis 854; K o l d e r u p - R o s e n v i n g e, Grundrids af den danske Retshistorie, § 187, II, S. 174; L a r s e n, Samlede Skrifter, I, 2, S. 238;
S t e m a n n, Den danske Retshistorie, S. 221; S t e e n s t r u p, Studier
over Kong Valdemars Jordebog, S. 33—35.

es scheint, über eine ganze Provinz gesetzt, während später,
in Jütland wenigstens, deren auch wohl mehrere neben einander auftreten, war der Landrichter lediglich auf die Rechts-
pflege beschränkt. Er pflegte sich am Ding einige Urtheils-
finder zu ernennen, mit denen er seine Urtheile gemeinsam
erliess, während er doch für diese Urtheile selbst haftbar
war; dabei wurde er vom Könige ernannt, und in Eid und
Pflicht genommen. Vor dem Anfange des 14. Jhdts. können
wir das Amt nicht nachweisen, und scheint dasselbe überdiess von Anfang an nur eine Nebenfunction gewesen zu
sein, welche den Inhabern grösserer Lehen innerhalb der
Provinz überwiesen zu werden pflegte; weit entfernt davon,
dass in demselben eine spätere Umbildung einer ursprünglich
demokratisch gestalteten Würde zu erkennen wäre, erscheint
dasselbe somit gerade umgekehrt als von Anfang an aus
dem Königsdienste herausgewachsen. Die gelegentliche Verwendung einer lateinischen Bezeichnung, welche anderwärts
für den Lagmann gebraucht wird, für jenen dänischen Beamten wird zu einem Schlusse auf die Identität beider
Würden kaum genügen können, da der einheimische Amtstitel, welcher doch zunächst der entscheidende sein müsste,
hier und dort ein durchaus verschiedener ist: ungleich näher
dürfte vielmehr die Vermuthung liegen, dass das dänische
Landrichteramt, von welchem die Rechtsquellen des 13. Jhdts.
trotz ihrer Ausführlichkeit ebensowenig wissen als die älteren
Geschichtswerke oder Urkunden, eben nur in seiner Beziehung
zur Landschaft und in seiner richterlichen Aufgabe genügende
Aehnlichkeit mit dem schwedischen Lagmannsamte in dessen
späterer Gestaltung gezeigt habe, um eine, immerhin nur
ausnahmsweise, Uebertragung der für dieses letztere ge-
bräuchlichen lateinischen Bezeichnung auf jenes erstere zu
ermöglichen. — Man hat freilich gemeint, schon für eine
weit ältere Zeit die Existenz dänischer Gesetzsprecher erweisen zu können. Rosenberg hat auf die Inschrift des

Snoldelev - Steines hingewiesen,[1]) welche einen Gunnvald
Hróaldsson als „*þulr á Salhaugum*" bezeichnet. Von
L. Wimmer, welcher dieselbe eingehend behandelt hat,[2])
wird sie jetzt dem Anfange des 9. Jhdts. zugewiesen,[3]) und
würde somit dieses Zeugniss, wenn beweiskräftig, in eine
sehr frühe Zeit zurückreichen; Joh. Steenstrup aber hat sich
nicht nur den Hinweis auf dasselbe angeeignet, sondern überdies auch noch zwei weitere Stellen herangezogen,[4]) deren
eine, irischen Quellen entnommen, von einem „*Sprecher*" der
Nordleute in Dublin Nachricht gibt,[5]) während die andere,
dem Saxo Grammaticus entlehnte,[6]) von „*seniores, quibus
pro rostris dicendi mos erat*" gelegentlich einer Versammlung
redet, welche dem Jahre 1158 angehörte. Aber diese letztere
Versammlung, welche nicht weit von Vordingborg bei der
zwischen Seeland und Falster gelegenen kleinen Insel Masned
gehalten wurde, war eine Heeresversammlung, so dass unter
den „seniores", welche hier das Wort zu führen pflegten,
nur erfahrene Kriegsleute verstanden werden können, nicht
aber Gesetzsprecher oder Landrichter, die mit dem Heer-
wesen als solchem nicht das Mindeste zu thun haben. Der
„Sprecher" der Nordleute in Dublin beruht auf einer zweifelhaften Ueberlieferung, und deren nicht minder zweifelhaften
Erklärung, während zugleich dahinsteht, ob derselbe mit
der dänischen Rechtsgeschichte überhaupt in Verbindung zu
bringen, und nicht vielmehr der norwegischen zuzuweisen
ist; in den Jahren 978—80, in welche die erwähnte Persönlichkeit fällt, sind eher norwegische als dänische Heermänner

---

1) Nordboernes Aandsliv, II, S. 82, Anm. 2; vgl. I, S. 97—98.
2) Aarbøger for nordisk Oldkyndighed og Historie, 1874, S. 227
bis 230; Die Runenschrift, übers. von Holthausen, S. 337—41.
3) Die Runenschrift, S. 335.
4) Normannerne, IV, S. 206.
5) ebenda, III, S. 146, Anm. 8.
6) S a x o, XIV, S. 499 (ed. Holder).

auf Irland und den Hebuden zu suchen. Endlich was unter
einem „þulr" zu verstehen sei, hat bisher noch Niemand
mit einiger Sicherheit zu ergründen vermocht;[1] immerhin
scheint indessen ebensowenig ein Gesetzsprecher als ein reli-
giöser Redner mit dieser Bezeichnung gemeint zu sein,
sondern eher ein fahrender Sänger und Spruchsprecher.
Damit verschwindet aber auch nach dieser Seite hin jeder
Anhaltspunkt für die Annahme eines Gesetzsprecheramtes in
Dänemark.

Endlich liesse sich allenfalls noch das Vorkommen von
Lagmännern auf den britischen Inseln, mit welchem sich
neuerdings Joh. Steenstrup in dankenswerther Weise beschäftigt hat,[2] benützen, um auf das ältere dänische Recht
Schlüsse zu ziehen, wenn nur dieses Vorkommen uns einigermassen klar vorläge, und überdies sich bestimmter erkennen
liesse, wieweit dasselbe durch angelsächsische oder keltische,
oder durch norwegische oder dänische Einflüsse bedingt sei.
Ich habe schon früher,[3] nach dem Vorgange Munch's,[4]
darauf aufmerksam gemacht, dass irische Annalen bereits im
10. Jhdt. unter den Heerleuten auf den *Hebuden,* dann in
Irland und *Schottland,* Lagmänner nennen, und dass das
Wort, von ihrem Amtstitel ausgehend, dort auch zur Verwendung als Eigenname gelangt ist; aber diese Lagmänner
dürften, ganz ebenso wie der vorhin erwähnte Sprecher der
Nordleute in Dublin, ganz ebenso ferner wie der um das
Jahr 1200 auf Caithnes unter der Oberhoheit der Jarle der
Orkneys nachweisbare Hrafn lögmaðr, dann die schon um
nahezu zwei Jahrhunderte früher auftretenden lögmenn oder

---

1) Auch nicht K. Müllenhoff, Deutsche Alterthumskunde, V,
S. 288, und fgg.

2) Normannerne, IV, S. 195—204, und 206—18.

3) Die Bekehrung des norwegischen Stammes zum Christenthume, I, S. 148; Das Alter des Gesetzsprecheramtes, S. 39—40.

4) Vgl. oben, S. 383, Anm. 4.

lögsögumenn der Faröer, für die norwegische Rechtsgeschichte, und nicht für die dänische in Anspruch zu nehmen sein. Weiterhin kommt ein *angelsächsisches Gesetz* in Betracht, nämlich die „Geraednes betweox Dûnsêtan", welche der ersten Hälfte des 10. Jhdts. anzugehören scheint.[1]) Dasselbe bestimmt, dass „12. lahmen scylon riht taecean Wealan and Ænglan, 6. Engliscne and 6. Wylisce", d. h. 12 „lahmen" sollen das Recht weisen den Wälschen und den Englischen, 6. englische und 6. wälsche. Als das Recht Weisende werden also hier die lahmen bezeichnet, und sie werden demgemäss im weiteren Verlaufe der Stelle für den Fall mit Strafe bedroht, dass sie falsches Recht weisen; aber damit ist noch keineswegs gesagt, ob ihnen nur die Rechtsweisung oder auch die Urtheilsfindung übertragen werden wollte, und ebensowenig gesagt, ob sie als Beamte oder als Schöffen betrachtet werden müssen, wenn auch die Möglichkeit ausgeschlossen ist, in ihnen Geschworene zu sehen.[2]) Ueberdies ist auch zu beachten, dass dieselben zu gleichen Hälften Wälsche und Engländer sein sollen, sodass ebensogut an wälsche wie an germanische Herkunft des Institutes gedacht werden kann, und sogar die weitere Möglichkeit offen bleibt, dass in dem-

---

1) Bezüglich des Alters dieses Gesetzes und der Gegend, für die es bestimmt war, vgl. R e i n h. S c h m i d, Die Gesetze der Angelsachsen, Einleitung, S. LXI—II (ed. 2), und S t e e n s t r u p, IV, S. 61—64.

2) Wie dies noch M i c h e l s e n, Ueber die Genesis der Jury, S. 168, und W o r s a a e, Minder om de Danske og Normaendene i England, Skotland og Irland, S. 210, gethan hat. Doch hat Letzterer später diese Ansicht aufgegeben, Den danske Erobring af England og Normandiet, S. 385, Anm., deren Unhaltbarkeit schon längst von P h i l l i p s, Geschichte des angelsächsischen Rechts, S. 209, Anm. 543, bemerkt worden war. H e r m a n n, Ueber die Entwicklung des altdeutschen Schöffengerichtes, S. 234, sieht in den lahmen Schöffen, wogegen S t e e n s t r u p, IV, S. 207—9 dahingestellt lässt, ob sie als Geschworene, Schöffen oder Lagmänner zu betrachten seien.

selben eine Neubildung vorliege, welche lediglich zu Zwecken
des internationalen Verkehres zwischen den beiden Grenz-
völkern geschaffen worden wäre. Endlich steht auch keineswegs fest, dass das Institut, wenn germanisch, gerade nord-
germanisch sein müsse. Allerdings nimmt Steenstrup dies
als feststehend an; aber sein einziger Grund hiefür ist der,
dass er bewiesen zu haben glaubt, dass das Wort lag oder
lagu erst von Dänemark aus nach England gekommen sei;[1]
diese Beweisführung scheint mir indessen nicht gelungen,
und speciell an der hier in Frage stehenden Stelle dürfte die
Bezeichnung Englan, Englisc sehr deutlich auf Engländer und
nicht auf Dänen hinweisen. Der „lagemanni“ oder „laga-
manni“ gedenken ferner auch die sogenannten *Gesetze
K. Edwards des Bekenners*,[2] und zwar bestimmen sie, dass
bei gewissen Verkaufsgeschäften, wenn sie in formell ille-
galer Weise abgeschlossen worden waren, von Gerichts wegen
„per lagemannos et per meliores homines de burgo vel hundredo vel villa“ nachgeforscht werden solle, wo der Käufer
sich aufhalte, welchen Rufes er geniesse, und ob er jemals
eines widerrechtlichen Verhaltens sich verdächtig gemacht
habe, worauf dann, wenn dieses Zeugniss günstig für den
Käufer ausfällt, dieser zum Reinigungseide darüber zugelassen wird, dass er sich keiner von seinem Verkäufer begangenen Widerrechtlichkeit bewusst sei, und nur in dem
Falle einer Strafe verfällt, wenn der von ihm benannte Verkäufer nicht zu finden war. Es scheint also, wenn der gute
Leumund des Besitzers einer gestohlenen Sache bewiesen ist,
zwischen dem Falle unterschieden werden zu wollen, da er
seinen Gewährsmann zu nennen weiss, und dem anderen,
da er dies nicht vermag; im ersteren Falle wird der als
Gewährsmann Benannte aufgesucht, und trifft den Besitzer

---

1) Normannerne, IV, S. 15—25.
2) Leges Edwardi Confessoris, 38, § 2, resp. 3, S. 518.

nur Strafe, wenn sich seine Angabe nicht als wahr erweist, wogegen er im letzteren Falle zu einem Eide über seinen guten Glauben an die Ehrlichkeit seines Gewährsmannes zugelassen wird; wie man aber auch hierüber denken mag, jedenfalls steht soviel fest, dass die „lagemanni" nicht, wie Steenstrup annimmt,[1]) zur Führung der Untersuchung über den Leumund des Beklagten berufen sind, sondern nur zur Ausstellung eines Zeugnisses über denselben. Die Bezeichnung „testari" wird ausdrücklich von ihrer Thätigkeit gebraucht, und sie werden sowohl von der „justitia" und dem „justitiarius", d. h. dem königlichen Beamten, welcher durch sie seine inquisitio betreibt, oder welcher hinterher den benannten Gewährsmann zu suchen hat, als von dem „judicium comitatus" unterschieden, durch welches dem Beklagten der Reinigungseid zuerkannt wird; ihre Stellung ist somit ganz dieselbe wie die der „yldestan 12. þegnas" im Concilium Wanetungense,[2]) wenn man diese Stelle anders mit H. Brunner[3]) auf ein von den 12 Männern zu erbringendes Leumundszeugniss bezieht, was ich trotz der von Steenstrup dagegen erhobenen Einwendungen[4]) für richtig halte. Sodann werden aber auch noch im *Domesdaybuche* wiederholt Lagmänner genannt, ohne dass sich doch deren rechtliche Stellung mit Sicherheit bestimmen liesse. Zunächst ist in Cambridge von „lagemanni" die Rede, welche eine „harieta", d. h. heregeatu, also ein Heergewäte an die Vicecomes zu entrichten hatten.[5]) In Lincoln sollen ferner zur Zeit K. Edwards „12. Lageman, id est habentes sacam et socam" gewesen sein, und unter K. Wilhelm dem Eroberer „totidem, habentes similiter sacam et socam";[6]) für die ältere wie für die jüngere Zeit werden dabei die Namen der zwölf Männer

---

1) Normannerne, IV, S. 213—14. 2) Æðelrêd, III, § 3, S. 212—14. 3) Die Entstehung der Schwurgerichte, S. 402—4. 4) ang. O., S. 209—16. 5) Domesdaybook, S. 189, Sp. a. 6) ebenda, S. 336, Sp. a.

genannt, und lässt sich daraus, dass in der zweiten Liste
wiederholt der Sohn als an die Stelle des Vaters getreten
bezeichnet wird, entnehmen, dass deren Stellung eine erb-
liche war. Endlich in Stamford sollen zur Zeit K. Edwards
ebenfalls „12 Lagemanni" gewesen sein, „qui habebant infra
domos suas sacam et socam, et super homines suos", von
denen aber zu K. Wilhelms Zeit nur noch 9 übrig waren.[1])
Ich lasse dahingestellt, ob, wie Steenstrup annimmt, mit
diesen Lagmännern auch die „12 judices" zusammen zu
bringen sind, welche in Chester genannt werden, und von
denen es heisst, sie seien „homines regis, et episcopi, et
comitis", sowie bei Strafe verpflichtet, im Hundred zu erscheinen,[2]) dann die „4 judices", welche in York auftreten,
und zwar als Leute, welche „consuetudinem", d. h. ihre
eigene Jurisdiction, als Geschenk des Königs „per suum
breve et quamdiu vivebant", besassen.[3]) Ebensowenig lasse
ich mich auf die Frage ein, ob jener „Turgod lag", welcher
unter den Leuten genannt wird, „qui habuerunt sacam et
socam, et thol et thaim, et omnes consuetudines",[4]) und
welchen Steenstrup auch in Urkunden aus der Mitte des
11. Jhdts. nachgewiesen hat,[5]) zu diesen 4 judices von York
gehörte oder nicht, nur dass ich bemerken muss, dass dessen
Beiname doch kaum, wie Steenstrup meint, mit seiner Eigenschaft als Lagmann zusammen gehangen haben kann. Da,
wie oben bereits bemerkt,[6]) Lagman im Domesdaybuche
selbst als Eigenname vorkommt, könnte das Vorkommen
desselben oder eines ähnlichen Wortes als Beinamen nicht
auffallen; aber altnordische Namenbildungen wie z. B. Laga-
Eiðr, Laga-Úlfljótr, dann Lög-Bersi, würden eher ein Laga-
þorgautr oder Lög-þorgautr als þorgautr lag erwarten lassen,
und somit möchte ich eher an das Beiwort lágr, d. h. niedrig,

---

1) ebenda, S. 336, Sp. d.   2) ebenda, S. 262, Sp. d.
3) ebenda, S. 298, Sp. a.   4) ebenda, S. 298, Sp. c.   5) Normannerne, IV, S. 196, Anm. 5.   6) Siehe oben, S. 382, Anm. 5.

klein denken, und den þórðr lági þorláksson in der Ólafs s.
hins helga heranziehen, womit auch die Genitivform „þur-
gôdes lagen" in einer Urkunde[1]) stimmt, möge man dieselbe
nun als „lages" oder „lagan" fassen. Möge man übrigens
jene Identität der Lagemanni mit den judices annehmen oder
nicht, so wird man doch an der Hand der obigen Stellen
zu keinem anderen Ergebnisse gelangen können als zu dem,
dass unter ihnen Grundbesitzer zu verstehen seien, welche
ihre eigene Immunität hatten, und in Folge dessen einerseits
ein Heergewäte an ihren Lehnsherrn zu geben, und andererseits auch in den Versammlungen des Hundreds sich einzufinden verpflichtet waren. Mit den lagemanni der Gesetze
Edwards des Bekenners dürfen die des Domesdaybuches wohl
unbedenklich als identisch betrachtet werden, da ja der Natur
der Sache nach die Immunitätsherrn des Bezirkes ebensowohl
wie die übrigen „meliores homines de burgo, vel hundredo,
vel villa" zur Abgabe eines Zeugnisses über das Wohlver-
halten ihrer Bezirkseingesessenen berufen sein mussten; dagegen fehlt jeder Anhaltspunkt für die Annahme, dass diese
englischen Lagmänner irgend Etwas mit den Gesetzsprechern
des Nordens zu thun gehabt haben. Die blose Gleichheit
des Namen genügt jedenfalls noch nicht, um einen solchen
Schluss zu begründen. Es wurde bereits gelegentlich bemerkt,[2]) dass in isländischen Quellen der Ausdruck lögmaðr
nicht selten einfach den rechtskundigen Mann als solchen
bezeichnet; in Helsingelagen heisst laghmaþer oder laghman
derselbe Beamte, welcher in Upland und den übrigen nord-
schwedischen Provinzen den Titel domari, d. h. Richter
führt;[3]) im Kirchenrechte der Landschaft Schonen steht der
Ausdruck laghman oder laghaman als Bezeichnung für jeden
glaubhaften Mann, welcher eben darum als Eidhelfer ver-

---

1) Kemble, Cod. diplom. nr. 956, in Bd. IV, S. 291.
2) oben, S. 383, Anm. 6.
3) Schlyter, Corp. jur., Bd. VI, Glossar, S. 162.

wendbar ist,[1]) und auch in den dänischen Rechtsquellen des
16. Jahrhunderts werden die Eidhelfer als „Laugmænd“ oder
„Lovsmænd“ bezeichnet.[2]) Die Bezeichnung liess sich eben
an und für sich ganz gleichmässig auf alle und jede Leute
anwenden, welche in der einen oder anderen Richtung mit
Gesetz und Recht zu thun, oder Gesetz und Recht zu erfüllen haben; und sie konnte eben darum an verschiedenen
Orten und zu verschiedenen Zeiten ganz wohl in durchaus
verschiedenem Sinne verwendet werden.

Zum Schlusse ist noch eine letzte Stelle einer angelsächsischen Rechtsaufzeichnung in Betracht zu ziehen, in
welcher man eine Spur eines Rechtsvortrages zu finden
geglaubt hat, und welche uns somit zu dem Punkte zurück-
führt, von welchem diese Untersuchung ihren Ausgang genommen hat. Dieselbe lautet:[3]) „Ealle we sculon æne God
lûfian und wurðian, and æne cristendôm georne healdan,
und ælcne hæðendôm mid ealle âwurpan. And we willað,
þæt landceâp, and lahceâp, and witword, and getrŷwe gewitnes, und riht dôm, and fulloc, and frumtalu fæste stande,
and drinceleân, and hlâfordes riht gifu, and hûru ân cristendôm, and ân cynedôm æfre on þeôde“, oder nach R. Schmid's
Uebersetzung: „Wir Alle sollen einen Gott lieben und ver-
ehren und ein Christenthum gern bewahren und alles Heidenthum gänzlich von uns werfen. Und wir wollen, dass Landkauf und Inlagation und der Spruch der Witan und wahr-
haftes Zeugniss und gerechtes Urtheil und Taufe und
„Frumtalu“ feststehen, und Trinklohn und rechte Herrengabe, und (vorab) ein Christenthum und ein Königthum stets
im Volke.“ Da ist es nun die von R. Schmid unübersetzt
gelassene „frumtalu“, welche J. Steenstrup mit dem Rechts-

---

1) ebenda, Bd. IX, Glossar, S. 564.
2) Kofod Ancher, Samlede Skrifter, II, S. 828; Kolderup-
Rosenvinge, Dissertatio de usu juramenti, II, S. 3.
3) Northh. Priestergesetz, 67, S. 370.

vortrage des Gesetzsprechers in Verbindung bringen will,[1]) während er an einer früheren Stelle sowohl, welche sich eingehend mit der vorliegenden Bestimmung beschäftigt, als an einer späteren, nur beiläufig auf sie zurückgreifenden zwischen dieser Deutung des Wortes und seiner Beziehung auf das Verdict einer Jury schwankt.[2]) Aber weder für die eine noch für die andere Auslegung des Ausdruckes lässt sich ein befriedigender Beweis erbringen. Schmid bemerkt in seinem Glossare, dass das Wort nach Lye „prima testium dicta, prima delatio" bedeute; aber Lye führt als Beleg für das Wort eben nur unsere Stelle an. und hat dessen Bedeutung offenbar nur der noch älteren Angabe Somners entnommen: „fortasse, prima testium dicta: non autem eorundem aut aliorum secunda testimonia, ob metum subornationis: nisi quis malit, prima delatio, vel accusatio: non immutata scil. sed eadem qua primo forma". Das Glossar zu Thorpe's Ausgabe der Gesetze schreibt hinwiderum, wie Schmid, nur Lye aus, und um Nichts weiter bringt uns, wenn, unter Berufung auf unsere Stelle, Ettmüller die Bedeutung „accusatio prima", oder die neue, von Northcote Toller besorgte Ausgabe Bosworth's die Erklärung: „first words of witnesses, first accusation; prima testium dicta, prima delata" gibt. Alle diese Erklärungen sind offenbar nur aus dem Versuche hervorgegangen, das lediglich an unserer Stelle begegnende Wort aus sich heraus zu deuten; da dasselbe aus talu, d. h. Rede. und frum zusammengesetzt ist, welches soviel wie ursprünglich, erstlich, hauptsächlich bedeutet, kann frumtalu in der That nur je nachdem die erste Rede, ursprüngliche Rede oder Hauptrede bezeichnen, wobei zu errathen bleibt, wer der Redende, und welches der Anlass, Inhalt und Zweck der Rede sei. Uebrigens ist zu beachten, dass das Beiwort

---

1) Normannerne, IV, S. 204.
2) ebenda, S. 191—92, und S. 217, Anm. 1.

frum in ganz derselben Bedeutung auch im Altnordischen
sehr häufig zu Zusammensetzungen verwendet wird, und dass
es somit nicht zulässig ist, wenn Steenstrup an nordische
Zusammensetzungen mit fram, wie framtelja, framsegja,
framsögn anknüpfen will. Gewährt uns hiernach die sprachliche Deutung des Wortes keine bestimmte Auskunft über
dessen technische Geltung, so lässt sich auch aus dem Zusammenhange unserer Stelle keine solche gewinnen. Dieselbe beginnt mit einem Gebote des Festhaltens an einem
Gotte und einer Kirche, und des Verwerfens alles Heiden-
thumes, welches ganz gleichlautend in derselben Quelle bereits
an einer früheren Stelle ausgesprochen worden war;[1]) dann
aber lässt sie eine Zusammenstellung der verschiedenartigsten
Dinge folgen, welche sämmtlich unverbrüchlich gehalten
werden sollen, ganz wie eine solche in etwas kürzerer Fassung
auch im Concilium Wanetungense,[2]) und in noch kürzerer
in den Gesetzen K. Knúts[3]) wiederkehrt. „Drinceleân and
hláfordes riht gifu" werden von K. Knút ganz wie an
unserer Stelle zusammengestellt, und auch im Conc. Wanet.
wird wenigstens die „hláfordes gifu, þe he on riht áge to
gifanne" erwähnt: Steenstrup hat aber bereits mit vollem
Rechte darauf aufmerksam gemacht,[4]) dass auch in den
norwegischen Gulaþíngslög das „heiðlaunat fè" und das vom
König als „drekkulaun" gegebene zu den Ländereien gezählt
werden, die als óðal oder Stammgut gelten,[5]) sodass also
unter der Herrengabe nach den Worten der jüngeren Edda:[6])
„heiðfè heitir máli ok gjöf, er höfðingjar gefa", dasjenige
zu verstehen ist, was der Dienstherr seinem Dienstmanne an
Lohn oder Gabe gibt, während ich unter dem Trinklohne
das Ehrengeschenk verstehen möchte, mit welchem der König
ein für ihn abgehaltenes Gastmahl vergilt, wie denn auch

---

1) Northh. Priestergesetz, 47, S. 368.   2) Æðelrêd,
III, 3, S. 212.   3) Cnût, II, 81, S. 314.   4) Normannerne, IV,
S. 186—87.   5) GþL. 270, S. 91.   6) Skáldskaparm., 58, S. 458.

die alte lateinische Uebersetzung der Gesetze Knúts das Wort
durch „retributio potus" wiedergibt. Weiterhin nennt unsere
Stelle „witword, and getrẏwe gewitnes, and riht dôm" zusammen, und auch im Conc. Wanet. stehen wenigstens „witword and gewitnes" neben einander. Mit Steenstrup[1] halte
ich dafür, dass Schmid's Uebersetzung von witword durch
„Wort der Witan", obwohl auch H. Brunner ihr folgt,[2]
schon aus sprachlichen Gründen unzulässig ist, und dass man
vielmehr an das schwedische vitorþ, vitsorþ zu denken hat,
welches das Recht auf die Beweisführung, den Beweis, dann
den erweislichen Anspruch bezeichnet; insoweit also ist es
nur das gerechte Urtheil, das getreuliche Zeugniss und der
erweisliche Besitztitel, was als unabänderlich bezeichnet
werden will. Wenn ferner „landceâp and lahceâp" in
unserer Stelle zusammengestellt werden, und im Conc. Wanet.
gleichfalls „landcôp" und „lahcôp", wenn auch von einander
getrennt, auftreten, so bin ich auch wieder geneigt, abweichend von früheren Auslegern Beides auf das Wieder-
einkaufen in den Landfrieden und das Recht zu beziehen,
wie dies Steenstrup gethan hat.[3] Dagegen kann ich unter
fulloc nicht mit Steenstrup „ful log", d. h. volles Recht,
Erfüllung des Rechts verstehen,[4] da die ags. Bezeichnung
für Gesetz nicht loc oder log, sondern lagu, lag oder lah
lautet, wie denn auch in der hier fraglichen Quelle nur von
lahslite,[5] godes lage ođđe folc-lage,[6] rihte lage,[7] und dem

---

1) ang. O., S. 188—90.

2) Zur Rechtsgeschichte der römischen und germanischen Urkunde, S. 189, Anm. 3.

3) ang. O., S. 192—95. Bezüglich des lagbköp des schles-
wiger Stadtrechts und einiger verwandter Rechte vgl. jetzt auch
Hegel's Abhandlung in den Sitzungsberichten der kgl. Preussischen
Akademie der Wissenschaften, 1887, S. 237—56.

4) ang. O., S. 190—91.

5) North. Priestergesetz, 20—22, S. 366. 51—54, S. 368.

6) ebenda, 46, S. 368.   7) ebenda, 66, S. 370.

eben besprochenen labceâp gesprochen wird; ich möchte
demnach das Wort lieber mit den älteren Auslegern gleich
fulluht, fulwiht nehmen und auf die Taufe beziehen, oder
auch, wenn dies als sprachlich allzu bedenklich erscheinen
sollte, daran erinnern, dass Ettmüller, S. 193 aus dem Evang.
Nicod. 14 loc in der Bedeutung von „foedus" nachgewiesen
hat. Aus der Zusammenstellung aber mit Landkauf und
Rechtskauf, Zeugniss und Urtheil, Trinklohn und Herrengabe, dann Taufe, Christenthum und Königthum lässt sich
schlechterdings nicht erschliessen, was unter der frumtalu zu
verstehen sein möge: indessen dürfte sich immerhin wenigstens soviel mit Bestimmtheit behaupten lassen, dass sie unmöglich den Rechtsvortrag eines Gesetzsprechers bezeichnen
könne: einem solchen volle Rechtsbeständigkeit zuzusichern
wie dem gerechten Urtheile und dem zuverlässigen Zeugnisse, konnte Niemanden einfallen, der nicht dem Gesetzsprecher die gesetzgebende Gewalt selbst einräumen wollte,
die ihm doch sicherlich nirgends im Norden zukam.

Auch aus englischen Quellen lässt sich demnach meines
Erachtens kein Anhaltspunkt für die Annahme gewinnen,
dass das Gesetzsprecheramt dem älteren dänischen Rechte
bekannt gewesen sei, und erscheint diese Annahme somit
für die Zeit, für welche uns literarische Denkmäler zu Gebote stehen, als unerweislich und wenig wahrscheinlich.
Damit ist indessen selbstverständlich die Möglichkeit keineswegs ausgeschlossen, dass jenes Amt in einer weit hinter
der Entstehung unserer Rechtsbücher zurückliegenden Zeit
dennoch auch in Dänemark bestanden haben könnte. Einige
Runeninschriften, welche theils dem Anfange des 9. Jahrhunderts, theils etwa dem Jahre 900 anzugehören scheinen,
nennen uns einen Hróulfr Nóragoði, dann einen Áli Sölva-
goði in Dänemark,[1]) während unsere literarischen Denkmäler

---

1) Vgl. Wimmer, Die Runenschrift, S. 341—46, über den Stein
von Helnæs, S. 347—52, über den von Flemlöse, und S. 359—69, über
den von Glavendrup.

höchstens in ein paar Beinamen an die Existenz von Goden
in diesem Lande erinnern; warum sollten da nicht auch
Lagmänner in uralter Zeit dort gelebt haben können, deren
Function hier nur früher und vollständiger als anderwärts
erloschen wäre?

3

DIE EINTHEILUNG

DER ÄLTEREN FROSTAÞINGSLÖG

VON

KONRAD MAURER

KRISTIANIA
GRØNDAHL & SØNS BOGTRYKKERI
1887

Særskilt Aftryk af Historisk Tidsskrift, 2. Række, 6. Bind.

DIE EINTHEILUNG DER ÄLTEREN FROSTAÞINGSLÖG.

Durch die „Tübinger Bruchstücke der älteren Frosta-
pingslög", welche Ed. Sievers kürzlich in einem Programme
herausgegeben hat,[1] ist die Frage nach der ursprünglichen
Eintheilung der Frostaþingslög und den Veränderungen,
welche sie mit der Zeit erlitten hat, neuerdings angeregt
worden. Als einziger Stützpunkt für alle einschlägigen
Untersuchungen hatte bis zur Veröffentlichung jener Bruchstücke, neben dem Inhalte des Rechtsbuches selbst, eine
kurze Notiz gedient, welche sich im Cod. Resen. am
Schlusse der sogenannten Einleitung noch vor dem Rechtsbuche selbst eingeschoben findet. Von ihr ausgehend, hatte
man bisher,[2] und hatte insbesondere auch ich in meiner

---

[1] Tübingen, 1886.
[2] z. B. Fred. Brandt, Forelæsninger over den norske Retshistorie,
I, S. 26; vgl. S. 23, 24.

1*

Abhandlung über „die Entstehung der älteren Frostaþingslög",[1] S. 21 u. fg., dann in meinem Artikel „Gulaþingslög"[2]
S. 10 u. 19—20 angenommen, dass das Rechtsbuch ursprünglich gleich den Gulaþingslög sich in grössere Abschnitte getheilt habe, welche als bŏlkir bezeichnet wurden
und je ein bestimmtes Rechtsgebiet behandelten, wogegen
dann später, etwa im Jahre 1244, die uns vorliegende
Abtheilung in 16 Theile jene ältere verdrängt habe. Jetzt
dagegen tritt zu jenem ersteren noch ein zweiter Anhaltspunkt in der eigenthümlichen Eintheilung der Tübinger
Fragmente, welche sich allenfals mit jener Notiz des Resen.
in Verbindung bringen lässt, wie dies ihr Herausgeber
wircklich gethan hat, indem er die Vermuthung aufstellt,
dass diese eigenthümliche Eintheilung gerade diejenige sei,
welche durch die spätere Zerlegung in 16 Theile beseitigt
wurde. Die Prüfung dieser neuen, von ihrem Urheber in
sehr scharfsinniger Weise begründeten Ansicht erfordert
aber eine gesonderte und eingehende Betrachtung der
beiden zur Verfügung stehenden Behelfe.

Der Codex Resenianus, auf welchem alleinn alles
beruht, was in der Ausgabe der FrþL.[3] ihrem Christenrechte vorangeht, ist bekanntlich im Jahre 1728 verbrannt,
und kennen wir dessen Text nur aus späteren Papierab-
schriften; aber zum Glück liegt gerade für den hier fraglichen Theil desselben eine eigenhändige Abschrift Árni
Magnússon's vor, welche bis zu FrþL. II, 7 reichend, jetzt
durch G. Storm's Verdienst allgemein zugänglich geworden

---

[1] in den Abhandlungen der Münchener Akademie d. W., I. Classe,
XIII. Bd. (1875).
[2] in der Allgemeinen Encyklopädie der Wissenschaften u. Künste,
I. Sec., Bd. 97 (1878).
[3] Norges gamle Love, I, S. 121—258.

ist[1] und welche, sogar die Schriftzüge ihres Originales nachahmend,[2] sicherlich als ein getreues Abbild des letzteren gelten darf. In dieser Handschrift nun lautet die hieher gehörige Stelle folgendermassen:[3] „Her hefr upp ok seggerr i hverso marga stade Frostoþings bok err skift Boe þesse er a ero scyrð Frosta þings log hofum ver skift i 16 stade ok hefer huerr lutr þa bolku i sér er nokkor likendi hefer hverr við annan efter þui er ver mattum næst þessom hetti gætta. sua at eigi brygði hinni forno skipan er a Frostaþingsbok heferr verit. En fyrr hofum vær bokinne skift i fleiri stade. ok greint þat lutanna a medal sem ver mattum af huerio emni huerr er. at þeim vere auduelldra at finna þa sem þeir villdi er aðr er skipan okunnig a bok ok eigi vittu huar huærkis skulo leitta ok skyrer nu i anndværðu af huerio æmni huerr lutrinn err. En sipan grænir in capitulis huern bolk efter annan. bæði æmni ok skipan er i hueriom lut er. ok finnz sua i bokinne fræmme. sem her er skipað in capitul." Damit bricht die Handschrift ab, und bemerkt Árni: „her vantar j blad i pergamentzb:", worauf dann die Handschrift mitten in der Dingordnung wider beginnt.

Wir ersehen aber aus dieser Angabe zunächst. dass die Zerlegung des Rechtsbuches in 16 Theile, wie sie dessen sofort folgende Text wirklich zeigt, eine Neuerung war, welche eine frühere, andere Eintheilung desselben verdrängte. Für die neuen Abtheilungen gebraucht dabei die Stelle die Bezeichnungen „stadir" oder „hlutir". und die letztere Bezeichnung wird auch sonst für dieselben

---

[1] Norges gamle Love. IV, S. 19—30.
[2] vgl. ebenda, S. 489—90.
[3] ebenda, S. 25.

gebraucht, sowohl in Resen. selbst,[1] als auch in AM. 60
in 4to in der Überschrift zu FrþL. III und den Seiten-
überschriften dieses Buches,[2] dann in Fragm. II für Theil
4, 5, 7, 8, 9, 10 u. 14,[3] in Fragm. III für den 4ten[4] und
in Fragm. IV für den 6ten Theil.[5] Für die älteren Abschnitte dagegen, in welche das Rechtsbuch vor der Durchführung der Neuerung zerfallen war, gebraucht unsere Stelle
die Bezeichnung „belkir“, und zwar verwendet sie diese
Bezeichnung zweimal sehr bestimmt im Gegensatz zu jenen
anderen Bezeichnungen für die ältere Eintheilung gegenüber der neueren. Sodann wird aber auch angegeben, in
welcher Weise bei der Ersetzung der älteren Eintheilung
durch die neuere verfahren worden sei, und werden die
Gründe mitgetheilt, welche für die Neuerung bestimmend
gewesen waren. In der ersteren Beziehung wird uns gesagt, dass man, um die frühere Anordnung des Rechtsbuches möglichst wenig zu verändern, jedem hlutr nach
Thunlichkeit diejenigen belkir zugewiesen habe, welche
unter einander einige Aenlichkeit zeigten. In der zweiten
Richtung dagegen wird erklärt, dass, damit der Unkundige
im Rechtsbuche sich um so leichter zurecht finden könne,
dieses in zahlreichere hlutir getheilt, und am Anfange angegeben worden sei, welchen Inhaltes jeder einzelne hlutr
sei, während sodann innerhalb jedes hlutr eine Eintheilung eines bolks hinter dem andern in Capitel durchgeführt, und am Anfange des Buches verzeichnet sei,
wie es sich mit den Capiteln eines jeden Theiles ver-

---

[1] siehe die Überschrift zu FrþL. VII. IX, X und XIII.
[2] Norges gl. Love, 1, S. 146, Anm. 9.
[3] ebenda II, S. 501, 504 u. 505, 506, 507 u. 509, 510, 511, 513
u. 514; dass dabei die Ziffern theilweise nicht klappen, ist hier
gleichgültig.
[4] ebenda, II. S. 517.
[5] ebenda, S. 520.

halte. Ob man, wie ich früher vorgeschlagen hatte, für
„en fyrr hofum vær bókinne skift i fleiri staðe" emendiren
will „fyrir þvi", um dadurch einen bestimmteren Hinweis
auf das Motiv bei der Neuerung zu gewinnen, oder ob
man, an der handschriftlichen Lesart festhaltend, das-
„fyrr" mit dem später folgenden „en siðan" zusammenbringen, und damit einen schärferen Gegensatz des zunächst
gegebenen Verzeichnisses der hlutir und des später nachfolgenden Verzeichnisses der Capitel der einzelnen hlutir erhalten will, ist für den Sinn der Stelle gleichgültig, da so wie
so jene Motivirung sowohl als dieser Gegensatz klar genug
ausgesprochen bleibt; im einen wie im anderen Falle wird
man, was übrigens auch Sievers anerkennt, [1] von dieser
Stelle alleinn ausgehend kaum zu einer anderen als der
bisher angenommenen Auslegung gelangen können. Während nämlich die Ausdrücke „staðr" und „hlutr", beide ganz
gleichmässig „Theil" bedeutend, sonst nirgends als technische Bezeichnung bestimmter Abschnitte von Rechtsbüchern vorkommen, [2] und auch an unserer Stelle selbst
durch ihren wechselnden Gebrauch die Neuheit ihrer Anwendung zu erkennen geben, steht die Sache anders bei
dem Ausdrucke „bálkr" oder „bölkr". Von manchen
anderen nachweisbaren Bedeutungen desselben abgesehen,
kommt derselbe vor als Bezeichnung von Gedichten, wie
deren ein Sigurðarbálkr des Ívarr Ingimundarson, [3] dann
ein Vikarsbálkr des Starkaðr erwähnt wird; [4] noch häufiger

---

[1] ang. O., S. 35.

[2] Eine gleich zu besprechende Stelle im Prolog des gemeinen
Landrechts, S. 8, kommt nicht in Betracht und ist überdies
doch wohl den FrþL. entlehnt.

[3] Heimskr., Haralds s. gilla, ¹⁴/₇₁₉ und FMS VII. ¹⁷/₁₀₀; in der
Morkinskinna, S. 201, steht dafür „kvaði".

[4] Gautreks kgs s., ⁷/₈₆: „þá orti Starkaðr kvæði þat, er heitir
Vikarsbálkr".

aber, was uns hier näher berührt, als Bezeichnung ein-
zelner Stücke eines Rechts- oder Gesetzbuches. In diesem
Sinne bieten bereits die GþL. die Überschriften:[1] „hinn
fysti bolkr bókar þessarar er um kristinsdoms halld várt“,
„hér hefr Kaupabolk“, „Landsleigubolkr“, „hér hefr upp
Erfðabolk“, „hér hefr upp Þjófabolk“, „hér hefr upp
Útgerðarbolk“, woneben freilich auch wider ganz anders
gebildete Überschriften auftreten, wie z. B. „Kvennagiftir“,
„Leysingslög“, „hér hefr upp Oðalsbrigði“[2] u. dgl. m.
Ebenso bezeichnet sich das Christenrecht der BþL. in
der Überschrift seiner ersten und dritten Recension als
„Kristinnbolk“ oder „Kristinsdómsbolk“, während die
zweite am Anfange defect ist,[3] gleich wie auch in den
EþL. jede Überschrift fehlt. Unter den späteren Quellen
trägt zwar das sog. Christenrecht K. Sverrirs, oder vielmehr der ihm in der Hs. voranstehende Erlass dieses
Königs und seiner Bischöfe, eine Überschrift, welche dasselbe als „Kristinsdómsbolk“ bezeichnet; aber diese Überschrift beruht, wie ich anderwärts nachgewiesen habe,[4]
lediglich auf einer völlig unbegründeten Conjectur eines
Abschreibers, und macht demnach möglicherweise nur für
den Sprachgebrauch zu Anfang des 14. Jahrhunderts Beweis, aus welchem die Handschrift stammt.[5] Die beiden
Christenrechte des K. Magnus Lagabœter geben keine
Ausbeute; dagegen theilt sich das gemeine Landrecht
dieses Königs wider in „bolkir“, und zwar geht in diesem
ein Þingfarabolkr voran, welcher jedoch als noch nicht
eigentlich zum Gesetzbuch gehörig bezeichnet wird, dann

[1] GþL. 1, 34, 72, 103, 253, 295.
[2] ebenda, 51, 57, 265.
[3] Am Schlusse steht in gleichem Sinne nur „Kristinréttr“ oder „Kristindómr“, BþL. I, 18; II, 26.
[4] in K. Bartsch's Germanistischen Studien, I, S. 58 u. 69—70.
[5] vgl. Norges gamle Love, IV, S. 569.

aber folgt, als „fyrsti hlutr bókarinnar" bezeichnet,[1] der
Kristinsdómsbolkr, der Útfarabolkr oder Landvarnarbolkr,
Mannhelgi oder der Mannhelgarbolkr, Erfðatal und Kven-
nagiptingar, Landabrigði, der Landsleigubolkr, Kaupa-
bolkr und Þjófabolkr. worauf dann mit den Réttar-
bœtr geschlossen wird. Wesentlich dieselbe Eintheilung,
wenn auch mit einzelnen Abweichungen, kehrt auch im
gemeinen Stadtrechte und in der Jónsbók wider. während
in der Járnsiða eine ähnliche Eintheilung zwar durchgeführt, aber durch keine Überschriften bezeichnet ist;[2]
ja sogar das Christenrecht Erzb. Jóns bezeichnet sich
wenigstens in der Überschrift einer Handschrift als
„Kristinsdómsbolk". Ich füge noch bei, dass in den
Rechtsbüchern des isländischen Freistaates zwar die Bezeichnung „þáttr" die ungleich häufigere ist, aber doch das
Armenrecht sowohl in der Konúngsbók und Staðarhólsbók,
als in AM. 125 in 4to[3] die Überschrift „Ómagabálkr" trägt;
wenn nicht nur in der letztgenannten Handschrift auch noch
ein Kaupabálkr, Búnaðarbálkr, Rekabálkr und Kristins-
dómsbálkr erwähnt wird,[4] sondern auch die Überschrift in
AM. 158 B in 4to neben einander Kristinnrétt und Kristinsdómsbálk nennt,[5] so ist freilich darauf nicht viel Werth
zu legen, weil auf diese Handschrift möglicherweise der
Sprachgebrauch der späteren Gesetzgebung Einfluss geübt
hat. Nicht minder ist aber auch zu beachten, dass, mit
Ausnahme nur von Gotlandslagen, dem älteren Stadtrechte
und dem Stadtrechte von Wisby, die sämmtlichen älteren
schwedischen Rechtsbücher, und ebenso noch die gemeinen

---

[1] vgl. oben S. 7, Anm. 2.
[2] Auch nicht in AM. 125 in 4to; Finsen, III, S. 467—73.
[3] Finsen, III, S. 416.
[4] ebenda, S. 424, 435, 440 u. 442.
[5] ebenda, S. 193.

Landrechte der Könige Magnus Eriksson und Kristoffer,
sammt dem gemeinen Stadtrechte des ersteren, ja noch
das allgemeine Gesetzbuch von 1734, die Eintheilung in
„balker" oder „bolker" kennen, und dass dieselbe Bezeichnung in der älteren schwedischen Literatur auch für die
Abschnitte nicht juristischer Werke, wie z. B. „Konnunga
Styrilse" gebraucht wird.[1] Aus allen diesen Behelfen wird
man den Schluss ziehen dürfen, dass die Bezeichnung
bálkr für die Abschnitte grösserer Werke überhaupt, und
insbesondere für die Abschnitte von Rechts- und Gesetzbüchern im Norden schon frühzeitig weit verbreitet gewesen sei. Dabei hat aber Schlyter bereits die feine Bemerkung gemacht,[2] dass der Ausdruck, obwohl für die
Abschnitte eines Rechtsbuches gebraucht, doch ursprünglich nicht den Theil eines grösseren Ganzen, sondern
vielmehr ein Ganzes bezeichne, welches, aus verschiedenen
Theilen bestehend, diese zu einer höheren Einheit zusam-
menfasse. Hiefür spricht denn auch der bereits erwähnte
und belegte Gebrauch des Wortes zur Bezeichnung von
Gedichten, welche doch nicht als Theil eines grösseren
Ganzen den Namen tragen können, sondern nur als eine
aus mehreren Strophen bestehende Einheit, wie denn Möbius ganz richtig an einen „vísnabálk" denkt;[3] nicht minder aber auch der Gebrauch des Wortes für eine Schaar
von Menschen,[4] wie er zumal in Zusammensetzungen wie
ættbálkr, frændbálkr, herbálkr zu Tage tritt. Da werden
wir uns nun daran erinnern dürfen, dass auf Island dem
Gesetzsprecher die Pflicht oblag, alljährlich am ersten
Freitage der Dingzeit am Alldinge die Dingordnung vor-

---

[1] siehe K. F. Söderwall, Ordbok, S. 76, h. v.
[2] Glossarium, S. 58, h. v.
[3] Glossar., h. v., S. 28.
[4] Hrafns s. Sveinbjarnarsonar, 17/667.

zutragen, alle übrigen Rechtsabschnitte dagegen einmal
während je drei Jahren, wobei ihm überlassen blieb zu bestimmen, welche Abschnitte er in jedem einzelnen Jahre, und
an welchem Tage der Dingzeit er sie zum Vortrage bringen
wollte;[1] dass ferner der schwedische Lagmann seinen Rechtsvortrag aller Wahrscheinlichkeit nach ebenfalls zumeist auf
mehrere Jahre zu vertheilen pflegte, da es als etwas Ungewöhnliches bezeichnet wird, dass in einem einzelnen Falle
das gesammte Recht an einem einzigen Tage zum Vortrage
gelangte.[2] Auf Island sowohl als in Schweden wurden
somit die Rechtsvorträge stückweise gehalten, und in Norwegen wird doch wohl dasselbe gegolten haben, da auch
hier ziemlich deutliche Spuren auf die Haltung von Rechtsvorträgen durch die Lögmänner hindeuten;[3] als dann später
im Anschlusse an diese Vorträge das geltende Recht aufgezeichnet wurde, verstand sich von selbst, dass die bisher
einzeln vorgetragenen Rechtsmaterien nunmehr ebenso viele
Abschnitte des neuen Rechtsbuches wurden. So nennt
uns die Vorrede zu ULL. als den ersten Meister des ober-
schwedischen Rechts den Viger spa und seine laghsaga;[4]
dieselbe Vorrede aber zeigt, indem sie „Vigers flokkar“
als eine der Quellen des Rechtsbuches nennt,[5] dass sein
Recht in mehreren getrennten Abschnitten umlief, und
wenn K. Birgir in seinem Promulgationspatente zu demselben Rechtsbuche von „legibus per plura dispersis volu-
mina“,[6] oder im schwedischen Texte von Gesetzen, „sum

---

[1] vgl. meine Schrift über „das Alter des Gesetzsprecheramtes in
  Norwegen“, S. 6.
[2] ebenda, S. 12—13.
[3] ebenda, S. 30—31.
[4] ULL. Praefatio, S. 6—7.
[5] ebenda, S. 6.
[6] ebenda, S. 1; die Wortfassung ist freilich aus P. Gregors IX

ströningium hafþus i fleram flokkum", spricht,[1] so wird
man unbedenklich diese stückweise Aufzeichnung mit jener
stückweisen Entstehung in Verbindung bringen dürfen.
Wann ferner Ari fróði, von der ersten Aufzeichnung des
isländischen Rechtes sprechend, den Ausdruck braucht:[2]
„þá vas scrifaþr Vigslöþi oc margt annat í lögom", so
wird auch damit auf die abschnittsweise Aufzeichnung der
Haiiðaskrá recht unzweideutig hingewiesen. In Schweden
und auf Island wenigstens hielt also der Gesetzsprecher
gesonderte Vorträge über die einzelnen wichtigeren Rechtsmaterien, welche je ein abgeschlossenes Ganzes bildeten,
und in dieser Gestalt wurden mit der Zeit diese einzelnen
Rechtsmaterien auch aufgezeichnet; als „belkir" konnten
sie eben darum bezeichnet werden, und dieser Name konnte
ihnen auch dann noch bleiben, als sie zu einem Gesammt-
buche zusammengestellt wurden, und fortan nur noch dessen Theile bildeten. Wir werden nun von Vornherein vermuthen dürfen, dass eine Gliederung des Rechtsstoffes,
welche in Schweden und auf Island aus bestimmten geschichtlichen Gründen hergebracht, und auch in Norwegen
für das Gulaþing und Borgarþing frühzeitig nachweisbar,
später aber in ganz Norwegen üblich war, auch dem
Drontheimer Rechte von Anfang an nicht fremd gewesen
sein werde, und wir werden somit die frühere Eintheilung
der FrpL. in „belkir", von welcher unsere Notiz spricht,
unbedenklich als mit jener Gliederung grundsätzlich zusammenfallend ansehen können; Beides um so mehr, als
wir in unserem Haupttexte der FrpL. die Spuren einer
solchen früheren Eintheilung noch deutlich genug nach-

Promulgationspatent zu seiner Decretalensammlung, vom 5 September 1234, entlehnt.
[1] ebenda, S. 3.
[2] Íslendíngabók, 10/17.

zuweisen vermögen. Von den 16 Theilen unserer FrpL.
entspricht nämlich der erste unzweifelhaft dem Þingfarar-
bolkr der Landslög, und er gilt auch hier wie dort als
eigentlich noch nicht zum Rechtsbuche gehörig, weshalb
denn auch erst vor dessen zweitem Theile die gewöhnliche
Eingangsformel „þat er upphaf laga várra" stand.[1] Der
zweite und dritte Theil zusammen enthalten den Kristinn-
dómsbálk der GpL., BpL. und Landslög. Der vierte,
fünfte und sechste Theil entsprechen der Mannhelgi oder
dem Mannhelgarbolkr der Landslög, und war die erstere
Überschrift sicherlich auch den FrpL. bekannt, da die erste
Satzung dieses Stückes hier mit den Worten beginnt:[2] „Þat
er fyrst í mannhelgi várre", und dieselbe Bezeichnung noch
ein zweitesmal in demselben vorkommt.[3] Der siebente Theil
enthält den Útfararbálk oder Útgerðarbálk der GpL. und
der Landslög, und die erstere Bezeichnung bietet wircklich der § 1 des ihm vorangehenden Inhaltsverzeichnisses.
Der achte und neunte Theil enthält den Erfðabolk der
GpL. oder das Erfðatal der Landslög; wenn in diesen
Abschnitt aber nicht nur, wie anderwärts, die Lehre von
der Legitimation und von der Vormundschaft, sondern
auch das Recht der Freigelassenen mit eingestellt wird,
welches die GpL. im Vertragsrechte behandeln, so, mag
dabei die Rücksicht auf die Erbrechte bestimmend geworden sein, welche dem Freilasser seinem Freigelassenen

---

[1] vgl. meine Abhandlung über „die Eingangsformel der altnordischen Rechts- und Gesetzbücher" in den Sitzungsberichten
der Münchener Akademie, Philos., philol. und hist. Cl. 1886,
S. 331—45.

[2] FrþL. IV, 1.

[3] In FrþL. IV, 7 ist nämlich für „innan helgi" zu lesen „í mannhelgi" wie in den Landslög, Mannh. 11 wircklich geschrieben
steht. In den GpL. kann die gleiche Überschrift nicht vorkommen, weil der betr. Abschnitt an seinem Anfange defect ist.

gegenüber zukamen. Der zehnte und elfte Theil enthält
den Kaupabálk der GþL. und der Landslög; wenn dabei
zugleich auch das Eherecht mit abgehandelt wird, so
kommt zu bedenken, dass dieses auch in den GþL. sich
an das Vertragsrecht anschliesst, wogegen die Landslög
dasselbe allerdings dem Erbrechte zutheilen. Der zwölfte
Theil behandelt die Óðalsbrigð der GþL. oder Landabrigði
der Landslög; der dreizehnte Theil aber und der Anfang
des vierzehnten entsprechen dem Landsleigubálkr der GþL.
und Landslög, wogegen mit § 12 des vierzehnten Theiles
der Þjófabálkr der GþL. und Landslög beginnt, welcher
wie in den letzteren zugleich auch die Lehre von den
Reinigungseiden umfasst, und bis zum Ende des fünf-
zehnten Theiles reicht. Der sechzehnte Theil endlich
enthält die Rettarbœtr, mit welchen ja auch die Landslög
als mit einem besonderen Abschnitte schliessen. Es ist
hiernach vollkommen richtig, was die unseren FrþL. vor-
angehende Notiz ausspricht, dass man sich nämlich bei
Einführung der neuen Eintheilung bemüht habe die frühere
möglichst wenig zu verändern, und zumal die alten „belkir" so aneinander zureihen, dass die inhaltlich verwandten
Abschnitte möglichst auf einander folgten; dass man ferner
zwar die Zahl der Abschnitte vermehrt, aber die Eintheilung der belkir in Capitel unverändert gelassen habe, womit
natürlich ganz wohl vereinbar ist, dass die Bezifferung
dieser Capitel fortan nicht mehr nach den alten belkir,
sondern nach den neuen hlutir sich richtete. Das angekündigte Verzeichniss der 16 Theile je mit Angabe ihres
Inhaltes ist zufolge des Defectes am Anfange des ersten
Theiles des Resenianus in diesem nicht zu finden; Verzeichnisse der in jedem einzelnen Theile enthaltenen Capitel
sind dagegen für sie alle in diesem vorhanden, mit Ausnahme nur des ersten Theiles in Folge seines Defectes,

und des sechsten, der nur in einer späteren Überarbeitung
vorzuliegen scheint. [1]

Wie steht es nun aber mit der Eintheilung der
Tübinger Fragmente, und welche Schlüsse gestattet
sie auf die ursprüngliche Eintheilung der FrpL. zu ziehen?
In seiner Ausgabe dieser Bruchstücke bringt Sievers deren
handschriftliche Eintheilung allerdings nicht zu einem klaren
Ausdrucke; indessen kan man mit Hülfe seiner Vorbemerkungen sich immerhin klar machen, wie weit die im
Abdrucke durchgeführte Eintheilung und Bezifferung der
Handschrift entnommen, und wie weit sie vom Herausgeber im Hinblicke auf den im ersten Bande von Norges
gamle Love abgedruckten Haupttext beigefügt worden ist,
welcher letztere, was das Christenrecht betrifft, auf AM.
60 in 4to beruht. „Capitelüberschriften, Columnentitel
und Capitelnummern am Rande sind mit roter Tinte von
der Hand des Schreibers eingetragen“, wird uns gesagt; [2]
hinterher erfahren wir indessen, dass die Capitelnummern,
mit einer gleich zu erwähnenden Ausnahme, nur am Rande
des ersten der drei erhaltenen Blätter angegeben sind,
dagegen nicht mehr auf den beiden andern, und dass
diesen letzteren beiden Blättern, widerum mit einer einzigen Ausnahme, auch die Columnentitel fehlen. [3] Nun ist
zwar allerdings richtig, dass der letztere Mangel lediglich
eine Folge des sehr defecten Zustandes zu sein scheint,
in welchem uns diese letzteren beiden Blätter überliefert
sind, und dass der erstere, wie der Herausgeber annimmt,
sich mit der Thatsache zusammenbringen lässt, dass auch

---

[1] vgl. meine Abhandlung über „die Entstehungszeit der älteren
Frostaþingslög“, S. 37—42.
[2] Vorbemerkungen, S. 5.
[3] ebenda, S. 32.

die Initialen der einzelnen Capitel noch nicht eingemalt
sind, und somit angenommen werden mag, dass die Handschrift nicht ganz vollendet worden sei: immerhin aber
vermindert sich dadurch das zur Feststellung der in dieser
herrschenden Eintheilung verfügbare Material. Die Vorderseite von *Blatt 1*, von welcher mir durch die Güte des
Herausgebers neben seinem Abdrucke auch noch eine Pho-
tographie zu Gebote steht, trägt den Columnentitel: „1.
Boc"; die erste Zeile aber beginnt mit den Worten:
„hværr maðr scal cristin vera i conongs vælldi þesso",
und ist das betr. Capitel am Rande als „V" bezeichnet.
Eine Capitelüberschrift fehlt, und wird dieselbe wohl auf
der, nicht erhaltenen, vorhergehenden Seite gestanden sein;
dagegen zeigt das Leerlassen des Raumes für die, erst von
späterer Hand nachgetragene Initiale „H", dass am Anfange des Capitels Nichts fehlt, und dass dieses somit in
der Handschrift nicht wie in unserem Haupttexte und im
Resenianus mit den Worten begonnen haben kann: „En
þat er þar næst, at hverr maðr" u. s. w. Es folgen
sodann, am Rande mit VI—IX bezeichnet, noch einige
weitere Capitel, deren letztes indessen kurz nach seinem
Anfange schon zufolge des Schlusses der Seite abbricht.
Dabei fällt die Capiteleintheilung der Bruchstücke durchaus mit der unseres Haupttextes zusammen, wenn auch
die Wortfassung der Überschriften sowohl als des Textes
selbst mehrfach eigens gestaltet ist; in der Zählung der
Capitel dagegen sind sie dem letzteren um ein Ziffer voraus,
so dass Cap. 5—9 der Fragmente den §§ 4—8 des Haupttextes entsprechen.[1] Diese letztere Abweichung hat Sievers

---

[1] Ich citire im Folgenden, um jedem Missverständnisse vorzu-
beugen, die Tübinger Bruchstücke als Fragm. und nach Capiteln,
den Haupttext in Norges gamle Love. I, S. 129 u. flg. als Frþl.

bereits ganz richtig mit der Thatsache in Verbindung gebracht,[1] dass das Capitel „um konungs kosning", welches
im Inhaltsverzeichnisse des Resenianus als das erste im
Christenrechte angeführt und gezählt wird, bei der gewöhnlichen Bezifferung ausser Ansatz gelassen wird; offenbar war
dasselbe in der Handschrift, von welcher unsere Bruchstücke stammen, ganz ebenso enthalten gewesen und mitgezählt worden, wie diess auch in der Ubersetzung des
Christenrechtes vom Jahre 1594 der Fall ist.[2] Insoweit
bietet also die Eintheilung der Fragmente noch keinerlei
Schwierigkeit; wohl aber macht eine solche der Columnentitel ihrer ersten Seite: „I. Bóc". Er passt nicht zur
neueren Eintheilung des Rechtsbuches, da diese keine
Bücher kennt, und selbst wenn man bók gleich hlutr
nemen wollte, die Bezifferung nicht stimmen würde; er
lässt sich aber auch mit der älteren Eintheilung, so wie
diese oben aufgefasst wurde, nicht vereinigen, da auch diese
nur von belkir, nicht von bœkr spricht, und überdiess doch
wohl auch schon in ihr dem Christenrechte die Dingordnung vorangegangen sein wird. Weitere und ungleich
erheblichere Schwierigkeiten bereitet aber die Rückseite
des ersten Blattes. Sie trägt zunächst den Columnentitel:
„III. lutr", worauf sich der Text des am Schlusse der
Vorderseite begonnenen Capitels ohne Unterbrechung fort-
setzt. Weiterhin folgt mit der Überschrift „hvat kirkiu
vixlu rascar" und der Nummer „III" bezeichnet die auch
im Haupttexte sich anschliessende Stelle,[3] und sodann,
mit der Überschrift „um kirkiu grið ok grið um Ólafs

II oder III und nach §§, den Resenianus nach Árnis Abschrift,
soweit sie reicht, als solchen und nach §§.
[1] Vorbemerkungen, S. 33.
[2] Norges gamle Love, IV, S. 31.
[3] Frþl. II, § 9.

messo" u. s. w., und mit der Nummer „II" versehen, die auch im Haupttexte folgende Stelle,[1] deren Ende jedoch auf der Blattseite keinen Raum mehr gefunden hat. Sievers deutet, sehr scharfsinnig, und meines Erachtens auch vollkommen richtig, diesen Befund dahin,[2] dass die Randnummer III nicht dass Capitel bezeichnen solle, sondern den hlut, wie ihn der Columnentitel angebe; dass mit diesem dritten hlutr eine neue Capitelzählung beginne, so dass eigentlich anstatt III stehen sollte III, 1; dass endlich die Nummer II sich wider auf die Zählung der Capitel, nicht der hlutir, beziehe. Unter dieser Voraussetzung würde also neben der Eintheilung in Bücher noch eine Eintheilung in hlutir herlaufen, und jedes Blatt der Handschrift auf seiner Vorderseite die Bezeichnung des Buches, auf seiner Rückseite aber die Bezeichnung des hlut's als Columnentitel getragen haben, während die Bezifferung der Capitel den hlutir und nicht den Büchern folgte. Das *zweite Blatt* bietet keine für die Untersuchung unmittelbar verwendbare Anhaltspunkte, da ihm, wie bereits bemerkt, sowohl die Columnentitel als die Bezifferung der Capitel fehlen; es enthält aber auf seiner Vorderseite den Schluss von FrþL. II, § 32, dann II, § 34 sowie den grössten Theil von II, § 35, gegen dessen Ende hin die Seite abbricht, wogegen II, § 33 fehlt. — die Rückseite aber beginnt mitten in einem Satze, welcher zu Ende von FrþL. II, § 37 steht, worauf dann noch II, § 38—41 und der Anfang von II, § 42 folgen, mit welchen das Stück abbricht. Einige, wiewohl minder deutliche Behelfe bietet dagegen wider das *dritte Blatt.* Dessen Vorderseite, welcher wider der Columnentitel fehlt, beginnt in FrþL. II, § 42, da wo

---

[1] FrþL. II, § 10.
[2] Vorbemerkungen, S. 32.

das zweite Blatt geendigt hatte, und lässt sodann II, § 43
und den Anfang von II, § 44 folgen, dessen Schluss indessen auf der Seite keinen Platz mehr findet; dabei ist
jedoch zu bemerken, dass, während im Übrigen diesem
Blatte wie dem zweiten die Bezifferung der Capitel fehlt,
am Rande von II, § 44 ausnahmsweise die Nummer „I"
steht. Die Rückseite dagegen zeigt zunächst vom Columnentitel die Ziffer „VII"; da jedoch der aüssere Rand dicht
hinter derselben abgeschnitten ist, lässt sich nicht mit
Sicherheit sagen, ob nicht etwa vielmehr VIII geschrieben,
und ob auch noch das Wort lutr beigesetzt gewesen war oder
nicht. Weiterhin setzt sich aber zunächst der auf der Vorderseite des Blattes abgebrochene Text von FrpL. II, § 44
fort, und folgt sodann II, § 45—46 sowie der Anfang von
III, § 1, welcher mitten im Satze endigt; dabei fehlen
aber widerum die Capitelnummern, und auch der Übergang vom zweiten zum dritten Theile unseres Haupttextes
bleibt unangedeutet. Sievers hat nun daraus, dass der
dritte hlutr der Bruchstücke mit FrpL. II, § 9 der gewöhnlichen Zählung beginnt, den Schluss gezogen, dass deren
zweiter hlutr mit dem Christenrechte begann, dessen erste
9 Capitel nach der Zählung unserer Bruchstücke, und der
mit ihnen übereinsstimmenden Zählung des Inhaltsverzeichnisses des Resenianus[1] durch Einrechnung des § „um
konungs kosning" der gewöhnlichen Zählung um eine Ziffer voraus sind; dass ferner der erste hlutr die Dingordnung enthalten haben müsse, von welcher uns der Resenianus nur die 6 letzten §§ aufbewahrt hat, ohne dass
wir die Zahl der fehlenden zu bestimmen vermöchten; dass
endlich, weil der dritte hlutr mit FrpL. II, § 9 beginnt.

---

[1] Die Bezifferung der §§ im Texte selbst stimmt nicht, ist aber
doch wohl von Árni selbst beigefügt.

und der siebente mit FrpL. II. § 44 anfängt. also 36
(soll heissen 35) Capitel auf den dritten bis sechsten hlut
fallen, sofern nämlich das Fehlen von II, § 36 durch die
Spaltung von II, § 41 in zwei Capitel ausgeglichen werde,
auf den hlut ziemlich genau dieselbe Zahl von 9 Capiteln
treffen müsse, welche für den zweiten hlut wirklich fest-
stehe. Vollkommen einverstanden mit den beiden ersteren
Folgerungen, möchte ich auch der dritten nicht bestimmt
entgegentreten, aber immerhin darauf aufmerksam machen,
dass sie auf weit schwächeren Füssen steht als jene. In
unseren Bruchstücken fehlt nicht nur FrpL. II, § 36, wie
diess Sievers angiebt,[1] sondern auch § 33. von welchem
er annimmt, dass er nur versetzt gewesen und demzufolge
in den nicht erhaltenen Theil der Handschrift gefallen
sei,[2] und wenn zwar die gleiche Versetzung im Resenianus
hiefür geltend gemacht wird. neben welcher auch die im
Resenianus wie in unseren Bruchstücken widerkehrende
Spaltung von II, § 41 in zwei Capitel, und die hier wie
dort erfolgte Aufnahme des § „um konungs kosning“ für
einen engeren Zusammenhang beider Überlieferungen
spricht, so erheben sich doch sofort andere Bedenken. Das
in unseren Bruchstücken fehlende Stück II, § 36 ist im Inhaltsverzeichniss des Resenianus als § 35 aufgeführt. und
steht hier sowohl als in dessen Text ganz an derselben
Stelle wie im Haupttexte. Während ferner der Resenianus, eben in Folge der Einstellung des § über die Königswahl. Anfangs der Zählung unseres Haupttextes um eine
Nummer voran ist. und demgemäss noch II, § 12 als § 13
bezeichnet. lässt derselbe II. § 13 unbeziffert, und hat
demgemäss von hier ab dieselben Capitelnummern wie der

---

[1] Vorbemerkungen, S. 33. Anm. 2. vgl. S. 30.
[2] ebenda. S. 26.

Haupttext bis II, § 24; da er aber II. § 25 unbeziffert
lässt, bleibt er von hier ab hinter dem Haupttexte um
eine Nummer zurück. Weiterhin führt zwar das Inhaltsverzeichniss des Resenianus II, § 27 als § 26, und II, § 33
an der gewöhnlichen Stelle als § 32 auf; aber im Texte
desselben fehlt dem ersteren § jede Überschrift und Capitelabtheilung, und der letztere ist, wie bereits bemerkt, an
ganz anderer Stelle eingeschoben, nämlich zwischen II, § 29
und 36. Im Inhaltsverzeichnisse des Resenianus setzt
sich sodann das Zurückbleiben um eine Ziffer bis § 37,
d. h. II. § 38 fort, mit welchem das Verzeichniss abbricht;
im Texte selbst ist dagegen sowohl II, § 41 als II, § 46
in zwei §§ zerlegt, wodurch die Gesammtziffer von 46 §§
wie im Haupttexte wider erreicht wird. Wider anders
scheint die Eintheilung im Cod. Holm. 22 in 4to zu sein,
da uns nicht nur bei II, § 34 bemerkt wird,[1] dass er hier
keine Capitelabtheilung habe, sondern auch bei II. § 18, 23,
25, 26, 27, 29, 30, 31, 32, 33, 35, 37, 38 und 45 das
Fehlen der Überschrift,[2] und bei II, §§ 36, 39, 40, 41, 42,
43 und 44 ein Fehlen schlechtweg verzeichnet wird,[3] welches sich doch auch nur auf die Überschrift oder Capitel-
theilung beziehen kann, da zum Texte Varianten aus der
Handschrift mitgetheilt werden. Wider eine andere Handschrift, AM. 322 fol., stellt FrpL. II. § 19 und 20 um[4]
u. dgl. m. Man sieht, die Eintheilung ist in den verschiedenen Handschriften des Rechtsbuches eine so ver-

---

[1] Norges gamle Love, I, S. 142, Anm. 15.
[2] ebenda S. 136, Anm. 22, S. 138, Anm. 8, S. 139, Anm. 3 und
10, S. 140, Anm. 1 und 19, S. 141, Anm. 4, 12 und 20, S. 142,
Anm. 6 und 21, S. 143, Anm. 20 und 25, S. 145, Anm. 19.
[3] ebenda, S. 143, Anm. 9, S. 144, Anm. 1, 4, 15 und 18, dann
S. 145, Anm. 5 und 14.
[4] ebenda, S. 137, Anm. 5.

schiedene, dass man mit den Capitelnummern unseres Haupttextes nicht als mit einem feststehenden Ansatze rechnen
darf; indessen will ich doch, wie bereits bemerkt, diesem
Umstande kein entscheidendes Gewicht beimessen, da jene
Abweichungen immerhin geringen Umfanges sind, und sich
überdiess gutentheils wider ausgleichen. Aber auch dann,
wenn man die obigen drei Schlüsse von Sievers sämmtlich
als stichhaltig hinnimmt, fragt sich immer noch, was damit
für dessen weitere Folgerungen gewonnen sei? Zugegeben,
dass der erste Blutr die Dingordnung enthielt, und dass
mit dem zweiten das Christenrecht begann, dass ferner
der siebente Blutr, der erst mit FrpL. II, § 44 beginnt
und doch nicht wohl bloss drei Capitel umfassen konnte,
noch in den dritten Theil unseres Haupttextes herüber-
greift, ohne bei FrpL. III, § 1 irgendwie den Beginn einer
neuen Abtheilung anzudeuten, so folgt daraus doch noch
nicht ohne weiteres, wie Sievers annemmt,[1] dass das erste
Buch unserer Handschrift neben der Dingordnung und
dem ersten Theile des Christenrechtes auch noch dessen
zweiten Theil ganz oder theilweise, ja vielleicht sogar noch
mehr enthalten haben müsse, und dass die Blutir, durch-
schnittlich etwa 9. Capitel umfassend, eine Unterabtheilung
der Bücher gebildet haben. Alles was wir über die Eintheilung unserer Handschrift in Bücher wissen, beschränkt
sich auf die Thatsache, dass das erste der uns von ihr
erhaltenen Blätter den Columnentitel „I. Bók" trägt; von
hier aus liegt der Schluss nahe genug, dass das erste Buch
das ganze Christenrecht umfasste, aber Nichts berechtigt
uns zu der Annahme, dass auch die Dingordnung demselben angehört habe, soferne diese ja recht wohl, wie in
dem Haupttexte unserer FrpL. und in den Rechtsbüchern

---

[1] Vorbemerkungen, S. 34.

des Königs Magnus, am Anfange des Rechtsbuches gestanden
sein konnte, ohne doch zu diesem selbst gerechnet werden
zu sein. Dass die Zählung der hlutir bereits mit der Dingordnung, und nicht erst mit dem Christenrechte begonnen
zu haben scheint, darf man für jene Vermuthung jedenfalls
nicht geltend machen; wer sagt uns denn, dass die Eintheilung in hlutir eine Unterabtheilung der Bücher gebildet
habe, und nicht vielmehr mit fortlaufender Bezifferung
durch das ganze Rechtsbuch durchgegangen sei? Die 16
Theile der Vulgata umfassen zusammen 450 §§, was bei
der Durchschnittsziffer 9 gerade ein halbes Hundert hlutir
ergiebt; warum sollte diese Ziffer nicht als eine für eine
durchgehende Zählung passende erschienen sein können?
Sievers bemerkt ferner sehr richtig, dass die Eintheilung der
Tübinger Handschrift eine durchaus willkührliche und irrationelle ist; wie sich die Zusammenfassung der Dingordnung und des Christenrechtes zu einem Buche sinnlos
erweise, so erscheine auch die Abtrennung von FrpL. II,
§ 8 von II, § 9,[1] oder die Zusammenfassung von II. § 44
46 und III, § 1[2] zu einem hlut ganz unmotivirt. Hieraus soll dann aber sofort folgen, dass Niemand, der
die zweckmässigere Eintheilung in 16 Theile mit ihrer
einfachen Unterabtheilung in Capitel schon vor sich
hatte, auf jene Eintheilung hätte verfallen können, und
dass somit jene Eintheilung in Bücher und in hlutir
von etwa 9 Capiteln die ältere, und darum auch mit der
in den Eingangsworten des Resenianus als die ältere
bezeichneten Eintheilung identisch sein müsse. In den
hlutir unserer Bruchstücke seien somit die belkir jener
Notiz wider zuerkennen, und die Neuordnung, auf welche

---

[1] „Um kirkiu vigslu" und „Hvat kirkju vigslu rascar".

[2] „Um farlengd erkibiskups", „Um järnburd", „Um meineið" und
„At engi take kono i ætt sina".

diese hindeutet, habe zunächst darin bestanden, dass aus
praktischen Gründen die ungeschickt grossen Bücher
unserer Bruchstücke in zahlreichere Abschnitte zerlegt
worden seien, wobei man Nichtzusammenhöriges, wie z. B.
Dingordnung und Christenrecht, von einander getrennt,
und nur Gleichartiges innerhalb eines jeden Abschnittes
zusammengestellt habe; weiterhin seien aber nunmehr die
alten hlutir in den neuen aufgegangen, und sei die fort-
laufende Capitelzählung in jedem grösseren Abschnitte an
die Stelle der früheren gebrochenen Zählung, erst nach
hlutir und dann nach Capiteln getreten. Aber warum
soll aus der Sinnlosigkeit der von der Tübinger Handschrift befolgten Eintheilung deren höheres Alter folgen?
Ist es denkbar, dass eine so irrationelle Eintheilung die
ursprüngliche war, · oder soll man annemen, dass sie bereits eine ursprünglichere Eintheilung verdrängt habe, um
dann nach kurzer Zeit selbst wider durch eine neue verdrängt zu werden? Zu diesen Bedenken, welche sich
zunächst nur gegen die Stringenz der von Sievers unternommenen Beweisführung kehren, kommen andere bestimmteren und mehr positiven Charakters. Nach der
von Sievers vertretenen Ansicht sollen die (ungefähr 50)
hlutir der Tübinger Handschrift jene belkir sein, welche
die Notiz des Resenianus nennt, wogegen diese Notiz sowohl als das Rechtsbuch selbst im Resenianus und zahlreichen anderen Handschriften die Bezeichnung hlutir für
jene weit umfangreicheren (16) Abschnitte braucht, welche
sich weit eher den bœkr der Tübinger Handschrift vergleichen liessen; dagegen würde nach jener Ansicht jene
Notiz nicht nur den Namen der „bök" ungenannt, sondern
diese höhere Abtheilung auch sachlich bei Besprechung
der älteren Texteseintheilungen unerwähnt lassen, während
doch umgekehrt die von ihr angekündigte Neuerung nur

insoweit motivirt würde, als es sich um die Ersetzung der
wenigen, grossen bœkr durch zahlreichere (16) kleinere
hlutir handelte, wogegen das Wegfallen der älteren Unter-
theilung der bœkr in (50) hlutir ganz unmotivirt bliebe.
Mit anderen Worten: es wäre zunächst von der Ersetzung
der belkir = hlutir im älteren Sinne durch die hlutir im
neueren Sinne gesprochen, ohne der bœkr zu erwähnen,
und diese Ersetzung doch dahin motivirt, dass die (50)
älteren hlutir mit noch zahlreicheren Abschnitten ver-
tauscht werden wollten, was doch nur auf die bœkr, nicht
die älteren hlutir passt; sodann aber wäre auch bei der
Besprechung der Eintheilung in Capitel in keiner Weise
des Umstandes gedacht, dass an die Stelle der früheren
dreifachen Abtheilung jetzt eine nur zweifache getreten
sei. Eine so verwirrte Besprechung der Neuerung und
ihres Verhältnisses zur früheren Gestaltung der FrpL. ist
von Vornherein kaum anzunemen; insbesondere ist nicht
anzunemen, dass der Verfasser unserer Notiz für die neuen
16 Abschnitte dieselbe Bezeichnung gewählt haben sollte,
welche bisher für die ganz anders gearteten 50 hlutir
gegolten hatte, und dass er zugleich für diese letzteren eine
andere Benennung verwendet haben sollte, als diejenige,
mit welcher sie bisher bezeichnet worden waren, und vollends unwahrscheinlich ist, dass er dabei auf einen Namen
verfallen sein sollte, welcher im norwegischen Rechte sowohl als im schwedischen und isländischen für ganz andere
und weit umfangreichere Rechtsabschnitte üblich gewesen
war als jene älteren hlutir zu 9 Capiteln. Endlich ist
auch nicht zu übersehen, dass die Bezeichnung bálkr nach
der Grundbedeutung des Wortes schlechterdings nicht auf
die hlutir unserer Bruchstücke anwendbar ist, die ja ganz
willkürlich aus einem grösseren Ganzen herausgeschnit-
tene Stücke ohne alle innere Einheit sind. Allen diesen

Schwierigkeiten lässt sich aber meines Erachtens durch
die Annahme entgehen, dass nicht die hlutir, sondern die
bœkr der Tübinger Handschrift unter den belkir der Notiz
des Resenianus zu verstehen sind. Nichts steht unter dieser
Voraussetzung der weiteren Annahme im Wege, dass, wie
das Christenrecht das erste Buch der älteren FrpL. gebildet hatte, so Mannhelgi, die Heeresordnung, das Erbrecht, Vertragsrecht, Stammgüterrecht und Recht der
Landleihe, endlich das Diebsrecht und allenfalls ein Anhang von Novellen dessen übrige Bücher bildeten, während
die Dingordnung, wie später, als eine ausserhalb des Ganzen stehende Einleitung behandelt wurde. Für diese Annahme spricht, dass sie die ältere Eintheilung der FrpL.
in grundsätzliche Übereinstimmung bringt mit der in den
übrigen norwegischen sowohl als isländischen und schwedischen Rechtsbüchern herrschenden, und dass sie überdiess erklärt, warum das gemeine Landrecht sammt den
ihm folgenden Gesetzbüchern sofort wider auf diese ältere
Eintheilung zurückgreifen konnte, obwohl es doch sichtlich zunächst für das Frostuping bestimmt war und an
dessen ältere Gesetzgebung sich anschloss. Die einzige
Schwierigkeit macht dem gegenüber die Eintheilung unserer
Bruchstücke in hlutir; aber gerade von ihr findet sich weder
in älteren noch in jüngeren Rechtsaufzeichnungen eine Spur,
und auf sie nimmt insbesondere auch die Notiz des Resenianus keinerlei Bezug, — keine zweite Handschrift kennt
diese oder irgend eine ähnliche Eintheilung, und ihre irrationelle, rein mechanische Beschaffenheit lässt überdiess
auf späte und rein willkürliche Entstehung, und darum
wohl auch nur vorübergehende Dauer derselben schliessen.
Mag sein, dass sie nur dem Belieben eines einzelnen Schreibers ihr Dasein verdankt, welcher sich das Aufsuchen und
Anführen einzelner Stellen des Rechtsbuches bequemer

machen wollte; zu anerkannter Geltung scheint sie jedenfalls nicht gelangt zu sein, wesshalb sie denn auch sowohl
in der Eingangsnotiz des Resenianus als im Prologe der
Landslög unbeachtet gelassen werden konnte.

Auch ich erkenne demnach in den Tübinger Fragmenten die Spuren jener älteren Recension der FrþL.,
auf deren Eintheilung jene Notiz des Resenianus hindeutet; aber, anders als Sievers, erblicke ich diese Spuren
in deren Eintheilung in Bücher oder belkir im Sinne der
GþL, BþL. und Landslög, nicht aber in jenen blutir zu
etwa 9 Capitel, welche ich vielmehr als eine Zufälligkeit
jener einzelnen Handschrift, nicht aber als einen wesentlichen Bestandtheil der älteren Eintheilung als solcher be-
trachte. Auf den Theil der Untersuchung, mittelst dessen Sievers das höhere Alter der materiellen Textesgestaltung in unseren Fragmenten gegenüber der Vulgata
darzuthun sucht,[1] brauche ich somit hier nicht einzugehen,
soferne das von ihm gewonnene Ergebniss mit meiner
eigenen Ansicht über die Eintheilung der Handschrift
und deren Verhältniss zu der Eintheilung unseres Haupttextes sehr wohl vereinbar ist. Auch darüber bin ich mit
Sievers einverstanden, dass die Tübinger Handschrift keinenfalls jene Eingangsnotiz des Resenianus enthalten haben
kann; dagegen glaube ich auf die von ihm erörterte Frage,[2]
was wohl in jener Handschrift abgesehen von der Dingordnung dem Christenrechte nach vorangegangen sein möge,
mich hier nicht einlassen zu sollen, da man sich in dieser
Richtung, weil mit unbestimmbaren Grössen rechnend,
eben doch nur in unsicheren Vermuthungen ergehen kann.
Einer Erörterung scheint mir indessen noch eine Schluss-

[1] Vorbemerkungen, S. 16—32.
[2] ebenda, S. 36—37.

bemerkung von Sievers zu bedürfen, welche das Verhältniss betrifft, in dem die beiden im Resenianus dem
Rechtsbuche vorangehenden Novellen zu diesem
und zu der dasselbe einleitenden Notiz stehen.[1] Was
man der Kürze halber als „Einleitung" zu den FrpL. zu
bezeichnen pflegt, besteht bekanntlich im Resenianus, welcher dieselbe alleinn enthält, aus zwei durch ein in der
Originalhandschrift fehlendes Membranblatt getrennten Stücken. Das erste von diesen bezeichnet sich durch seine
Überschrift selbst als ein Gesetz K. Hákons des Alten;
das zweite dagegen erscheint zwar seinem übrigen Inhalte
nach zweifellos auch als ein Königsgesetz, ist aber an
seinem Anfange zufolge der erwähnten Lücke in der Handschrift defect, und schliesst mit eben jener Notiz über die
neue Eintheilung des folgenden Rechtsbuches, welche an
ihrem Ende auch wider defect, oben bereits ihrem Wortlaute nach mitgetheilt wurde. In Folge seines defecten
Zustandes zeigt dieses zweite Stück weder eine Überschrift
oder Eingangsbemerkung, noch eine Schlussbemerkung;
nur aus inneren Gründen hat man bisher entnemen zu
können geglaubt, dass auch in ihn wider ein, nur freilich
von jenem ersteren zu unterscheidendes, Gesetz desselben
Königs Hákon vorliege. Ich lasse diese Frage, als für
die gegenwärtige Untersuchung ohne Belang, hier ausser
Betracht, und beschränke mich auf die Erörterung des
Verhältnisses, in welchem die auf die Eintheilung des
Rechtsbuches bezügliche Notiz zu den beiden ihr vorangehenden Gesetzen steht. Während man bisher angenommen hatte, dass diese Notiz den Schlussparagraphen des
zunächst vorhergehenden Gesetzes bilde, und dass die beiden voranstehenden Gesetze als eine Art von Einleitung

[1] Vorbemerkungen, S. 37—39.

zu dem folgenden Rechtsbuche aufzufassen seien, hat Sievers das Bestehen eines solchen Zusammenhanges bestritten, und die Behauptung aufgestellt, dass jene Notiz nicht zum Vorhergehenden, sondern vielmehr zum Nachfolgenden gehöre, und lediglich als eine redactionelle Bemerkung des Bearbeiters der Vulgata anzusehen sei; dass ferner die vorangehenden Novellen mit dem folgenden Rechtsbuche überhaupt, und insbesondere mit dessen im Resenianus vorliegender Umgestaltung in gar keiner Verbindung stehen. Die für diese Behauptung angeführten Gründe vermögen mich indessen nicht zu überzeugen. Sievers beruft sich lediglich auf die Eingangsworte der fraglichen Notiz, welche „ganz die für Titel oder Ueberschriften neuer Bücher oder selbständiger Abschnitte übliche Eingangsformel" sei; aber damit ist denn doch die vorliegende Frage in keiner Weise erledigt. Niemand hat jemals bestritten, dass die hier in Frage stehenden Worte das sofort folgende Rechtsbuch einzuführen bestimmt sind, und insoferne ganz unzweifelhaft zu diesem gehören; was von so Manchen, und darunter auch von mir behauptet wurde, ist vielmehr nur, dass sie zugleich auch zum Vorhergehenden gehören, indem sie als Schlussatz der vorhergehenden Novelle K. Hákons dessen Äusserung über die von ihm angeordnete Neugestaltung des Rechtsbuches enthalten, und einer derartigen Auffassung steht denn doch keineswegs entgegen, dass die Eingangsworte der betreffenden Notiz das Folgende als etwas von der Novelle selbst Unterschiedenes einführen. Man hat angenommen, dass K. Hákon eine neue Recension des Rechtsbuches mit geänderter Eintheilung veranstaltet, ihr seine Novelle gewissermassen als Promulgationspatent vorangestellt, und Beides zugleich am Eyrapinge zur Annahme gebracht habe; die Richtigkeit dieser Auffassung vorausgesetzt, konnte

denn doch ganz wohl der Schluss der Novelle zugleich
die einführende Vorbemerkung zum Rechtsbuche enthalten.
Aber richtig ist allerdings, dass zunächst eben doch nur
die Möglichkeit eines derartigen Zusammenhanges besteht,
während andererseits auch der von Sievers angenommene
Sachverhalt ganz ebensogut möglich bleibt; richtig ist ferner,
dass die Bezeichnung unserer Notiz als § 25 der Einleitung in unseren Drucken[1] nur von den Herausgebern
beigefügt, und somit ohne Beweiskraft ist. Eine Möglichkeit steht demnach der anderen gegenüber, und kann sich
nur fragen, für welche von beiden die grössere Wahrscheinlichkeit spricht. Da lässt sich nun nicht verkennen,
dass sich gewichtige Gründe für die Sievers'sche Ansicht
anführen lassen. Wir wissen, dass K. Magnús lagabœtir
in seinem gemeinen Landrechte wider einfach zu der Eintheilung in belkir zurückkehrt, ohne auch nur mit einem
Worte anzudeuten, dass inzwischen eine ganz andere Eintheilung in 16 Theile gegolten habe, obwohl jenes Landrecht zweifellos zunächst gerade für das Frostaþing erlassen wurde, auf welches denn auch sein Prolog allein passt;
befremdend genug, wenn diese letztere Eintheilung von des
Königs Vater gesetzlich eingeführt worden war, erklärt
sich diese Thatsache doch sehr einfach unter der Voraussetzung, dass jene neue Eintheilung nicht officiellen Ursprunges, sondern nur ein Erzeugniss der willkürlichen
Thätigkeit eines Privatmannes gewesen sei. Wenn ferner,
wie oben angenommen wurde, die Eintheilung der Tübinger Handschrift in blutir von etwa 9 Capiteln ihrer-
seits nur aus dem Belieben eines einzelnen Bearbeiters
oder Schreibers hervorgegangen ist, so liegt es nur um
so näher, dasselbe auch von der Zerlegung in 16 Theile

---

[1] Norges gamle Love, I, S. 126 und IV, S. 25.

anzunemen; wir hätten solchenfalls eben einfach anzunemen, dass man an der grossen Ungleichheit der alten
belkir sehr allgemeinen Anstoss genommen, und darum
verschiedentliche Versuche zur Abhülfe gemacht habe, von
welchen Versuchen freilich keiner dauernden Bestand hatte.
Indessen stehen diesen Gründen meines Erachtens doch
Gegengründe von überwiegender Bedeutung gegenüber.
Oben war bereits zu bemerken Anlass, dass die Zerlegung
in 16 Theile nicht eine Eigenthümlichkeit des Resenianus,
sondern auch in Fragm. II, III und IV, dann in AM. 60
in 4to, und doch wohl auch in AM. 322 fol., zu Grunde
gelegt sei; da der geringe Umfang von Fragm. I und V
nicht erkennen lässt, wie weit auch hier die gleiche Eintheilung widerkehrte oder nicht, und da deren Fehlen in
Handschriften, welche nur das Christenrecht enthalten,
Nichts beweist, ist somit die Tübinger Handschrift die
einzige, von welcher sich mit Bestimmtheit sagen lässt,
dass ihr jene Eintheilung fremd war. Wie soll sich nun
diese weite Verbreitung der Eintheilung in 16 Theile erklären, wenn dieselbe nicht officiellen Ursprunges war,
und wie insbesondere deren Vorkommen in Fragm. IV,
welches doch einen älteren Text enthält als Resenianus
und die ihm folgenden Codices?   Nicht zu übersehen ist
ferner, dass die Landslög auch sonst von der uns vorliegender Anordnung der FrpL. mehrfach abweichen, wie
denn dort der Útfararbálkr der Mannhelgi vorangeht, der
er hier folgt, und dort Landabrigði und Landsleigubálkr
zwischen Erfðatal und Kaupabálk eingeschoben sind, während der Kaupabálkr hier jenen beiden Abschnitten vorangeht; dass ferner gerade diejenigen Abschnitte, welche
durch ihren unverhältnissmässigen Umfang die Zerlegung
in eine grössere Zahl von Theilen vor Allem veranlassen
mussten, in den Landslög sehr beträchtlich kleiner geworden

sind. Das Christenrecht zunächst, welches in unserem
Haupttexte der FrþL. zwei Theile mit zusammen 70 Capiteln füllt, zählt in den Landslög, in denen es allerdings
nur dem Namen nach vertreten ist, nur 12 Capitel; der
Mannhelgibálkr aber, welcher dort drei Theile mit 155
Capiteln umfasst, enthält hier nur 29 Capitel, und sind
demnach im gemeinen Landrechte die belkir selbst an
Umfang hinreichend verkleinert und annähernd gleich gemacht, um die Beibehaltung der neuen Eintheilung überflüssig erscheinen zu lassen. Endlich ist denn doch auch
zu beachten, dass die Landslög. wenn schon ihrem Prologe nach zunächst zur Einführung im Drontheimischen
bestimmt, doch zugleich auch auf das ganze übrige Reich
berechnet waren, und dass demgemäss auch ihr Inhalt
keineswegs blos den FrþL., sondern gutentheils auch den
GþL. entlehnt ist, so dass es nicht Wunder nemen kann,
wenn man auch bezüglich ihrer Eintheilung sich lieber an
die ältere, allen Provincialrechten gemeinsame Zerlegung
in belkir, als an die erst kürzlich für die FrþL. allein
beliebte Zerfällung in 16 Theile hielt. Dazu kommt aber
noch, dass einerseits die an der Spitze unserer FrþL. stehende Notiz die neue Eintheilung in einer so autoritativen
Weise bespricht, wie diess kaum ein Privatmann gethan
hätte, der auf eigene Faust die überlieferte Gestalt des
Rechtsbuches umgearbeitet hätte, und dass andererseits
die dem Rechtsbuche vorangehenden Novellen dieses in
einer Weise besprechen, welche denn doch auf eine engere
Beziehung derselben zu ihm schliessen lassen. Ich sehe
natürlich ab von der in beiden Stücken der Einleitung
widerkehrenden Bezugnahme auf die Gesetzgebung des
heiligen Ólafs,[1] oder auf „logbœkr allar oc landzlog“, dann

---

[1] FrþL. Einleitung, I, § 1 und II, § 16.

„logbœkr“, oder genauer „allar logbœkr i landeno-,¹ wor-
unter doch nur eine Verweisung auf den übereinstimmenden Inhalt aller und jeder Provincialrechtsbücher im Lande
verstanden werden kann. Aber bedeutsam scheint mir,
dass die erste Hälfte der Einleitung einmal speciell auf
die „Frostapingsboc“ Bezug nimmt,² und dass in derselben
ein andermal auf die 7 Weiber hingewiesen wird, bezüglich deren „i logom er skilt“, dass man wegen ihrer geschlechtlichen Kränkung blutige Rache nemen dürfe, wobei
zugleich bemerkt wird, es solle so gehalten werden, „sem
boc scyrer“;³ wenn nämlich zwar die gemeinte Bestimmung
in den GþL. ebensowohl als in den FrþL. sich findet,⁴
so kann doch auch hier wider nur auf die letzteren verwiesen werden wollen, da nur von einer bók und nicht
von bœkr gesprochen wird, und da überdiess in den BþL.
der privilegirten Weiber 13 statt 7 genannt werden.⁵
Man wird hiernach doch wohl annemen dürfen, dass auch
an zwei weiteren Stellen, an welchen das erste Stück der
Einleitung auf das hinweist, „sem aðr er i laugum mælt-,⁶
oder von Leuten spricht, „er aðr ero i logom skillder-,⁷
nur auf die FrþL. Bezug genommen werden wolle, und
auch zu der weiteren Annahme berechtigt sein, dass auch
im zweiten Stücke der Einleitung sowohl die Worte: „en
aðrar fyrndir standi eptir þvi sem bók vättar“,⁸ als auch
die unbestimmtere Verweisung: „sem aðr var i logom

¹ FrþL. Einleitung, I, § 9 und II, § 21.
² ebenda, I, § 2; vgl. FrþL. IV, § 1.
³ ebenda, I, § 7.
⁴ GþL. § 160; FrþL. IV, § 39.
⁵ BþL. II, § 15.
⁶ Einleitung, I, § 6; vgl. FrþL. IV, § 30.
⁷ ebenda, I, § 12; vgl. FrþL. IV, § 13 und 41.
⁸ ebenda, II, § 14; vgl. FrþL. IX, § 29.

melt", [1] auf die FrpL. zu beziehen sind; ungleich erheblicher ist aber, dass dieses zweite Stück ausdrücklich sagt, [2]
die in ihm enthaltene Novelle (þessor skipan) enthalte für
Drontheim bestimmte Rechtssätze, und sei am Eyraþinge
verlesen und durch Handmehr angenommen worden.
Es kann hiernach kaum einem Zweifel unterliegen, dass
das zweite Stück der Einleitung eine speciell für die
Landschaft Drontheim bestimmte und darum auch am
drontheimer Landsdinge zur Vorlage und Annahme gebrachte Novelle enthält, [3] während deren erstes Stück zwar
nach seinen Eingangsworten für das ganze Land bestimmt,
aber doch hinterher ebenfalls speciell für den Gebrauch
im Drontheimischen hergerichtet worden zu sein scheint.
Hiernach kann kaum auffallen, wenn am Schlusse des
zweiten Stückes eine officielle Umarbeitung der Frosta-
þingsbók als solche durch einige einleitende Worte eingeführt wird, welche über die Umgestaltung ihrer Eintheilung ganz in derselben Weise sich aussprechen, wie später
der Prolog der Landslög diess bezüglich dieses letzteren
Gesetzbuches thut, und scheint mir nach allem Dem doch
immer noch die grössere Wahrscheinlichkeit für die ältere
Ansicht zu sprechen, welche in den beiden den FrpL. im
Resenianus vorangehenden Stücken zwei diesen wirklich
einleitungsweise vorangestellte, für das Frostaþing bestimmte
Novellen K. Hákons, und im § 25 dieser Einleitung eine
wirklich zu der zweiten Novelle ebensogut wie zu dem
Rechtsbuche selbst gehörige Bemerkung sieht, durch welche

---

[1] Einleitung, II, § 23; vgl. FrpL. X, § 24.
[2] ebenda, II, § 22.
[3] vgl. bezüglich des Eyraþinges meinen Artikel „Gulaþing" in
der Allgemeinen Encyklopädie der Wissenschaften und Künste,
I. Section, 96. Bd., S. 399—403; anderer Ansicht ist freilich
Fr. Brandt, ang. O., II, S. 175.

die neue officielle Recension dieses letzteren promulgirt
werden wollte. Welcher Meinung man übrigens auch über
diesen Punkt sein möge: für die Hauptfrage, die Frage
nämlich nach der Beschaffenheit jener älteren Eintheilung
der FrpL., auf welche jener § 25 sich bezieht, bleibt diese
Meinungsverschiedenheit ohne alle Bedeutung, und noch weit
weniger können Meinungsverschiedenheiten in der einen
oder in der anderen Richtung der dankbaren Anerkennung des hohen Verdienstes irgendwelchen Abbruch thun,
welchen unser berühmter Linguist durch die Herausgabe
der Tübinger Bruchstücke sowohl als durch seine scharfsinnigen Vorbemerkungen zu denselben sich um die norwegische Rechtsgeschichte erworben hat!

Aus den Sitzungsberichten der philos.-philol. und histor. Classe
der k. bayer. Akad. der Wiss. 1889. Bd. II. Heft II.

Die norwegischen höldar.

Von K. Maurer.

München 1889.

Druck der Akademischen Buchdruckerei von F. Straub.

Philosophisch-philologische Classe.

Sitzung vom 2. November 1889.

Herr v. Maurer hielt einen Vortrag:

„Die norwegischen höldar."

Ueber keine andere Standesbezeichnung des altnordischen Rechtes wurden soviele verschiedene Ansichten aufgestellt, wie über die des höldr, und zwar ist es sowohl die Bedeutung des Standes als auch die Etymologie seines Namens, welche bestritten erscheint. Der älteste unter den mir bekannt gewordenen Schriftstellern, welche sich über das Wort geäussert haben, ist der isländische Bauer Björn Jónsson von Skardsá († 1655), welcher nach Hálfdan Einarsson[1] im Jahre 1626 eine Erklärung der alten Rechtsterminologie zu Ende gebracht haben soll. Von einer Schrift desselben Verfassers über die Etymologie der isländischen Sprache, um deren Übersendung Ole Worm im Jahr 1635 den Bischof þorlákr Skúlason von Hólar bat, und welche nach einem Antwortschreiben dieses Bischofs aus dem folgenden Jahre von ihm abgeschickt worden, aber mit dem Schiffe unter-

---

1) Sciagraphia historiæ literariæ Islandicæ (1777), S. 10.

gegangen war,[1]) scheint jene Schrift geschieden werden zu
müssen; von drei dem Inhalte nach ähnlichen Werken, welche
die Arnamagnæanische Bibliothek aufbewahrt, ist aber das
weitaus verbreitetste dasjenige, welches den Titel trägt „Dimm
fámæli lögbókar Íslendinga og þeirra ráðning'', und auf
dieses bezieht denn auch der neueste Biograph des Mannes,
Dr. Jón þorkelsson, die obige Jahrzahl.[2]) In einer mir gehörigen Hs. dieses Werkes knüpft der Verfasser unter der
Ueberschrift: „Landzleigub. 16—18.'' zunächst an die Worte
der Jónsbók, Landsleigub. 18: „ef í er ort jörðu bónda eðr hölds''
die Bemerkung an, dass einige Hss. des Gesetzbuches die
„höldsmanns kona'' auch gelegentlich der Vorschriften über
die den Weibern gewährten Dispositionsbefugnisse erwähnen,
was freilich in den gedruckten Texten, Kaupab. 24, nicht
der Fall ist; dann aber giebt er, ohne eine Quelle anzuführen,
die Definition, dass ein höldr derjenige sei, der Stammgut
von Vater und Mutter geerbt habe, mit dem Beifügen, dass
ein solcher bestimmte Vorrechte in Bezug auf gefundene
Walfische habe, — er erwähnt ferner, dass die höldar dem
Landherrn zunächst stehen, und Bauern aus den besten Häusern und von vollem Rechte seien, und bemerkt schliesslich
auch, dass der höldr 3 M. Busse beziehe, die von ihm ab
um ein Drittel wachse. Es wird sich unten noch zeigen,
dass die erste Notiz aus den Landslög, Landsleigub. 64, die
zweite aus Skáldskaparm. 53/456, die dritte aber aus FrþL. X,
34 abgeschrieben ist. Ähnlich definirt der isländische Pfarrer
Magnús Ólafsson von Laufáss († 1636), dessen betref-
fendes Werk freilich erst nach seinem Tode von Ole Worm
herausgegeben wurde,[3]) den höldr unter Berufung auf das

---

1) Olai Wormii et ad eum epistolæ (1751), I, S. 103—4;
Hálfdan Einarsson, ang. O., S. 11, Anm. a.

2) þáttur af Birni Jónssyni á Skarðsá, im Tímarit hins
íslenzka bókmenntafjelags, VIII (1887), S. 76—77.

3) Specimen lexici runici (1650), S. 54.

gemeine Landrecht Norwegens als einen Mann „qui hære-
ditario jure possidet prædia, paterna et materna"; doch fügt
er bei: „Usurpatur sæpiuscule Höldur i bue, quod et denotat
viduum". Dagegen meint der dänische Jurist Christen
Osterssön Veylle in seinem „Glossarium juridicum Danico-
Norwegicum",[1] es sei unter dem „Haulder-Mand" ein Mann
zu verstehen, der „odelsbaaren", d. h. zu Stammgut geboren,
oder noch besser sei; er sei etwas mehr als ein bäuerlicher
Grundeigenthümer, aber etwas weniger als ein richtiger
Adeliger, also ungefähr das, was man in Holstein und in
einigen Theilen von Jütland vordem einen Knappen genannt
habe. Doch will er Jedermann darüber seine Meinung lassen,
und fühlt sich somit seiner Sache nicht recht sicher; er beruft sich sodann noch auf einige, unten zu besprechende
Stellen des norwegischen Gesetzbuches von 1604. In dem
Wörterbuche, welches der Isländer Guðmundr Andrèsson
(† 1654) verfasste, welches aber erst nach seinem Tode durch
P. J. Resen veröffentlicht wurde,[2] findet sich dagegen nur
der Eintrag: „Hauldr, Vir cælebs, høllder i Bue, Vir Viduus,
høldar, poëticè Viri quilibet"; auf die Rechtssprache wird
somit hier gar keine Rücksicht genommen. Der Schwede
Olaf Verelius hingegen spricht sich zunächst unter Berufung auf mehrere Stellen des gemeinen norwegischen Landrechts dahin aus, dass unter den „hauldar" Bauern zu verstehen seien, welche auf dem alten Erbgute ihrer Väter
sitzen, verzeichnet aber sodann noch gesondert das Wort
„holldar", welches treue und verlässige Unterthanen und
Bauern bezeichnen soll, unter Berufung auf eine später noch
zu besprechende Stelle der Snorra-Edda, Skáldskaparmál,

---

1) S. 355—56 der 3. Ausgabe (1665) und gleichlautend in der
zweiten (1652), wogegen die erste (1641) nur das dänische Recht behandelt hatte, und demnach auch nur unter dem Titel „Glossarium
juridico-Danicum" erschienen war.
2) Lexicon islandicum (1683), S. 104.

12*

65/530. [1]) Der isländische Geschichtsschreiber þormóður
Torfason (Torfæus) sagt gleichlautend in zwei verschiedenen
Werken[2]): „est autem status hauldicus idem qui nobilitatis",
indem er beifügt, dass dieser Stand ein Geburtsstand, und
von jeder königlichen Ernennung unabhängig gewesen sei;
er betont zugleich sehr entschieden dessen Begründung auf
den Besitz von Stammgut und erklärt, der höldr sei „medius
inter barones seu satrapas et rusticorum eos, qui bona soli,
sed non gentilitia possident". Der isländische Lögmann Páll
Vídalín († 1727) bezeichnet in seinen „Skyríngar yfir fornyrði
Lögbókar þeirrar, ex Jónsbók kallast" den höld als „colonus
odelicus, v. bonis avitis præditus"; [3]) dann aber giebt er die
schon von Björn Jónsson herangezogene Definition der Landslög, und bemerkt, dass die Benennung von dem Zeitworte
„halda" abzuleiten sei, indem der höldr Land in ererbtem
Besitze halte. Der norwegische Jurist Hans Paus giebt
das Wort in GþL. 56, oder nach seiner Citirweise Ægteskabs
Bolck, cap. 6, ebenfalls durch „Odelsbonde", „Odelsmand";[4])
aber er meint, unter Berufung auf Skaldskaparmál, 53/456,
und Hyndluljóð, 16, es sei unter der Bezeichnung ungefähr
dasselbe zu verstehen, was man jetzt mit einiger Veränderung
Adel nenne. Er bemerkt ferner ganz richtig, dass wie in
den alten GþL., so auch noch in den Landslög des K. Magnús
lagabœtir und dem norwegischen Gesetzbuche K. Christians IV.
die Bezeichnung „haulder" laute, wogegen in K. Christians V.

---

1) **Index linguæ veteris Scytho-Scandicæ** (1691), S. 112,.
und 122.

2) **Orcades** (1697), S. 17; **Historia rerum norvegicarum**
(1711), II, S. 50.

3) In der Ausgabe des Werkes (1854) fehlt zwar der Artikel;
dagegen bringen ihn die Auszüge aus demselben, welche þórarinn
Sigvaldason Liliendal in den **Rit þess Íslenzka Lærdóms-**
Lista Félags (1788), III, S. 238—39, gab.

4) **Samling af gamle norske Love** (1751), I, S. 71—78.

norwegischem Gesetzbuche „hvaldar“ geschrieben stehe, doch
wohl, weil der Verfasser dieses letzteren das Wort vom Walfische ableiten zu sollen glaubte, auf welchen den höldar ein
besonderer Anspruch eingeräumt war; er selber will dasselbe
dagegen von „böll“, d. h. Halle ableiten, sei es nun weil die
höldar Hofleute des Königs gewesen seien, oder auch weil
sie selbst stattliche Gebäude besessen und ihren eigenen Hof
gehalten hätten. Wenn er aber schliesslich noch sagt, dass
der höldr in der Jónsbók nicht vorkomme, vielmehr in deren
Kaupab. 24 der „riddari“ an dessen Stelle getreten sei, so
wird sich unten noch zeigen, dass diese seine Angabe nur
theilweise richtig ist. Der schwedische Dichter und Geschichtsschreiber Olof von Dalin spricht die Behauptung
aus,[1] dass jeder vermögliche Hausvater, Odalsmann oder
Bauer, was ursprünglich Alles dasselbe gewesen sei, das will
sagen jeder angesessene Adelige, der ein Stück Land mit
dessen Bewohnern unter sich hatte, seine eigene Halle („Hall,
Hauld“), Hofhaltung oder seinen Herrensitz hatte, woran
ihm sein Haulds-Recht zustand, oder seine vollkommene
Freiung und Freiheit, über alle seine Hausdiener und Pächter,
freigelassene wie leibeigene, zu regieren und zu richten,
und sein Ódalgut in Sicherheit zu bewahren, ungestört und
frei von jeder Bürde, die er nicht selbst verwilligt habe.
Eine Anmerkung zu dieser Stelle fügt noch bei, dass dieses
Hauldsrecht, welches man jetzt Hals-rätten, d. h. Halsgerichts-
barkeit nenne, nichts Anderes sei als das spätere Adelsrecht
oder Frälsemanna-rätten! Zwei neue Gedanken treten in
dieser höchst abentheuerlichen Darstellung auf, die Zurück-
führung der Stellung des höldr auf ihm angeblich zustehende
Immunitätsrechte und die Anknüpfung seines Namens an die
Halle eines Herrenhofes; dürfte man annehmen, was ich zur
Zeit nicht festzustellen vermag, dass die im Jahre 1747 er-

[1] Svea rikes Historia, I, S. 209 (ed. 2; 1763).

schienene erste Ausgabe des betreffenden Bandes schon dieselben Sätze enthalten habe, wie die mir allein vorliegende zweite Ausgabe, so läge die Vermuthung nahe, dass Hans Paus seine wunderliche Etymologie von Dalin bezogen haben möge. Der dänische Rechtshistoriker Kofod Ancher weist mit aller Entschiedenheit Dalin's Behauptung zurück, dass dem höldr irgendwelche Jurisdictionsrechte zugestanden hätten, indem er unter Berufung auf eine Reihe von Quellenstellen ausführt, dass dieser nur ein vornehmer und reicher Óðalsbauer gewesen sei;[1] bezüglich der Etymologie aber schliesst er sich an Páll Vídalín an, während freilich die Herausgeber seiner gesammelten Schriften, also J. F. W. Schlegel und R. Nyerup, in einer Anmerkung zu dieser Stelle vielmehr der Ableitung von „höll", Hof, den Vorzug geben.[2] Tyge Rothe hinwiederum legte gerade auf die Steuerfreiheit und auf die financielle Immunität des höldr, den er im Übrigen als Óðalsmann bezeichnet, das entscheidende Gewicht,[3] und kehrte somit wieder einigermassen zu Dalin's Auffassung zurück. Inzwischen waren aber von zwei verschiedenen Seiten her neue Ansichten aufgestellt worden. Einerseits nämlich hatte Gerhard Schöning schon in seiner norwegischen Geschichte,[4] und ungleich bestimmter noch in seiner Anmerkung zur Heimskr. Haralds s. hárfagra, 27,[5] hervorgehoben, dass der höldr von dem gewöhnlichen Óðalsbauern zu unterscheiden sei, indem er nicht nur, wie dieser, auf freiem Alode gesessen gewesen sei, sondern auf einem in ganz bestimmter Weise vererbten Stammgute; er meint hiernach auch seinerseits in

---

1) Dansk Lovhistorie (1776), II, S. 275—76.

2) Peder Kofod Anchers samlede juridiske Skrifter (1809), II, S. 556, Anm. 8.

3) Nordens Statsforfatning för Lehnstiden (1781), I, S. 38—42.

4) Norges Historie (1773), II, S. 162, Anm. t.

5) Heimskringla (1777), I, S. 105, Anm.

den höldar eine Art von Adel erkennen zu sollen, welcher, durch mancherlei Vorrechte ausgezeichnet, zwischen den jarlar, hersar und lendirmenn auf der einen Seite und den gewöhnlichen Óđalsbauern auf der andern, in der Mitte gestanden sei. Andererseits wird in dem Glossare, welches Jón Eiríksson seiner Ausgabe der Gunnlaugs saga ormstungu beigab (1775), der höldr erklärt als: „vir (quasi halldandi, tenens)", mit dem Beifügen: „in genere qvemlibet significat, qvi aliqvid tenet vel in potestate habet, qvo sensu curator minorennis vel absentis in Legibus antiqvis, halldsmadr, dicitur, et halld, tutela"; eine schon wiederholt erwähnte Stelle der Snorra-Edda will dabei darauf zurückgeführt werden, dass man zu derartigen Verrichtungen nur Leute von gutem Ruf und anerkannter Zahlungsfähigkeit, und darum zunächst nur Grundeigenthümer verwendet habe. Der Propst Björn Haldórsson († 1794) übersetzt in seinem Wörterbuche, welches im Jahre 1814 von R. Kr. Rask herausgegeben wurde, das Wort mit „dominus fundi aviti, vel allodialis", ohne sich auf dessen Etymologie einzulassen. Dagegen meint Guđmundr Magnússon in seinem Glossare zum ersten Bande der Eddalieder,[1] s. v. havldar, es sei diess „hominum vocabulum poëticum", wobei er indessen sofort beifügt, dass das Wort in der Zusammensetzung havldborinn „magis adstricta notione" stehe; die bekannte Stelle der Snorra-Edda, welche die höldar für Bauern erklärt, erwähnt er, ohne sich über deren Sinn äussern zu wollen, und bezüglich der Etymologie bemerkt er, offenbar dem Glossare zur Gunnlaugssaga folgend, welches er auch anführt: „Forte Havldar proprie sint Tutores, protectores, ab at hylia". Im Glossare zum zweiten Bande desselben Werkes bemerkt hinwiederum Finnr Magnússon,[2] dass das Wort havlldr, havldr oder

1) Edda Sæmundar hinns Fróđa (1787), I, S. 546—47.
2) ebenda, II, S. 657 (1818).

höldr „vir; alias insignis colonus, i. e. proprium fundum
tenens" bedeute, und fügt bei: „unde proverbium havldr í
búi"; hinsichtlich der Etymologie aber entscheidet er sich
wieder für die Ableitung des Wortes von halda, tenere. Auch
der Geheimearchivar Grímr Jónsson Thorkelín definirt
im Glossare zu seiner Ausgabe der Landslög[1]) den hauldr als
„dominus prædii liberi et aviti", mit dem Beisatze „ab at
halda"; dagegen baut F. C. Dahlmann wieder auf der von
Schöning gelegten Grundlage fort, wunderlicher Weise ohne
von dessen Vorgange zu wissen, indem er die höldar als
einen rechten Ausbund der Óðalsbauern bezeichnet, welcher
sich vor den übrigen auf freiem Stammgute gesessenen Bauern
dadurch ausgezeichnet habe, dass ihm sein Stammgut auf
bestimmt vorgeschriebenem erbrechtlichem Wege zugefallen
sein musste.[2]) Der norwegische Historiker P. A. Munch
identificirte dafür die höldar wieder mit den Óðalsbesitzern
überhaupt, indem er zugleich als die charakteristischen Eigenschaften des óðals die volle Freiheit des Grundbesitzes und
dessen Stammgutsqualität hervorhob,[3]) und auch R. Keyser
bezeichnete in einem erst nach seinem Tode († 1864) herausgegebenen Werke[4]) den höldr als einen óðalbürtigen Mann,
oder als einen Mann, welcher óðal zu Eigen hatte, jedoch
mit dem beachtenswerthen Zusatze, dass das neuere Recht
die Bezeichnung etwas enger begrenzt zu haben scheine, als
das ältere. Auf die Etymologie des Wortes gehen beide nicht
ein. Fr. Brandt hatte sich bereits in einer früheren Schrift[5])
dahin ausgesprochen, dass der hauldr oder óðalsborinn maðr

---

1) Magnus konongs laga-bæters Gula-Things-Laug
(1817), Glossar, S. 59.

2) Geschichte von Dännemark (1841), II, S. 303.

3) Det norske Folks Historie, I, 1, S. 118—21 u. II, S. 967
u. 977—78 (1852 u. 1855).

4) Norges Stats- og Retsforfatning i Middelalderen
(1867), S. 295 u. 328.

5) Om Odels- og Aasædesretten (1850), S. 9—13.

den Angehörigen eines Geschlechtes bezeichne, welches sein
Land zu uneingeschränktem Rechte besitze, also den Grundeigenthümer im Gegensatze zum Pächter, und er leitet das
Wort von halda, d. h. zu Eigen haben, ab; nur secundär
habe sich die Stammgutseigenschaft dieses Gutes entwickelt,
als ein Mittel, die besitzenden Häuser im Genusse ihrer
Standesvorrechte zu erhalten.   In einer Reihe späterer
Schriften[1]) wiederholt er im Grunde nur dieselben Anschauungen. Ebenso versteht auch E. Hertzberg unter dem óðal
das im Gesammteigenthume einer einzelnen Familie befindliche freie Grundeigenthum und unter den óðalsmenn die Mitglieder einer solchen Familie, während der hauldr derjenige
Angehörige eines solchen Hauses sein soll, welcher kraft des
Óðalsrechtes den Besitz des Hauses thatsächlich ausübte.[2])
Auch E. Sars schliesst sich sachlich wesentlich den Ausführungen Fr. Brandt's an, während er bezüglich der Etymologie des Wortes auf einen unten noch zu erwähnenden
Aufsatz Konráð Gíslason's verweist;[3]) doch betont er den
aristokratischen Charakter des Standes der höldar noch ent-
schiedener, und polemisirt in diesem Sinne gegen W. E.
Wilda, welcher die höldar oder óðalsmenn zwar als Stammgutsbesitzer bezeichnet und von den geringeren Freien unterschieden, aber die Bedeutung einer Adelsclasse ihnen ausdrücklich abgesprochen hatte.[4])   Unter den neueren Lexiko-
graphen hinwiederum giebt Sveinbjörn Egilsson († 1852)

---

1) Den norske Odelsret (1863), S. 3—5; Tingsretten, ed. 1
(1867), S. 265—67, und ed. 2 (1878), S. 250—51; kürzer in den Brud-
stykker af Forelæsninger over den norske Retshistorie
(1864), S. 2 u. 3, dann 36—37 (1868) und in den Forelæsninger
over den norske Retshistorie, I, S. 78 u. 79, dann 161 (1880).

2) En fremstilling af det norske aristokratis historie
(1869), S. 2—3.

3) Udsigt over den norske Historie, I, S. 124—31 (ed.
1, 1873), oder S. 147—55 (ed. 2, 1877).

4) Strafrecht der Germanen (1842), S. 343, Anm.

in dem nach seinem Tode herausgegebenen Wörterbuche der
dichterischen Sprache für höldr die Bedeutung „colonus liber,
proprii fundi possessor", [1]) und knüpft etymologisch an das
Zeitwort „halda, tenere" an. im Ubrigen auf eine Reihe einzelner Belegstellen eingehend; Eiríkr Jónsson übersetzt,
ohne sich auf die Etymologie des Wortes einzulassen, „en
fribaaren Jordeier, Odelsmand, en af den lavere Adel i Norge"[2]);
Th. Möbius erklärt das Wort ebenfalls, ohne sich über
dessen Etymologie zu äussern, unter Bezugnahme auf verschiedene Quellenstellen als „der einer Odelsfamilie angehörige freie Grundbesitzer in Norwegen;[3]) Joh. Fritzner
giebt in der ersten Ausgabe seines Wörterbuches, wiederum
ohne jede Bemerkung in etymologischer Richtung, die doppelte Bedeutung[4]): „Karl i Alm. 2). Odelsbonde"; H. Gering
in seinem Glossare zur Sæmundar Edda (1887) übersetzt:
„erbbauer; mann, mensch überhaupt"; endlich Th. Wisén
bietet die Deutung „colonus liber; proprii agri arator; civis;
vir", ohne die Etymologie des Wortes zu erörtern. [5]) Eine
völlig neue etymologische Deutung hatte aber inzwischen
Jakob Grimm aufgestellt, und zwar, soviel ich sehen kann,
zuerst in der zweiten Ausgabe seiner Deutschen Mythologie
(1844), I, S. 316,[6]) von wo aus dieselbe dann auch in den
von W. Scherer besorgten neuen Abdruck seiner Deutschen
Grammatik (1878), II, S. 239 überging, während an der entsprechenden Stelle der ersten Ausgabe dieses Buches (1826)
die Bemerkung fehlt, und auch sonst bei Besprechung des
Wortes (S. 29, nr. 314; S. 260 u. S. 458) der nordischen

---

1) Lexicon poëticum antiquæ linguæ septentrionalis
(1860), S. 375—76.

2) Oldnordisk Ordbog (1863), S. 269.

3) Altnordisches Glossar (1866), S. 168; vgl. auch S. 196.

4) Ordbog over det gamle norske Sprog (1867), S. 319.

5) Carmina Norrœna, II, S. 154—55 (1889).

6) Wörtlich übereinstimmend auch noch in der vierten, von
E. H. Meyer besorgten Ausgabe (1875), I. S. 283.

Form desselben nicht gedacht wird, gleichwie auch die erste
Ausgabe der Mythologie (1835), S. 201, der etymologischen
Erörterung entbehrt. Das nordische höldr will aber von
J. Grimm auf ein älteres höludr zurückgeführt und als eine
Fortbildung des einfachen halr aufgefasst werden, gleichwie
ags. büled sich zu ags. häle stellt; es würde hiernach ursprünglich nur „miles", „vir", bedeuten und unserem Worte
„Held" zur Seite gehen. L. Diefenbach gedenkt dieser
Ableitung mit der Bemerkung,[1] dass das altnordische Wort
nach Form und Bedeutung nicht ganz passe, wogegen Konráđ Gíslason sich ihr mit einer kurzen Motivirung anschliesst,[2] und bemerkt, dass haluđr oder höluđr gegenüber
halr den Mann in höherer Potenz bezeichne. Mit noch eingehenderer Begründung bringt sodann auch S. Bugge dieselbe Etymologie,[3] mit dem ausdrücklichen Beifügen, dass
die älteste Bedeutung des Wortes nicht „Odelsbonde", sondern „Mand" sei; endlich schliesst sich ihr auch Gudbrandr
Vigfússon an, unter ausdrücklicher Abweisung der Ableitung von „halda",[4] wogegen J. Fritzner in der zweiten
Ausgabe seines Wörterbuches gegen sie das Bedenken erhebt,[5] dass das Wort höldr im Hinblick auf einzelne vorkommende Formen desselben eher ein Adjectiv als ein Sub-
stantiv zu sein scheine.

Mir scheint nun zunächst in etymologischer Beziehung die letztere Erklärung des Wortes die richtige zu sein.
Den von Fritzner gegen sie erhobenen Zweifel halte ich
nicht für begründet. Allerdings ist richtig, dass einmal für

---

1) Vergleichendes Wörterbuch der Gothischen Sprache
(1851), II, S. 524.
2) Aarböger for nordisk Oldkyndighed og Historie
(1866), S. 264—65.
3) Norrœn fornkvædi (1867), S, 144—145, Anm.
4) Icelandic-English Dictionary (1869), S. 309.
5) Ordbog over det gamle norske Sprog, II, S. 181 (1887).

den accus. plur. des Wortes die Form hauldamenn gebraucht
steht,[1]) und für den genit. sing. mehrmals die Form hauldsmanns,[2]) woraus man auf einen ursprünglich adjectivischen
Gebrauch des Wortes schliessen könnte. Aber die erstere
Form bietet nur der ältere Text des hochländischen Rechtes,
welcher an der fraglichen Stelle auf einer einzigen Hs. beruht, wogegen die beiden Hss. des jüngeren Textes übereinstimmend hauldborna menn lesen;[3]) die zweite Form giebt
ferner in dem älteren Texte des Rechtes von Víkin ebenfalls
nur eine Hs., während die zweite haulds, und die beiden
jüngeren Texte hauldmanns bieten;[4]) vom drönter Rechte
steht nur eine einzige Hs. zu Gebote, und an der betreffenden Stelle des gemeinen Landrechts lesen ebenfalls wieder
zahlreiche Hss. haulds, während die für sie benützten Quellen
hauldmanns[5]) oder haulds gewähren.[6]) Von den vier Stellen,
auf welche sich die Annahme eines ursprünglich adjectivischen
Gebrauches des Wortes höldr allenfalls stützen liesse, ist demnach an dreien die hiezu verwendbare Lesart entschieden
falsch, oder doch dringend verdächtig, und an der dritten,
nur in einer einzigen Hd. erhaltenen, würde sich aus dem
unmittelbar zweimal vorausgehenden haulds rètt die irrige
Lesung haulds manns rètt für hauldmannsrètt ebenfalls sehr
einfach erklären, zumal da auch noch lendsmanns rètt sofort
folgt. Weiterhin ist die wiederholt vorkommende Schreibung
hauldr für höldr doch wohl rein graphisch zu erklären, da
au sehr häufig das ö zu ersetzen pflegt, und die regelmässige
Schreibung höldr für das nur weit seltener vorkommende
höldr erweist sich lediglich als eine Consequenz der Regel,
dass ð nach einer auf l auslautenden Silbe zu d wird; endlich hat schon Konráð Gíslason darauf hingewiesen, dass
höldr zu höluðr sich ganz ebenso verhalte, wie börgr zu

---

1) EþL. I, 50. 2) BþL. I, 9, Anm. 9; FrþL. IV, 60; Landsl.
Kaupab. 21. 3) EþL. II, 39. 4) BþL. II, 18; III, 13. 5) GþL. 56.
6) FrþL. XI, 22.

börugr = ahd. paruc, hörgr zu hörugr = ahd. haruc, oder
Bárđr zu Báruđr. Wie bereits von J. Grimm bemerkt, verhält sich überdiess an. höldr = höluđr zu halr ganz wie
ags. häleđ zu häle, und es bezeichnet nur den Mann in
höherer Potenz, also den hervorragenden, tapferen Mann;
ohne seiner Grundbedeutung nach mit irgendwelchen Besitzverhältnissen, oder überhaupt mit irgendwelchen Standes-
verhältnissen das Mindeste zu thun zu haben, konnte das
Wort aber hinterher ganz ebensogut in verengerter Bedeutung
zur Bezeichnung eines bestimmten Standes werden, wie diess
bei den Ausdrücken karl oder ceorl, þegn, rekkr, und wohl
auch jarl oder eorl ebenfalls der Fall war. Ob man, wie
J. Grimm in weiterer Verfolgung eines von Guđmundr
Magnússon in etwas anderer Fassung angeregten Gedankens
andeutet, bei halr an das Verbum „haljan, occulere, defendere,
tueri" denken, und damit einen „Übergang von tutor auf
vir und miles" gewinnen, oder mit Konráđ Gíslason vom
Stamme „hala" aus für halr die Bedeutung eines Kleidung
brauchenden Wesens ableiten kann, überlasse ich Sprach-
forschern zu entscheiden; jedenfalls aber scheint mir nicht
nur die von Dalin, Paus und Schlegel vertretene Ableitung
des Wortes höldr von höll völlig unhaltbar, sondern auch
die durch Páll Vídalín und viele Andere angenommene Ableitung von dem Zeitworte halda nicht zulässig. Insbesondere
darf man sich nicht, mit Sveinbjörn Egilsson, zu Gunsten
der letzteren Ableitung darauf berufen, dass ein einzelnes
Mal für „hölda" die Variante „halda" vorkommt. Richtig
ist ja allerdings, dass in einer Strophe des Halldórr hinn
úkristni, welche die Ólafss. Tryggvasonar, cap. 245, mittheilt,
„halda" gedruckt steht;[1]) aber es ist nur eine einzige Hs.,
AM. 61. fol., welche diese Lesung bietet, während zwei
andere Hss., AM. 53. fol. u. 54. fol., „havlda" lesen, und

---

1) FMS. II, S. 294.

stammen nicht nur alle diese Hss. ziemlich aus derselben
Zeit, dem Ende nämlich des 14. Jhdts.,[1]) sondern es wird
die letztere Lesung auch durch die Flateyjarbók, die Heimskringla und die Fríssbók bestätigt,[2]) wie denn auch Guðbrandr Vigfússon die Form „haulða" eingesetzt hat,[3]) und
kann wohl kaum einem Zweifel unterliegen, dass jene erstere
Lesart lediglich auf einem Schreibfehler beruht.

In sachlicher Beziehung wird aber zunächst bedeutsam, dass gerade die farblosere Bedeutung des Wortes, welche
etymologisch als die ursprüngliche sich erweist, in der dichterischen Sprache festgehalten wird.   In den sogenannten
Eddaliedern heisst es:

Völuspá, 43: sá vekr hölða
            at herjaföðrs;
Hávamál, 42: hlátr við hlátri
            scyli haulþar taca;
und 94: heimsca ór horscom
        gorir haulþa sono
        sa inn matki mvnr;
Helgakv. Hjörv. 12: Hverir 'ro hauldar
                    i Hatafirþi?
Fáfnismál, 19: heipt at meiri verþr
            haulþa sonom,
            at þann hialm hafe;
Brot af Sigurðarkv. 15: þat er hlœiandi
                    haulþa beiddi;
Guðrúnarkv. II, 28: hirþaþu haulldom
                heiptir gialda;

unter den Skálden aber braucht þorbjörn hornklofi die Worte:

1) Vgl. den Katalog over den Arnamagnæanske Håndskriftsamling, I (1888), S. 37—38 und 40—41.
2) Flbk, I, 374/473; Heimskr. 106/206; Fríssbók, 105/158.
3) Corp. poët. bor. II, S. 101.

„hugfyldra haulda", d. h. virorum animosorum,[1]) und „hlaðnir
váru þeir haulda", d. h. oneratæ erant illœ viris,[2]) Hildr
Hrólfsdóttir „bölda barmi", d. h. frater virorum,[3]) und Torf-
Einarr jarl „hauldar", d. h. viri:[4]) in den Eiríksmál heisst es[5]):

„erumk ór heimi
haulda vánir
göfugra nökkurra;

Kormakr sagt: „böldr á holde", d. h. viri carne,[6]) Einarr
Skálaglam „Hárs-drífu-bölda", d. h. die Männer des Sturmes
Óðins,[7]) und „haulda morðsvaldr", d. h. der Urheber des
Männermordes,[8]) Hallfreðr vandræðaskáld „hvat um dyldi
þess hauldar", d. h. qvid viros id celaret?[9]), Gunnlaugr orms-
tunga „hjörþeys böldr", d. h. vir pugnæ,[10]) Sighvatr skáld
haulda kvitt", d. h. hominum rumorem,[11]) Hallar-Steinn in
seiner Rekstefja „Hárs gnótt hölða", d. h. numerosa turba
virorum, „hölðar fellu", d. h. ceciderunt viri, „hölða kindum",
d. h. filiis virorum, „hölðar flyðu", d. h. fugerunt viri;[12])
Markús Skeggjason „ótal hölda", d. h. innumera multitudo
virorum, „grimmir höldar", d. h. incolæ crudeles, „hölda
reynir", d. h. hominum explorator,[13]) Einarr Skúlason im
Geisli „meginfjöldi hölða", d. h. magnus numerus hominum,
„býðr höldum", d. h. homines invitat.[14]) Ferner steht in

1) Heimskr. Haralds s. hárfagra, 17/60. Ich begnüge mich mit
einer Nachweisung, auch wo eine Strophe öfter vorkommt; die meisten
Nachweise lassen sich ohnehin aus Gudbrand Vigfússon's Corpus
poëticum boreale (1883), Theod. Wisén's Carmina Norræna, Bd. I
(1886), dann Jón Sigurðsson's und Finn Jónsson's Anmerkungen
zum Skáldatalim Bd. III der Snorra-Edda (1880—87) leicht entnehmen.
2) ebenda, 19/62. 3) ebenda, 24/66. 4) ebenda, 32/71.
5) Fagrskinna, 28/16. 6) Kormaks s., 8/17 (ed. Möbius).
7) Heimskr. Haralds s. gráfeldar, 6/116. 8) Fagrskinna,
45/38. 9) Heimskr. Ólafs s. Tryggvasonar, 22/142. 10) Gunnlaugs s. ormstungu, 11/251. 11) Heimskr. Magnús s. góða,
16/527. 12) Wisén, Carmina Norræna, I, S. 46, 47 und 48.
13) Knytlínga, 76/306 und 80/314. 14) Wisén, ang. O., S. 54.

den Krákumál „ór hölða hausum“, d. h. e craniis virorum,
„hölða harmr“, d. h. dolor virorum;[1]) in der Jómsvíkínga-
drápa des Bischofs Bjarni Kolbeinsson: „hölða“, d. h. viros;[2])
in der Íslendingadrápa des Haukr Valdísarson: „sárt lèk halr
við hölda“, d. h. schlimm gieng der Mann mit den Leuten um;
„höld frá ek hrædast aldri“, d. h. ich hörte, dass der Mann
sich nie fürchtete: „feldi horska hölda“, d. h. er erlegte tapfere
Krieger.[3]) Wiederum sagt Snorri Sturluson in seinem Háttatal:
„bera höldar“, d. h. viri gestant;[4]) Sturla þórðarson in seiner
Hrynhenda: „grimmra hölda“, d. h. atrocium virorum, „mildir
höldar“, liberales coloni,[5]) dann in seinen Hrafnsmál: „kapp-
studda hölda“, d. h. viros pertinacia fidentes;[6]) endlich Einarr
fóstri in der Skíðaríma, 37, 83, 152 u. 198, braucht den Ausdruck höldar auch noch unbedenklich für Männer oder Leute.[7])
Ungleich seltener nur findet sich der Ausdruck in diesem
seinem ältesten Sinne in der prosaischen Sprache gebraucht;
doch wird er nicht nur gelegentlich unter den „mannaheiti“
aufgeführt,[8]) sondern es gebraucht auch einmal in einem
späteren Einschiebsel der Ólafs s. Tryggvasonar die Flateyjarbók den Ausdruck: „sá hinn heimski höldr“, während ein
anderer Text dafür „sá hinn heimski hrotti“ giebt,[9]) und
überdies scheint die spätere isländische Vulgärsprache das
Wort nur in diesem Sinne festgehalten zu haben. Schon ·
Magnús Ólafsson von Laufáss und Guðmundr Andrèsson
kennen es in diesem Sinne, und verweisen dabei auf die
Bezeichnung „höldr í búi“; bei Finn Magnússon kehrt diese
Verweisung wieder, und noch heutzutage kann ein tüchtiger
Landwirth ganz ebensogut als „búhöldr“ bezeichnet werden,
wie als búþegn oder als búmaðr. Schon in einem erheblich

---

1) ebenda, S. 63 u. 64. 2) ebenda, S. 71. 3) Íslendingadrápa (ed. Möbius), S. 44, 50 u. 52. 4) Snorra-Edda, I, S. 656.
5) Hákonar s. gamla, 286/67; 289/74 (FMS. X). 6) ebenda, 326/141.
7) Wisén, ang. O., S. 103, 105, 109 u. 112. 8) Skáldskaparmál,
75/558. 9) Flbk. I, 315/391; vgl. mit FMS. II, 203/161.

engerem Sinne steht dagegen das Wort gebraucht, wenn in
den Rígsmál, 24, neben Halr und Drengr, þegn und Bóndi,
Búi und Seggr, auch Höldr unter den Söhnen Karls genannt,
und damit von den Söhnen þræls einerseits und von den
Söhnen Jarls andererseits scharf abgetrennt wird. In demselben engeren Sinne mag ferner das Wort auch in den
Hyndluljóð, 11 und 16, zu nehmen sein, wo der Gegensatz
der „höldbornir menn“ und der „hersbornir menn“ sehr
bestimmt betont wird, und jedenfalls kann es nur in diesem
Sinne verstanden werden, wenn die jüngere Edda einmal
ausspricht[1]): „þegnar ok höldar, svá eru búendr kallaðir“.
Die Zugehörigkeit der höldar zu einem bestimmten Stande,
und zwar zu dem der Gemeinfreien, ist damit hervorgehoben;
nur unter dieser Voraussetzung können sie zu den Unfreien auf
der einen Seite und zu den hersar oder den jarlar als den Angehörigen der herrschenden Geschlechter andererseits in einen
durchgreifenden Gegensatz gebracht, oder frischweg mit den
Bauern zusammengeworfen werden. Endlich aber weist auf
einen noch mehr verengten Begriff dieselbe jüngere Edda hin,
wenn sie an einer anderen Stelle[2]) sagt: „þar næst (d. h. nach
den hersar oder lendir menn) eru þeir menn, er höldar heita,
þat eru búendr, þeir er gildir eru af ættum ok réttum full-
um“, und wenn sie dann auch noch die hirðmenn und
húskarlar als handgengnir menn den höldar gegenübersetzt.
Zu den Bauern wurden diese letzteren allerdings auch hier
gezählt; aber sie fallen nicht mehr mit diesen zusammen,
bilden vielmehr eine durch die Geburt ausgezeichnete und
zugleich mit besserem Rechte ausgestattete bevorzugte Classe
unter ihnen. Auch die oben angeführten beiden Strophen
in den Hyndluljóð könnten möglicherweise unter diesen
Gesichtspunkt gestellt werden; jedenfalls aber gehört hieher
eine Reihe von Angaben in den Geschichtsquellen, welche die

1) Skáldskaparmál, 65/530. 2) ebenda, 53/456.

höldar einerseits von den privilegirten Classen der königlichen
Dienstleute, also zumal von den jarlar und den lendir menn
scharf getrennt halten, andererseits aber doch als diejenige
Classe der ausserhalb des Königsdienstes stehenden Leute
betrachten, welche jener Dienstaristokratie am Nächsten steht.
Wenn z. B. Björn, des Hersen Brynjólfr Sohn, nicht in des
Königs Dienst treten, und wie sein Bruder þórðr des Königs
Landherr werden wollte, sondern vorzog, als unabhängiger
Mann auf seinem freien Erbgute zu sitzen, wurde er dafür
durch die Bezeichnung Björn höldr ausgezeichnet.[1]) Wenn
ferner Halladr Rögnvaldsson in Folge der unaufhörlichen
Kämpfe, welche er mit Víkingern zu bestehen hatte, seines
Jarlthums auf dem Orkneys überdrüssig wurde, so trat er,
indem er seine Jarlswürde aufgab, auch sofort in die Classe
der höldar zurück.[2]) Wenn endlich Högni Lángbjarnarson
die von K. Haraldr harðráði ihm angetragene Würde eines
Landherrn ablehnt, weil er, bäuerlicher Abkunft wie er ist,
lieber unter den Bauern der Erste als unter den Landherrn
der Letzte sein will,[3]) so wird dabei zwar der Name der
höldar nicht genannt, kann aber doch keinem Zweifel unterliegen, dass gerade sie unter jenen besten Bauern verstanden
werden müssen, deren Kreis zu verlassen der tüchtige Mann
sich weigert.

Insoweit besteht also das Ergebniss meiner Untersuchung
darin, dass ein allmählicher Wechsel in der Bedeutung des
Wortes höldr zu bemerken ist, indem dieses ursprünglich den
Mann im Allgemeinen, dann insbesondere den gemeinfreien
Mann im Gegensatze zum Unfreien sowohl als zum Hoch-
freien, endlich aber mit noch engerer Begrenzung einen
innerhalb des gemeinfreien Standes durch besondere Vorzüge

---

1) **Eigla.** 41/128; vgl. mit 40/127 (ed. Finnr Jónsson.)

2) **Heimskr.** Haralds s. hárfagra, 27/68; FMS. I, 96/195;
Flbk. I, 180/222; Orkneyínga s., 5/6 (ed. Gudbrandr Vigfússon).

3) FMS. VI, 62/278—79; Flbk. III, 37/349.

begünstigten Mann bezeichnete, wobei jedoch die älteren Bedeutungen des Wortes neben den späteren immerhin noch
in gewissem Umfange fortlebten. Völlig einwandsfrei ist
allerdings dieses Ergebniss nicht. Wenn nämlich zwar die
dichterische Sprache sowohl als die isländische Vulgärsprache
sehr häufig ältere Wortbedeutungen festhält, welche die prosa-
ische Schriftsprache der Regel nach fallen gelassen hat, so
kommt es doch auch umgekehrt vor, dass beide einen ursprünglich in engerer und zumal in vornehmerer Geltung stehenden
Ausdruck hinterher erst generalisiren, und wäre demnach
immerhin auch denkbar, dass die von Anfang an für den
gemeinfreien Stand, oder sogar nur für eine bevorzugte
Classe desselben übliche Bezeichnung erst hinterher für den
Mann überhaupt gebraucht worden wäre. Zwischen dem
Gebrauche der Bezeichnung für den gemeinfreien Stand überhaupt und für eine besonders ausgezeichnete Abtheilung desselben lässt sich ferner in den meisten Fällen nicht scharf
unterscheiden, und liesse sich von hier aus allenfalls auch
die Frage aufwerfen, ob ein solcher Unterschied in Bezug
auf dieselbe überhaupt durchführbar sei? Indessen dürfte
doch die Ursprünglichkeit des dichterischen und zugleich des
späteren vulgär-isländischen Sprachgebrauches in dem eine
Stütze finden, was oben über die Etymologie des Wortes zu
bemerken war; die Zwiespältigkeit aber des Sprachgebrauches
in der letzteren Richtung scheint sich nicht nur durch die
Vergleichung der beiden aus den Skáldskaparmál angeführten
Stellen mit Bestimmtheit zu ergeben, sondern viel sicherer
noch in dem Inhalte der Rechtsbücher ihre Bestätigung zu
finden, zu dessen Betrachtung ich nunmehr übergehe.

Unter den Rechtsbüchern brauchen die Borgarþíngslög in ihrem ersten Texte die Bezeichnung hauldr,[1] oder
nach einer andern Hs. hauldmaðr, hauldr maðr oder auch[2]

---

1) Bþ L. I, 9. 2) ebenda, I, 12.

hauldborenn maðr; der zweite Text bietet die Bezeichnungen
hauldmaðr [1]) und hauldborenn maðr, [2]) der dritte endlich
hauldmaðr oder hauldsmaðr. [3]) Sie setzen dabei den höldr
mit seinen Kindern einerseits dem lendr maðr und andererseits dem leysíngi mit seiner Nachkommenschaft entgegen,
unter welchem letzteren dann noch der frjálsgjafi sammt
seinen Kindern und der Unfreie steht.[4]) Dem Landherrn
stellen sie unter seinen Kindern aber nur die gleich, welche
noch „í landvonum" sind,[5]) womit denn doch stillschweigend
gesagt ist, dass diejenigen Kinder eines solchen, welche ohne
derartige Aussichten sind, in die nächstniedrige Classe, also
in die der höldar herabsinken, und sie bezeichnen andererseits den Theil des Kirchhofes, innerhalb dessen die höldar
begraben werden sollen, als „bóndalega",[6]) welcher demnach
mit der gleichfalls genannten „höldslega" identisch ist, woraus sich denn doch deutlich ergibt, dass die Begriffe bóndi
und höldr diesem Rechtsbuche als sich deckende gelten. Von
den Eiðsifjaþíngslög ferner braucht der erste Text die
Bezeichnungen hauldmaðr, hauldsmaðr, der zweite hauld-
borinn maðr; [7]) beide aber unterscheiden die höldar, ganz
wie die Borgarþíngslög, einerseits von den lendir menn und
andererseits von den leysíngjar und deren Kindern, während
die Kinder der Landherrn bis zum erreichten vierzigsten
Lebensjahre den Stand ihres Vaters theilen, dann aber nach
der ausdrücklichen Bestimmung der Quelle zum Stande der
höldar herabsinken sollen, und auch nach diesem Rechtsbuche ist somit neben den höldar für eine von ihnen ge-
schiedene Classe der bœndr kein Platz mehr offen. Beide
Rechtsbücher brauchen demnach die Bezeichnung höldr in
der zweiten oben nachgewiesenen Bedeutung, und beide wissen

1) BþL. II, 14 u. 18. 2) ebenda, II, 20. 3) ebenda, III, 13.
4) ebenda, I, 9 u. 12; II, 18 u. 20; III, 13; vergl. auch II, 14.
5) ebenda, I, 12; II, 20. 6) ebenda, I, 9; II, 18; III, 14. 7) EþL.
I, 48 u. 50; II, 37 u. 39.

noch Nichts von der Ausscheidung einer höheren Classe innerhalb des Bauernstandes, auf welche der Name der höldar
ausschliesslich angewandt worden wäre. Ganz anders verhalten sich dagegen die beiden Rechtsbücher des westlichen
Norwegens, von welchen die Gulaþíngslög die Bezeichnung
hauldr[1]) oder hauldmaðr[2]) bieten, während in den Frostaþíngslög die erstere Form der Bezeichnung ganz entschieden
vorwiegt,[3]) und die Form hauldmaðr oder hauldrmaðr nur
ganz vereinzelt auftritt.[4]) Beide Rechtsbücher scheiden aber
die höldar in allen den Punkten, in welchen sich die Sonderung der verschiedenen Stände überhaupt geltend zu machen
pflegt, scharf von den blossen Bauern und selbst von den
altfreigeborenen Leuten, und schieben sie somit geradezu als
einen weiteren besonderen Stand zwischen diese und die
Landherrn in die Mitte. So halten demnach einerseits die
Gulaþíngslög an dem Satze fest,[5]) dass der Sohn des Landherrn „haullz rètt" nehme, wenn er nicht selbst Land vom
König erhält, und wie von einer besonderen Busse der höldar (höldsrèttr) sprechen sie gelegentlich[6]) auch von einem
besonderen Wergelde derselben (höldsgjöld); andererseits
unterscheiden aber die Frostaþíngslög die höldar doch auch
wieder sogar von den besten Bauern,[7]) sofern sie diese letzteren in gewissen Fällen zu bestimmten gerichtlichen Diensten
nur unter der Voraussetzung verwendet wissen wollen, dass
höldar schlechterdings nicht zu haben sind. Obwohl keines
der beiden Rechtsbücher uns eine Definition der Bezeichnung
giebt, lassen sich überdiess aus ihnen doch auch die Bedingungen feststellen, an deren Vorhandensein die Zugehörigkeit zum Stande der höldar gebunden war, sowie auch die
besonderen Vorzüge und Rechte, welche die Theilnahme an

1) GþL. 149, 198, 200, 243. 2) ebenda, 56, 91, 129, 200.
3) FrþL. IV, 8, 49, 53 u. 60; IX, 17; X, 34, 41 u. 46; XI, 21 u. 22;
XIII, 15; XIV, 7 u. 10; XV, 11. 4) ebenda, IV, 60; X, 35.
5) GþL. 200. 6) ebenda, 243. 7) FrþL. IV, 8; XIV, 7; XV, 11.

demselben verlieh. In der ersteren Beziehung ist vor Allem beachtenswerth, dass die Gulaþíngslög in einem ihrer verschiedenen Verzeichnisse von Strafgeldern den óðalboriun maðr genau an derselben Stelle nennen, welche sonst der höldr einzunehmen pflegt,[1]) und dass eine ihrer Wergeldstafeln von dem Falle ausgeht „ef sá er óðalborinn er viginn er", während die andere von den „haullz giolld" ihren Ausgangspunkt nimmt.[2]) Man wird hieraus den Schluss ziehen dürfen, dass unter dem höldr ein Mann zu verstehen sei, dessen Haus sich im Besitze von óðal befinde, und dieser Schluss wird auch noch durch eine später zu besprechende Erklärung bestätigt, welche das gemeine Landrecht über den Ausdruck giebt, und welche, wenn auch nicht völlig mit dem aus den Gulaþíngslög gewonnenen Ergebnisse zusammenfallend, doch ebenfalls auf den Besitz von óðal als die Grundlage des Standes der höldar hinweist. Berücksichtigt man nun, dass beide Provincialrechte unter dem óðal Stammgut verstehen, d. h. Gut, welches schon eine Reihe von Generationen hindurch sich in einer und derselben Familie in gerade absteigender Linie vererbt hat, und welches in Folge dessen auch für die Zukunft in bestimmter Weise an diese Familie gebunden erscheint, so stellt sich der höldr als der Angehörige eines mit solchem Stammgute angesessenen Hauses dar, und kann es nicht auffallen, wenn derartige Leute eines gewissen Vorranges vor anderen Freigeborenen sich erfreuen. Die Vorrechte aber, welche beide Rechtsbücher den höldar vor den gewöhnlichen Bauern zuerkennen, beziehen sich zunächst, wie bereits zu bemerken war, auf die Höhe der Ansätze im Compositionensystem. Nach den Gulaþíngslög steigt die Busse des höldr der des gewöhnlichen Bauern gegenüber im Verhältnisse von $1:2$,[3]) und dasselbe Verhältniss gilt

---

1) vgl. GþL. 185 mit 200, u. s. w.   2) vgl. ebenda, 218 mit 243.   3) ebenda, 91, 185, 198, 200.

auch in Bezug auf die Wergeldszahlungen;[1] in Bezug auf
die der Ehefrau eingeräumten Dispositionsbefugnisse,[2] sowie
auch in Bezug auf die bei den Vergabungen an den þýborinn
sonr einzuhaltenden Grenzen;[3] die Frostaþíngslög dagegen
lassen die Bussen im Verhältnisse von 2 : 3 steigen,[4] und
halten dasselbe Verhältniss auch bezüglich der Vergabungen
an den þýborinn sonr,[5] dann wie es scheint auch bezüglich
der Dispositionsbefugnisse der Ehefrau fest,[6] obwohl sie sich
über diesen Punkt nicht ganz bestimmt aussprechen, ihre
Wergeldstafel aber erscheint überhaupt nicht mehr auf die
Gliederung der Stände gestützt. Weiterhin hat dann der
höldr auch noch das Recht, Walfische von einer gewissen
Grösse sich anzueignen, wenn sie gefunden werden, wogegen
diess, und zwar nach beiden Rechtsbüchern, den einfachen
Bauern nur bei Fischen von zur Hälfte geringerem Werthe
gestattet ist;[7] nach einer im gemeinen Landrechte enthaltenen Bestimmung, die aber entschieden älteren Ursprunges
sein muss, lässt sich überdiess annehmen, dass ihm auch
ein vorzugsweises Anrecht auf den innerhalb seines Grundbesitzes gefundenen Schatz zugestanden habe.[8] Wiederum
lassen die Gulaþíngslög im Stammgutsprocesse nur óðalsbornir
menn zur Ablegung des Zeugnisses zu;[9] die Frostaþíngslög
aber lassen nicht nur in gewissen Processen über Liegenschaften den óðalsmaðr vor dem kauplendíngr zum Partheien-
eide zu,[10] welcher Vorzug vielleicht nicht sowohl ein Standes-
vorrecht, als vielmehr in den besonderen Beziehungen des
einen oder des anderen Streittheiles zu dem streitigen Gute,
beziehungsweise in den Behauptungen desselben über diese

---

1) G þ L. 218, 243. 2) ebenda, 56. 3) ebenda, 129. 4) Fr þ L.
IV, 49 u. 53; X, 34, 35, 41 u. 46; XIII, 15; vgl. auch XI, 21 mit
G þ L. 198. 5) Fr þ L. IX, 17. 6) ebenda, XI, 22 vgl. mit 21.
7) G þ L. 149; Fr þ L. XIV, 10; Bjark. R. III, 145. 8) Landslög,
Landabrb. 16; vgl. indessen G þ L. 148. 9) G þ L. 266. 10) Fr þ L.
XIII, 25.

Beziehungen begründet ist, sondern sie lassen auch in Allmendesachen nur höldar zum Erfahrungszeugnisse zu, falls
solche zu haben sind, dagegen sogar die besten unter den
sonstigen Bauern nur unter der Voraussetzung, dass höldar
nicht vorhanden sind,[1]) und ebenso verfahren sie auch ganz
allgemein in allen anderen Sachen hinsichtlich des Zwölfer-
eides mit ernannten Eidhelfern,[2]) sowie bezüglich eines eben-
solchen Sechsereides.[3])   Man sieht, es handelt sich bei allen
diesen Vorrechten, soweit nicht blosse Folgen der Stammgutseigenschaft des Grundbesitzes in Frage stehen, um einfache Standesvorzüge, wie sie auch sonst in völlig entsprechen-
der Weise den Angehörigen je eines höheren Standes gegenüber denen eines geringeren zukommen, oder doch nur um
die vorzugsweise Verwendung zu Diensten, die ein besonderes
Maass von Verlässigkeit oder auch von Vertrautheit mit den
Zuständen des heimatlichen Bezirkes voraussetzen, wie man
Beides bei erbeingesessenen Grundeigenthümern allerdings in
erhöhtem Masse erwarten konnte.   Es ist sehr wohl möglich,
dass das Stammgüterrecht in einer Landschaft schon längst
bekannt und ausgebildet war, ohne dass doch die Stammgutsbesitzer derselben sich zu einem besonderen Stande abgeschlossen, und als ein solcher von den übrigen freien Bauern
sich abgetrennt hatten; in der östlichen Reichshälfte scheint
diess in der That der Fall gewesen zu sein.   Der fragmentarische
Zustand, in dem uns sowohl die Borgarþíngslög als die Eiðsifjaþíngslög überliefert sind, gestattet uns allerdings nicht zu bestimmen, wie weit etwa nach beiden Rechtsbüchern der Besitz
von Stammgut irgendwelche Bevorzugung begründet habe oder
nicht; aber es wäre immerhin sehr wohl denkbar, dass auch
sie die óðalbornir menn bereits in einzelnen Richtungen
bevorzugt hätten, ohne dass sich diese ihre Bevorzugung
doch noch in einer Erhöhung ihrer Busse, ihres Wergeldes

---

1) FrþL. XIV, 7.   2) ebenda, IV, 8.   3) ebenda, XV, 11.

u. dgl. m. geäussert hätte, und ohne dass sich die Bezeichnung als höldar bereits auf sie beschränkt hätte. Wenn unsere Geschichtsquellen von der angeblichen Einziehung der Óđalsgüter durch K. Harald hárfagri und von deren Rückgabe durch K. Hákon góđi sprechen, so nehmen sie dabei weder die Landschaft Víkin noch die Upplönd von beiden Massregeln aus, vielmehr heben sie allenfalls sogar ausdrücklich den günstigen Eindruck hervor, welchen die Handlungsweise des letzteren Königs in den Hochlanden hervorgerufen habe.[1]) Wir können hiernach sicher sein, dass Stammgüter auch dem Rechte jener beiden Landschaften schon von der ältesten Zeit an bekannt waren, wie denn auch dem schwedischen Rechte der Begriff des oþal geläufig war, wenn auch nicht ganz in derselben Gestalt wie dem Rechte Drontheims und des Gulaþinges; eine gewisse Bevorzugung der Stammgutsbesitzer vor den übrigen Bauern, welche sich nur noch nicht zu einer vollen Standesverschiedenheit ausgeprägt hatte, wäre also für beide Rechtsgebiete recht wohl möglich. Es wird sich nun für uns darum handeln, soweit als möglich den Zeitpunkt zu bestimmen, in welchem für die westliche Reichshälfte die Umbildung der Classe der Stammgutsbesitzer zu einem besonderen Stande, und damit zusammenhängend, die Beschränkung des Namens der höldar auf sie sich vollzogen hat.

Keinen erheblichen Werth für die Ergründung der Geschichte des Standes glaube ich zunächst der Thatsache beilegen zu sollen, dass nach dem älteren Stadtrechte alle freien Leute vom Landherrn abwärts bis zum Freigelassenen, welcher sein Freilassungsbier gehalten hat, einschliesslich in der Stadt gleiche Busse nehmen sollten, und zwar die des

---

1) vgl. meinen Aufsatz: „Ueber die Einziehung der norwegischen Odelsgüter durch K. Harald hárfagri“, in der Germania, Bd. XIV, S. 27—28.

höldr.[1]) Den Umstand freilich halte ich für unbedenklich, dass dieselben Auszüge aus dem Stadtrechte, welche diesen Satz aussprechen, anderwärts nicht nur in Bezug auf den gefundenen Wal genau denselben Vorzug des höldr vor dem árborinn oder ættborinn maðr und anderen Freien kennen wie die FrþL.,[2]) sondern auch in Bezug auf die Busse gelegentlich ganz dieselbe Abstufung wie diese unter den verschiedenen Ständen durchführen.[3]) Ganz abgesehen davon, dass dieser Selbstwiderspruch sich nur im Texte III, nicht aber im Texte II findet, vermag ich nämlich in demselben nur die Folge einer ungeschickten Ergänzung des Stadtrechtes aus den FrþL. zu erkennen, mit welchen dasselbe ja im Uebrigen allerdings oft genug übereinstimmt, möge nun dieser Verstoss erst von den Verfassern der uns vorliegenden Auszüge, oder bereits von dem Compilator der von ihnen benützten Vorlage begangen worden sein. Wenn sich aber zwar von hier aus kein Grund ergiebt, welcher zu einer Beanstandung der obigen dem Stadtrechte eigenthümlichen Regel berechtigen könnte, so muss doch auffallen, dass diese in Bezug auf den Betrag der Busse nicht etwa blos den höldr mit den gemeinfreien Bauern zusammenwirft, sondern dass sie auch den Landherrn einerseits und den Freigelassenen höherer Ordnung andererseits beiden gleichstellt. Ueber die Regeln, welchen die Borgarþíngslög und die Eiðsifjaþíngslög folgen, wird demnach in beiden Richtungen ganz entschieden hinausgegangen, und ergiebt sich schon hieraus, dass der Gesichtspunkt, von welchem aus das Stadtrecht zu seiner Regel kommt, ein ganz anderer sein muss, als der für die

---

1) BjarkR. II, 47 u. III, 97; vgl. auch Norges gamle Love, IV, S. 80.

2) BjarkR. III, 145, oder Norges gamle Love, IV, S. 94; vgl. FrþL. XIV, 10.

3) BjarkR. III, 161—62, oder Norges gamle Love, IV, S. 88; vgl. FrþL. X, 34—35.

letzteren beiden Provincialrechte massgebende. Man wird
sich, um diesen Gesichtspunkt ausfindig zu machen, daran
zu erinnern haben, dass den Isländern, so lange sie in Norwegen auf der Kauffahrt waren, ein für allemal das Recht
des höldr zugestanden war, während andere Ausländer sich
mit dem Rechte des einfachen Bauern zu begnügen hatten,
wenn sie nicht ihren Anspruch auf ein besseres Recht beweisen konnten.[1]) Man wird ferner mit dieser Bestimmung
auch noch den anderen Satz zusammenzuhalten haben, dass
der Bjarkeyjarrèttr wie in der Stadt, so auch an den grossen
Fischereiplätzen und auf der Kauffahrt gelte,[2]) und wird
sich aus der Combination beider Bestimmungen die Regel
ergeben, dass überall da, wo dieses Stadt- und Schifferrecht
galt, alle freien Leute in Bezug auf ihre Busse gleich gehalten wurden, mit Ausnahme nur der fürstlichen Personen
(tignarmenn) einerseits und der erblich abhängigen Leute
(þyrmslamenn) andererseits, und dass dabei für die Einheimischen sowohl als für die übrigen Angehörigen des norwegischen Stammes das Recht des höldr, für andere Ausländer
dagegen das Recht des gemeinfreien Bauern als das massgebende galt. Das Stadtrecht stellt sich somit in dieser wie
in so mancher anderen Beziehung nur als ein localisirtes,
und damit zugleich auch stabil gewordenes Schifferrecht dar;
der massgebende Gesichtspunkt für unsere Bestimmung kann
aber kein anderer gewesen sein als der, dass bei Fremden
und aus den verschiedensten Gegenden zusammengeströmten
Leuten der überaus schwierige Nachweis des dem Einzelnen
seiner Geburt nach zukommenden Rechtes durch einen ein
für allemal geltenden Rechtssatz ersetzt und überflüssig ge-

---

1) G þ L. 200, sowie K g s b k. 248/195 und S k i n n a s t a d a b ó k,
S. 464.

2) B j a r k R. II, 42; vgl. meinen Artikel „Gulaþíngslög" in
der Allgemeinen Encyklopädie der Wissenschaften u. Künste, 1. Sect.,
Bd. 97, S. 38.

macht werden sollte. Mit dem Verhältnisse der höldar zu den gewöhnlichen Bauern hat demnach diese Bestimmung nicht das Mindeste zu thun, ausser etwa insofern, als sie erkennen lässt, dass zur Zeit ihrer Entstehung beide Classen im Drontheimischen in Bezug auf den Betrag der ihnen zukommenden Busse sich bereits von einander geschieden hatten.

Bedenklicher ist, dass auch das isländische Recht innerhalb des Freienstandes keinerlei weitere Standesunterschiede kennt. Allerdings unterscheidet es gelegentlich zwischen den bændr und den einhleypíngar oder den griðmenn, und lässt die ersteren ausschliesslich oder doch vorzugsweise zu gewissen öffentlichen Functionen verwenden, während es ihnen zugleich bezüglich der Allmendenutzungen ein gewisses Vorzugsrecht vor den letzteren einräumt. Wohl macht sich ferner auch innerhalb der Classe der Bauern wiederum der Gegensatz der landeigendir und der leiglendíngar geltend, und werden nur die ersteren, oder doch vorzugsweise die ersteren zu den Gemeindeämtern und zu allerlei anderen öffentlichen Dienstleistungen herangezogen. Den einvirkjar endlich, d. h. denjenigen Bauern, welche ihre Wirthschaft ohne Beihülfe von Dienstboten betreiben, werden mancherlei Erleichterungen in Bezug auf das Tragen öffentlicher Lasten gewährt, und umgekehrt wird den Bauern, welche das þíngfararkaup zu bezahlen haben, also hinreichend vermöglich sind, um entweder Jahr für Jahr das Allding besuchen oder für den Fall ihres Ausbleibens eine Abgabe von bestimmter Höhe entrichten zu müssen, noch manche andere Verpflichtung auferlegt, wie denn z. B. nur sie der Zehntlast unterliegen, als Zeugen oder Geschworene zum Ding kommen müssen ohne eine Reiseentschädigung beanspruchen zu dürfen u. dgl. m.[1]) Aber alle diese Unterschiede sind einerseits

----

1) vgl. meine Schrift „Island von seiner ersten Entdeckung bis zum Untergange des Freistaats", S. 146—52.

steten Schwankungen unterworfen, und werden andererseits
nur in ganz vereinzelten Beziehungen wirksam; zu Standes-
verschiedenheiten sind sie demnach keineswegs geworden,
wie denn auch gar manche von ihnen in Norwegen überhaupt, oder doch in einzelnen Theilen von Norwegen ebenfalls einzelne rechtliche Wirkungen äussern, ohne darum doch
als in Busse, Wergeld u. dgl. ausgeprägte Standesunterschiede
aufzutreten. Indessen darf doch aus diesen isländischen Verhältnissen nicht ohne Weiteres auf die Urzustände Norwegens
zurückgeschlossen werden. Die ungeordnete Art, in welcher
sich die Besiedelung Islands vollzog, konnte sich von vornherein der Bildung von Stammgütern nicht förderlich erweisen, da sie eine geregelte Landestheilung ausschloss und
zugleich den Zusammenhalt der Familien schwächte. Die
eigenthümlichen wirthschaftlichen Zustände, wie sie im Klima
und in der Bodenbeschaffenheit der Insel begründet waren,
liessen den Ackerbau ganz zurücktreten hinter die Viehzucht,
und schwächten eben damit sehr erheblich den Werth des
Grundeigenthums und seiner festen Verknüpfung mit der
Familie. In Folge beider Umstände kennt das isländische
Recht keinen Stammgutsbesitz, während dieser in Norwegen
von Anfang an eine sehr bedeutende Rolle gespielt hatte,
und von höldar im Sinne der Gulaþíngslög und der Frostaþíngslög konnte demnach hier schlechterdings nicht die
Rede sein. Dazu kommt noch eine gewisse coloniale Gerad-
linigkeit der Rechtsverfassung des isländischen Freistaates,
und deren scharf ausgeprägte Rücksichtnahme auf die indi-
viduelle Freiheit, welche zu einer ähnlichen demokratischen
Gleichstellung der verschiedenen Volksgenossen ganz wohl
führen mochte, wie sie das norwegische Schifferrecht ohnehin schon kannte, unter dessen Herrschaft der grössere Theil
der nach Island Einwandernden bereits längere Zeit gestanden
war. Alles diess zusammengenommen mochte recht wohl
zu einer völligen Verwischung aller Standesunterschiede inner-

halb der freien Volksgemeinde geführt haben, wenn auch
in Norwegen selbst solche Unterschiede zu der Zeit völlig
ausgeprägt bestanden hatten, in welcher die Auswanderung
erfolgte. Finden wir doch auch die regierenden Häuser auf
Island durch keinerlei Standesvorzüge vor dem übrigen Volke
ausgezeichnet, so bedeutsam auch das Uebergewicht war,
welches sie thatsächlich über dieses besassen.

In hohem Grade bedeutsam erscheint dagegen, dass in
englischen Quellen schon ziemlich frühzeitig „holdas"
unter den in England eingedrungenen Nordleuten genannt
werden. Die angelsächsische Chronik nennt im Jahre 905
einen Ysopa hold und einen Oscytel hold unter den auf dänischer Seite Gefallenen; [1] dann im Jahre 911 einen Aþulf
hold und Agmund hold als in einem weiteren Gefechte geblieben, [2] wobei andere Texte auch noch Benesing hold,
þurferd hold und Guðferd hold unter den Todten erwähnen. [3]
Zum Jahre 918 berichtet dieselbe Quelle, wie „þa holdas
ealle and þa ieldestan men ealle mæste" von Bedford und
Northhampton zugleich mit þurcytel eorl ihren Frieden mit
K. Eadweard machten, [4] und zum Jahre 921 erzählt sie
ganz Aehnliches von „þurferd eorl and þa holdas and eal se
here þe to Hamtune hierde". [5] Ausserdem erzählt die zweite
Chronik des Simeon Dunelmensis, wie Ucthred von North-
umberland „peremptus est a quodam Dano prædivite Thure-
brando cognomento Hold, permittente Cnutone", [6] und pflegt
man den Vorgang in das Jahr 1016 oder 1017 zu setzen.
Wiederum findet sich in einer angelsächsischen Rechtsaufzeichnung, welche die Ueberschrift trägt „Norðleóda laga",
und welche ich mit R. Schmid dem Anfange des 10. Jhdts.

---

1) John Earle, Two of the Saxon Chronicles, S. 98.
2) ebenda, S. 101, D. 3) Monumenta historica Britannica,
I, S. 375. 4) Earle, ang. O., S. 104. 5) ebenda, S. 107. 6) Monumenta hist. Brit., I. S. 687, Anm. d.

zuweisen möchte,[1]) der hold berücksichtigt; er wird dabei
halb so hoch angesetzt als der Bischof und der ealdorman,
aber doppelt so hoch als der Priester und der þegn, also
15 mal so hoch als der einfache ceorl. Da der hold zugleich
mit dem „cyninges heahgeréfa", d. h. des Königs Hochgrafen
gleichgestellt wird, einem Beamten höheren Ranges, der auch
sonst öfter genannt wird, über dessen Stellung jedoch Nichts
bekannt ist,[2]) und da ihm auch nach den vorhin angeführten
Stellen ein ziemlich hoher Rang zuzukommen scheint, möchte
man zunächst in ihm einen höheren Beamten vermuthen,
wofür sich auch noch anführen liesse, dass im Evangelium
Marci 6, 21 northumbrische Hss. den „tribunus" der Vulgata
durch „hold" übertragen, worauf zuerst Joh. Steenstrup,[3])
und neuerdings wieder Joh. Fritzner aufmerksam gemacht
hat. Indessen ist doch bezüglich dieser letzteren Stelle zu
berücksichtigen, dass die Vulgata von „principibus et tribunis
et primis Galilææ" spricht; südenglische Uebersetzungen
geben diese Worte durch „his ealdormannum and þam fyr-
mastum on Galilea" wieder, und lassen demnach den tribunus
unübertragen, so dass die northumbrischen Hss., wenn sie
lesen „dæm aldormannum and holdum and forvastum Gali-
læs", ganz wohl für einen unverstandenen Ausdruck einen
ihnen geläufigeren und dem Range nach einigermassen pas-
senden gesetzt haben mögen, wenn dieser auch streng genommen keineswegs vollkommen entsprach. Bezüglich der
Wergeldsnotiz aber möchte ich darauf hinweisen, dass nach
dem Frieden K. Ælfreds mit K. Gudrum, § 2,[4]) die Tödtung
jedes beliebigen Engländers oder Dänen mit 8 Halbmarken

1) Die Gesetze der Angelsachsen (ed. 2), S. 396; vgl.
S. LXVI.
2) vgl. Bosworth-Toller, Anglosaxon Dictionary, h. v.,
S. 516.
3) Normannerne, IV, S. 112.
4) bei R. Schmid, ang. O., S, 106.

reinen Goldes gesühnt werden sollte mit Ausnahme des englischen „ceorles", welcher auf Zinsland sitzt, und der nordischen „liesingas", welche letzteren beiden gleichmässig mit
200 Schillingen vergolten werden sollten.   Die Urkunde
gehört den Jahren 880—90 an;[1] um ein Jahrhundert später
aber bestimmt der Friedensschluss zwischen K. Ædelred und
Ólaf Tryggvason mit seinen Genossen, in seinem cap. 5,[2]
dass der Todtschlag, welchen ein Engländer an einem freien
Dänen oder umgekehrt ein Däne an einem freien Engländer
begeht, mit 30, oder vielmehr nach der richtigen Lesart mit
25 ₤ zu sühnen sei. Offenbar sind jene 8 Halbmarken oder
2 ₤ reinen Goldes mit diesen 25 ₤ in Silbergeld gleich-
werthig zu denken, oder mit anderen Worten, der freie Mann
soll mit dem Wergelde des cyninges þegn vergolten werden,
wenn er nur nicht zu den ganz kleinen Leuten gehört, den
englischen Zinsbauern also oder den nordischen Freigelassenen;
unter dieser Voraussetzung stellt sich dann aber das Wergeld des holdes doppelt so hoch als das des gemeinen Freien,
also genau ebenso wie nach den Gulaþíngslög, und wenn
wir berücksichtigen, dass der ealdorman, welcher doppelt so
hoch angesetzt wird als der hold, seiner ganzen Lebens-
stellung nach wesentlich dem nordischen lendrmaðr entspricht, so finden wir auch nach dieser Seite hin die Parallele
mit demselben Rechtsbuche vollständig eingehalten.   Jedenfalls aber zeigt sich, dass in der Zeit, aus welcher weitaus
die meisten jener Zeugnisse stammen, in der ersten Hälfte
also des 10. Jahrhunderts, die höldar wenigstens im westlichen
Norwegen, von welchem die meisten Heerfahrten nach England ausgingen, schon eine ziemlich hohe Stellung eingenommen haben müssen; damals musste im Bereiche des
Gulaþínges und doch wohl auch des Frostaþínges, die Abtrennung der höldar von den geringeren Bauern und deren

---

1) bei R. Schmid, ang. O., S. XXXVIII. 2) ebenda, S. 206.

Abschluss zu einem besonderen Stande sich bereits vollzogen
haben, während die beiden Provincialrechte der östlichen
Reichshälfte noch um zwei Jahrhunderte später auf der oben
bezeichneten älteren Entwicklungsstufe verharrten. Mag sein,
dass unter den Heerleuten in England, unter welchen sich
der Natur der Sache nach gar manche befunden, die zufolge
der politischen Umwälzungen in ihrem Vaterland dieses verlassen hatten,[1] der Name des höldr gerade darum als ein
besonderer Ehrentitel betrachtet wurde, weil er den bestimmtesten Gegensatz zu allem Königsdienste zu bezeichnen schien,
wie ja auch der oben erwähnte Björn höldr nach der Eigla
gerade aus diesem Grunde diesen seinen Beinamen erhielt.

Nachdem im Bisherigen die Geschichte des Standes der
höldar bis gegen die Mitte des 13. Jhdts. herabgeführt worden
ist, muss nun noch ein Blick auf die Gesetzgebung des
K. Magnús lagabœtir geworfen werden, theils weil die
weitere Entwicklung des Standes in der späteren Zeit gewissermassen als Prüfstein dienen mag für die Haltbarkeit
der Vermuthungen, welche über deren früheren Verlauf ausgesprochen wurden, theils aber auch darum, weil der Inhalt
dieser späteren Gesetzgebung mehrfach für die Gesammtauf-
fassung des Standes bestimmend geworden ist. Es knüpft
aber diese Gesetzgebung im Wesentlichen an die Bestimmungen der Gulaþingslög und der Frostaþingslög an, und sie
kennt somit den höldr als eine über den gemeinen Bauern
emporgerückte vornehmere Persönlichkeit. An die Stelle der
ein für allemal bestimmten Buss- und Wergeldsbeträge, wie sie
das ältere Recht gekannt hatte, sind freilich nunmehr Ansätze
getreten, welche von Fall zu Fall durch eigens zu ernennende
Schätzleute festgestellt werden,[2] und im Compositionenwesen,
in welchem die Standesunterschiede sich vordem am Schärf-

---

1) vgl. Heimskr. Haralds s. hárfagra, 20/62—63.

2) Landslög, Mannh. 12; neuerer Bjarkß. 13; auch schon
Járnsíða, Mannh. 29.

sten ausgeprägt hatten, konnten sie demnach fortan nicht
mehr in gleicher Weise hervortreten; doch blieb bei der als
„landnám" bezeichneten Busse für widerrechtliche Eingriffe
in fremdes Grundeigenthum die Abstufung der Stände wenigstens noch insoweit bedeutsam, als sich mit Rücksicht auf
sie die Maximalgrenze verschieden bemass, welche die Buss-
zahlung nicht überschreiten durfte, und galt dabei für den
einfachen Bauern und den höldr das Verhältniss von 2 : 3,
ganz wie es auch schon nach den Frostaþíngslög für beide
gegolten hatte.[1]) Dabei ist nicht ohne Interesse zu bemerken,
dass in der Jónsbók anstatt des höldr, der auf Island des
hier fehlenden Stammgutsbesitzes halber nicht vorkommen
konnte, der „riddari" eingesetzt wurde;[2]) die gedruckten
Ausgaben des Gesetzbuches[3]) sagen sodann bei Besprechung
des gemeinen Bauern: „ef í er ort jörð bónda eðr haulds",
und brauchen somit den letzteren Ausdruck, doch wohl an
den späteren vulgär-isländischen Sprachgebrauch sich anschliessend, für den gewöhnlichen Landwirth, aber in den
neuerdings durch G. Storm benützten ältesten Hss. findet
sich der auf ihn bezügliche Beisatz noch nicht. Hinsichtlich
der den Weibern eingeräumten Dispositionsbefugnisse wird
ferner die Frau des höldr im gemeinen Landrechte doppelt
so hoch angesetzt als die des gewöhnlichen Bauern, und
gilt demnach in dieser Beziehung das den Gulaþíngslög entlehnte Verhältniss von 1 : 2;[4]) auch in diesem Falle aber
setzt das isländische Gesetzbuch für die hauldsmanns kona
wieder die „riddara kona" ein.[5]) Es wiederholt sich ferner

1) Landsl. Landsleigub. 20; vgl. FrþL. XIII, 15.
2) Jónsbók, Landslb. 18; vgl. Norges gamle Love, IV,
S. 265.
3) So schon die Ausgabe von 1578.
4) Landsl. Kaupab. 21; vgl. GþL. 56.
5) Jónsb. Kaupab. 24; vgl. Norges gamle Love, IV, S.313;
vgl. indessen, was oben S. 170 über die Aeusserungen des Björn
von Skardsá zu sagen war.

im gemeinen Landrechte die ältere Vorschrift, dass in Óðals-
sachen nur óðalsbornir menn Zeugniss geben [1]) und dass in
Allmendesachen nur höldar aussagen sollen, falls solche
überhaupt zu haben sind; [2]) die erstere Bestimmung fehlt
natürlich in der Jónsbók, und die zweite zeigt in ihr eine
durchaus veränderte Gestalt. Der Anspruch auf einen bestimmten Antheil am gefundenen Schatze, welcher dem óðals-
manne doch wohl schon von Alters her zugekommen war,
wird im gemeinen Landrechte ausdrücklich anerkannt und
wie es scheint nur neu regulirt, [3]) und nicht minder wird
auch das althergebrachte Vorzugsrecht des höldr bezüglich
des gefundenen Walfisches in seinem früheren Umfange bestätigt. [4]) Von beiden Bestimmungen weiss die Jónsbók
Nichts; dagegen giebt das gemeine Landrecht gelegentlich
der letzterwähnten eine Definition des höldr, welche der
neueren Literatur mancherlei Schwierigkeiten bereitet hat,
und lautet dieselbe folgendermassen: „En sá er höldr, er
hann hefir óðöl at erfðum tekit bæði eptir fuður ok móður,
þau er hans forellrar hafa átt áðr fyrir þeim, ok eigi annarra manna óðöl í at telja, þau er með kaupi eru at komin
eða úterfðum". Hier wird also der höldr nicht mehr mit
dem óðalsborinn maðr in früherer Weise identificirt, und
der blosse Besitz von Stammgut genügt nicht mehr, um den
Antheil an seinem Stande zu gewähren; man musste vielmehr jetzt von väterlicher und mütterlicher Seite her óðal
ererbt haben, wenn man als höldr gelten wollte, oder vielmehr, da der Wortlaut der Stelle doch wohl kaum strengstens
auszulegen sein dürfte, man musste von beiden Eltern her
in Bezug auf irgendwelchen Grundbesitz óðalsberechtigt sein.
Wenn demnach als höldr ursprünglich der Mann, später der

---

1) Landsl Landabrigðisb. 9.
2) ebenda, Landsleigub. 61.
3) ebenda, Landabrb. 16.
4) ebenda, Landslb. 64.

gemeinfreie Mann, endlich der stammgutsberechtigte freie
Mann bezeichnet worden war, so sollte jetzt gar nur noch
der höldr heissen, der von der Mutterseite sowohl als von
der Vaterseite her stammgutsberechtigt, also nach beiden
Seiten zugleich óðalsborinn war. Es ist sicherlich unbe-
gründet, wenn Dahlmann, wie vor ihm bereits Björn Jónsson von Skarðsá, Magnús Ólafsson von Laufáss, dann Gerb.
Schöning gethan hatten, diese letztere Gestaltung des Standes
als die alleinige und von Anfang an gegebene ansehen will,
oder wenn E. Sars dafür hält,[1]) dass sich unter dem Einflusse der Alleinherrschaft in Norwegen sogar eine allmäliche
Verminderung der aristokratischen Bevorzugung desselben
geltend gemacht habe; meines Erachtens zeigt der Verlauf
der Entwicklung vielmehr eine stets weiter gehende aristokratische Verengerung des Standes, und bezeugt die im gemeinen Landrechte gegebene Definition desselben nur dessen
letzte Verknöcherung, welcher dessen völliger Untergang
bald genug gefolgt zu sein scheint. Allerdings ist ja richtig,
dass die Identität der höldar mit den óðalbornir menn sich
nur für den Bezirk des Gulaþínges strengstens beweisen lässt,
und bleibt insoweit die Möglichkeit bestehen, dass die Begrenzung des Standes im Drontheimischen eine andere gewesen, und dass somit die im gemeinen Landrechte gegebene
Definition desselben aus dem Rechte der letzteren Landschaft
geschöpft sein könnte. Indessen fehlt doch jeder positive
Anhaltspunkt, auf welchen sich eine derartige Annahme
stützen könnte und überdies ist wenig wahrscheinlich, dass
die beiden Dingbezirke der westlichen Reichshälfte ziemlich
gleichzeitig in diesem Punkte erheblich verschiedene Wege
gegangen sein sollten; endlich lässt sich auch ein Motiv
entdecken, welches den K. Magnús zu der Aenderung des
älteren Rechtes bestimmen konnte, auf welche seine Defini-

----

1) Udsigt, S. 147—48 (ed. 2).

nition des Standes hinweist, während für die Frostaþíngslög
ein ähnlicher Nachweis schwer zu erbringen sein dürfte.
Die Gulaþíngslög hatten als Stammgüter nur solche Liegenschaften gelten lassen, welche bereits durch volle 5 Generationen innerhalb der Ascendenz ihres derzeitigen Besitzers
sich vererbt hatten,[1]) und die Frostaþíngslög hatten wenigstens noch die Vererbung durch volle 3 Generationen zum
gleichem Behufe gefordert;[2]) dagegen begnügt sich das
gemeine Landrecht alternativ mit dieser letzteren Voraussetzung auch schon mit dem blossen Besitzstande eines und
desselben Hauses während eines Zeitraums von 60 Jahren.[3])
Da mag nun wohl sein, dass K. Magnús gerade darum, weil
er die Verwandlung des Grundeigenthums in Stammgut so
erheblich erleichtern zu sollen glaubte, eine engere Begrenzung des Standes der höldar für nothwendig erachtete, weil
er von jener ersteren Neuerung eine allzu beträchtliche Erhöhung der Zahl der óðalsbœndr befürchten zu müssen
glaubte; begründet erwies sich diese Befürchtung allerdings
nicht, und mag sein, dass in Folge dessen auch die von
K. Magnús beliebte engere Begrenzung des Standes der
höldar keine bleibende Geltung erlangte. Wir haben bereits
gesehen, dass schon die Frostaþíngslög mit der Möglichkeit
rechnen mussten, dass in einzelnen Volkslanden die zur Verrichtung gewisser öffentlicher Functionen in erster Linie
berufenen höldar nicht in der erforderlichen Zahl vorhanden
sein könnten.[4]) Dieselbe Erscheinung kehrt auch im gemeinen Landrechte des K. Magnús wieder,[5]) und aus späterer
Zeit weiss Fritzner nur eine einzige Urkunde, und zwar aus
dem Jahre 1431, aufzuführen, in welcher ein „fuller eighw
man ok hawlder" erwähnt wird.[6]) Das norwegische Gesetzbuch K. Christians IV. erwähnt zwar noch den An-

---

1) GþL. 266 u. 270. 2) FrþL. XII, 4. 3) Landsl. Landabrb. 2.
4) siehe oben S. 189, Anm. 7. 5) siehe oben S. 203, Anm. 2. 6) Diplom. norveg., VIII, 286/318.

spruch des Óðalsmanns auf gefundene Schätze, und wiederholt auch die älteren Bestimmungen über das landnám des
böldr, dessen Verwendung im Allmendegerichte und dessen
Recht auf den gefundenen Wal; [1]) aber an den drei zuletzt
angeführten Stellen wird der „hauldermand" wieder mit dem
„odelbonde" oder „odelsbaaren" zusammengeworfen, und einmal sogar ausdrücklich gesagt: „Haulder, det er den, som
er odels baaren", und von hier aus ist die Erklärung „Hval-
der, eller Odelsbaaren" anlässlich der zuletzt erwähnten Bestimmung auch in K. Christians V. norwegisches Gesetzbuch übergegangen. [2]) Hiernach ist schwer zu sagen,
ob und wie lange die engere Begrenzung des Standes der
höldar durch K. Magnús Geltung gewann und behielt; die
angeführte Urkunde und die gleichfalls angeführten Bestimmungen der Gesetzbücher K. Christian IV. und V. könnten
ganz wohl auf ein Fallenlassen derselben und auf eine Rückkehr zum älteren Rechte bezogen werden, welches alle und
jede óðalsbornir menn auch als höldar hatte gelten lassen.
Jedenfalls aber zeigen diese letzteren Gesetzbücher sowohl
als Ostersön Veylle's oben angeführtes juristisches Glossar sehr
deutlich, dass man im 17. Jahrhundert Seitens der dänisch-
norwegischen Praxis sich darüber ganz und gar nicht mehr
klar war, was man unter einem höldr zu verstehen habe,
und dass man dessen Namen völlig unverstanden aus den
älteren Vorlagen in die neueren Gesetzbücher herübernahm.

Zum Schlusse bleibt noch eine zwiefache Bemerkung zu
machen übrig. Der Stand der höldar kann insoferne ein
Geburtsstand genannt werden, als es gewisse Eigenschaften
der Eltern waren, welche die Theilnahme an demselben begründeten; óðalborinn oder höldborinn musste der Mann
sein, und einer höldsætt musste er angehören, wenn er die

---

1) Odelsb. 11; Landslejeb. 18, 58 u. 61.
2) Norske Lov, V, 12, 1.

Vorrechte des Standes beanspruchen wollte. Auf eine bestimmte Anzahl von Häusern war aber dieser Stand darum
doch nicht für die Dauer abgeschlossen, vielmehr blieb eine
Vermehrung der ursprünglich zu ihm zählenden Geschlechter
stets möglich, da ja die ununterbrochene Erbfolge in absteigender Linie nach einer bestimmten Zahl von Successions-
fällen den gewöhnlichen bäuerlichen Grundbesitzer zum höldr
machte; sogar durch das gemeine Landrecht wurde eine derartige Erneuerung und Auffrischung des Standes nur erschwert,
aber keineswegs ausgeschlossen. Andererseits beruhte aber der
Stand der höldar zwar nicht weniger auch auf gewissen
Grundbesitzverhältnissen; jedoch rechnete man zu den
höldar nicht blos den wirklichen Besitzer von ódal, sondern
auch die blosen ódalsnautar, d. h. diejenigen Mitglieder einer
höldsætt, welche, ohne selbst im Besitze von ódal sich zu
befinden, doch ein Folgerecht an solchem, und damit ein
Vorkaufs- und Einlösungrecht in Bezug auf dasselbe besassen.
Es entschied also, ganz ähnlich wie bei unserem hohen
Adel, nicht der Besitzstand der einzelnen Person über deren
Stand, sondern vielmehr der Besitzstand des gesammten Hauses,
zu welchem die betreffende Person gehörte, und zählten somit zur Classe der höldar alle Leute, deren Haus seinen
Besitzverhältnissen nach zu den höldsættir zu rechnen war.

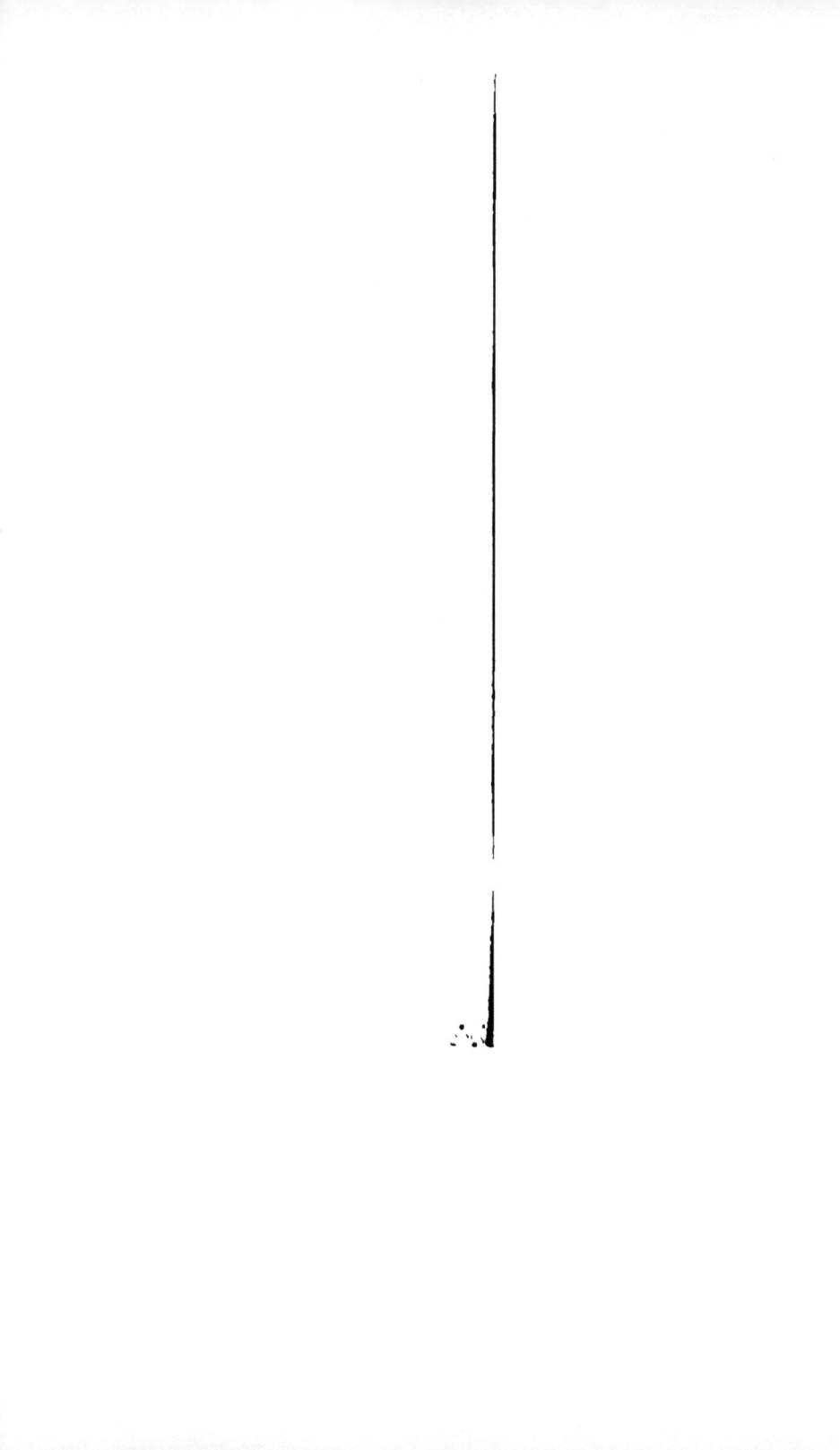

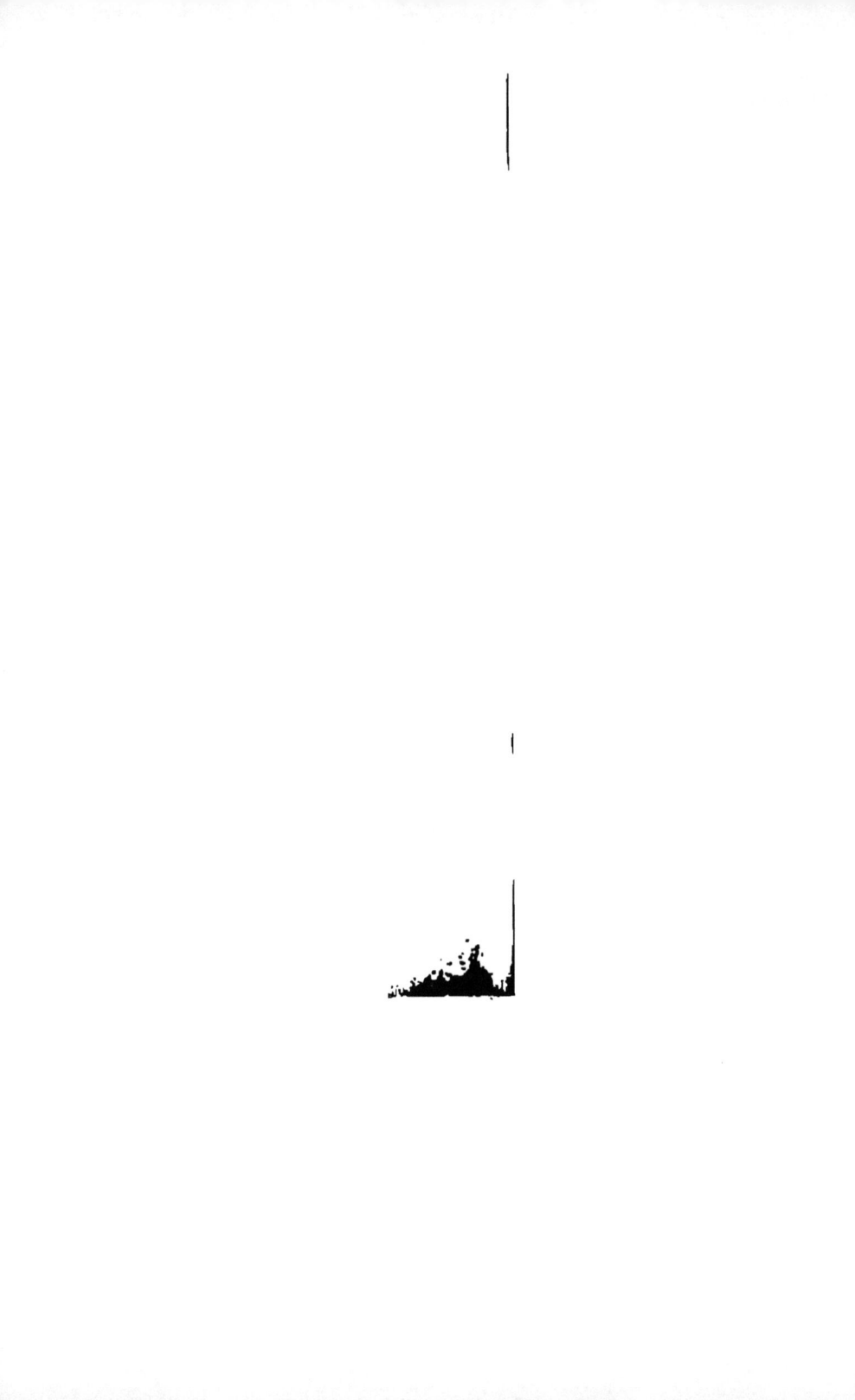

Aus den Sitzungsberichten der philos.-philol. und histor. Classe
der k. bayer. Akad. d. Wiss. 1892. Heft IV.

Das Bekenntniss des christlichen Glaubens in den Gesetzbüchern aus der Zeit des Königs Magnús lagabœtir

von

K. Maurer.

München 1892.
Druck der Akademischen Buchdruckerei von F. Straub

Sitzungsberichte

der

königl. bayer. Akademie der Wissenschaften.

———

Philosophisch-philologische Classe.

Sitzung vom 5. November 1892.

Herr Maurer hielt einen Vortrag:

„Das Bekenntniss des christlichen Glaubens
in den Gesetzbüchern aus der Zeit des Königs
Magnús lagaboetir."

Vor sechs Jahren habe ich an dieser Stelle über „die
Eingangsformel der altnordischen Rechts- und Gesetzbücher" gesprochen; heute möchte ich einen verwandten
Gegenstand zur Sprache bringen, welcher, obwohl an sich
wenig bedeutsam, doch ebenfalls noch der Aufklärung zu
bedürfen scheint, und dessen Erörterung mir zugleich gestatten wird, zu manchen neueren Veröffentlichungen auf
dem Gebiete der nordischen Quellengeschichte Stellung zu
nehmen, das Auftreten nämlich eines Bekenntnisses des
christlichen Glaubens in einer Reihe von Gesetzbüchern
aus der Zeit des Königs Magnús lagaboetir. Einen kurzen
Ueberblick über den gesammten Verlauf der gesetzgeberischen Arbeiten dieses Königs muss ich dabei des leichteren
Verständnisses halber vorausschicken.

Nachdem schon K. Hákon gamli sich eifrig um die
Verbesserung der Rechtszustände Norwegens bemüht und
dabei auch mehrfach auf die Vereinheitlichung des Rechts
in seinem Reiche hingearbeitet hatte, setzte sein Sohn und
Nachfolger, K. Magnús (1263—80) diese Bestrebungen fort
und führte sie, wenn auch nicht ohne mancherlei Schwierigkeiten, in der Hauptsache glücklich zum Ziel.[1]) Wir wissen
aus den isländischen Annales regii, dass der König im Jahre
1267 die gesetzliche Annahme einer in seinem Auftrage
bearbeiteten Gulaþingsbók, und im Jahre 1268 die Annahme eines gleichfalls von ihm besorgten Gesetzbuches für
die Víkverjar und für die Upplendingar durchsetzte, wogegen ihm im Jahre 1269 am Frostuþinge, an welchem
sich ausser ihm auch Erzbischof Jón von Drontheim einge-
funden hatte, nur die Ermächtigung ertheilt wurde, die
Frostuþingsbók in ihren weltlichen Bestandtheilen umzuarbeiten, während deren kirchenrechtlicher Abschnitt seiner
einseitigen Einwirkung entzogen wurde.[2]) Auch in den
Annalen von Flatey finden sich zu den Jahren 1267 und
1269 entsprechende Einträge,[3]) während freilich zum Jahre
1268 die auf die Hochlande und auf Vigen bezügliche Angabe fehlt. Wieder andere Male wird gar nur der Anwesenheit des Königs aus Frostuþinge des Jahres 1269 Erwähnung gethan, wie in den Annales Reseniani und den
Annalen Henrik Höyers,[4]) ohne dass dabei der hier ge-

---

1) Vergl. meinen Artikel „Gulaþingslög" in der Allg. Encykl.
der Wissensch. und Künste, I. Section, 97. Bd., S. 39—73 (1878), und
„Udsigt over de nordgermaniske Retskilders Historie", S. 33—50, dann
88—101 (1878); Fr. Brandt, „Forelæsninger over den norske Retshistorie", I, S. 30—38 (1880), Ebbe Hertzberg, in der Nordisk
Retsencyklopädi, I, S. 88—97 und 108—111 (1890).

2) Islandske Annaler (ed. G. Storm), S. 137—138, ausgeschrieben im Oddverja Annáll, S. 483.

3) Flateyjarbók, III, S. 536 und 537.

4) Islandske Annaler, S. 28 und 68.

fassten Beschlüsse oder der in den beiden vorhergehenden
Jahren angenommenen Gesetzbücher gedacht würde; einigen
Annalen, wie den Lögmannsannálar und den Gottskúlks-
annálar, fehlt aber auch dieser Eintrag, oder dieselben zeigen
auch wohl an der betreffenden Stelle eine Lücke, wie die
Annales vetustissimi oder die von Skálholt. Immerhin liegt
kein Grund vor, den beiden zuerst angeführten Annalen-
werken den Glauben zu versagen, und noch weit weniger
ein Grund, diese Angaben, wie dies älteren Vorgängern
folgend noch Fr. Brandt that,[1] im bestimmtesten Widerspruche mit ihrem Wortlaute auf eine nur vorbereitende
Massregel zu beziehen; wir werden vielmehr aus ihnen mit
voller Sicherheit entnehmen dürfen, dass einerseits der König
zunächst nur eine Revision der vier älteren Provincialrechte
beabsichtigt hatte, wobei diese nach älterem Herkommen
neben dem weltlichen Rechte auch einen das Christenrecht
umfassenden Abschnitt enthalten sollten, dass er aber andererseits mit seinem Vorhaben nur in dreien von den vier
Dingverbänden, welche im Reiche bestanden, auch wirklich
durchdrang, nämlich im Gulaþinge, im Borgarþinge und im
Eidsifaþinge, wogegen er im vierten, also im Frostuþinge,
nur zur Umarbeitung des weltlichen Rechtes ermächtigt
wurde, während das Kirchenrecht, natürlich auf Betrieb des
am Ding anwesenden Erzbischofes, seinem einseitigen Vorgehen entzogen blieb. — Von da ab sehen wir in der gesetzgeberischen Thätigkeit des Königs eine sehr bedeutsame
Wendung eintreten, und zwar in zweifacher Richtung. Auf
der einen Seite nämlich musste er fortan seine Bestrebungen
in erster Linie auf das weltliche Recht beschränken, während
er bezüglich des Kirchenrechtes darauf angewiesen war, mit
seinem Erzbischofe zu unterhandeln, und nur allenfalls an
der Hoffnung festhalten mochte, dass es gelingen werde, auf

---

1) Ang. O., S. 30—31.

diesem Wege ein Christenrecht zu Stande zu bringen, welches
in früherer Weise an die Spitze des ganzen Gesetzbuches
gestellt werden könne. Dabei ist klar, dass der von der
Kirche im Drontheimischen erfochtene Sieg auch auf das
Schicksal der in den drei anderen Dingverbänden bereits
angenommenen neuen Gesetzbücher nicht ohne Einfluss
bleiben konnte. Es war ja das gemeine Recht der abend-
ländischen Kirche, auf welches der Erzbischof seinen Widerstand gegen jede weltliche Gesetzgebung in kirchlichen Angelegenheiten stützte; hatte sich der König diesem aber erst
für einen Theil seines Reiches gefügt, so konnte er weiter
reichende Ansprüche seiner weltlichen Gewalt auch für
dessen übrige Theile nicht mehr aufrecht erhalten. Auf der
anderen Seite musste aber gerade die klar zu Tage liegende
Nothwendigkeit, das Kirchenrecht für das gesammte Reich
einheitlich zu gestalten, dem Könige den Gedanken nahe
legen, auch für das weltliche Recht statt der bisher schon
erstrebten theilweisen Vereinheitlichung die Herstellung einer
vollständigen Rechtseinheit durchzuführen, und in der That
zeigen die von jetzt ab durch ihn erlassenen Gesetzbücher
in beiden Beziehungen einen von dem früheren sehr erheblich abweichenden Charakter. Auf der einen Seite zeigen
sie sich bestrebt, soweit nur immer möglich ein gemeines
Recht für das gesammte Reich zu bieten; auf der anderen
Seite aber enthalten sie zwar noch wie die früheren Provincialrechte einen Kristindómsbálk an ihrer Spitze, geben aber
in diesem nicht mehr, wie jene gethan hatten, wirklich
kirchenrechtliche Satzungen, sondern nur einige Bestimmungen, deren Inhalt dem Kirchenrechte ziemlich fern steht,
und war es dem Könige dabei offenbar nur darum zu thun,
einem mit dem Erzbischofe zu vereinbarenden Christenrechte
seine herkömmliche Stelle in den Gesetzbüchern offen zu
halten. Schon die in den Jahren 1271—73 für Island erlassene Járnsída enthält in dieser Weise nur noch formell

einen Kristindómsbálk, während derselbe doch materiell kein
Kirchenrecht mehr enthält, und das Gleiche gilt auch von
dem gemeinen Landrechte aus dem Jahre 1274, von
dem gemeinen Stadtrechte aus dem Jahre 1276, sowie
von der isländischen Jónsbók aus dem Jahre 1280; als
Gegenbild aber treten jetzt wirkliche Christenrechte auf,
welche nicht mehr vom König, sondern vom Erzbischof
oder vom Bischof von Skálholt abgefasst werden. — Die
Entstehungsgeschichte dieser beiden Christenrechte ist allerdings nicht ganz klar. Eine ganz verlässige Quelle berichtet
uns,[1] dass der Erzbischof sich schon im Jahre 1272 mit
der Absicht trug, ein neues Christenrecht zu bearbeiten, und
dass er den B. Aŕni anwies, in dieser Beziehung Hand in
Hand mit ihm vorzugehen; dass ferner Aŕni sich sofort nach
Norwegen begab, um zu erfahren, was der Erzbischof vom
älteren isländischen Christenrechte fortbestehen lassen wolle
und was nicht, dann welchen Quellen diejenigen Satzungen
entnommen werden sollten, welche neu in dieses einzuschalten seien; dass endlich der Bischof nach seiner Rückkehr in die Heimath im Winter 1273—74 wirklich ein vollständiges Christenrecht nach der Anweisung des Erzbischofes
ausarbeitete, dessen gesetzliche Annahme er auch im folgenden Sommer (1275) am Allding im Wesentlichen durchsetzte.[2] Da nun das erzbischöfliche Christenrecht, so wie
es uns vorliegt, ein erst im Jahre 1277 erlassenes Zehntregulativ enthält, also in dieser Gestalt unmöglich vor dem
genannten Jahre entstanden sein kann, und da andererseits
doch auch kaum anzunehmen ist, dass der Erzbischof seinem
isländischen Suffragan bei der Abfassung des neuen Christenrechtes den Vortritt gelassen haben werde, überdies aber

---

1) Aŕna bps., cap. 10, S. 691, Anm. 2, dann cap. 14, S. 697
und 698. 2) Die Annalen von Skálholt, S. 194, die einzigen,
welche des Vorgangs gedenken, setzen ihn in das Jahr 1276.

auch noch einzelne andere Spuren auf eine frühere Entstehung des erzbischöflichen Christenrechtes hinzudeuten
scheinen, habe ich seinerzeit auszuführen gesucht,[1] dass eine
doppelte Redaction dieses Christenrechtes zu unterscheiden
sei, von welchen die erste, uns verlorene, bereits fertig war,
als K. Magnús am 1. August 1273 mit Erzbischof Jón das
Bergener Concordat abschloss, während die zweite erst, nachdem dieses Concordat in Folge der vom päpstlichen Stuhle
eingenommenen Haltung hinfällig geworden war, gelegentlich der neuerdings angeknüpften Verhandlungen hergestellt
wurde, und dann auch in der uns allein erhaltenen Gestalt
gelegentlich der am 9. August 1277 zu Túnsberg abgeschlossenen neuen Uebereinkunft jene Sanction des Königs
erlangte, von welcher mehrere Hss. des Christenrechtes
sprechen. Dem gegenüber hat nun freilich G. Storm vor
kurzer Zeit in seinen „Bemærkninger til de i Norges gamle
Love 5te Bind optagne oldnorsk-islandske Lovtexter" darauf
aufmerksam gemacht,[2] dass zwei Hss. des von B. Árni ver-
fassten Christenrechtes am Rande die für dieses benützten
Quellen angeben, und als solche die Gulaþingsbók und die
Frostuþingsbók, das ältere isländische Recht, endlich die
Decretalen und einzelne Anordnungen des Erzbischofs Jón
verzeichnen; er hat ferner hieraus gefolgert, dass dieses
Christenrecht nicht etwa, wie ich angenommen hatte, auf
Grund einer älteren Redaction des erzbischöflichen Christenrechtes, sondern zwar nach vorgängiger Verständigung mit
dem Erzbischofe, aber doch unmittelbar aus den von diesem
bezeichneten älteren Quellen ausgearbeitet worden sei, und
dass jeder Grund zur Annahme einer zweifachen Redaction
des erzbischöflichen Christenrechtes fehle. Storm's Beweis-

---

1) Gulaþingslög, S. 56—59; Udsigt, S. 41—43; Studien
über das sog. Christenrecht K. Sverrirs, in der Festgabe zu
L. von Spengels Doctorjubiläum, S. 55—66 (1877).

2) Tidsskrift for Retsvidenskab, III, S. 441—43 (1890).

führung hat viel Bestechendes, wenn auch eine genauere
Prüfung der einzelnen Stellen des isländischen Christenrechtes und ihrer Quellen ernstliche Bedenken gegen deren
Stichhaltigkeit zu erwecken scheint; da indessen die Frage
für die gegenwärtige Untersuchung ohne erhebliche Bedeutung ist, kann ich sie hier bei Seite liegen lassen. Nach
dem Tode des Königs Magnús wurde übrigens die Gültigkeit
der Túnsberger „Compositio" sofort wieder in Frage gestellt
und damit wohl auch die Gültigkeit des erzbischöflichen
Christenrechts. Bis in die Mitte des 15. Jahrhunderts hinein herrschte in Folge dessen in kirchenstaatsrechtlicher
Beziehung eine heillose Verwirrung in Norwegen, indem die
Kirche die fortwährende Gültigkeit des Túnsberger Vergleiches und des erzbischöflichen Christenrechtes behauptete,
während staatlicherseits entweder das von K. Magnús ge-
setzte Christenrecht, wie es in den revidirten Gesetzbüchern
von 1267 und 1268 enthalten war, als zu Recht bestehend
behandelt, oder aber, weil dieses ohne die Zustimmung des
Erzbischofes zu Stande gekommen und darum von ihm nicht
anerkannt war, gar auf die älteren Christenrechte zurückgegriffen wurde, wie solche zu K. Hákons Zeiten gegolten
hatten.[1]) Aus diesem Grunde wurden denn auch die älteren
Christenrechte fortwährend neben den neueren abgeschrieben;
erst durch die Handfeste des Königs Karl Knutsson vom
20. November 1449,[2]) und durch die Bestätigungsurkunde
des Königs Christian I. vom 21. Januar 1458[3]) erlangte
der Túnsberger Vergleich, und mit ihm wohl auch das erzbischöfliche Christenrecht wieder seine formelle staatliche
Anerkennung.

Erhalten sind uns nun von diesen Gesetzbüchern aus des
Königs Magnús Zeit die Járnsíða, abgesehen von einer hier

---

1) Genauere Nachweise giebt meine Udsigt, S. 53—54. 2) Diplom. norveg. VI, nr. 531, S. 560. 3) Ebenda, IV, nr. 941, S. 690—91.

nicht in Betracht kommenden Lücke in der Mitte ihres
Textes, das gemeine Landrecht und Stadtrecht, sowie
die Jónsbók; ferner das Christenrecht des Bischofs
Árni von Skálholt und das Christenrecht des Erzbischofs Jón in seiner aus dem Jahre 1277 datirenden
Gestalt. Erhalten sind uns ferner zwei Christenrechte, welche,
wie man jetzt mit Recht allgemein annimmt, der im Uebrigen
verlorenen Gesetzgebung des Königs Magnús für das Gulaþing
einerseits und für das Borgarþing andererseits aus den Jahren
1267 und 1268 angehören, und welche man darum als die
neueren Christenrechte des Gulaþinges und des
Borgarþinges zu bezeichnen pflegt, obwohl diesen Bezeichnungen allerdings jede handschriftliche Gewähr fehlt.
Beide Christenrechte weichen zwar im Einzelnen vielfach
von einander ab, sind aber doch wesentlich im gleichen
Geiste bearbeitet und auf sie muss es sich auch wohl beziehen, wenn eine Verordnung des Königs Hákon Magnússon
vom 28. Juli 1316[1]) einen „Kristinsdómsrètt“ nennt, welchen
K. Magnús Hákonarson zusammensetzen liess und welchen
sie von dem anderen Christenrechte unterscheidet, welches
Erzbischof Jón zusammensetzen liess, während sie doch zugleich bemerkt, dass die „lögbók“ dieses Königs, d. h. dessen
gemeines Land- und Stadtrecht, einen „Kristinsdómsbálk“
nicht enthalte, was ja materiell, wenn auch nicht formell,
vollkommen zutrifft. Erhalten sind uns aber überdies auch
noch zwei kirchenrechtliche Compilationen von sehr zweifelhafter Entstehungszeit und Bedeutung, nämlich das sogenannte Christenrecht K. Sverrirs und ein erst neuerdings entdecktes und veröffentlichtes Werk ähnlicher Art,[2])
welches sich als ein Christenrecht des Frostuþinges
bezeichnet (AM. 313 fol.), in der That aber als eine Compilation aus verschiedenen Quellen, wenn auch mit vorzugs-

---

1) Norges gamle Love, III, S. 117. 2) Ebenda, IV, S. 50—65.

weiser Benützung der FrþL. sich darstellt. Ueber die erstere
Arbeit habe ich mich schon früher ausführlich ausgesprochen,
zumal in einem Aufsatze „über das sog. Christenrecht König
Sverrirs" [1]) und in den bereits angeführten „Studien über das
sog. Christenrecht K. Sverrirs." [2]) Ich habe dabei bewiesen,
dass dieselbe nur irrthümlich auf K. Sverrir zurückgeführt
wurde, und habe zugleich wahrscheinlich zu machen gesucht, dass sie vielmehr ein ungefähr gleichzeitig mit der
Júrnsíða ausgearbeiteter Entwurf eines für das gesammte
Reich bestimmten Christenrechtes sei, welcher niemals gesetzliche Geltung erlangte; ich bin aber auch jetzt noch
geneigt, an dieser Ansicht festzuhalten. Es bestimmt mich
dazu vor Allem die mit der Júrnsíða ganz gleichartige überaus rohe Zusammenstellung des Christenrechtes auf Grund
derselben beiden norwegischen Quellen, nämlich der älteren
Gulaþingslög und Frostuþingslög, und jedenfalls kann ich
den von Fr. Brandt erhobenen Einwand [3]) jetzt ebensowenig
als früher als zutreffend gelten lassen, dass die Erwähnung
der Eisenprobe in demselben auf dessen Entstehung vor
deren Abschaffung, also vor dem Jahre 1247, hindeute.
Ich habe schon früher wiederholt darauf aufmerksam gemacht, [4]) dass bei der ungemein flüchtigen Art, in welcher
der Compilator seine Quellen ausschrieb, auch sonst Mancherlei von ihm aufgenommen wurde, was schon längst unprak-
tisch geworden war, und ich führe hier als Beispiel solcher
Kopflosigkeit nur an, dass die officiellen Freilassungen,
deren § 4 und 5 der GþL. gedenken, in § 3 und 4 unseres
Christenrechtes noch als geltendes Recht behandelt werden,
obwohl sie bereits durch K. Magnús Erlingsson abgeschafft
worden waren, und dass dann hinterher in § 74 doch auch
noch die Wegebesserung eingestellt erscheint, welche eben

---

1) In K. Bartsch's Germanistischen Studien, I, S. 57—76 (1872).
2) Vergl. oben, S. 542, Anm. 1.   3) Forelæsninger, I, S. 20—21
4) Christenrecht K. Sverrirs, S. 75; Studien, S. 86.

dieser König nach den FrþL. III § 19 als Ersatz für dieselbe eingeführt hatte. Bei so leichtfertigem Verfahren
konnte natürlich auch die im Jahre 1247 erfolgte Abschaffung der Eisenprobe recht wohl übersehen, und diese
aus den benützten Vorlagen unbedacht herübergenommen
worden sein, so dass deren zweimalige Erwähnung in der
Compilation zur Bestimmung ihrer Entstehungszeit nicht
verwendet werden darf. Dagegen gebe ich Ebbe Hertzberg[1])
gern zu, dass die für meine Vermuthung sprechenden Gründe
nicht absolut beweisend sind, und dass somit immerhin auch
die andere Möglichkeit besteht, dass dieses Christenrecht erst
in der Zeit des wieder ausbrechenden Streites zwischen Staat
und Kirche, also nach dem Jahre 1280 entstanden sein
könnte, und liesse sich für diese letztere Vermuthung zumal
die unzweifelhaft spätere Entstehung jener anderen oben
erwähnten Compilation geltend machen, über deren Entstehungszeit ich indessen erst weiter unten in einem anderen
Zusammenhange mich auszusprechen Gelegenheit finden werde.

Gehe ich nun nach dieser vorläufigen geschichtlichen
Orientirung auf den eigentlichen Gegenstand meiner Untersuchung über, so zeigt sich zunächst, dass in dem jüngeren
Christenrechte des Gulaþinges von 1267 die ersten
8 §§ in einer Weise gestaltet sind, welche von dem Vorbilde der älteren Provincialrechte sehr erheblich abweicht.
In der Hs. A., welche dem ersten Abdrucke dieses Christenrechtes zu Grunde liegt,[2]) beginnt dasselbe mit den Worten:
„þat er nu þui nest vpphaf laga varra Gulaþingsmanna, sem
vpphaf ær allra godra lvtta: at ver skollum hallda ok hafva
kristilæga tru." Auf diese Eingangsworte folgt sodann im § 1
ein Bekenntniss des christlichen Glaubens, in § 2 eine Erörterung über die Gewalt und den Beruf des Königs und

---

1) Ang. O., S. 92, Anm. 1.
2) Norges gamle Love, II, S. 306—25.

des Bischofs, in § 3 eine kurze Bestimmung über Zauberei
und heidnischen Aberglauben, sowie deren Verfolgung und
Bestrafung, endlich in den §§ 4—8 die Thronfolgeordnung
vom Jahre 1260, worauf dann erst mit § 9 das wirkliche
Christenrecht seinen Anfang nimmt. Ich habe schon früher
einmal darzuthun gehabt, [1] dass die Abweichungen der übrigen
Hss. insoweit ohne erhebliche Bedeutung sind, als sie theils
die Worte „þat er nú því næst", theils aber auch ganze §§
dieser Einleitung weglassen, indem die erstere Auslassung
sich durch das sehr natürliche Bestreben, die Verweisung
auf etwas Vorhergehendes, welches doch nicht vorhergeht,
als sinnlos zu streichen, die zweite aber sich durch die Erwägung erklärt, dass der Inhalt der ersten 8 §§ mit einer
geringfügigen Ausnahme auch im gemeinen Landrechte entweder ganz gleichmässig wiederkehrt, oder auch durch entsprechende neuere Bestimmungen ersetzt ist, so dass ein Abschreiber sich das Abschreiben dieser §§ zumal dann recht
wohl ganz oder theilweise ersparen konnte, wenn er neben
unserem Christenrechte zugleich auch noch das Landrecht
abzuschreiben hatte. In der That wird denn auch dieser
letztere Sachverhalt mehrfach durch die den Anfangsworten
beigefügte Bemerkung „et cæt.", oder noch deutlicher durch
die Worte zu erkennen gegeben: „ok gengr sua ut sem
stendr i landsbokinni þessi kapitulum." Nicht minder habe
ich bei demselben Anlasse auch schon darauf hingewiesen,
dass jene auffälligen Eingangsworte: „þat er nú því næst"
einfach durch die Annahme zu erklären sein dürften, dass
in dem Gesetzbuche von 1267 ähnlich wie bereits in unserem
Texte der FrþL., und wie dann später auch wieder in der
Járnsída, den Landslög, dem gemeinen Stadtrechte und der
Jónsbók, vor dem Christenrechte ein þingfararbálkr gestanden haben werde. welcher doch nicht eigentlich zum Gesetz-

---

[1] Die Eingangsformel, S. 341—43.

buche selbst gerechnet wurde, und dessen Vorangehen somit
auch nicht verhindern konnte, dass das Christenrecht nichts
destoweniger als der rechte Anfang und erste Abschnitt
dieses letzteren betrachtet werde. Das jüngere Christenrecht des Borgarþinges aber zeigt zwar in der einzigen
Hs., welche uns dessen Anfang überhaupt aufbewahrt hat,
weder eine Eingangsformel noch sonst eine Spur von dem
Inhalte der ersten 8 §§ jenes anderen Christenrechtes; es
beginnt vielmehr ohne Weiteres mit dem Zehentrechte, ganz
wie dieses im § 9 des Gulaþingschristenrechtes enthalten ist.
Indessen hatte ich doch schon früher darauf aufmerksam zu
machen,[1]) dass wahrscheinlich auch in diesem Gesetzbuche
jene 8 §§ ursprünglich zu finden gewesen sein werden, und
dass sie in unserer Hs. doch wohl nur aus ähnlichen Gründen
weggelassen worden sein mögen, wie solche auch für deren
theilweise Auslassung in den meisten Hss. des neueren Gulaþingschristenrechtes bestimmend geworden sind. Fraglich
könnte allenfalls erscheinen, ob man eine Bestätigung dieser
Vermuthung in der Thatsache erkennen dürfe, dass eine
halbdänische Bearbeitung unseres Christenrechtes, welche
G. Storm neuerdings veröffentlicht hat,[2]) in ihrem § 1 ein
Stück jener 8 §§, nämlich die Bestimmungen über Zauberei
und heidnischen Aberglauben bringt. Ich halte diess auch
jetzt noch für unzulässig, wie ich dies schon früher erklärt
habe, und zwar aus dem Grunde, weil diese spätere Bearbeitung neben dem neueren Christenrechte des Borgarþinges sichtlich auch das des Gulaþinges benützt hat,[3]) und
somit dahingestellt bleiben muss, ob nicht etwa auch ihr
§ 1 lediglich dem § 3 dieses letzteren entnommen sei. Dass
dieser § 3 und nur dieser von allen jenen 8 Eingangs-

---

1) Gulaþingslög, S. 46; Eingangsformel, S. 341. 2) Norges gamle Love, IV, S. 160—82. 3) Vergl. z. B. § 2 und 5—6
unserer Bearbeitung mit § 1 und 4—5 des neueren BþKrR., und
mit § 9 und 12—13 des neueren GþKrR.

paragraphen des neueren Gulaþingschrristenrechtes in diese
Bearbeitung aufgenommen wurde, erklärt sich natürlich ganz
ebenso wie dessen vollständige Wiedergabe in denjenigen
Hss. der ersteren Quelle, welche deren § 1—2 und 4—8
nur abgekürzt enthalten oder ganz weglassen, dann wie
dessen gesonderte Ueberlieferung in einer Hs. aus dem Anfange des 14. Jahrhunderts[1]) daraus, dass gerade dieser § und
nur dieser in dem sogenannten Kristindómsbelkir der späteren
Gesetzbücher fehlte. Allerdings lässt sich nun gerade hieraus darauf schliessen, dass die übrigen 7 §§ auch in unserer
Bearbeitung des neueren Borgarþingschristenrechtes wirklich
nur aus dem Grunde weggelassen wurden, weil sie in den
späteren Gesetzbüchern ohnehin schon enthalten waren; ob
aber die Weglassung einem älteren Borgarþings- oder Gula-
þingsrechte gegenüber erfolgte, lässt sich eben doch nicht
mit Sicherheit bestimmen, vielmehr nur aus der stehen-
gebliebenen Verweisung auf ein vorhergehendes Glaubensbekenntniss ersehen, dass in der benützten Vorlage auch ein
solches enthalten gewesen war.

Wesentlich anders verhalten sich die späteren Gesetzbücher. In der Járnsída[2]) zunächst steht an der Spitze
des ganzen Gesetzbuches ein þingfararbálkr, und unmittelbar
auf ihn folgt der Kristindómsbálkr, welcher mit den Worten
beginnt „þat er upphaf laga varra Islendinga, sem upphaf
er allra goðra luta, at ver skulom hava oc hallda kristelega
tru“; an diese Eingangsworte aber schliesst sich sodann das
christliche Glaubensbekenntniss (§ 1), die Erörterung über
Gewalt und Beruf des Königs und des Bischofs (§ 2), und

---

1) Abgedruckt in Norges gamle Love, V, S. 56.
2) Ich bemerke, dass die Hs. weder die einzelnen Balken noch
die §§ hervorhebt, in welche diese sich theilen, und demnach auch
keine Ueberschriften für erstere enthält. Aus dem Inhalte und der
Vergleichung der anderen Gesetzbücher lassen sich aber die Ueberschriften leicht und sicher ergänzen.

die Thronfolgeordnung des Jahres 1260 an (§ 3—7). Von
den im Gulaþingsgesetzbuche von 1267 vorangestellten 8 §§
fehlt also nur der § 3, d. h. die oben besprochene kurze
Satzung über Heidenthum und Zauberei; es fehlt aber überdies auch das ganze eigentliche Kirchenrecht, welches dort
auf jene 8 §§ folgt, wogegen hier der Abschnitt mit § 7
schliesst, und sofort „Mannhelgi", d. h. der von den Todtschlägen und Körperverletzungen handelnde Abschnitt seinen
Anfang nimmt. Ganz ähnlich verhalten sich aber auch das
gemeine Landrecht und Stadtrecht, sowie die Jónsbók, nur dass in diesen drei Gesetzbüchern die Thronfolgeordnung des Jahres 1273 an die Stelle der älteren vom
Jahre 1260 getreten ist, und dass noch vor dem þingfararbálkr ein Prolog steht, an den Kristindómsbálk dagegen
ein „Landvarnarbálkr", beziehungsweise ein Abschnitt „Um
konungs þegnskylldu" sich anschliesst, also die Ordnung des
Heerwesens, beziehungsweise der sonstigen von den Unterthanen an den König zu entrichtenden Leistungen. Dem
gegenüber zeigt das Christenrecht des Erzbischofs Jón,
so wie es uns vorliegt, auffälliger Weise gar Nichts dem
Inhalte jener 7 oder 8 Eingangsparagraphen Entsprechendes;
es beginnt vielmehr gleich mit den Vorschriften über die
Taufe, also mit dem eigentlichen Kirchenrechte selbst, ohne
alles Eingehen auf anderweitige Dinge. Um so wunderlicher ist aber, dass das neuere isländische Christenrecht des Bischofs Árni ein völlig anderes Verhalten
aufweist. So lange man dieses nur in der Ausgabe kannte,
welche Grímur Jónsson Thorkelin im Jahre 1777 von demselben besorgt hatte, musste man freilich an dessen völlige
Uebereinstimmung mit dem erzbischöflichen Christenrechte
in diesem Punkte glauben, und ich selber sprach mich noch
vor wenigen Jahren unbedenklich in diesem Sinne aus,[1]

---

1) Die Eingangsformel, S. 351—52.

indem ich dafür hielt, dass eine vom genannten Herausgeber
verzeichnete Variante, welche das Glaubensbekenntniss vor-
ausstellt, dieses lediglich aus der Jónsbók entlehnt habe.
Ganz anders gestaltet sich aber die Sache, seitdem G. Storm
im ersten Hefte des fünften Bandes von „Norges gamle
Love", S. 16—56 (1890) auf Grund von 6 der ältesten
Hss. einen zuverlässigen Text der Quelle in ihrer ursprünglichen Gestalt veröffentlicht, und zugleich in einer oben
bereits angeführten Abhandlung[1]) die Folgerungen besprochen hat, welche sich aus demselben für die Geschichte
der Quelle ergeben. In seiner Ausgabe beginnt nämlich
B. Arni's Christenrecht in § 1—7 mit genau denselben
Stücken, welche auch die 7 §§ des Kristindómsbálks in der
Járnsíða bilden, und dann erst folgt dort, mit den Bestimmungen über die Taufe beginnend, das eigentliche
Kirchenrecht, welches in der Járnsíða gänzlich fehlt. Allerdings ist die Behandlung dieser 7 §§ in den von Storm benützten Hss. keine ganz gleichmässige. Die für die Ausgabe zu Grunde gelegte Hs. (A) enthält alle 7 §§ vollständig,
mit Ausnahme nur der Anfangsworte des § 1, deren Fehlen
indessen ein rein zufälliges, nämlich durch den Verlust des
ersten Blattes der Hs. bedingtes ist. Da diese Hs. bereits
um das Jahr 1300 oder doch nur wenig später geschrieben
ist, und da sie Arni's ganzes Christenrecht, aber auch nur
dieses enthält, ist dieses ihr Verhalten von ganz besonderer
Bedeutung.[2]) Noch eine zweite Hs. (D) enthält dieselben
7 §§ vollständig an der Spitze des Christenrechtes.[3]) Sie
ist freilich erst um das Jahr 1370 geschrieben, und enthält
vor dem Christenrechte auch noch die Jónsbók sammt den

---

1) Tidsskrift for Retsvidenskab, III, S. 438—43.

2) Vgl. über diese Hs. Storm, ang. O., S. 439—40, und
Kålund, Katalog over den Arnamagnæanske Håndskriftsamling, II,
nr. 2247 S. 957—58.

3) Vgl. Storm, S. 440.

an sie sich anschliessenden Verordnungen der Könige Eiríkr
und Hákon; aber doch ergiebt sich die Zugehörigkeit jener
7 §§ zum Christenrechte auch hier ganz unzweideutig daraus, dass vor ihnen in der Hs. die Ueberschrift steht: „Her
byriaz vpp kristinna lagha þatt, ok seghir j fyrsta capitula vm
drottinlegha tru". Nach dieser Hs. hat Storm die in A fehlenden Anfangsworte des § 1 abgedruckt. Wieder anders
steht die Sache bezüglich einer dritten Hs. (B), welche bereits um 1320 geschrieben ist.[1]) In ihr trägt das Christenrecht die Ueberschrift: „Her byriaz vpp kristins doms balkr
Islendinga inn nyi, ok segir i fyrsta kapitulo vm kristiliga
trv"; dann folgen von § 1 nur die Eingangsworte: „þat er
upphaf laga várra Islendinga sem upphaf er allra góðra hluta",
mit einem „et cetera", und ebenso von § 2 und 3 nur die
Anfangsworte mit einem „etc.", endlich anstatt § 4—7 die
Worte: „Her næst eru greindir erfðir konunganna ok þat
sem þar fylgir með 16. capitulis. þar næst konvngs iatan
sem hann iatar folkinu þar er hann er til konvngs tekinn.
þar með konvngs eiðr sem hann sverr i vigslu sinni. þa her-
tuga eiðr eða jarls. þar næst lendra manna eiðr. þa lög-
manna eiðr. Siðaz bonda eiðr ok almugans." Es ist hiernach klar, dass der Schreiber dieser Hs. in seiner Vorlage
die 7 §§ ebenfalls vorgefunden hatte, dass er aber erkannte,
dass von ihnen die beiden ersten ganz und der dritte nahezu
ganz mit den beiden ersten §§, beziehungsweise dem dritten
des Kristindómsbálks der Jónsbók übereinstimmten, die 4
folgenden, die Thronfolgeordnung von 1260 enthaltenden
aber hier durch die neuere Thronfolgeordnung von 1273
ersetzt waren; er hielt darum für um so weniger nöthig, sie
vollständig abzuschreiben, weil er die Jónsbók ohnehin dem
Christenrechte sofort folgen zu lassen beabsichtigte, wie sie
denn diesem in der Hs. wirklich folgt. In der vierten Hs. (C),

---

1) Ebenda; ferner Norges gamle Love, IV, S. 408—9.

welche um 1330 geschrieben ist, fehlen die 4 ersten §§,
indem die beiden ersten Blätter der Hs. verloren gegangen
sind;[1] da aber § 5—7 im Wesentlichen mit deren Fassung
im neueren Gulaþingschristenrechte und in der Járnsíða
übereinstimmen, und nicht mit deren Fassung in der Jónsbók, dürfen wir mit Sicherheit annehmen, dass diese Hs.
auch in ihrem verloren gegangenen Anfange mit A und D
übereingestimmt haben werde. Die fünfte Hs. (F), um 1360
geschrieben,[2] hat zunächst die Ueberschrift: „Her hefr
kristins doms balk med konunga erfða tale. Segir hier hverr at
rettv aa at vera konvngr yfir Noregi ok vm konvngs eið“,
worauf dann aber nach den Eingangsworten von § 1: „þat
er upphaf laga várra Íslendínga sem upphaf er allra góðra
hluta, at vèr skulum hafa ok halda kristilega trú“ lediglich
die Bemerkung folgt: „etcetera ut prius“. Ueber § 3 hat
die Hs. sodann die Ueberschrift: „Hverr fyrst sette konvnga
erfð“, und corrigirt als den Urheber des Thronfolgegesetzes
den K. Magnús statt des K. Hákon in den Text hinein,
worauf dann für den § 4 die §§ 4—6 des Kristindómsbálks
der Jónsbók eingeschoben werden, während § 5—7 wesentlich unverändert stehen geblieben sind. Zu beachten kommt
dabei noch die eigenthümliche Behandlung, welche der Abschreiber dem Kristindómsbalk der vorher bereits von ihm
abgeschriebenen Jónsbók angedeihen lässt. Er schreibt nur
dessen erste beide §§ vollständig ab, wogegen er § 3—11,
also die Konungserfðir, weglässt, so dass man deutlich erkennen kann, wie er einerseits das Christenrecht B. Árni's
mit der Jónsbók in Einklang zu bringen suchte, und andererseits sich die Mühe des doppelten Abschreibens zu ersparen
bestrebt war; er gab demgemäss im Christenrechte statt
§ 1—2 nur eine Verweisung auf die Jónsbók, in welcher

---

1) Vgl. Storm, S. 440; Kålund, I, nr. 504, S. 281—82.
2) Storm, S. 440; Kålund, I, nr. 509, S. 285—86.

beide §§ bereits vollständig zu lesen waren, und er brachte
andererseits die Thronfolgeordnung sammt allem zu ihr Gehörigen im Christenrechte nach einem aus ihr und der Jónsbók willkürlich gemischten Texte, während er sie in der
Jónsbók wegliess. Endlich die sechste Hs. (E), um 1363
geschrieben,[1]) lässt die ersten 7 §§ völlig weg und setzt
somit erst vor § 8, mit welchem das eigentliche Kirchenrecht beginnt, die Ueberschrift: „Her byrjar upp hinn nyia
cristins doms rett, þann er herra Jon erch. saman setti, ok
lögtekinn er vm Skalholts byskups dœmi." Da auch in
dieser Hs. die Jónsbók vorangeht, kann diese Weglassung
nicht auffallen, und ebenso erklärt sie sich in den meisten
jüngeren Hss. sehr einfach daraus, dass man § 1—2 in dem
geltenden weltlichen Gesetzbuche, der Jónsbók, ohnehin schon
hatte, während die §§ 3—7, weil durch die hier eingerückte
neuere Thronfolgeordnung ersetzt, keinen praktischen Werth
mehr besassen. Man wird demnach G. Storm darin unbedingt zustimmen müssen, dass die von ihm veröffentlichten
7 Eingangsparagraphen von Anfang an zu dem Christenrechte B. Árni's gehörten und erst hinterher aus den schon
mehrfach dargelegten Gründen in vielen Hss. theils nur abgekürzt wiedergegeben, theils aber auch völlig beseitigt
wurden, so dass es also ein Irrthum war, wenn früher gelegentlich der Beschreibung der oben besprochenen Hss. von
manchen tüchtigen Forschern,[2]) und darunter noch von dem
trefflichen Storm selbst,[3]) diese §§ als nur der Járnsída
oder der Jónsbók, und nicht dem jüngeren Christenrechte
angehörig bezeichnet wurden. Auffällig bleibt dabei freilich,
dass B. Árni in sein Christenrecht den gesammten Inhalt

---

1) Storm, S. 440; Kålund, I, nr. 508, S. 284—85.

2) So von Jón Sigurðsson, Diplom. island., I, nr. 22, S. 99;
V. Finsen, Grágás III, S. XXXXIII, nr. 9; Kålund, I, nr. 504
und 509, S. 281 und 286.

3) Norges gamle Love, IV, S. 532 und 536.

des Kristindómsbálks der Járnsíða einstellte, während Erzbischof Jón bezüglich des entsprechenden Abschnittes der
Landslög nicht ebenso verfuhr; indessen lässt sich doch auch
dieser Umstand leicht erklären. Sollte das Christenrecht
nach wie vor als ein Bestandtheil eines das gesammte Recht
umfassenden Gesetzbuches gelten, so konnte man diese 7 §§
in der That ganz ebenso gut an die Spitze eines von kirchlicher Seite ausgegangenen Christenrechtes stellen, als sie
aus einem solchen weglassen, weil sie in dem weltlichen
Rechte ohnehin schon enthalten waren.

Von den beiden oben besprochenen kirchenrechtlichen
Compilationen endlich kann das sog. Christenrecht
K. Sverrir's hier bei Seite gelassen werden, da es ausschliesslich aus den älteren GþL. und FrþL. zusammengestellt ist, und somit die hier in Frage stehenden Eingangsparagraphen und insbesondere das zu ihnen gehörige Glaubensbekenntniss nicht enthält; dagegen muss das zweite Werk
allerdings in Betracht gezogen werden. In einer Hs., welche
im Jahre 1598 oder doch nur wenig früher geschrieben
wurde (A M. 313 fol.)[1]), folgt auf einen für das Frostuþing
bestimmten Text der Landslög, welcher in der Original-
sprache sowohl als in einer parallel laufenden dänischen
Uebersetzung mitgetheilt wird, ein Christenrecht, und zwar
ebenfalls wieder zugleich in der alten, wenn auch vielfach
sehr fehlerhaft wiedergegebenen Sprache und in einer gegenüberstehenden Uebersetzung, und liegt der Originaltext dieses
Christenrechtes nunmehr gedruckt vor.[2]) Storm nimmt an,
dass dieses Christenrecht theils aus den älteren FrþL., theils
aus den älteren BþL., und zwar nach der Redaction, welche
in AM. 31 in 8º erhalten und danach als Text II heraus-

---

1) Vgl. Norges gamle Love, IV, S. XI und 490; Kålund,
I, nr. 468, S. 261—62.
2) Norges gamle Love, IV, S. 50—65.

gegeben worden ist,[1]) compilirt, dessen § 1 aber den Landslög entlehnt worden sei. Das Erstere kann in der That
nicht dem mindesten Zweifel unterliegen; das Letztere aber
scheint noch einer näheren Prüfung zu bedürfen und ist für
die vorliegende Frage insofern erheblich, als gerade dieser
§ 1 das Glaubensbekenntniss enthält. Da ist nun zunächst
zu bemerken, dass dieser § in unserer Compilation mit den
Worten beginnt: „Tat er vphaff laga vara Frosta tings manna
sem vphaff er allra godra luta att ver skulum haffa et halda
kristilega tru“, und hierauf das Glaubensbekenntniss, aber
auch nur dieses folgen lässt. Dieser Eingang kann allerdings weder aus den älteren BþL. noch aus den FrþL.
stammen, denn die ersteren zeigen weder von jenen Eingangsworten noch von dem Glaubensbekenntnisse eine Spur,
soweit sie uns überliefert sind, und die einzige Hs. der FrþL.,
welche überhaupt eine Eingangsformel zu dem Christenrechte
kennt (AM. 60 in 4to), zeigt dieselbe ganz anders gestaltet,
während das Glaubensbekenntniss auch hier fehlt. Aus den
Landslög könnte allerdings Beides entnommen sein; aber
ganz ebenso gut kann Beides auch aus dem jüngeren Gulaþingschristenrechte oder aus der Járnsída entlehnt sein, welche
ja beide Stücke auch bereits ganz gleichmässig enthalten.
Eine weitere Thatsache könnte allenfalls noch bestimmter
nach dieser letzteren Richtung hinweisen. Der § 4 unserer
Compilation verbietet nämlich sehr energisch die Verwendung
von Schnee oder Eis bei der Taufe, soferne Beides nicht
vor dem Gebrauche durch Aufthauen in Wasser verwandelt
worden ist, während sowohl die FrþL. II, § 3, als auch die
älteren BþL. I, § 2 und III, § 2 (in II fehlt die Stelle in
Folge der Lücke in der Hs.) die Verwendung von Schnee
sowohl als eine Art von Speicheltaufe erlauben, und die
älteren GþL. § 21 vollends nicht nur die Speicheltaufe,

---

1) Ebenda, I, S. 553—63, dann IV, S. 66—70.

sondern überhaupt die Verwendung jeder beliebigen Art von
Flüssigkeit bei der Ertheilung der Taufe für den Nothfall
ausdrücklich gestatten. Nun wurde mittelst eigener an das
Erzbisthum Drontheim gerichteter Erlasse unter dem 1. März
1206 von P. Innocenz III. die Speicheltaufe[1]) und unter
dem 8. Juli 1241 von P. Gregor IX. die Taufe mit Bier
untersagt[2]) und zwar mit der ausdrücklich beigefügten Motivirung, dass der Gebrauch von Wasser für die Gültigkeit
der Taufe schlechterdings unerlässlich sei, wie dies ja auch
der allgemeinen Disciplin der Kirche entsprach[3]); demgemäss
verwerfen denn auch die sämmtlichen jüngeren Christenrechte
ausdrücklich die Taufe mit Speichel sowohl als mit Schnee,
wenn dieser nicht zuvor durch Aufthauen zu Wasser gemacht
worden ist.[4]) Zweifellos ist demnach eines dieser letzteren
für unsere Stelle benützt worden, und zwar stehen dieser
dem Wortlaute nach die Christenrechte Erzbischof Jóns und
B. Árni's am Nächsten, soferne nur sie neben dem Schnee
auch das Eis nennen, welches die beiden Christenrechte des
K. Magnús unerwähnt lassen. Indessen darf doch auch nicht
unbeachtet bleiben, dass zwei Hss. des neueren isländischen
Christenrechtes (A und E in Storm's Ausgabe), die einzigen,
welche überhaupt Quellenvermerke enthalten, den hieher gehörigen § 8 dieses Christenrechtes als aus der „Gulaþingsbók" entnommen bezeichnen. Danach liegt denn doch die
Vermuthung nahe, dass eine Recension des jüngeren Gulaþingsrechtes vorhanden gewesen und von B. Árni oder seinem
Metropoliten benützt worden sein möge, welche an unserer
Stelle bereits einen ähnlichen Text hatte, wie ihn das erzbischöfliche und bischöfliche Christenrecht bieten, und dass
gerade diese Recension auch für unsere Compilation benützt

---

1) Diplom. norveg. VI, nr. 10, S. 14; auch cap. 5 X de baptismo (III, 42). 2) Ebenda, I, nr. 26, S. 21. 3) Vgl. Hinschius,
Kirchenrecht, IV, S. 31. 4) Jüngerer GþKrR., § 10 und BþKrR.,
§ 2; dann KrR. Jóns, § 1 und Árna, § 8.

worden sei. Unter dieser Voraussetzung würde dann wohl
auch der § 1 dieser letzteren, also die Eingangsformel sammt
dem Glaubensbekenntnisse, eher aus der jüngeren Gulaþingsbók als aus der Landslög entlehnt sein.

Ich gebe nun zunächst das Glaubensbekenntniss
nach den sämmtlichen Legalquellen, in welchen es uns überliefert ist, also nach dem neueren Gulaþingschristenrechte,
der Járnsída, dem gemeinen Landrechte und Stadtrechte, der
Jónsbók und dem Christenrechte B. Árni's, endlich der Compilation in AM. 313 fol. und zwar in der Art, dass ich den
Text nach der an erster Stelle genannten Quelle mittheile,
von Abweichungen der anderen aber nur die erheblicheren
verzeichne und überdies die Schreibweise einigermassen nor-
malisire. Danach lautet aber das Glaubensbekenntniss wie
folgt: „þat er nú því næst upphaf laga várra Gulaþingsmanna,[1]) sem upphaf er allra góðra luta, at vèr skolum hafa
ok halda kristilega trú. Vèr skolum trúa á[2]) guð föður alls-
valdanda[3]) skapara himins ok jarðar. Vèr skolum trúa á
várn drótten Jhesum Christum, einka son hans, er getinn
er af krafte heilags anda, ok fœddr af Maríu mey, píndr
undir Pílaz valde, krossfestr, deyddr ok grafinn; for[4]) niðr
til helvítis at leysa þaðan sína vini,[5]) þriðja dag eptir er
hann var dauðr ok grafinn[6]) reis hann upp af dauða, ok var

---

1) Landsl. je nach der Recension: Gulaþingsmanna, Frostuþings-
manna u. s. w.; Stadtrecht: Björgvinarmanna u. s. w.; Járns.,
Jónsb. und Árni: Íslendinga; AM. 313: Frosta tings manna.

2) Jónsb. fügt bei: einn.

3) Járns.: almátkan; AM. 313: almactuan et a alsvaldenda;
im Stadtrechte fehlt der ganze Satz: vèr skolum trúa á guð föður
— — jarðar.

4) Einige Hss. der Landslög und AM. 313: steig.

5) Járns.: alla sína menn.

6) In Járns. und Árni fehlt: ok grafinn; in den Landslög,
Stadtrecht, Jónsb. und AM. 313 ersetzt durch: í sínum mann-
dóme, óskaddum sínum guddóme.

síðan með lærisveinum sínum 40 daga, frá páskadegi ok til helga þórsdags,[1]) ok steig þá upp til himna, ok þaðan skal hann koma á efsta degi þessa heims at dœma hvern eptir sínum verðleika. Vèr skolum trúa á helgan anda, at hann er sannr guð sem faðer ok son, ok þær 3. skilníngar er einn guð; vèr skolum trúa á þat allt, er trúir öll kristileg þjóð, ok heilagra manna samband, ok heilög kirkja hefir samþykt áðr[2]) með úbrigðilegri staðfestu. Vèr skolum trúa, at syndir fyrirlátast með skírn ok iðran,[3]) ok skriptagáng með holde ok blóðe várs dróttens, er í messone helgast, með bœnahalde, olmoso-gerðum, með fostom ok ollum oðrum góðum lutum, er menn hugsa, mæla eða gera.[4]) Vèr skolum trúa, at hvers manns líkamr, er í kemr heiminn eða koma kann til dómadags, skal þá upp rísa, ok þaðan af skolo þeir, er illa gerðo í þessom heimi,[5]) hafa endalausan ófagnað með djöflum í helvíti ok hans englom,[6]) en þeir er gótt hafa gjort þessa heims skolo fá ok hafa eilífan fagnað með guði ok ollum hans helgum maunum í himna ríki útan enda."

Es ist klar, dass uns hier das **apostolische Glaubens-bekenntniss** vorliegt, wie es aus früherer und späterer Zeit

---

1) Einige Hss. der **Landslög**, dann **Stadtrecht**, **Jónsb.** und Árni: uppstígningardags.

2) In der **Járns.**, **Jónsb.** und bei Árni fehlt áðr.

3) Statt: með skírn ok iðran, liest die **Járns.**: með sannre iðran, und Árni: rètt skriptuðum mönnum ok rètt trúandum með skírn, iðran.

4) Wenn die älteren **Ausgaben der Jónsb.** statt des ganzen Satzes lesen: „at syndir fyrirgefast af náð ok miskunn guðs, fyrir verðskuldan Jesú Christi, en eigi fyri nein vár góðverk", so ist dies natürlich ebenso wie eine ähnliche Bemerkung in einer Hs. der **Landslög** eine Correctur aus der evangelischen Zeit, von welcher die von Storm benützten Hss. nichts wissen.

5) Járns. und Árni: þessa heims; **Landslög**, **Stadtrecht**, **Jónsb.** und AM. 313: ok eigi iðraðust með yfirbót þessa heims.

6) Landsl. und Jónsb.: með fjándanom ok hans erendrekom í helvíti: im Stadtr. und AM. 313: með djöflinum ok hans erend-rekum í helvíti.

von Island und von Norwegen her uns mehrfach überliefert
ist und zwar in der Hauptsache gleichlautend, wenn auch
im Einzelnen mehrfach abweichend gestaltet, wie dies schon
die Uebertragung in die Landessprache, theilweise aber auch
das Bestreben mit sich brachte, einzelne Lehrsätze möglichst
bestimmt und deutlich zu fassen. In dem alten isländischen
Homilienbuche, welches Cod. 15 in 4to der Königlichen Bibliothek in Stockholm enthält, findet sich dasselbe in lateinischer sowohl als in isländischer Sprache erhalten.[1]) Die
lateinische Fassung lautet hier: „Credo in deum patrem
omnipotentem, creatorem celi et terre. Et in iesum christum,
filium eius unicum, dominum nostrum; qui conceptus est de
spiritu sancto, natus ex Maria uirgine, passus sub pontio
pilato, crucifixus, mortuus et sepultus; descendit ad inferna,
tertia die resurrexit a mortuis; ascendit ad celos, sedet ad dex-
teram dei patris omnipotentis, inde uenturus est iudicans
uiuos et mortuos. Credo et in spiritum sanctum, sanctam
ecclesiam catholicam, sanctorum communionem, remissionem
peccatorum, carnis resurrectionem, et uitam eternam, amen.“
Der lateinische Wortlaut wird dabei freilich zerstückelt vorgetragen, nämlich einerseits der alten Legende entsprechend
in seinen einzelnen Sätzen auf die einzelnen Apostel zurückgeführt und andererseits durch Auslegungen in isländischer
Sprache unterbrochen; ganz ebenso wird aber auch die
isländische Uebersetzung nur bruchstücksweise mitgetheilt
und lässt sich für sie danach folgender Wortlaut gewinnen:
„Ec true a guþ fœþor almatkan scapara himins oc iarþar.
oc a iesus crist, son hans eingetenn, droten varn, þann es getenn
es af annda helgom, borenn fra Mario meyio, pindr unnder
ponudverskom pilato, crosfestr (dauþr?) oc grafenn; niþr ste
hann til niþrstaþa, a þriþia dege reis hann upp fra dauþom
mannom, upp ste hann til himna, sitr hann til heagre banndar

---

1) Homiliubók, S. 148—50 (ed Wisén) und dazu S. 145.

guþs foþor allmattegs, þaþan mon hann coma at deoma
kyqua oc dauþa. Ec true enn oc a annda enn helga, helga
cristne almennelega, heilagra sameigin, aflausn synþa, hollz
uppriso, oc lif eilegt. vist." Dagegen zeigt das dritte Statut
Erzb. Páls, welches den Jahren 1336—46 angehört, das
Bekenntniss in folgender Gestalt [1]): „I nampne gudz amen.
Weer eghum aller crisnir men at trua a einn sannan gud
foдur alzualdanda scapara himins oc iardar, oc a hans einka
son þen sama gud varn herra Jhesum Christum sem giætin
var af helghum anda, borin af Mariu mœy, pindr vndir
Pylato. Krosfester oc i iord grafvin. steig nidr till heluitis
en a þridia deghi stod han upp af dauda. var her a iord
rike sidan 40 dagha till þes er han steig upp till himpna.
sitir a hœgri hand alzualldanda gudz. scall þadan koma at
dœma lifs oc dauda. Weer eighum oc at trua a heilaghan
anda, sem er sannir oc hin samma gud med fodur oc syni.
oc at ein er heilogh kirkia sem er samnadir allra cristiuna
manna. Weer eighum oc at trua at varer syndir firirgefuaz
oss i skirn. oc sua þær sem wer gerum sidan ef wer idrumzst
scriptberum oc ifuirbœtum eftir þy sem lerdir menn visa
oss þeir sem þer till ero skipadir oc vald hafua af heilagri
kirkiu. Weer eighum oc at trua at wer sculum up standa
af dauda huar i þeim sama likama sem nu hefuir han oc
taka verдlaun eftir þy sem wer gerdum her. godhir men
eilifua glædhi i himerike. en vandir men eilifuar kualir i
heluite. En huer sem odruuiss truir. oc ey heldir þessa tru sem
nu er told firir vtan ef (?) han fer till heluitis kvala." Man
sieht, dieser letztere Text ist ganz besonders frei behandelt,
und mehrfach durch Zusätze und Erläuterungen erweitert;
immerhin aber ist als seine Grundlage das Symbolum apo-
stolorum noch deutlich erkennbar.

Nun scheint mir nicht bezweifelt werden zu können,

---

1) Norges gamle Love, III, S. 285.

dass das apostolische Glaubensbekenntniss schon mit dem
Christenthume selbst den Nordleuten zugekommen sein müsse.
Im Frankenreiche sehen wir schon frühzeitig für die Verbreitung seiner Kenntniss, und zumal seiner Erlernung in
der Landessprache Fürsorge getragen.[1]) Schon in den sogenannten Statuta S. Bonifacii § 25 und 26 findet sich die
doppelte Vorschrift,[2]) dass Jedermann „Symbolum et oratio-
nem Dominicam" auswendig wissen müsse, und dass weder
Männer noch Weiber zur Pathenschaft zugelassen werden
sollen, wenn sie nicht beide Stücke auswendig wissen; eine
Vorschrift, welche sich auf can. 46 des Concils von Laodikæa
stützt, in dem allerdings nur die Kenntniss und das Aufsagen
der „fides" von den zur Taufe Zuzulassenden gefordert wird.
Die im Jahre 802 zu Aachen versammelten Bischöfe bean-
tragten in ihrem can. 5 neuerdings, dass den Priestern eingeschärft werde, ihren Pfarrkindern beide Stücke beizubringen,[3]) und wirklich wurde sofort vom Reichstage neuerdings beschlossen, dass jeder Christ beide Stücke lernen, und
jeder Pathe sie seinem Priester vor der Taufe hersagen
müsse,[4]) während zugleich die Sendboten des Königs angewiesen wurden, die Einhaltung der ersteren Vorschrift zu
überwachen.[5]) In einem Schreiben, welches Karl der Grosse
um dieselbe Zeit an B. Gerbold von Lüttich richtete, drang
er wiederum darauf,[6]) dass Jedermann wenigstens das Gebet
des Herrn und das apostolische Glaubensbekenntniss auswendig wisse, und dass Niemand zur Pathenschaft zugelassen
werde, ohne vorher beide Stücke aufgesagt zu haben, worauf
denn auch der genannte Bischof sofort an seine Priester ein
entsprechendes Rundschreiben erliess. Auch sonst werden

---

1) Vgl. J. Kelle, Geschichte der deutschen Literatur (1892), zumal S. 40—41, 50—54 und 136.   2) Bei Hartzheim, Concilia Ger-
maniæ, I, S. 74.   3) Boretius, Capitularia, I, S. 106.   4) Ebenda,
S. 110, cap. 13 und 14.   5) Ebenda, S. 103, cap. 30.   6) Ebenda,
S. 241—42.

diese Gebote noch oft genug wiederholt, so in dem Capitulare missorum, cap. 2,[1]) in den Capitula de presbyteris ad-
monendis, cap. 3,[2]) den Capitula duo incerta, cap. 2,[3]) in
den Beschlüssen der Mainzer Synode des Jahres 813, cap.
45,[4]) aber auch noch in einem Capitulare K. Ludwigs II., cap. 2,[5])
in einem Capitulare des Bischofs Haito von Basel, cap. 2,[6])
und in den Beschlüssen einer Metzer Synode von 888.[7])
Auch die aus Freising stammende „Exhortatio ad plebem
christianam" wiederholt das Gebot, dass jeder Christenmensch
das Gebet des Herrn und den Glauben auswendig wissen
müsse, und sie wiederholt es in deutscher sowohl als in
lateinischer Sprache;[8]) dass also die fränkische Kirche die
beiden genannten Stücke schon frühzeitig als solche betrachtete, deren Erlernung zu den ersten und unerlässlichsten
Christenpflichten gehörte, kann nicht dem mindesten Zweifel
unterliegen. Ganz ebenso stand es aber auch in England.
Nicht nur in kirchlichen Vorschriften,[9]) sondern auch in
weltlichen Gesetzen[10]) finden wir hier ganz dieselben Gebote
wieder, wie sie im Frankenreiche uns begegnet sind. Bei
A. Taranger[11]) findet man das nordische Credo, wie es oben
aus dem Stockholmer Homilienbuche mitgetheilt wurde, mit
dem angelsächsischen zusammengestellt; ganz eben so gut
lässt sich aber auch das althochdeutsche Glaubensbekenntniss
mit demselben vergleichen, wie es sich in Notkers Katechismus findet[12]) und dgl. m., und mochten demnach das Credo

---

1) Ebenda, S. 147.   2) Ebenda, S. 238.   3) Ebenda, S. 257.
4) Hartzheim, I, S. 412.   5) Pertz, Legum I, S. 439.   6) Hartzheim, II, S. 17.   7) Ebenda, S. 381.   8) Müllenhoff u. Scherer,
Denkmäler deutscher Poesie und Prosa, I, S. 200—1 (ed. 3).   9) Ecg-
berht, Excerpt. § 6; Eâdgâr, Canon. § 17 und 22; Ælfric,
Canon. § 23; vgl. auch Eccles. Inst. § 22, 23 und 29.   10) Cnût,
I, cap. 22.   11) Den angelsaksiske Kirkes Indflydelse paa
den norske, S. 198.   12) Müllenhoff und Scherer, S. 250—51
und 257.

und Paternoster von Deutschland sowohl als von England
aus ganz gleich wohl dem Norden zugeführt worden sein.
Wirklich finden wir beide Stücke in den Quellen bereits in
den ersten Zeiten der nordischen Mission erwähnt. So wird
z. B. von K. Ólaf Tryggvason erzählt,[1]) dass er den isländischen Dichter Hallfreð vandrædaskáld unmittelbar nachdem er die Taufe empfangen hatte, das Credo und das
Paternoster lernen liess, und wenn þóra Sigmundardóttir
auf den Færöern erfahren will, was ihr neunjähriger Sohn
Sigmundr bei seinem Pflegevater þrándr in der Religion ge-
lernt habe, kommen ebenfalls wieder das Paternoster und
das Credo in Frage.[2]) Nun mögen ja solche Berichte der
geschichtlichen Quellen allerdings bezüglich ihrer Glaubwürdigkeit beanstandet werden; keiner solchen Bemängelung
unterliegen aber jedenfalls die Vorschriften der Rechtsquellen.
Da kennt nun bereits das ältere isländische Christenrecht
den Satz,[3]) dass Jedermann ohne Unterschied zwischen den
Geschlechtern das „pater noster oc credo in Dominum" bei
strenger Strafe können müsse, wenn er anders die dafür
erforderlichen Verstandeskräfte besitze. Das Christenrecht
B. Árni's, § 8, schreibt ferner nicht nur vor,[4]) dass die
Pathen dem Kinde beide Stücke beizubringen haben, sondern
es gebietet überdies auch jedem mindestens siebenjährigen
Kinde, dass es neben jenen beiden Stücken auch noch das
Ave Maria könne; ausserdem wiederholt aber das Statut des
B. Árni þorláksson vom Jahre 1269 in seinem § 8, und das
Statut des B. Gyrðr vom 30. Juli 1354 in seinem § 1 noch
ähnliche Vorschriften.[5]) In Norwegen dagegen kennen die

---

1) Ólafss. Tryggvasonar, cap. 165, S. 40 (in den FMS. II);
Fltbk, I, § 266, S. 317; Hallfreðar s., cap. 5, S. 93.

2) Færeyinga s., cap. 56, S. 257; Flbk, II, § 336, S. 400.

3) Kgsbk, § 1, S. 7; Staðarhólsbk, § 5, S. 16, 17 u. s. w.

4) Norges gamle Love, V, S. 20 und 21.   5) Diplom.
island. II, nr. 7, S. 25, und III, nr. 56, S. 93.

Christenrechte des K. Magnús wenigstens die Vorschrift,[1]
dass die Pathen ihrem Pathenkinde das Credo und das Paternoster beizubringen haben, ganz wie dieselbe in einer älteren
Homilie eingeschärft wird;[2] im erzbischöflichen Christenrechte tritt neben ihr auch noch das weitere Gebot auf,
dass jeder siebenjährige Mensch neben beiden Stücken auch
noch das Ave Maria können müsse,[3] und in späterer Zeit
enthält noch Erzb. Eilif's viertes Statut vom 1. September
1327 und Erzb. Pál's drittes Statut aus den Jahren 1336—46
ähnliche Vorschriften.[4] Es wird sich kaum bezweifeln
lassen, dass die Kirche in beiden Ländern solche auch schon
vor der Zeit durchzuführen bestrebt gewesen sein wird, in
welcher sie zum ersten Male in unseren Rechtsquellen auf-
tauchen; die bereits angeführte Homilie spricht dafür, deren
Hs. um das Jahr 1200 geschrieben ist,[5] und von hier aus
erscheinen auch die oben angeführten geschichtlichen Bei-
spiele keineswegs unglaubhaft. Nun wird ja allerdings in
allen diesen Quellenzeugnissen immer nur das Credo als
solches genannt, ohne jede nähere Angabe seines Wortlautes;
aber doch wird im Hinblick auf den allgemeinen Sprachgebrauch der gesammten Kirche, und in Berücksichtigung
der aus dem 12. und 13. Jahrhundert oben angeführten
Bekenntnissformeln nicht bezweifelt werden können, dass
unter jener Bezeichnung allerwärts das Symbolum aposto-
licum zu verstehen sei, wie dies denn auch Jón Ólafsson
sowohl[6] als B. Finnur Jónsson[7] unbedenklich angenommen haben.

In den bestimmtesten Widerspruch mit diesem Ergebnisse tritt nun allerdings eine Vermuthung, welche die beiden

---

1) Neuerer BþKrR. § 2 und GþKrR. § 10. 2) Gammel
norsk Homiliebog, S. 137. 3) Jóns KrR. § 1. 4) Norges
gamle Love. III, S. 272 und 289. 5) Kålund, II, nr. 1607, S. 32.
6) Syntagma de Baptismo, S. 172, not. a (1770). 7) Historia
eccles. Islandiæ, I, S. 150 (1772).

grossen norwegischen Geschichtsschreiber, P. A. Munch und
R. Keyser, über die Herkunft jenes Glaubensbekenntnisses
ausgesprochen haben. Gelegentlich der Mission, welche den
Cardinal Nikolaus Brekspear, den späteren Papst Hadrian IV.
im Jahre 1152 nach dem Norden führte, berichtet Munch,[1]
dass derselbe den Norwegern und den Schweden einen Katechismus hinterlassen haben solle, dessen Inhalt so lange befolgt worden sei, als beide Völker überhaupt am Katholicismus festhielten; er fügt bei, dass dieser Katechismus, wenn
die Sache sich wirklich so verhalten habe, kaum in etwas
Anderem bestanden haben könne, als in einer kurzen Auf-
stellung der vornehmsten Glaubenslehren, und dass er solchenfalls offenbar mit jenem Glaubensbekenntnisse identisch sei,
welches in der Hákonarbók (d. h. der Járnsída) voranstehe,
und welches dann auch unverändert in das gemeine Landrecht übergegangen sei. Bei der Besprechung des jüngeren
Gulaþingschristenrechtes kommt er sodann nochmals auf den
Punkt zurück,[2] indem er bemerkt, dass die an dessen Spitze
stehenden Glaubensartikel wahrscheinlich nach dem von
Cardinal Nikolaus' Zeit her überlieferten Formulare eingestellt
worden seien. Ganz ähnlich spricht sich ungefähr gleichzeitig auch R. Keyser aus.[3] Ich habe mich schon früher
mit aller Bestimmtheit gegen diese Annahme erklärt,[4] und
auch A. Chr. Bang hat sie als auf einem Missverständnisse
beruhend zurückgewiesen[5]); es erscheint indessen nicht ohne
Interesse, der Entstehung jener Ueberlieferung etwas genauer
nachzugehen, als ich dies vor langen Jahren gelegentlich

---

1) Det norske Folks Historie, II, S. 871, Anm. 3 (1885).
2) Ebenda, IV, 1, S. 492 (1858).
3) Den norske Kirkes Historie under Katholicismen, I,
S. 226 und 440—41 (1856), dann II, S. 8 (1858).
4) Gulaþingslög, S. 40 (1878).
5) Udsigt over den norske Kirkes Historie under Katholicismen, S. 271—2, Anm. (1887).

gethan habe.[1]) Es beruft sich aber Munch für seine Angaben lediglich auf des Manrique Cistercienser Annalen, und
Keyser ausserdem auch noch auf Munch selbst und auf
Suhms Geschichte von Dänemark. Man findet denn auch
richtig bei P. F. Suhm die Notiz,[2]) dass das Allerbeste,
was Cardinal Nikolaus gelegentlich seiner Legation gethan
habe, das gewesen sei, dass er Schweden und Norwegen
einen Katechismus hinterlassen habe, an dessen Inhalt man
dort so lange festgehalten habe, als beide Reiche überhaupt
dem Katholicismus treu geblieben seien. Schon vor Suhm
hatte übrigens bereits E. Pontoppidan zum Ruhm des
Cardinals Nikolaus erwähnt,[3]) dass er zum Dienst der Norweger und Schweden einen Katechismus verfasst habe, und
er berief sich für diese seine Angabe auf das Zeugniss des
Natalis Alexander. Es ist nicht dieses Ortes, die ganze
Fülle ursprünglicher und abgeleiteter Quellen, welche zumal
Suhm hier wie anderwärts in buntester Weise durcheinander
würfelt, erschöpfend zu behandeln und auf ihre letzten
Quellen zurückzuführen; aber doch will ich versuchen, von
Citat zu Citat aufsteigend, eine Lösung der für meine Aufgabe zunächst erheblichen Frage zu gewinnen, und zugleich
den Gesichtspunkt festzustellen, von welchem allenfalls weitere
Forschungen auszugehen haben dürften. — Von den beiden
älteren Autoren, auf welche wir durch Munch und Pontoppidan verwiesen werden, lebte der jüngere, der französische
Dominikaner Natalis Alexander, in den Jahren 1639
bis 1724.[4]) Die erste Ausgabe seiner „Selecta historiæ
ecclesiasticæ capita" erschien in den Jahren 1677—86; er

---

1) Die Bekehrung des norwegischen Stammes zum
Christenthum, II, S. 683, Anm. 397 (1856).
2) Historie af Danmark, VI, S. 135, dann 148 - 40, Anm. 13 (1793).
3) Annales ecclesiæ Danicæ, I, S. 261 (1741).
4) Vgl. über ihn die Realencyklopädie für protestantische
Theologie und Kirche, X, S. 431—32 (ed. 2).

schreibt aber in diesem Werke, von welchem ich die Pariser
Ausgabe des Jahres 1699 benütze, über P. Hadrian IV.:[1])
„Ipsum scripsisse Catecheses- ad Populos Norvegiæ et Sve-
viæ, Homilias quasdam, librum de Legatione sua, et alte-
rum de Conceptione Beatissimæ Virginis, ad Petrum Pon-
tiniaci Abbatem, Nomenclator Cardinalium, Ludovicus Jacobus
a S. Carolo, Hippolytus Maraccius in Bibliotheca et in Pon-
tificibus Marianis, et Augustinus Oldoinus in Additionibus
ad Ciaconium referunt." Der spanische Cistercienser Ange-
lus Manrique aber, welcher in den Jahren 1577—1649
lebte,[2]) schrieb um einige Jahrzehnte früher:[3]) „Creatis
Cardinalibus, Eugenius, cum Norvegiæ Sueviæque Regiones
sub idolorum servitute cæca oppressas, et posse ad fidem con-
verti cognovisset, si modo non deesset, qui prædicaret; pri-
mum tum ordine creationis a se factæ, tum vitæ meritis,
Nicolaum Brekspear instituit Apostolum, qui eas provincias
Christo subiugaret. Extat conversionis eorum per eundem
Legatum memoria celebris inter omnes authores, ex quibus
Panninus pauca excerpsit (dazu die Randnote: Arnold Ubion.
Ferd. Ughel.), sed quæ nobis sufficiant pro instituto: „Nicolaus (ait) ab Eugenio Papa missus, vir devotissimus erat.
Eloquio facundus, morum honestate conspicuus, et vitæ sanctitate insignis: qui prædicando gentes easdem barbaras lustralis laticis fonte lavans, ad fidem Christi traduxit. Inde
Romam negocio egregie confecto reversus est." Addit Chaconius (dazu die Randnote: in Adriano IV.), Paulum Cor-
tesium referens: „Catechismaticas leges, ab ipso latas per-
severare in eisdem provinciis hactenus incorrupta traditione."
Unter dem von Manrique angeführten Panninus ist zweifellos
der italienische Augustiner-Eremite Onuphrius Panvinius
zu verstehen, welcher im Jahre 1529 geboren wurde und

---

1) Histor. eccles., VI, S. 453.   2) Vgl. Jöcher, Gelehrten-
Lexicon, II, S. 52 (ed. 3, 1733).   3) Cisterciensium seu verius
ecclesiasticarum annalium, II, S. 46 (1642).

im Jahre 1568 starb;[1]) er schreibt aber in seiner „Epitome
Pontificum Romanorum a S. Petro usque ad Paulum IV."
über Nikolaus Brekspear:[2]) „Hic quum ob Congregationis
suæ negocia Romam uenisset sub beato P. P. Eugenio III. eaque
strenue confecisset, P. P. eius prudentiam doctrinam et sanctita-
tem admiratus, eum Episcopum Card. Albanum creauit, legatum-
que Apostolicæ sedis de latere ad parteis Suetiæ et Noruegiæ
misit ad prædicandum gentibus illis, in tenebris sedentibus
Christianam ueritatem.   Vir enim doctiss. erat, eloquio facundus, morum honestate præditus, et uitæ sanctitate insignis.   Qui
prædicando genteis easdem Barbaras lustralis laticis fonte lauans
ad Christi fidem traduxit."   Man sieht, die Stelle entspricht
nahezu wörtlich dem Citate des Manrique, gewährt aber für
unseren Zweck gar Nichts, wesshalb ich auch den von ihm
am Rande gegebenen Verweisungen nicht weiter nachgehe.
Bedeutsamer sind dagegen für uns des spanischen Domini-
kaners Alphons Ciacconius oder Chaconius „Vitæ et
res gestæ Pontificum Romanorum et Cardinalium," von
welchen bereits im Jahre 1630, ja angeblich sogar schon
im Jahre 1601 und fgg.[3]) eine Ausgabe erschien, während
hier die von dem italienischen Jesuiten Augustinus Oldoinus
besorgte und vielfach vermehrte Ausgabe (Rom 1677) benützt ist.   Im Jahre 1540 geboren, war Ciacconius im
Jahre 1599 gestorben,[4]) wogegen Oldoinus, im Jahre 1601
geboren, erst gegen Ende des 17. Jahrhunderts starb.[5])   Es
erzählt aber die Ausgabe von 1677 über den Cardinal Nikolaus zunächst:[6]) „De eo Paulus Cortesius: Nicolaus Britannus

---

1) Vgl. F. A. Eckstein, in der Allgem. Encykl., Sect. III,
Bd. 11, S. 1—8.   2) S. 121 (Venedig, 1557).   3) Allgem. Encykl.,
Sect. I, Bd. 16, S. 98.   4) Vgl. Jöcher, I, S. 716.   5) Allg. Encykl.,
Sect. III, Bd. 3, S. 34—5.

6) Diese Stelle I, S. 1044—45, steht fast wörtlich gleichlautend
auch schon in der Ausgabe von 1630, I, S. 542, nur dass die auf die
Taufe bezüglichen Worte hier lauten: „lustralis laticis aspersione loti."

vir disertus fuit, cuius tum maxime est cognita in dicendo
vis, cum ab eo in Germania Penuni et Bastarnæ sint lustralis aquæ baptismi aspersione loti; itaque non sine causa ab
eo dicunt Catechismaticas Leges esse latas, quibus hodie ea
gens solet incorrupta traditione frui", und dann an einem
späteren Orte:[1] „At non multo post ad populos immanitate
barbaros et disiunctissimos Danorum et Noruegiorum nationes
Legatum misit. Qua legatione prudentissime confecta, tan-
quam minister Christi, et fidelis ac prudens dispensator in
ministerio Dei, gentem illam barbaram et rudem in Lege
Christiana diligenter instruxit." Endlich findet sich, als
„Nova additio Aug. Oldoini" bezeichnet, noch die Notiz:[2]
„Ante Pontificatum elaborauit librum unum de Conceptione
Beatissimæ Virginis ad Petrum Pontiniacum. De sua legatione librum unum. Homilias quasdam. Catechismaticas
leges ad Populos Noruegiæ et Sueuiæ" u. s. w. Schon die
an erster Stelle erwähnten Worte zeigen durch die Nennung
der „Penuni et Bastarnæ" in Germanien, d. h. der bei den
Classikern oft genannten und immer zusammen genannten
Peucini und Bastarnæ, sowie durch deren in die Mitte des
12. Jahrhunderts verlegte Taufe einen heillosen Mangel an
Geschichtskenntniss, so dass wir uns kaum noch darüber
verwundern können, wenn wir an einer etwas früheren Stelle
über P. Eugen III. in Bezug auf dieselbe Legation geschrieben
finden:[3] „Noruegiam nouiter repertam ad Borealem plagam
sitam prouinciam, sua opera missis, qui fidem illis Christi
prædicarent, conuertit et baptizauit," so dass also nicht nur
die Bekehrung, sondern auch die Entdeckung des seit dem
Schlusse des 10. Jahrhunderts christlichen Landes dem Jahre
1152 oder doch einer wenig früheren Zeit zugewiesen wird.
Indessen schliessen solche Verstösse, so grob sie auch sind,

---

1) I, S. 1057. Auch diese Stelle findet sich wörtlich ebenso in
der Ausgabe von 1630, I, S. 555.   2) I, S. 1062.   3) I, S. 1032.

doch die Möglichkeit nicht aus, dass den geschichtlichen
Berichten des Ciacconius und den literarischen Angaben des
Oldoinus dennoch verlässige Quellen zu Grunde liegen könnten,
und diese scheinen sich wirklich wenigstens nach einer Seite
hin nachweisen zu lassen. Wenig Ausbeute gibt freilich
Hippolytus Marraccius.[1]) Er sagt in seinen „Pontifices
Maximi Mariani" von P. Hadrian IV. nur:[2]) „scripsit ante
Pontificatum de Conceptione Beatissimæ Virginis ad Petrum
Pontiniacum librum unum", und aus dieser Stelle konnte
Oldoinus somit nicht geschöpft haben, da sie nur den geringsten Theil der von ihm angeführten Werke des Papstes
nennt; die „Bibliotheca Mariana" (Rom 1648) aber war mir
nicht zugänglich. Weiter hilft uns dagegen, was der Car-
meliter Ludovicus Jacobus a S. Carolo (de St. Charles),
ein geborener Burgunder, welcher im Jahre 1670 starb,[3])
über P. Hadrian IV. beibringt; er schreibt in seiner „Bibliotheca Pontificia" von ihm:[4]) „scripsit ad Petrum Pontiniacum 6. Abbatem et Episcopum 41. Attrebatensem. De
conceptione B. V. Mariæ lib. 1, Gesnero 2. De sua legatione lib. 1. Homiliarum lib. 1. Catechismaticas leges ad
populos Noruegiæ et Sueuiæ ex Paulo Cortesio, Decretalium
Epistolarum lib. 1." Hier scheint die Quelle zu liegen, aus
welcher Oldoinus seine literarischen Notizen bezogen hat,
die dann Natalis Alexander wieder theilweise ausschrieb;
Jakobus a S. Carolo scheint aber selbst wieder sein Verzeichniss aus verschiedenen Quellen zusammengetragen zu
haben; er verweist bezüglich der Schrift „De conceptione
B. V. Mariæ" auf Gesner, den er aber berichtigen zu wollen
scheint, also nicht ausgeschrieben haben kann, dagegen bezüglich der „Catechismaticæ leges" auf Paulus Cortesius, den

---

1) Ueber seine Schriften vgl. Græsse, Trésor de livres rares,
IV, S. 415. 2) S. 42 (Rom 1642). 3) Vgl. Jöcher, I, S. 639;
Græsse, III, S. 442. 4) I, S. 105 (Lyon 1643).

wir auch schon bei Ciacconius und bei Manrique für diese
citirt fanden. Bei K o n r a d G e s n e r, dem berühmten
schweizerischen Polyhistor, welcher in den Jahren 1516 bis
1565 lebte,[1]) vermochte ich keine hieher bezügliche Angabe
aufzufinden, obwohl ich sowohl seine „Bibliotheca univer-
salis“ (Zürich 1545), als seine „Pandectarum libri XXI“
(ebenda 1548), allerdings etwas flüchtig, nachgesehen habe,
welche beiden Werke doch allein hier in Betracht kommen
können. Auch bezüglich des Paulus Cortesius, d. h. des
Dalmatiners Paul Cortese de San Gimignano, welcher im
Jahre 1465 geboren wurde und im Jahre 1510 starb,[2]) bin
ich zu keinem befriedigenden Ergebnisse gelangt. Jacobus
a S. Carolo scheint ein Werk desselben zu citiren, welches
den Titel führt: „Decretalium epistolarum lib. 1“, während
Ciacconius und Manrique nur den Autor, aber nicht dessen
von ihnen benütztes Werk anführen. Ein Werk Cortese's
des benannten Titels vermag ich nun aber nicht nachzuweisen; die beiden Werke „De hominibus doctrina claris“
und „In Sententias Lib. IV“[3]) habe ich vergebens einge-
sehen, und die Schrift „De cardinalitia dignitate“, in welcher
die angeführten Stellen am Ersten zu finden sein dürften,
blieb mir unzugänglich.[4]) Indessen ist für unseren Zweck
hieran weniger gelegen, weil Ciacconius die einschlägigen
Stellen des Cortesius wörtlich ausgeschrieben hat; man ersieht
aus ihnen, dass dieser zwar der „catechismaticæ leges“ des
Cardinals Nikolaus Erwähnung that, wenn auch ohne recht
genaue Kenntniss des Volkes, für welches diese bestimmt

---

1) Vgl. über ihn J. M ä h l y, in der Allgemeinen deutschen Bio-
graphie, IX, S. 107—20.

2) Vgl. U l y s s e C h e v a l i e r, Répertoire des Sources historiques
du Moyen age, S. 512.

3) Vgl. G r ä s s e, II, S. 279. Der hier angegebene Vorname Petrus
beruht wohl auf einer Verwechslung mit dem Astronomen dieses
Namens; vergl. J ö c h e r, I, S. 802.

4) Vgl. W e t z e r u. W e l t e, Kirchen-Lexikon, II, S. 897—98 (1848).

waren, dass aber die weiteren Angaben über dessen Werke,
welche Oldoinus beifügte, nicht von ihm herstammen, wie
dies auch deren Fassung bei Jacobus a S. Carolo bestätigt.
Wir haben demnach zwei Reihen von Berichten zu unterscheiden, von welchen der eine nur die Geschichte der Legation des späteren Papstes Hadrian IV. bespricht, gleichviel
ob dabei der „catechismaticæ leges" desselben gedacht werde
wie bei Cortesius, Ciacconius und dem aus ihnen schöpfenden
Manrique, oder ob diese unerwähnt bleiben wie bei Panvinius, während die andere die übrigen Werke des Mannes
aufzählt, wie diese Aufzählung, freilich mit Hinzunahme der
„catechismaticæ leges", bei Jacobus a S. Carolo und bei
Oldoinus, theilweise aber auch bei Marraccius und Natalis
Alexander zu finden ist. Diese letztere, literaturgeschicht-
liche Ueberlieferung weiss ich nun zur Zeit nicht höher
hinauf zu verfolgen als bis auf Jacobus a S. Carolo. Es
mag ja sein, dass dieser, von Natalis Alexander als „nomenclator Cardinalium" bezeichnet, seine Angaben irgend welchen
in römischen Bibliotheken oder Archiven von ihm vorge-
fundenen Hss. entlehnt hat; zumal wegen der Schrift „de
legatione sua", welche Cardinal Nikolaus hinterlassen haben
soll, wäre demnach eine Nachforschung in diesen höchst
erwünscht. Bezüglich jener anderen Reihe von Berichten aber,
welche der „catechismaticæ leges" wegen für uns hier allein
in Betracht kommt, scheint sich allerdings schon jetzt ein
endgültiges Ergebniss gewinnen zu lassen. Der im Jahre
1538 geborene und im Jahre 1607 gestorbene Cardinal
Cäsar Baronius,[1] welcher auf Grund eines „codex Vati-
canus Romanorum Pontificum" über die dem Cardinal Nikolaus von P. Eugenius III. übertragene Legation berichtet,
sagt nämlich:[2] „Processu uero modici temporis, cognita ipsius
honestate, et prudentia, de latere suo ad partes Norvegiæ

1) Vgl. über ihn die Realencyklopädie, II, S. 105—8.
2) Annales ecclesiastici, XI, S. 898 (Köln 1609).

Legatum Sedis Apostolicæ destinavit, quatenus verbum vitæ
in ipsa Provincia prædicaret, et ad faciendum omnipotenti
Deo animarum lucrum studeret. Ipse vero tamquam minister
Christi, et fidelis ac prudens dispensator mysteriorum Dei
gentem illam barbaram et rudem in lege Christiana diligenter
instruxit, et ecclesiasticis eruditionibus informavit. Divina
itaque dispensatione Apostolatus sui diem præveniens, defuncto
Papa Eugenio, et Anastasio in eius locum ordinato, ad
Matrem suam sanctam Romanam Ecclesiam, auctore Domino,
remeavit, reliquendo pacem regnis, legem barbaris, quietem
ecclesijs, ordinem clericis et disciplinam, et Deo populum
acceptabilem sectatorem bonorum operum." Die Stelle ist
wortwörtlich der „Vita Hadriani IV. a Bosone cardi-
nali conscripta" entnommen, und findet sich demgemäss
mit unbedeutenden Varianten in deren Abdruck bei Watte-
rich wieder[1]); in ihr haben wir also endlich die Aussage eines
wohlunterrichteten Zeitgenossen vor uns,[2]) und aus dessen
„ecclesiasticæ eruditiones" und aus der „lex", welche der
Legat den „barbaris" hinterlassen haben soll, sind unsere
„catechismaticæ leges" unzweifelhaft erwachsen. Es ist nämlich klar, und auch schon von Bang gebührend hervorgehoben worden, dass unter diesen nicht etwa ein Katechismus
in unserem Sinne verstanden werden darf; seine moderne
Bedeutung eines in Fragen und Antworten eingekleideten
gemeinfasslichen Lehrbuches für den Unterricht der Kinder
im Christenthume hat das Werk ja erst nach der Refor-
mationszeit angenommen. Gerhard von Zezschwitz, welcher
die Geschichte des Sprachgebrauches am Sorgfältigsten verfolgt hat,[3]) hat dargethan, wie das Zeitwort κατηχεῖν von

---

1) Pontificum Romanorum Vitæ, II, S. 323—24 (1862).

2) Vgl. Wattenbach, Deutschlands Geschichtsquellen, II, S. 299
bis 300 (ed. 5, 1886).

3) System der christlich-kirchlichen Katechetik, I,
S. 17 - 25 (1863), dann II, S. 31—41 (1864).

der Grundbedeutung „herabtönen, herabrauschen“ ausgehend
schon sehr frühzeitig zu der abgeleiteten Bedeutung des mündlichen Unterrichtens gelangte, und wie dann der Ausdruck
catechizare ganz besonders für den mündlich an die „Katechu-
menen“ als Vorbereitung für die Taufe ertheilten religiösen
Anfangsunterricht gebraucht wurde; wie dann ferner bei
dem allgemeinen Ueblichwerden der Kindertaufe als catechizare die Vornahme aller den Taufact vorbereitenden Handlungen mit dem Kinde in Person der Pathen bezeichnet
wurde, aber andererseits doch auch wieder der catechismus
von dem exorcismus unterschieden wurde, wobei dann unter
dem ersteren der zwischen dem Taufenden und den Pathen
sich vollziehende Frageact sammt der Ueberlieferung des
Symbols und des Unservaters verstanden wurde. Für den
die Taufe vorbereitenden Unterricht braucht z. B. den Ausdruck noch Meister Adam von Bremen, wenn er, von dem
Dänenkönige Harald sprechend, sagt:[1] „Qui et mox chri-
stianæ fidei cathecismo imbutus, apud Mogontiam cum uxore
et fratre ac magna Danorum multitudine baptizatus est“;
nur in einem ähnlichen Sinne dürfen aber auch unsere
catechismaticæ leges verstanden werden, d. h. wir haben
unter ihnen lediglich Vorschriften zu verstehen, welche sich
entweder auf die Ordnung der Taufe und der sie vorbereitenden liturgischen Handlungen, oder aber auf die Art und den
Umfang des Religionsunterrichtes bezogen, der nach der
Taufe dem Kinde durch seine Eltern und Pathen zu ertheilen war. Nach beiden Seiten hin war freilich das Credo
mit inbegriffen; aber seine Einführung muss in Norwegen
doch schon viel früher erfolgt sein, und dass auch nicht
etwa eine genauere Feststellung seines Wortlautes in der
Landessprache auf den Cardinal Nikolaus zurückgeführt
werden darf, ergibt sich aus der grossen Zahl von Varianten,

---

1) Gesta Hammab. eccles. Pontif. I, cap. 17, S. 291.

welche dessen Ueberlieferungen aus späterer Zeit immerhin
noch zeigen. Mit den Glaubensbekenntnissen, wie sie die
Gesetzbücher aus der Zeit des K. Magnús enthalten, haben
demnach die dem Cardinal Nikolaus zugeschriebenen *leges
catechismaticæ* selbst dann Nichts zu schaffen, wenn man
durch diese Bezeichnung die „lex“ und die „ecclesiasticæ
eruditiones“, von welchen Cardinal Boso spricht, richtig
wiedergegeben glaubt. Aber selbst die Zulässigkeit dieser
Annahme scheint mir keineswegs festzustehen. Unter der
„lex“, welche Nikolaus den Nordleuten hinterlassen haben
soll, kann recht wohl die kurz vorher genannte „lex Christiana“ gemeint sein, in welcher er sie unterrichtet haben
soll, und unter den „eruditiones ecclesiasticæ“, welche er ihnen
angedeihen liess, können ebenso leicht nur die Lehren verstanden werden, welche er ihnen in Bezug auf so mancherlei
Punkte der kirchlichen Verfassung und Disciplin ertheilte,
über welche er mit ihnen zu verhandeln hatte. Versteht
man aber Boso's Worte in diesem Sinne, so fällt jeder Grund
für die Annahme weg, dass Nikolaus überhaupt irgendwelche
auf den Taufritus und den religiösen Jugendunterricht bezügliche Bestimmungen im Norden hinterlassen habe, und
wäre vielmehr anzunehmen, dass die *catechismaticæ leges* der
späteren Autoren lediglich auf eine missverständliche Auffassung der Angaben Boso's zurückzuführen wären. Die
Bezugnahme der FrþL. II, § 3 auf Bestimmungen, welche
Erzb. Jón (Birgisson 1152—57) über die Nothtaufe erlassen
haben soll, kann schwerlich genügen, um eine solche Vermuthung zu widerlegen.

Wenn aber hiernach zwar als feststehend betrachtet werden darf, dass das Glaubensbekenntniss, welches an der Spitze
der späteren Gesetzbücher steht, nicht etwa erst durch Cardinal Nikolaus neu eingeführt, sondern bereits geraume Zeit
vor ihm, ja von den ersten Missionszeiten her in Norwegen
im Gebrauche gewesen war, so bleibt doch immerhin noch

die andere Frage zu beantworten übrig, wann und wie dasselbe mit den Rechtsaufzeichnungen in Verbindung gebracht
worden sei? Da ist nun zunächst klar, dass von den Stücken,
welche im neueren Christenrechte des Gulaþinges, und dann
wieder im neueren isländischen Christenrechte, sowie theilweise auch in AM. 313 den Anfang des Christenrechtes
bilden, in der Járnsíða aber, dem gemeinen Land- und Stadtrechte, sowie in der Jónsbók den ausschliesslichen Inhalt des
Kristindómsbálks ausmachen, das eine und umfassendste, die
Thronfolgeordnung nämlich, bereits in der Zeit des Königs
Magnús Erlíngsson und des Erzbischofs Eysteinn zu dieser
seiner Stellung gelangte. Als Erlíngr Ormsson im Jahre 1164
mit diesem letzteren den bekannten Vergleich abschloss, durch
welchen der Erzbischof dem jungen König die Krönung
verwilligte, musste diese durch sehr erhebliche Zugeständnisse an die Kirche erkauft werden, und zu diesen gehörte
unter Andern auch eine Umgestaltung der Thronfolgeordnung,
vermöge deren das Reich in ein Wahlreich verwandelt, und
der entscheidende Einfluss bei der Königswahl in die Hand
des Erzbischofs und seiner Suffragane gelegt wurde. Es
begreift sich, dass eine derartige Thronfolgeordnung als ein
kostbares Privileg der norwegischen Kirche betrachtet, und
dass darum dafür Sorge getragen wurde, sie den um dieselbe Zeit revidirten Christenrechten einzuverleiben. Wir
finden sie demnach im § 2 unserer GþL. eingestellt, und
dass sie ursprünglich auch in dem revidirten Texte der FrþL.
sich eingerückt fand, liess sich schon aus dem Inhaltsverzeichnisse ersehen, welches der Cod. Resen. dessen zweitem
Buche vorausschickt, indem es hier heisst: „1. Hinn fyrsti
capituli i cristnum rette um konongs kosning“,[1]) und hat

---

1) Vgl. meine Abhandlungen über „die Entstehungszeit der
älteren Gulaþingslög“, S. 126 (1872), „die Entstehungszeit der älteren
Frostuþingslög“, S. 51—52 (1875), und zumal „Norwegens Schenkung
an den heil. Ólaf“, S. 93—101 (1877).

nunmehr durch eine dänische Uebersetzung des Christenrechtes der FrþL. eine weitere Bestätigung gefunden, welche in ihrem ersten § jene Thronfolgeordnung wirklich enthält.[1] Hatte aber die Thronfolgeordnung auf diese Weise einmal wenigstens in den beiden wichtigsten Rechtsbüchern des Reichs ihren Platz an der Spitze des Christenrechtes erhalten, so begreift sich recht wohl, dass sie diesen auch in den späteren Gesetzbüchern behauptete, wie denn auch das sog. Christenrecht K. Sverrir's wenigstens in seinem Inhaltsverzeichnisse derselben einen Platz einräumt, wenn dieselbe gleich hinterher im Texte fehlt, doch wohl, weil der Compilator nicht wusste, welches Thronfolgegesetz er hier einstellen solle. Aber wenn der hierarchische Charakter der Vereinbarungen des Jahres 1164 zwar die Einrückung der Thronfolgeordnung in das Christenrecht vollkommen befriedigend zu erklären vermag, so versagt doch diese Erklärung vollständig in Bezug auf das Glaubensbekenntniss und die kleineren an dasselbe sich anschliessenden Stücke. Sie sind denn auch in den Provincialrechten, welche unter dem bestimmenden Einflusse jener kirchlichen Strömung stehen, wie sie zu Erzb. Eystein's Zeit Norwegen beherrschte, und zumal in unseren FrþL. noch nicht zu finden; sie treten vielmehr zum ersten Male in dem vom Könige durchgesetzten, vom Erzbischofe dagegen nicht anerkannten neueren Rechte des Gulaþinges vom Jahre 1267 auf. Wie erklärt sich nun ihre Einstellung in dieses, und zwar ihre Einstellung durch das Königthum, nicht durch die Kirche? Da ist nun zunächst nicht zu verkennen, dass schon die älteren Provincialrechte für die Einrückung des Glaubensbekenntnisses an der Spitze des Christenrechtes einen gewissen Anhaltspunkt boten. Ich habe schon früher einmal darauf aufmerksam gemacht,[2]

---

1) Norges gamle Love, IV, S. 31—32; vgl. G. Storm, in den Forhandlinger i Videnskabs-Selskabet i Christiania, 1880, nr. 14, S. 2—10.
2) Die Eingangsformel, S. 320, 321 und 323.

dass die älteren BþL. mit den Worten beginnen: „þat er
upphaf laga várra, at austr skulum lúta, ok gefaz Kristi,
rœkja kirkjur ok kennemenn“, die EþL. mit den Worten:
„þat er nú því næst, at menn skulu kristnir vera, ok nítta
heiðnum dóme“, und die GþL. mit den Worten: „þat er
upphaf laga várra, at vèr skolom lúta austr, ok biðja til
hins helga Krist árs ok friðar, ok þess at vèr halldom lande
váro bygðu, ok lánardróttne várom heilom; sè hann vinr
várr, en vèr hans, en guð sè allra várra vinr“. Das Gebot
des christlichen Glaubens liegt allen diesen Formeln gleichmässig zu Grunde; sie alle erinnern aber andererseits in ihrer
Wortfassung noch zu sehr an eine dem Heidenthume nahe
stehende Zeit, als dass sie späteren Gesetzgebern noch passend erscheinen mochten. Es begreift sich darum, dass,
wohl durch Erzb. Eystein veranlasst, an der Spitze des
Christenrechtes unserer FrþL. bereits eine geänderte Formel
steht[1]); sie lautet: „þat er upphaf laga várra, at vèr skolum
kristni (Kristi) lýða ok kristnum dóme, ok konungi várum
ok biskupi til laga ok til rèttra mála at kristnum rètte“.
Ganz aus demselben Grunde begreift sich aber auch, dass
nun an die Spitze des neueren Gulaþingsrechtes der Satz
trat: „þat er upphaf laga várra Gulaþingsmanna, sem upphaf er allra góðra luta, at vèr skolum halda ok hafa kristilega trú“; es ist aber nur eine Erweiterung dieser Eingangsworte, wenn auf sie nun sofort auch das volle Bekenntniss
dieses christlichen Glaubens selbst folgt, und wird damit im
Grunde nur um einen kleinen Schritt weiter gegangen, als
bereits das ältere isländische Christenrecht geht, wenn es mit
den Worten anfängt: „þat er upphaf laga várra, at allir
menn skolo kristnir vera á landi hèr, ok trúa á einn guð
föður ok son ok helgan unda“. Nun bringt aber schon die
Eingangsformel unserer FrþL. den Gehorsam gegen den

---

1) Ebenda, S. 332—36.

König und den Bischof mit der Christenpflicht in Verbindung, und es scheint, dass gerade durch diesen Gedanken
der Uebergang zu der sofort folgenden Thronfolgeordnung
vermittelt werden wollte, wie dies zumal in der oben angeführten dänischen Uebersetzung sehr deutlich zu Tage tritt;
nur als eine Erweiterung dieses Gedankens erscheint es aber,
wenn das neuere Gulaþingschristenrecht auf das Glaubensbekenntniss seine Erörterung über Amt und Beruf des Königs
und des Bischofs folgen lässt. Aelter als die Mitte des
12. Jahrhunderts kann diese Erörterung jedenfalls nicht sein,
da sie deutlich die volle Bekanntschaft mit der Lehre von
den beiden Schwerdtern verräth; dagegen kann sie recht wohl
aus viel jüngerer Zeit stammen, und da sie nicht nur die
völlige Gleichstellung der weltlichen Gewalt mit der geistlichen und deren gleichmässig göttliche Einsetzung betont,
sondern auch den Gehorsam gegen den König noch weit
eifriger einschärft als den Gehorsam gegen den Bischof, kann
sie weder der Zeit des Cardinals Nikolaus, in welcher die
Lehre von den beiden Schwerdtern noch kaum in Norwegen
bekannt war, noch auch der Zeit des Erzbischofs Eysteinn
angehören, in welcher die Kirche ein erdrückendes Uebergewicht über das norwegische Königthum behauptete, sondern nur der Zeit des Sverrir'schen Hauses, welcher die volle
Ausbildung der ghibellinischen Staatstheorie in Norwegen
angehört. Damit stimmt denn auch überein, dass, wie das
Glaubensbekenntniss, so auch die Auseinandersetzung über
König und Bischof weder in den älteren GþL. noch in den
FrþL. sich findet, wie dies doch mit Bestimmtheit zu erwarten wäre, wenn sie der unter K. Magnús Erlingsson entstandenen Redaction beider Rechtsbücher bereits angehört
hätte, und von Anfang an schon mit der Thronfolgeordnung
in Verbindung gestanden wäre. Auch von dieser Seite her
ergibt sich somit die Wahrscheinlichkeit, dass beide Stücke
ganz gleichmässig erst in das Gesetzbuch von 1267 einge-

stellt worden seien, als in demselben die Thronfolgeordnung
des Jahres 1260 für die des Jahres 1164 eingerückt, und
dadurch auch im Uebrigen zu einer Ueberarbeitung des überlieferten Christenrechtes eine Veranlassung geboten wurde.
Als ein recht ungeschickter Versuch, den guten Willen des
Königthums zur Unterstützung der Kirche zu zeigen, dürfte
dagegen die in § 3 des jüngeren Gulaþingschristenrechtes
enthaltene Satzung über die Verfolgung von Heidenthum und
Zauberei anzusehen sein. Sie knüpft zwar einerseits an das
Glaubensbekenntniss und andererseits an die Verpflichtung
des Königs zum Schutze der Kirche an, und steht insofern
mit dem Vorhergehenden allerdings in einem gewissen
Zusammenhange; aber sie gehört ihrer Natur nach dem
materiellen Christenrechte an, wie denn auch in § 33
des Gesetzbuches der Gegenstand wirklich nochmals besprochen wird, und sie unterbricht andererseits in störendster
Weise den Uebergang, welcher in den FrþL. des Magnús
Erlingsson von der Eingangsformel zu der folgenden Thronfolgeordnung hinübergeführt hatte. Aus diesem Grunde, und
nur aus diesem, scheint denn auch gerade diese Bestimmung
aus dem Kristindómsbálke der Járnsída und aller ihr folgenden Gesetzbücher gestrichen worden zu sein. Unmöglich
kann bei dieser Streichung die Meinung die gewesen sein,
dass man das Verbot der Zauberei und alles heidnischen
Treibens überhaupt beseitigen wollte, welches sicherlich dem
Könige ebensowenig Anstoss gab wie der Kirche, und darum
unbedenklich in § 56 des erzbischöflichen Christenrechtes
seine Stellung finden konnte; dagegen konnte dessen Einreihung an einer formell unpassenden Stelle seine Weglassung
in den späteren, besser redigirten Gesetzbüchern vollkommen
ausreichend begründen.

Ein

neues Bruchstück von Södermannalagen.

Von

K. Maurer.

Aus den Sitzungsberichten der philos.-philol. und der histor. Classe
der k. bayer. Akad. d. Wiss. 1894. Heft III.

Herr Maurer hielt einen Vortrag über:

„Ein neues Bruchstück von Södermannalagen.“

Ende Juli dieses Jahres erfreute mich unser auswärtiges
Mitglied, Professor Dr. Wilhelm Meyer in Göttingen, durch
die überraschende Mittheilung, dass sich unter den Fragmenten, welche Wilhelm Müller dem dortigen Deutschen
Seminare vermachte, ein solches von Södermannalagen befinde.
Nachdem C. J. Schlyter durch mehr als fünfzigjährige emsige
Arbeit sein „Corpus juris Sueo-Gotorum antiqui“ fertig gestellt hatte (1827—77), war kaum noch eine Bereicherung
des handschriftlichen Materiales für die altschwedischen Rechtsquellen zu erwarten gewesen; um so willkommener war mir
der Nachweis eines neuen Fundes, zumal da er ein Rechtsbuch betrifft, um dessen handschriftliche Ueberlieferung es
ziemlich dürftig bestellt ist. Ich wandte mich sofort an
Herrn Professor Dr. Moriz Heyne als an den ersten Vor-
stand des genannten Seminars mit der Bitte, mir die Benützung und Veröffentlichung jenes Fragmentes gestatten zu
wollen. Von Göttingen abwesend, hatte dieser die Güte,
mein Ansuchen dem zweiten Seminarvorstande, Herrn Prof.
Dr. Gustaf Roethe, zu übermitteln, und von diesem wurde
das fragliche Bruchstück sofort mit der freundlichsten Zuvorkommenheit an die hiesige Kgl. Hof- und Staatsbibliothek

geschickt, auf deren Handschriftenzimmer ich dasselbe mit Erlaubniss des Herrn Directors Dr. Georg Laubmann und gefälligst gefördert durch unser Mitglied, Herrn Bibliothekar Friedrich Keinz, mit aller Bequemlichkeit benützen konnte. Ihnen Allen spreche ich für die mir gütigst gewährte Unterstützung hiemit meinen verbindlichsten Dank aus.

Ueber die Herkunft des Fragmentes vermag ich keinen genügenden Aufschluss zu ertheilen. Nach Mittheilungen, welche ich Herrn Professor Roethe verdanke, scheint dasselbe von Dr. Volger in Wölfinghausen bei Eldagsen an den früheren Oberbibliothekar Hoeck in Göttingen, und von diesem an Professor Wilhelm Müller gegeben worden zu sein; Volger aber dürfte dasselbe entweder aus dem Kloster Ebstorf, oder aus der Amtsregistratur zu Winsen an der Luhe erworben haben. Indessen beruhen diese Angaben nur auf mehr oder minder wahrscheinlichen Vermuthungen und können somit auf volle Zuverlässigkeit keinen Anspruch erheben.

Eine kurze Beschreibung der Handschrift gab mir bereits bei seiner erster Mittheilung Professor W. Meyer mit folgenden Worten: „1 Doppelblatt, Pergament, je $18\frac{1}{2}$ cm hoch, und noch $11\frac{1}{2}$ cm breit, 22 Zeilen, roth und blau rubricirt, 14. Jahrhundert, schwedisch, Södermannalagen (VI. Bygninga Balker, 7. Anfang — 9. Mitte)." Ich glaube dieser Angabe noch Folgendes beifügen zu sollen. Die beiden, ursprünglich doch wohl zusammenhängenden, Blätter der Hs. sind jetzt von einander getrennt, und an ihrem inneren Rande so scharf beschnitten, dass auf II a die Anfangsbuchstaben, und auf I b sowie II b die Endbuchstaben mehrerer Zeilen ganz oder theilweise weggeschnitten sind. Ich habe in dem folgenden Abdrucke das Weggefallene ergänzt, aber die Ergänzung durch Klammern bemerklich gemacht. — Das erste Blatt hat ferner nicht nur in dem unbeschriebenen äusseren Rande einen grösseren Längeriss, sondern auch einen kleineren solchen in dem beschriebenen inneren Rande; das zweite

Blatt dagegen zeigt zwischen der 11. und 12. Zeile einen bis in die Mitte des Blattes hineinreichenden Querriss, und ausserdem ist auf dessen Vorderseite auch noch ein Theil der 12. Zeile stark abgewetzt. Durch diese wie jene Verletzungen wird die Lesung einzelner Worte etwas erschwert. — Die Hs. ist linirt und zwar sind die 3 obersten und untersten Linien auch über den Aussenrand gezogen, während die übrigen nur bis zu einer senkrecht auf diesem stehenden Randlinie reichen. Die Columnentitel und die Capitelüberschriften sind roth geschrieben; die grossen Initialen, mit welchen die Capitel beginnen, zeigen in dem einen der beiden vorkommenden Fälle rothe (I b, Z. 7), im anderen aber rothe und blaue Farbe (II b, Z. 13). Innerhalb der einzelnen Capitel finden sich einige Male Paragraphenzeichen an die Spitze neuer Sätze gestellt und zwar sind diese zumeist mit rother (I a. Z. 3; I b, Z. 21; II a, Z. 3), in einem Falle aber mit blauer Farbe geschrieben (I a, Z. 5). Endlich werden auch die Anfangsbuchstaben der einzelnen Sätze zumeist durch einen rothen Fleck in denselben hervorgehoben (so in den Worten: Alle, Vm, Hwar, Hwar, Stiæl, Mælæ, Sighia, Nu, Synis in I a, Z. 1, 3, 4, 7, 9, 11, 12, 17, 20; dann Ei, Ligger, Falz, Alle, in I b, Z. 3, 8, 19. 21; ferner in Gita, Nu, Raþe und Sighia, Aker, Ganger, Hwem, Falz, Nu, Aker, Stande, Later in II a, Z. 2, 3, 7, 8, 11, 13, 14, 15, 17, 18, 21; endlich in Gange, Stiæl, Taker, Kan, Tiuþrar, Fæller, Tiuþra, in II b, Z. 2, 3, sowie 5, 6, 7, 8 u. 9, dann 10 u. 12, ferner 16, 18, 20, sowie 20 u. 22), einmal aber auch durch einen solchen von blauer Farbe (Nu, in I a, Z. 5); nicht selten bleibt aber der grosse Anfangsbuchstabe eines Satzes auch ohne jede derartige Auszeichnung.

Bezüglich des Alters des Bruchstückes dürfte die von unserem erfahrenen Handschriftenkenner mir mitgetheilte Zeitbestimmung sich vielleicht noch etwas enger begrenzen lassen. Wir wissen aus einer am 8. Mærz 1347 ausgestellten

Urkunde[1]), dass damals das gemeine Landrecht des Königs Magnus Eriksson wenn nicht fertig, so doch seiner Fertigstellung schon sehr nahe gerückt war; wir besitzen ferner zwei Hss. dieses Landrechts, welche schon um die Mitte des 14. Jahrhunderts geschrieben sind[2]), und überdiess hat Schlyter bereits durch eine Reihe gleichzeitiger Urkunden dargethan[3]), dass dieses Landrecht schon im Jahre 1352 in Upland, in den Jahren 1352, 1353 und 1354 in Oestergötland, sowie im Jahre 1358 in Södermannland selbst als kürzlich eingeführtes geltendes Recht bezeichnet wurde. Der kirchenrechtliche Abschnitt des gemeinen Landrechtes gelangte in Folge des hartnäckigen Widerspruches, welchen ihm der Episkopat entgegenstellte, nicht zur Annahme, und auf kirchenrechtlichem Gebiete blieben demnach die älteren Provincialrechte auch fernerhin in Geltung, wesshalb denn auch deren kirchenrechtliche Abschnitte nach wie vor fleissig abgeschrieben wurden; insbesondere auch vom Kirkiu Balker des SML. ist eine grosse Zahl von Pergament- und Papierhandschriften erhalten. Dagegen ist nicht wahrscheinlich, dass die weltlichen Bestandtheile dieses Rechtsbuches noch zu einer Zeit sollten abgeschrieben worden sein, in welcher sie bereits durch jenes neuere Gesetzbuch um ihre Geltung gebracht worden waren, und wird man somit auch die Entstehung der Hs., deren letzten Ueberrest unser Fragment bildet, vor die Mitte des 14. Jahrhunderts setzen müssen, welcher Zeit auch die beiden anderen, bisher allein bekannten Hs. des weltlichen Rechts angehören. Weder der Charakter der Schriftzüge desselben noch dessen Sprache und Rechtschreibung scheint mir dieser Zeitbestimmung zu widersprechen; indessen überlasse ich das Urtheil hierüber der altschwedischen Palæographie und Sprachlehre Kundigeren,

---

1) Diplom. svecan., V, nr. 4148, S. 643—44.
2) Schlyter, Corp. jur. X, S. I und V.
3) Ebenda, S. LXIII—IV.

und beschränke mich darauf zu bemerken, dass man in der
ersteren Beziehung nunmehr in dem von Emil Hildebrand,
Algernon Börtzell und Harald Wieselgren herausgegebenen ersten Hefte ihrer „Svenska Skriftprof från
Erik den Heliges Tid till Gustaf III. s" (Stockholm,
1894), in der letzteren Beziehung aber in Robert Larsson's
Södermannalagens Ljudlära (Antiqvarisk Tidskrift för
Sverige, XII, nr. 2, S. 1—166; Stockholm, 1891) neue und
tüchtige Hülfsmittel besitzt, deren man sich bei der Prüfung
der Frage mit Vortheil bedienen kann.

Ich lasse nun einen buchstäblich genauen Abdruck
des Fragmentes folgen, bei welchem ich nur die in der
Hs. vorfindlichen Abkürzungen aufgelöst, die ergänzten Buch-
staben jedoch durch Cursivschrift bezeichnet habe. Ich gebe
dem Abdrucke eine Auswahl von Varianten auf Grund der
Schlyter'schen Ausgabe bei, und zwar mit Unterscheidung
der für diese benützten beiden Hss. A. und B.; die sämmtlichen in Bezug auf die Schreibweise und die Wortformen
bestehenden Abweichungen zu verzeichnen hielt ich indessen
bei der Willkürlichkeit, welche sich die Schreiber altschwe-
discher Hss. in dieser Hinsicht ganz allgemein erlauben, um
so mehr für überflüssig, als sie derjenige, der sie etwa aus
sprachlichen Gründen verfolgen zu sollen glaubt, mit geringer
Mühe durch eine Vergleichung meines Abdruckes mit der
Schlyter'schen Ausgabe sich zusammenstellen kann. Nur
beispielsweise erwähne ich den schwankenden Gebrauch von
æ und *e* (doch mit vorherrschendem *æ* in Fr.), von *i* und *e*,
dann *o* und *u*; ferner von *v* und *w*, dann auch *v* oder *w*
und *u*. Ich bemerke ferner, dass Fr. öfter das ältere *a* festhält, wo A. und B. dafür bereits *æ* geben, und zwar nicht nur
in Verbalendungen wie z. B. bæra, gialda, göra, liggia, mietas
u. s. w. anstatt beræ, giælde, göræ, liggiæ, mietæs, sondern
auch in anderen Endungen, wie z. B. ængia, annar, annat,
bya, fyrra, sina, þætta u. s. w. für engiæ, annær, annæt,

byiæ, fyrræ, sinæ, þettæ, ja selbst fiarþe für fierþe oder fiœrða, mikials für mikiels oder warn für wærn; andere Male steht freilich auch in Fr. bereits das *æ*. An dem ausschliesslichen Gebrauche des þ hält Fr. ziemlich consequent fest, während *d* ihm fremd ist und *d* in ihm nur ganz ausnahmsweise für þ eintritt, ¡wie etwa einmal wadstang geschrieben wird neben waþa und j waþi, oder ganz vereinzelt einmal mæd neben dem regelmässigen meþ sich gebraucht findet. Wiederum behaupten sich in Fr. Formen wie næmd oder næmnd, deld, wald gegenüber dem jüngeren næmd, deld, wald, und ebenso steht im Anlaute consequent tiuþer, tiuþra, tiuþran gegenüber þiuþer u. s. w., wie die Hs. A. schreibt, während B. wieder tiuder u. s. w. bietet. Ebenso behält Fr. die Schreibung wilder, gialde oder giælde, hælder, walda bei gegenüber den assimilirten Formen willer, giælle oder gielle, hellær, walla, während freilich auch wieder hanwirke oder hanwerke für handvirki oder handuærki geschrieben wird. Vielfach hat in Fr. das jüngere *k* das ältere *c* verdrängt; doch ist andere Male auch das letztere ungeändert stehen geblieben. Sehr häufig ist in Fr. das schliessende *r* weggefallen; so steht ganz regelmässig æpte für eptir und iwi für iwir, aber allenfalls auch alle, kiære, vpkaste, saklöse, wægh für allir, kiærir, vpcastær, saklösir, wægher. In Fr. wird ständig mæzmanna geschrieben, wo A. und B. miezmanna bieten; in Fr. steht, I b. Z. 21 agha, wo A. und B. aghu schreiben (vgl. Rydqvist, Svenska Språkets Lagar, I, S. 276), und dgl. m. Wenn ich aber auf die Verzeichnung derartiger Varianten der Raumersparniss und grösseren Uebersichtlichkeit halber verzichten zu sollen glaube, so gebe ich um so vollständiger diejenigen, welche irgendwie geeignet sein könnten auf das Verhältniss der Textesgestaltung in Fr. im Verhältniss zu der in A. und B. ein Licht zu werfen und glaube ich in dieser Beziehung lieber zu viel als zu wenig thun zu sollen, um Jedermann die Bildung eines eigenen Urtheils zu ermöglichen.

Fol. I a.

Ueberschrift: balk*er*.

hwar halwe næmd.[1]) Alle þe swa halda lagha wærn.[2])
sum sagt ær. warin saklöse þen fyrra ryuir. böte
III. mark*er*. §. Vm ængia scal man. lagha warn til
mikials mæssu halda. Hwar sum fyrra rywir
5 ok liþum vpkasta. bö*te* sum nu sagt ær. §. Nu bæra.
man mælestang. vt a æng sinæ oc wadstang. ær
mælestang mærkt æpte rættu byabruti. Hwar
þe stang stiæl. eller sunder hogger. bö*te*. III. mark*er*. warþer ei
takin wiþer. wæri sic[3]) meþ eþe tolf man*n*a. Stiæl man
10 eller sundr högger. þa stang. j waþi stander. bö*te*. III. öræ.
Mælæ mæn ængia sinæ meþ stang ok waþu æpte.
Sighia þe[4]) alle ræt wara. warin saclöse. Kan siþan[5]) en
æpte kiæræ. sigher sic ei fult hawa. þa sculu byamæn
til coma. ok mæþ hanu*m* a sea. wilia þe hanu*m* ei ræt gö
15 ra. þa scal syn af sokn næmna. halwa næmd[6]) hwarr
þer*r*e. will ei þen sak ær giwin til coma. næmne þa
han[7]) syn alla[8]) sum æpte kiære. Nu kumb*er* syn til bya.
þen far firi sum[9]) kiærþe mælestang[10]) alægg*er*
synis afærþ j deldeune. giælde ater æpte mæþ mannæ[11])
20 eþe oc sialfs sins meþ at han wilder for[12]) oc owiis. Sy
nis j andre giælde ater hö sum fyr. oc swæri meþ sic oc
grannu*m*[13]) sinum. at ha*n* wilder for. Synis afærþ j. þriþio.

---

1) **AB**. halwi næmd hwar þeræ.　　2) **A**. wærne; **B**. uern
um acra.　　3) **B**. om. sic.　　4) **AB**. þet.　　5) **AB**. om. siþan.
6) **B**. om. næmnd.　　7) **B**. thæn.　　8) **AB**. alla syn.　　9) **A**. add.
eptir.　　10) In **Fr**. steht vor mælestang noch meþ stang, jedoch
unterpungirt und roth durchstrichen.　　11) **AB**. ater hö eptir miezmanna.　　12) **AB**. for willer.　　13) **AB**. granna.

Fol. I b.

Ueberschrift: VI. Bygninga.

gialde ater hö æpte mœzmanna witnum. meþ eþe
sinum. oc. II. granna. eller nagranna sinna at han wil
der for. Ei ma þen man længer wilder fara. Hittis
awerkat a[1]) fiarþo deld. böte. III. marker swa firi fœmto
5 oc siæto. ok giælde hö ater[2]) æpte mæzmanna eþe. ær
ok[3]) awerknt vm alla[4]) æng. wari ei bot þy mere.
Nu kunnu garþa niþre Vm ogilda garþa. VIII^c.
liggia. fiᴐ j[5]) ganga oc scaþa göra. Ligger bar
liþ a garþe. annat ok þriþia. wiliæ synæmæn
10 swa swæria. at þer synas[6]) hwarte ny hanwirke
æller forn. ok æru spiæll gönum gangin. þer giældis
spiæll ater. af þem sum garþa attu oc bötin meþ
firi hwart liþ.[7]) III. marker. til þræskiptis. kunnu liþ
a garþe wara. oc æru brutin niþer. synis innæn man
15 na hanwerke. ok witna swa. XII. mæn. wæri þa bond(e)
garþ sin meþ XII. manna eþe. oc tweggiæ manna wi(t)
num.[8]) at han stoþ faster[9]) oc wælboin. vm bygþa tima.
oc giælde ater spiæll þe[10]) gönum liþ æru kumin.[11]) ok
bot ængæ. Falz at eþe. böte. III. marker. firi liþ eth. swa
20 firi annat ok þriþia. warþe[12]) ei bot þy mere. at
liþ[13]) æru flere. §. Alle agha farliþum warþa. sw(a)
þen minne agher[14]) j by. sum[15]) meræ. kan farliþ niþre li(g)

---

1) AB. i.   2) B. om. ater.   3) A. add. niþan.   4) AB. alt;
B. add. gerde.   5) AB. add. engiæ.   6) AB. synis.   7) B. barliđ.
8) AB. II. manna witnum oc XII. manna eþe.   9) AB. wigher.
10) AB. om. þe.   11) AB. gangin.   12) A. add. ok.   13) A. þe
mere. æn þo at liđ.   14) B. hauer.   15) A. add. þen.

Fol. II a.

Ueberschrift: Balk*er*.

gia. þa scal þen farliþi warþa. senæstum gönum aker.[1] Gita
byamæn han wiþer bundit. böte. III. *marker*. Gita þe ei bötin
alle þe snk. han. een bötæ sculde.[2] S.[3] Nu kan nocor
sina[4] æng.

til ænx sætia. at þrangalöso. siþan alle hawa burghit
5 hö sinu.[5] wari scaþi ogilder. þen han fa um hö sit.[6] Sigher
annar þrang walda. oc annar ei[7] wari u[8] soknaman
na witnum. Raþe halwe næmd hwar þera. Sighia þe[9]
þrang walda. wari gild æpte mæzmanna eþe. Aker
man iwi æng osklaghnæ.[10] aker vm deld enæ. böte. III. *marker.*
10 swa firi andra ok þriþio. aker siþan iwi alla.[11] wari[12] ei
(s)ak þy[13] mere. Ganger wiþ aku þe ængin.[14] þa scal syn
(a)f sokn næmnæ.[15] wari a witnum þeræ.[16] hwaþan þen
(w)ægh leþis. Hwem þe firi bindæ. hawi wald wæria
(si)c meþ twæggiæ[17] manna witnum. ok XII. manna eþe. Falz
15 (a)t eþe *böte*. sum skilt ær. Nu hawer han[18] sic wægh slaghit
(o)k[19] hö saman ræfst. oc ligger a sama taghe. þen swa gör
(a)ke at saklöso.[20] Aker man iwi æng oslaghna. eller
(a)ker iwi korn oscurit.[21] Stande firi hanum[22] lof eller legha.
(K)an liþ ater[23] j by liggiæ.[24] þa sculu byamen firi þinge

---

1) **A.** senastum ginum akar; **B.** sum senstum gönum aker.
2) **A.** þe sac, þo ei mera æn han ensamin bötæ sculdi; **B.** sac æi mere etc.
3) Das § Zeichen fehlt in **AB.**   4) **AB.** om. sina.   5) **AB.** hö sinu
burgbit.   6) **AB.** ogilt.   7) ei in **Fr.** undeutlich eines Risses wegen.
8) **AB. add.** þet.   9) **B.** om. þe.   10) **AB.** oslaghit.   11) **AB.** iwir
eng alt.   12) **AB.** warþar.   13) **A.** þe.   14) **AB.** engin wiþ aku
þeræ.   15) **B. add.** ok.   16) þeræ in **Fr.** undeutlich eines Risses
wegen.   17) **AB.** ll.   18) **AB.** man.   19) **AB.** om. ok.   20) **A.** at
saclösu; **B.** saclös.   21) **B.** oscorin; **A.** iwir corn oscorin.   22) **AB.**
add. hwarte.   23) **AB.** ater legha.   24) **AB. add.** rætter eghande
will ei at garþum gömæ.

20 (e)ller sokn dom²⁵) til taka. garþsto hans at saclöso ater
(t)æppa.²⁶) Later man æng²⁷) sina warþalösa²⁸) liggiæ vm
(a)ar eth. halder engin vt skyld²⁹) vppe. hwarte firi.

Fol. II b.

Ueberschrift: VI. Bygninga.

garþum eller¹) giærþum. giwi vt æng²). eller. III. marker. Sua
vm annat aar ok þriþia.³) (Gange þa⁴) bot til þræskip
tis.⁵) Stiæl man anherwe. eller hætla. læsse stang eller
krok reep. töma eller sila. a. ængium vte. böte. öre firi hwa(r)
5 þera:. Stiæl þistla. af wagne. böte. III. öræ. þetta ær alt
en sak bondans. sökis vt sum skilt ær. Stiæl hiul vn
dan wagne. fæller anbyrþ bondans. böte. III. öræ. Stiæl
hiul annat. æller all. fiughur. böte. III. marker. Stiæl wang meþ
allu reþe. böte. IX. marker. til þræskiptis. Stiæl v.⁶) husum
eth af
10 þæssum ankostum. böte. æpte. mæzmanna orþum. Taker man
vm antima. wagn⁷) annars. olowandis. hawer þo j
liuse. oc ei j löne.⁸) böte. III. marker. Taker anna mællum.
böte. III. öræ.
Tiuþra⁹) man hæst. j akre Vm tiuþran i akrum¹⁰) V.¹¹)
annars. eller hælder warþer þer in takin meþ tiuþer
15 staka. æller hældo. ok synis¹²) spiæll j akre. böte. III.
marker. warþer

---

25) **AB.** doma.   26) **B.** lidtæppa.   27) **A.** eng; **B.** eghn.
28) **A.** wardlösu; **B.** uardalösu.   29) **B.** ængi utsculd; **A.** engin vt
skyllum.

1) **AB.** add. vt.   2) **A.** eng; **B.** eghn.   3) **AB.** annat oc
þriþiæ ar.   4) **AB.** þe.   5) **B.** beginnt hier ein neues Capitel,
mit der Ueberschrift: vm ancosta styld.   6) **AB.** vr.   7) **A.** wang;
B. uagn.   8) **AB.** löndum.   9) **A.** þiuþrar; **B.** Tiudrar, und so
durchaus.   10) **B.** tiudran; **A.** orættæ þiuþran.   11) Die Ziffer
durchschnitten und nur halb lesbar; doch eher V(IIII) als I(X).   12) **B.**
synas.

in takin. ok synæs spiæll ængin.[13]) wari saklös. Kan spiæll
synæs. ok[14]) warþer ei[15]) takin mæd. wæri sic meþ tolf
mann(a)
eþe.[16]) eller *böte.* sum sagt ær. Tiuþrar a reen eller a[17])
lindu s(wa)
nær at fæ[18]) biter af akre. *böte.* ater korn. æpte þy spiæll m(e)
20 tas. meþ eþe ens sins. Fæller eþ. *böte.* III. öræ. Tiuþra
a lin(du)
annars. warþer takin med. hocgin vt[19]) torwa. oc tiuþ(er)
staki. *böte.* III. öræ. eller wæri sic meþ eþe III. manna. Tiu(þ)

Prüft man nun die Ueberlieferung in unserem Fr. im
Vergleiche zu der in den beiden von Schlyter benützten Hss.,
so zeigt der erste Blick, dass Fr. sich in seiner æusseren
Einrichtung ganz entschieden an A. und nicht an B. anschliesst. Als Columnentitel setzt næmlich Fr. neben der
Nummer auch noch die Ueberschrift des betreffenden Abschnittes, wie A. diess thut (vgl. Schlyter, IV. S. II), wæhrend
in B. nur die Nummer gesetzt wird (ebenda, S. IX), und
auch in Bezug auf die Eintheilung in Capitel stimmt Fr.
mit A. überein, nicht mit B., welches zahlreichere und kleinere
Capitel hat (ebenda, S. IX). Allerdings kommt in der letzteren Beziehung nur eine einzige Stelle in Betracht, næmlich fol. II b. not. 5, an welcher Stelle B. ein neues Capitel
beginnt, wæhrend diess weder in A. noch in Fr. der Fall
ist; aber diese Stelle ist entscheidend, da sie im ganzen Bereiche von Fr. die einzige ist, an welcher die Capiteleintheilung in A. und B. überhaupt von einander abweicht. In
den Paragraphenzeichen stimmt Fr. mit den in Schlyter's
Ausgabe aus den Hss. herübergenommenen Zeichen zumeist

---

13) **AB.** eknti.　14) A. om. ok.　15) A. add. in.　16) **AB.**
eþe XII. manna.　17) A. om. a.　18) A. þet, doch war vorher
geschrieben: biter; B. om.　19) **AB.** vþ.

überein; nur einmal (II a, not. 3) steht in Fr. ein solches, wo es in der Ausgabe fehlt.

Anders steht die Sache in Bezug auf die Lesarten im Texte selbst. Allerdings stimmt auch in Bezug auf diese an nicht wenigen Stellen Fr. mit A. überein, wæhrend B. von beiden abweicht. So læsst B. in I a, not. 3 *sic* aus, ebenso in I a, not. 6 *næmnd*, in I b not. 2 *ater*, in II a, not. 9 *þe*, und in II a, not. 21 *korn*, wæhrend in A. und Fr. alle diese Worte stehen. Umgekehrt lesen in I a, not. 2 Fr. und A. nur *wærn*, *wærne*, wæhrend in B. *uern um acra* steht; in I b, not. 4 fügt B. nach den Worten „um alla“ noch *gerde*, und in II a, not. 15 ein *ok* bei, wæhrend diese Worte in Fr. und A. gleichmæssig fehlen. Ferner lesen Fr. und A. in I a, not. 7 übereinstimmend *han*, wæhrend B. dafür *thæn* giebt; in I b, not. 7 lesen Fr. und A *liþ*, B. dagegen *barlid*, in I b, not. 14 haben Fr. und A. *agher*, B. dagegen *hauer*, in II a, not. 20 geben Fr. und A. *at saklöso* oder *saclösu*, dagegen B. *saclös*, und ebenda, not. 26 steht in Fr. und A. *tæppa*, in B. aber *lidtæppa*; endlich lesen Fr. und A. in II b, not. 12 *synis*, B. dagegen hat *synas*. Wenn zwar in allen diesen Fællen die Verschiedenheit der Lesarten ohne jede Bedeutung für den Sinn der betreffenden Stellen ist, und demnach recht wohl lediglich aus der Willkürlichkeit oder Fahrlæssigkeit der Schreiber hervorgegangen sein kann, so liesse sich aus ihr doch immerhin auf eine næhere Verwandtschaft von A. und Fr. im Gegensatze zu B. schliessen, wenn nur nicht andere Thatsachen diesem Schlusse im Wege stünden. Zunæchst ist næmlich nicht zu übersehen, dass den Fællen, in welchen Fr. mit A. gegenüber B. übereinstimmt, eine Reihe anderer Fælle gegenübersteht, in welchen umgekehrt Fr. sich an B. anschliesst, und gemeinsam mit diesem von A. abweicht. Zweimal lässt A. ein Wort aus, welches Fr. und B. übereinstimmend haben, næmlich *ok* in II b, not. 14, und *a* ebenda, not. 17. Etwas öfter setzt A. um-

gekehrt ein Wort zu, welches in Fr. und B. gleichmassig
fehlt, næmlich *eptir* in I a, not. 9, *siþan* in I b, not. 3, *ok*
ebenda, not. 12, und *þen* not. 15; dann *orættæ* in der Ueberschrift des 9. Capitels, II b, not. 10, und *in* ebenda not. 15.
In einigen weiteren Fællen gebraucht endlich A. andere
Worte oder Redewendungen als Fr. und B., wie denn in
I b, not. 13 Fr. und B. lesen *þy mere at liþ*, wæhrend in A.
steht *þe mere, æn þo at liþ*, und in II a, not. 13 Fr. und B.
þy lesen, A. dagegen *þe*, wozu allenfalls auch noch bemerkt
werden mag, dass Fr. mit B. die Schreibung *tiuþer, tiuþra*
u. s. w. gemein hat, wæhrend A. consequent *þiuþer, þiuþra*
u. dgl. m. schreibt. In noch weit zahlreicheren Fællen weicht
ferner Fr. von A. und B. zugleich ab, sei es nun, dass diese
letzteren dabei unter sich übereinstimmen, oder dass auch
von ihnen wieder jede Hs. ihren eigenen Weg geht. Nicht
immer handelt es sich dabei um reine Lappalien, wie etwa
wenn Fr. in II a, not. 17 und an ein paar spæter noch zu
besprechenden Stellen *tvæggiæ* ausschreibt, wæhrend A. und
B. dafür nur die Ziffer *II.* geben, oder um entschiedene
Corruptelen, wie II a, not. 10, wo Fr. *osklaghnæ* liest anstatt
oslaghit, wie A. und B. richtig geben, oder II b, not. 6, wo Fr.
nur *v* hat anstatt des richtigen *vr* in A. und B., oder auch I a,
not. 11, wo A. und B. richtig lesen: *giælde ater hö eptir*
miezmanna eþe, wæhrend in Fr. geschrieben steht: *giælde*
ater æpte mæþ manna eþe, was doch nur verschrieben sein
kann für *mæzmanna*, aber immerhin zeigt, dass auch schon
die Vorlage von Fr. die Schreibung *mæzmanna* und nicht
miezmanna enthalten hatte, oder endlich II a, not. 27 und
II b, not. 2, wo beidemale Fr. *æng* liest, wæhrend A. gleichbedeutend *eng*, B. dagegen *eghn* giebt. Beidemale will
Schlyter *egn* lesen und doch wohl mit Recht, soferne beide
Stellen doch wohl vom Grundeigenthum überhaupt und nicht
blos von Wiesen zu handeln scheinen; da aber die Worte
eng = *æng* und *egn* = *eghn* sich sehr æhnlich sehen, und

überdiess im Vorhergehenden mehrfach von Wiesen die Rede
gewesen war, wird'es sich hier um eine blose Corruptel
handeln, die in A. und Fr. sich selbständig ergeben haben
könnte, wenn sie nicht etwa aus einer gemeinsamen Vorlage
beider Hss. geflossen war. Ganz abgesehen von derartigen
Fællen sind aber zunæchst wieder einige Stellen zu nennen,
an welchen Fr. ein Wort hat, welches in A. und B. fehlt;
so *siþan* in I a, not. 5, *þe* in I b, not. 10, *sina* in II a, not. 4,
und *ok*, ebenda, not. 19. Umgekehrt fehlt auch wieder
einigemale in Fr. ein Wort, welches A. und B. haben, so
engiæ in I b, not. 5, *þet* in II a, not. 8, und *hwarte*, ebenda,
not. 22, sowie *vt* in II b, not. 1. Weiterhin kommt eine
Reihe von Fællen in Betracht, in welchen Fr. lediglich eine
Umstellung von Worten A. und B. gegenüber zeigt, allenfalls mit einigen kleinen durch diese bedingten Zusætzen,
Abstrichen oder Verænderungen. Unter diesen Gesichtspunkt
fällt die Lesung: *hwar halwe næmd* gegenüber *halwi næmd
hwar þeræ* in I a, not. 1, *syn alla* gegenüber *alla syn*, ebenda, not. 8; ferner *wilder for* gegenüber *for willer*, ebenda,
not. 12; ferner *XII. manna eþe oc tweggiæ manna witnum*
gegenüber *II. manna witnum oc XII. manna eþe* in I b,
not. 8, *burghit hö sinu* gegenüber *hö sinu burghit* in II a,
not. 5, und *wiþ aku þe engin* gegenüber *engin wiþ aku þeræ*,
ebenda, not. 14: endlich *annat aar ok þriþia* gegenüber
annat oc þriþiæ ar, in II b, not. 3, und *tolf manna eþe*
gegenüber *eþe XII. manna*, ebenda, not. 16. Wieder andere
Male setzt Fr. auch wohl ein anderes Wort oder eine andere
Flexionsform u. dgl. ein als A. und B., wie etwa *þe* für *þet*,
I a, not. 4, oder *grannum* für *granna*, ebenda, not. 13, *a* für *i*,
I b, not. 1, *synas* für *synis*, ebenda, not. 6, *faster* für *wigher*,
not. 9, oder *kumin* für *gangin*, not. 11; ferner *senæstum
gönum aker* für *senastum ginum akar*, wie A., und *sum
senstum gönum aker*, wie B. liest, in II a, not. 1; *scaþi ogilder*
u. s. w. für *ogilt* in A. und B., ebenda, not. 6; *iwi alla* für *iwi*

eng alt, ebenda, not. 11; *wari* für *warþer*, not. 12; *han* für *man*, not. 18; *dom* für *doma*, not. 25, *warþalösa* für *warþlösu*, wie A., und *uardalösu*, wie B. liest, not. 28; *engin vt skyld* für *ængi utsculd*, wie B., und *engin vt skyllum*, wie A. liest, not. 29; Fr. liest ferner *þa* für *þe* in II b, not. 4, *wagn* für *wang* in A. und *uagn* in B., ebenda, not. 7, *j lön* für *löndum*, not. 8, *ængin* für *eknte*, not. 13, und *vt* für *vp*, not. 19. Etwas erheblicher noch ist die Verschiedenheit der Lesarten in ein paar weiteren Stellen. In II a, not. 2 liest A.: *Gitæ þe ei, bötin alle þe sac, þo ei mera æn han ensamin bötæ sculdi*, und B.: *Gitæ þe ei, bötin alle þe sac æi mera*, etc. dagegen Fr.: *Gita þe ei, bötin alle þe sak, han een bötæ sculde.* Ebenda, not. 23, liest Fr.: *Kan liþ ater j by liggiæ*, dagegen A. und B.: *Kan ater legha j by liggiæ*, worauf diese beiden Hss. noch, not. 24, beifügen: *rætter eghande will ei at garþum gömæ*, wæhrend dieser Zusatz in Fr. fehlt, welcher freilich am Sinn der Stelle Nichts ändert, und somit recht wohl auch nur durch die Ungenauigkeit eines Abschreibers weggelassen worden sein könnte. Endlich in II b, not. 18 liest Fr.: *at fæ biter af akre*, wæhrend in B. *fæ* fehlt, und in A. dafür *þet* geschrieben steht. Da hier anstatt „þet" zuvor „biter" geschrieben worden war, und „þet" somit eine Correctur ist, muss dieses Wort doch wohl schon in der Vorlage gestanden haben, welche der Schreiber von A. benützte; mag sein, dass die Nichtübereinstimmung des neutralen „þet" mit dem vorhergehenden masculinen „hæster" den Schreiber von Fr. oder dessen Vormann zur Einsetzung des Wortes „fæ" bestimmt hat, welches allerdings auch nicht ganz passen will, sofern man Pferde zumeist nicht als Vieh zu bezeichnen pflegt, obwohl diess hinundwieder auch geschieht.

Selbst in diesen zuletzt besprochenen Faellen steht somit der Text von Fr. nicht soweit von dem in A. und B. überlieferten ab, dass wir genöthigt wæren ihm diesem letzteren gegenüber eine erhebliche Selbständigkeit zuzugestehen. Es besteht vielmehr recht wohl die Möglichkeit, dass A., B. und Fr. gleichmæssig aus einer und derselben Urschrift herstammen, deren Eintheilung und Columnentitel A. und Fr. gleichmæssig beibehalten haben, wæhrend B. sie eigenmæchtig verändert hat, und deren Text bald A. und Fr., bald B. und Fr., zumeist aber A. und B. getreuer wiedergeben. Nicht ausgeschlossen ist aber allerdings auch die andere Möglichkeit, dass unser Bruchstück ein Ueberrest jener ælteren „laghbok" sein könnte, welche ein paar mal erwæhnt und dem von Schlyter herausgegebenen Gesetzbuche als einem neueren gegenübergestellt wird.[1]) Leider enthält das Fragment keine Stelle, welche hierüber eine bestimmte Entscheidung zu geben vermöchte; vielleicht ermöglicht einmal der glückliche Fund weiterer Blætter derselben Handschrift, was zur Zeit uns noch versagt ist!

1) Vergl. zumal Schlyter, Juridiska Afhandlingar, II, S. 145--61 (1879) und dessen Bemerkungen Om en föregifven ännu i behåll værande äldre redaktion af Södermannalagen, in Lunds Univ. Årsskr. XVII (1882).

IV.

Kirchenrecht.

Isländisches Kirchenrecht.

Im Jahre 1863 hat der damalige Affeffor und spätere Justitiarius des Oberlandesgerichtes in Reykjavik, Jón Pjetursson, unter dem Titel „Íslenzkur Kirkjurjettur" ein Lehrbuch des Kirchenrechts seiner Heimath veröffentlicht, welches ich seinerzeit in dieser Zeitschrift sehr eingehend besprochen habe (Bd. VII S. 161—240, 383—431, 537—66; 1865). Vor Kurzem ist von diesem Werke eine zweite Ausgabe unter wenig verändertem Titel erschienen (Kirkjurjettur; Reykjavik, 1890; II u. 256 S. in 8°), welche insoweit eine vermehrte und überarbeitete genannt werden darf, als sie den sehr erheblichen Veränderungen sorgfältig Rechnung trägt, welche die Gesetzgebung während der zwischen beiden Ausgaben in Mitte liegenden 27 Jahren erlitten hat. In seiner Grundanlage ist freilich das Werk unverändert geblieben, so daß es hier genügen mag, auf die in jener Richtung eingetretenen Veränderungen aufmerksam zu machen, während im Übrigen auf jene frühere Besprechung verwiesen werden muß. Die langjährige Verbindung Islands mit dem dänischen Reiche hat aber zur Folge gehabt, daß das Recht der Insel, und insbesondere auch deren Kirchenrecht gar vielfach durch dänisches Recht und kirchliche Strömungen in Dänemark beeinflußt wurde, und darf ich darum nicht verfehlen, auf ein vortreffliches Werk über das dänische

Kirchenrecht hinzuweisen, welches uns die neueste Zeit gebracht
hat, nämlich auf Henning Matzen's ·und Johannes Timm's
Haaudbog i den danske Kirkeret (Kopenhagen, 1891;
VI u. 988 S. in 8°).

Bei Erörterung der Rechtsnormen, von welchen das
isländische Kirchenrecht beherrscht wird (vgl. Bd. VII S. 162—74),
erwähnt der Verf. nicht nur, S. 12, die am 18. Juli 1870 vom
Vatikanischen Concil für die römisch-katholische Kirche beschlossene
Unfehlbarkeit des Papstes, sondern er bespricht auch in einem
neuen Zusatze auf S. 20 das sog. reformierte Christenrecht,
welches B. Ólafur Hjaltason von Hólar (1552—69) mit Beihilfe
des Sysselmannes Árni Gíslason für sein Bisthum bearbeitete (vgl.
Hálfdan Einarsson, Historia literaria Islandiæ S. 190, und Jón
Espolin, Árbækur, IV Kap. 57, S. 5); dasselbe erlangte übrigens
nie gesetzliche Geltung, und war wohl nur aus diesem Grunde in
der ersten Ausgabe unerwähnt geblieben. Ueber die Gültigkeit
oder Ungültigkeit von Gesetzen und Verordnungen aus der Zeit
des absoluten Königthums, welche entweder auf Island nicht
publicirt worden war, oder deren Publication wenigstens nicht in
die Dingbücher eingetragen wurde, spricht sich der Verf. jetzt,
S. 20—23, bestimmter aus als früher, und er bemerkt auch, daß
inzwischen durch ein Gesetz vom 24. August 1877, die Publication
aller derartigen Erlasse im Regierungsblatt für Island angeordnet,
und zugleich der Zeitpunkt genau bestimmt wurde, von welchem
ab dieselben Geltung erlangen sollen. Endlich berücksichtigt der
Verf., S. 31, mit vollem Recht nunmehr auch, daß das Gewohn=
heitsrecht unter den Quellen des isländischen Kirchenrechts eine
Stelle zu beanspruchen hat.

Für das äußere Kirchenrecht (vgl. Bd. VII, S. 174—78)
hat das Verfassungsgesetz vom 5. Januar 1874 eine ganz neue
Grundlage geschaffen, und hat demzufolge der § 8, S. 34—44,
eine durchgreifende Umgestaltung erfahren. Nach § 45—47 dieses
Verfassungsgesetzes kommt nämlich der evangelisch-lutherischen Kirche
nur noch die Bedeutung einer Volkskirche, aber nicht mehr die

einer herrschenden Kirche zu, und ist überdies den Anhängern aller
anderen Bekenntnisse das Recht der freien Vereinsbildung und
der gemeinsamen Religionsübung, sowie der Vollgenuß der sämmt=
lichen bürgerlichen und politischen Rechte eingeräumt. Weiterhin
wurden ferner durch ein Gesetz vom 19. Februar 1886 ausführ=
liche Bestimmungen getroffen über die Eingehung von Ehen durch
Andersgläubige und über die religiöse Erziehung der Kinder von
solchen, über die Bestätigung andersgläubiger Geistlicher und die
Gültigkeit ihrer Amtsverrichtungen, endlich über die pecuniären
Verpflichtungen der Andersgläubigen. Ueber alle diese neueren Vor=
schriften verbreitet sich der Verf. nunmehr eingehend, wogegen er
die abweichenden Vorschriften des älteren Rechts nunmehr be=
seitigt hat.

Auch die Verfassung der isländischen Landeskirche
(vgl. Bd. VII. S. 178—79) hat durch das bereits angeführte
Verfassungsgesetz, durch die ihm vorangegangene Einführung des
Amtes eines Landeshauptmannes (landshöfđingi; vgl. dessen
Instruction vom 29. Juni 1872, dann vom 22. Februar 1875,
sowie die Bekanntmachung vom 4. Juli 1872), endlich durch die
am 14. Juli 1874 erfolgte Einsetzung eines eigenen Ministeriums
für Island mehrfache sehr erhebliche Veränderungen erlitten.
Der Verf. bemerkt, S. 32—34, daß die geistlichen Angelegenheiten
des Landes nach dem Verfassungsgesetze zu den besonderen An=
gelegenheiten Islands angehören, bezüglich deren die gesetzgebende
Gewalt dem König im Verein mit dem Alldinge zusteht, wogegen die
vollziehende Gewalt ausschließlich dem König vorbehalten, und die
richterliche Gewalt den Gerichten übertragen ist. Der König übt
seine Rechte durch den Minister für Island, und soweit die in=
ländische Regierung reicht, durch den Landeshauptmann, jedoch
unter Verantwortung des Ministers aus. Es begreift sich aber,
daß diese staatsrechtliche Neuerung, abgesehen von ihrer Besprechung
am angeführten Orte auch noch an einer langen Reihe von weiteren
Stellen in der neuen Ausgabe berücksichtigt werden mußte, soferne
eben an die Stelle der früher dem dänischen Cultusminister oder

dem Stiftsamtmann zustehenden Competenz nunmehr die Competenz des Ministers für Island, des Landeshauptmannes oder
auch des betreffenden Amtmanns getreten ist (vgl. z. B. S. 31,
56, 165, 167, 168, 169, 170, 206 u. dgl m.). Bemerkt mag
allenfalls auch noch werden, daß bei Besprechung der allgemeinen
Rechte der Angehörigen der Kirche nunmehr nur noch das Recht
der Kinder auf den Empfang der Taufe, aber nicht mehr deren
Pflicht, diese zu empfangen erwähnt wird, und daß auch die
Verpflichtung der Gemeinde nunmehr gestrichen ist, für ein
christliches Begräbnis der Verstorbenen zu sorgen, soweit sie
sich nicht eines solchen unwürdig gemacht haben (S. 44);
beide Streichungen sind in der That im Hinblick auf die vom
Verfassungsgesetze gewährte Religionsfreiheit als begründet. anzusehen.

Bezüglich der Priester (vgl. Bd. VII, S. 179—240) bemerke ich zunächst, daß die Ordination nach wie vor vom
Bischof ertheilt wird, oder im Falle einer Sedisvacanz vom Stiftspropst. Es ist nur eine Ungenauigkeit des Ausdrucks, wenn an
einer überarbeiteten Stelle, S. 46, gesagt wird, daß es auf Island
keine Stiftspröbste gebe, während doch anderwärts ganz richtig
von diesen gehandelt wird (S. 169); der schiefe Ausdruck erklärt
sich aber sehr einfach daraus, daß das Amt des Stiftsprobstes auf
Island nicht ein bleibendes ist wie in Dänemark (vgl. Matzen und
Timm S. 226—28), sondern immer nur für die Dauer der Erledigung des Bisthums vorübergehend in's Leben gerufen wird, so
daß Stiftspröbste im Sinne des dänischen Rechts auf der Insel
allerdings nicht vorkommen. Bei Besprechung der theologischen
Vorbildung wird nunmehr, S. 47, des Anspruches auf die
Zulassung zu geistlichen Aemtern nicht mehr gedacht, welcher vor
dem unter gewissen Bedingungen den Studenten zugestanden
worden war, welche vor Eröffnung der Priesterschule die Lateinschule absolvirt hatten; da diese Eröffnung bereits am 1. October
1847 stattgefunden hatte, mag dieser Anspruch thatsächlich wohl schon
längst unpractisch geworden sein. Auf S. 50 ist eine Stelle

gestrichen, welche sich auf die Vereidigung der Geistlichen gelegentlich
ihrer Ordination bezogen hatte, wie sie im Kirchenrituale vom
25. Juli 1685 vorgeschrieben gewesen war, und auch auf S. 75
ist eine auf diese Vereidigung bezügliche Bemerkung weggelassen;
warum aber hier wie dort der neuen Eidesformel keine Erwähnung geschehen ist, welche durch eine Bekanntmachung vom
2. September 1870 eingeführt wurde (Lovsamling for Island
Bd. XX, S. 579—80), vermag ich nicht abzusehen. Daß
auf S. 52 eine Bemerkung weggelassen wird, welche sich auf die
Befreiung der Priester von gewissen allgemeinen Lasten, deren
Genuß gewisser besonderer Vorrechte, und deren Anspruch auf
einen besonderen Rechtsschutz während der Verrichtung ihres Amtes
bezogen hatte, ist von keiner Bedeutung, weil alle diese Dinge
anderwärts noch eingehender besprochen werden, und somit deren
Erwähnung an diesem Orte wirklich überflüssig war; dagegen wird
ebenda beigefügt, daß die Pröbste gleich dem Bischof das höhere
Prädicat der Hochehrwürdigkeit zu beanspruchen berechtigt sind,
während die gewöhnlichen Pfarrer sich mit dem der Wohlehrwürdig-
keit begnügen müssen. Ein weit erheblicherer Zusatz auf S. 58
ist durch die Veränderungen veranlaßt, welche das Verfahren bei
der Neugründung oder Niederlegung, beziehungsweise
Verlegung von Kirchen, dann bei der Umgestaltung der
Einrichtung oder Begrenzung von Kirchspielen oder
Pfarreien durch ein unten noch des Näheren zu besprechendes
Gesetz vom 27. Februar 1880 (nicht 1883, wie hier zufolge eines
Druckfehlers gesagt wird) erlitten hat. Ein Beschluß der betreffenden
Gemeinde und die Zustimmung der einschlägigen Probsteiversamm-
lung, sowie die Bestätigung durch den Landeshauptmann nach
vorgängigem Einvernehmen des Bischofs wird nunmehr für der-
artige Maßregeln erfordert. Noch bedeutsamer ist aber ein anderer
Zusatz auf S. 59—61, welcher die durch ein Gesetz vom 12. Mai
1882 erfolgte Ermöglichung einer willkürlichen Lösung des
Kirchspielverbandes betrifft. Während sich im Verlaufe des
späteren Mittelalters die Kirchspiele auf Island allmählich zu voller

territorialer Geschlossenheit entwickelt hatten, gestattet dieses Gesetz
den einzelnen Gemeindeangehörigen, unter Einhaltung bestimmter
vorgeschriebener Formen das Gemeindeband für ihre Person zu
lösen und sich dem Pfarrer einer anderen Gemeinde als ihrem
Wahlpriester (Kjörprestur) anzuschließen, wie dies in Dänemark
bereits durch eim Gesetz vom 4. April 1855 gestattet worden war
(vgl. Matzen und Timm, S. 147—56): selbstverständlich ergibt
sich aber noch an mehrfachen weiteren Stellen Veranlassung, die
Möglichkeit eines solchen Ausscheidens aus dem territorialen Ge-
meindeverbande mit den aus ihr sich ergebenden Folgen zu berücksichtigen (z. B. S. 92, 100—101, 127 u. dgl. m.). Im § 15
u. 16, S. 61—71, wird sodann die Verleihung der Pfarreien
besprochen, bezüglich deren schon eine Verordnung vom 15. Dec.
1865 und eine kgl. Bekanntmachung vom 3. Oct. 1884 einige
Neuerungen angeordnet hatten, ein Gesetz vom 8. Januar 1886
aber durchgreifend neue Bestimmungen brachte (vgl. auch S. 207);
durch diese wurde den Gemeinden, allerdings nur in sehr be-
schränktem Umfange, ein gewisser Einfluß auf die Besetzung der
Pfarreien eingeräumt. Dagegen ist jetzt auf S. 71 eine längere
Stelle der früheren Ausgabe gestrichen, welche sich mit der Frage
beschäftigt hatte, ob der den Candidaten der Kopenhagener Uni-
versität und der Priesterschule in Reykjavik eingeräumte Vorzug
auch gegenüber älteren gedienten Pfarrern und Pröbsten zu gelten
habe, und wird überdies bei Besprechung des Vorzugs, welcher
herkömmlich den Vorstehern der bischöflichen Kanzlei eingeräumt
wird, des gleichen Vorzugs nicht mehr gedacht, dessen sich früher
auch die Vorsteher der Kanzlei des Stiftsamtmannes zu erfreuen
gehabt hatten. Mag sein, daß in der ersteren Beziehung sich
inzwischen ein festes Herkommen zu Gunsten der älteren Pfarrer
gebildet hat, und daß in der zweiten Beziehung die mit der Errichtung des Landeshauptmannsamtes gleichzeitig erfolgte Ernennung eines Secretärs für dieses von bestimmendem Einfluß geworden ist. Auf S. 73 werden die Vorschriften über die beim
Gottesdienste zu verwendenden Gesangbücher etwas verkürzt

und verändert vorgetragen; doch wohl weil der dieserhalb früher geführte Streit im Verlaufe der Zeit zur Ruhe gekommen ist (vgl. Bd. VII, S. 201—2). In ähnlicher Weise wird auch nach S. 101 beim Jugendunterrichte nunmehr jedes von der Regierung gebilligte Lehrbuch zugelassen, während die erste Ausgabe auf Grund einer Verfügung aus dem Jahre 1798 nur die Verwendung des vom Bischof N. E. Balle verfaßten Lehrbuches gestattet hatte, und ist demgemäß auch auf S. 105 eine auf dieses letztere bezügliche Stelle gestrichen worden. Nur im Vorbeigehen erwähne ich einer kleinen Correctur bezüglich der für die Katholiken hinsichtlich der Firmung maßgebenden Zeitfrist, welche sich auf S. 96 findet: nicht das zurückgelegte siebente Lebensjahr soll für diese schlechthin ausschlaggebend sein, wie die frühere Ausgabe dies gelehrt hatte, sondern das Sakrament soll eben nur zwischen dem erreichten siebenten und zwölften Jahre gespendet werden, wie dies in der That dem Catechismus romanus entspricht. Auf S. 101—3 wird die durch ein Gesetz vom 9. Jan. 1880 des Näheren geregelte Verpflichtung des Pfarrers besprochen, den häuslichen Unterricht der Kinder zu überwachen, und wird dabei auch die Frage erörtert, wie weit dieses neuere Gesetz auf die demselben schon früher auferlegte Verpflichtung erweiternd einwirke, den Kindern die Confirmation zu versagen, so lange sie nicht lesen können; auch wird bei dieser Gelegenheit der Fürsorge für die Erziehung taubstummer Kinder gedacht, wie sie durch eine Verordnung vom 26. Febr. 1872 getroffen wurde. Mancherlei Neues bringt ferner der § 26, welcher sehr eingehend die Ehe behandelt. So findet sich auf S. 112 ein Zusatz, welcher unter Verweisung auf das oben bereits angeführte Gesetz vom 19. Febr. 1886 die Eingehung einer Civilehe durch Andersgläubige erwähnt, wogegen auf S. 124 eine Bemerkung der älteren Ausgabe (S. 116; vgl. S. 34—35) über die Eingehung der Ehen von Katholiken und anderen Andersgläubigen gestrichen ist. Nach S. 114 können Nupturienten die Befreiung von der Verpflichtung zum kirchlichen Aufgebot jetzt nur noch durch kgl. Dispens erlangen, während diese vordem gewissen

Klaſſen von Perſonen ſchon von Rechtswegen zugekommen war.
Unerheblich iſt, daß auf S. 117 eine auf das ältere Recht bezüg=
liche Bemerkung über gewiſſe Berufungsfriſten weggelaſſen worden
iſt, welche die ältere Ausgabe, S. 110, enthalten hatte; die be=
treſſenden an ſich wenig bedeutſamen Beſtimmungen haben ſchon
längſt jeden praktiſchen Werth verloren.   Von mehr Intereſſe iſt,
daß auf S. 120 die Vorſchriften über die verbotenen Grade der
Schwägerſchaft etwas anders als früher gefaßt, und überdies
einige Worte geſtrichen ſind, welche die Androhung der Todes=
ſtrafe für die ſchwerſten Fälle der Blutſchande erwähnt hatten;
die letztere Veränderung iſt wohl durch § 162 des allgemeinen
Strafgeſetzes für Island vom 25. Juni 1869 veranlaßt.   Die
Streichung einer Bemerkung über die Ausſtellung von Quittungen
über bezahltes Spitalgeld, welche die ältere Ausgabe, S. 116,
enthalten hatte, auf S. 124 der neueren ſcheint lediglich durch
eine Aenderung der Competenzverhältniſſe veranlaßt zu ſein, und
hat jedenfalls mit der Aufhebung der Spitäler nichts zu thun,
da die urſprünglich an dieſe bezahlten Abgaben nach wie vor er=
hoben werden, nur freilich zu anderen mediciniſchen Zwecken, und
ſomit auch die für gewiſſe Heirathsdiſpenſe zu erlegenden Gebühren
nach wie vor fortbeſtehen.   Auf S. 127 wird die nunmehr er=
öffnete Möglichkeit einer Trauung durch den Wahlprieſter berück=
ſichtigt, und auf S. 130 ein auf die gemiſchten Ehen bezüglicher
Satz der alten Ausgabe, S. 122, geſtrichen, Beides auf Grund
neuerer Geſetze, welche oben bereits angeführt wurden.   Erheb=
liche Veränderungen zeigt auch der § 28, welcher vom Begräb=
niſſe handelt.   Ein Zuſatz auf S. 138 beſpricht zunächſt die
Möglichkeit, durch kgl. Bewilligung das Recht zur Errichtung einer
Privatgrabſtätte auf eigenem Grund und Boden zu erlangen; in
Dänemark war allmählich üblich geworden, auf Grund kgl. Be=
willigungen ſolche beſondere Grabſtätten für einzelne Stiftungen
oder Familien zu errichten (vgl. Matzen und Timm S. 822—23),
und von hier aus ſcheint der Brauch neuerdings auch nach Island
hinüber gelangt zu ſein.   Auf S. 138—39 wird ſodann bemerkt.

daß der gänzliche Ausſchluß vom Begräbnis auf dem Kirchhof durch
das Strafgeſetz vom 25. Juni 1869 beſeitigt worden ſei, und wird
demgemäß auch auf S. 142 eine Beſtimmung über das bei der
Beerdigung geſundener Leichen einzuhaltende Verfahren geſtrichen,
welche auf S. 135 der älteren Ausgabe zu leſen geweſen war;
dabei erhebt ſich aber allerdings das Bedenken, daß die Beſtimmungen jenes Strafgeſetzes ſich keineswegs auf die ſämmtlichen
Kategorien von Perſonen beziehen, welchen vordem das Begräbnis
auf dem Kirchhof verſagt geweſen war, und ebenſo bleibt unklar,
warum die neuere Ausgabe im Gegenſatze zu der früheren ſich der
Beſprechung derjenigen Fälle enthält, in welchen zwar die Beerdigung auf dem Kirchhofe, aber keinerlei kirchliche Feierlichkeit bei
derſelben gewährt wird. Auf S. 142 wird endlich noch einer Verordnung vom 12. April 1878 gedacht, welche dem Pfarrer die
Verpflichtung auferlegt, vor der Vornahme der Beerdigung wo-
möglich ein Zeugnis der weltlichen Behörde darüber vorlegen zu
laſſen, daß die vorſchriftsmäßige Anzeige des Todesfalles an dieſe
erfolgt ſei. Bezüglich der den Pfarrern übertragenen Neben-
geſchäfte mag bemerkt werden, daß auf S. 144 die ihm früher
auferlegte Verpflichtung, alle in ſeiner Pfarrei vorkommenden
Unzuchtsfälle bei der weltlichen Behörde zur amtlichen Anzeige zu
bringen, geſtrichen wurde; daß ferner, S. 145—46, die Betheiligung des Pfarrers bei der Armenpflege durch eine Verordnung
vom 4. Mai 1872 über die Verfaſſung der isländiſchen Land-
gemeinden und ein Geſetz vom 9. Januar 1880, dann durch eine
Verordnung vom 20. April 1872 über die Verwaltung der Ge-
meindeangelegenheiten der Stadt Reykjavik und ein Geſetz vom
8. Oct. 1883 über die Verwaltung der Stadtgemeinde Akureyri
nicht unerheblich umgeſtaltet wurde. Auf S. 149 wird ferner bemerkt, daß die Beobachtung der älteren Vorſchriften über die Betheiligung der Pfarrer beim Paßweſen heutzutage ſeitens der
weltlichen Beamten thatſächlich nicht mehr gefordert werde, und
iſt andererſeits eine Bemerkung über die Verpflichtung der
Pfarrer, den Gemeindevorſtehern bei der Abfaſſung der von ihnen

17*

herzustellenden landwirthschaftlichen Tabellen an die Hand zu gehen,
gestrichen worden; auf S. 150 aber wurde eine Bemerkung bei=
gefügt über die Stellung, welche der Pfarrer nunmehr zu den
unten noch zu besprechenden Ausschüssen der Kirchspiel= und Probstei=
gemeinden einzunehmen hat. Zu den vom Pfarrer alljährlich zu
erstattenden Berichten kommt nach S. 150—51 nunmehr ein
solcher über die Blinden, und ein weiterer über die Aussätzigen
in seiner Pfarrei hinzu, sowie auch ein Bericht über die Zahl der
Gottesdienste, welche in jeder einzelnen Kirche derselben gehalten
wurden, und über die Gründe des etwaigen Ausfallens von solchen;
dagegen sind, wie oben schon bemerkt, die früher geforderten Be=
richte über die in der Pfarrei vorgekommenen Ehebruchs= und Un=
zuchtsfälle nunmehr abgeschafft.

Die Stellung der Pröpste, von welcher der § 37 handelt
(vgl. Bd. VII S. 383—95), hat zunächst durch die Bildung
neuer Bezirksgemeinden einige Aenderung erfahren. Der Propst
hat nämlich (S. 161) nicht nur in dem Propsteiausschusse (der
heradsnefnd) den Vorsitz zu führen, sondern nach einem Gesetze
vom 9. Januar 1880 auch Sitz und Stimme in dem Distrikts=
ausschusse (der syslunefnd), soweit in diesem Fragen zur Verhand=
lung kommen, welche sich auf den Unterhalt und die Erziehung
von Kindern beziehen. Von geringerer Bedeutung ist eine kleine
Veränderung, welche S. 162 bezüglich der vom Propste zu er=
stattenden Berichte bringt, sowie eine Reihe neuer Vorschriften über
das bei der úttekt, d. h. der Extradition von Pfarrhöfen sammt
den zu ihnen gehörigen Kirchen im Fall der Erledigung von
Pfarreien durch den Propst einzuhaltende Verfahren, welche auf
S. 163—64 auf Grund eines Gesetzes vom 17. Dezember 1875
mitgetheilt werden.

In § 38 wird die Stellung des Bischofs besprochen (vgl.
Bd. VII S. 395—402). Dabei wird zunächst erwähnt, S. 165,
daß dieser jetzt unter dem Landeshauptmann steht, nicht mehr,
wie früher, unter dem dänischen Cultusminister, und daß ihm anstatt
des früheren Stiftamtmannes, dessen Würde abgeschafft wurde,

nunmehr der Amtmann des Südamtes an die Seite gesetzt ist.
Demgemäß wird der Bischof, S. 167, bezüglich der Verfolgung
straffälliger Geistlicher nunmehr auf die Entscheidung des Landes=
hauptmanns verwiesen, und an diesen hat er jetzt auch die Berichte
zu erstatten, die er früher an den Cultusminister zu erstatten ge=
habt hatte; der Landeshauptmann hat ferner, S. 169, jetzt im
Falle einer Sedisvacanz den Stiftspropst zu ernennen, was früher
Sache des Stiftamtmanns gewesen war, und in der Synode hat
nunmehr, S. 170, der Amtmann des Südamtes den Vorsitz ge=
meinsam mit dem Bischof zu führen. Auf S. 166 wird sodann
des Anteils an der Verleihung von Pfarreien gedacht, welchen
dem Bischof das oben schon angeführte Gesetz vom 8. Januar 1886
einräumt, und dafür eine jetzt antiquirte Bestimmung gestrichen,
welche sich auf die Ueberwachung der von der Lateinschule abge=
gangenen Studenten bezogen hatte. Gestrichen sind ferner auf
S. 167 auch ein paar Bemerkungen, welche die ältere Ausgabe
S. 160 über die Verpflichtung des Bischofs zur Erhebung und
Verteilung gewisser Gelder enthalten hatte, welche zur Aufbesserung
neuer Pfarreien, dann zur Unterstützung bedürftiger, emeritirter
Pfarrer und Pfarrerswittwen bestimmt sind, wogegen sich auf S. 171
in Bezug auf die von der Synode vorzunehmende Verteilung der
für diese letzten beiden Klassen von Personen bestimmten Gelder
einige Abweichungen von der früheren Ausgabe finden. Endlich
wurde auf S. 168 eine Bestimmung als antiquirt gestrichen, welche
sich auf die Besetzung gewisser Pfarreien durch den Bischof im
Vereine mit dem Stiftsamtmanne bezogen hatte, und auf S. 169
eine weitere, welche die Beaufsichtigung der nunmehr aufgehobenen
Spitäler betroffen hatte.

Völlig neu eingeschaltet ist der § 39, S. 171—174, welcher
von den Kirchspiels= und Propsteiausschüssen (sóknar=
nefndir und héraðsnefndir) handelt. Durch ein Gesetz vom
27. Februar 1880 wurde nämlich den Laien ein erheblicher An=
theil an der Verwaltung der kirchlichen Angelegenheiten eingeräumt,
und zu diesem Behufe für jedes Kirchspiel ein sóknarnefnd, dann

für jede Propstei eine heradsnefnd gebildet. Die erstere hat aus drei
Mitgliedern zu bestehen, welche je für ein Jahr von einer Ver=
sammlung der sämmtlichen Angehörigen der betreffenden Kirchspiels=
gemeinde gewählt werden, die an Kirche und Pfarrer Zahlungen
entrichten; sie hat aber den Pfarrer in Bezug auf alle seine Ob=
liegenheiten zu unterstützen, bei der Besetzung der Pfarrei ihre
Stimme abzugeben, und die finanziellen Angelegenheiten der Kirche,
sowie deren bauliche Instandhaltung zu überwachen, falls jene
Angelegenheiten überhaupt der Verwaltung der Gemeinde unter=
stehen.   Daneben kommen übrigens die Angelegenheiten der Kirche
auch noch in jener allgemeinen Kirchspielsversammlung zur Sprache,
welche alljährlich im Juni zu halten ist, und in welcher auch die
Wahl des Ausschusses erfolgt.   Dagegen besteht die heradsnefnd,
unter dem Vorsitz des Propstes, aus den sämmtlichen Priestern
der Propstei, und aus je einem, von der Gemeindeversammlung
im Juni auf ein Jahr gewählten Vertreter jedes einzelnen Kirch=
spiels; sie tritt alljährlich einmal im September zusammen, und
hat die Amtsführung der Pfarrer und der Gemeindeausschüsse zu
überwachen, die Jahresrechnungen sämmtlicher Kirchen in der Propstei
zu prüfen, Anträge über die Zustände innerhalb dieser entgegenzu=
nehmen und durch Beschlüsse zu verbescheiden, welche jedoch an
den Bischof einzusenden sind.   Insbesondere bedarf die Nieder=
legung oder Verlegung von Kirchen, sowie die Veränderung der
Grenzen von Kirchspielen oder Pfarreien der Zustimmung der
Mehrheit der Versammlung.

Vielfache Veränderungen hat ferner die Lehre von den Ein=
künften des Klerus erlitten (vgl. Bd. VII, S. 402—431).
Schon im § 40, S. 174, welcher eine Uebersicht über die Einkünfte
der Pfarrer gibt, sind die ausnahmsweisen Einkünfte ein=
zelner Pfarreien gestrichen, wie diejenigen, welche aus den Spi=
tälern und Klöstern geflossen waren, sowie der »manntalsfiskr«
auf den Vestmannaeyjar.   Durchgreifend umgestaltet ist ferner
die Lehre vom Priesterzehnt, welche im § 41, S. 175—88 vor=
getragen wird, und zwar umgestaltet auf Grund neuer gesetzlicher Be=

stimmungen. Im Wesentlichen unverändert kehren zunächst nur die Angaben über das ältere Zehntrecht wieder, wie es sich auf Grund der
beiden Christenrechte entwickelt hatte, und wurde insoweit außer einer
wenig bedeutsamen Eingangsbemerkung nur eine kurze Erörterung
der Frage gestrichen, ob der Zehnt ursprünglich als eine Ein-
kommensteuer oder als eine Vermögenssteuer aufzufassen gewesen
sei (vgl. S. 165 und 168 der älteren Ausgabe); dagegen wird
das spätere Recht, welches hauptsächlich auf dem Reglement, die
Einkünfte der Pfarrer und der Kirchen auf Island betreffend, vom
17. Juli 1782 beruht hatte, jetzt nur noch ziemlich kurz behandelt,
(vgl. S. 178—81 der zweiten Ausgabe mit S. 169—81 der ersten).
Dermalen beruht aber die Zehntentrichtung auf der Insel theils
auf einer Verordnung vom 1. April 1861 über den Zehnt von
Liegenschaften (jarðartíund), theils auf einem Gesetz vom 12. Juli 1878
über den Fahrhabezehnt (lausafjártíund), und wenn zwar die
erstere Verordnung bereits in der früheren Ausgabe Berücksichtigung
gefunden hatte, so tritt doch jetzt die Unterscheidung beider Zehnt-
gattungen viel reinlicher hervor, und ist somit die Besprechung
des Zehnts von Liegenschaften auf S. 181—84 eine viel klarere,
und die Besprechung des Fahrhabezehnts auf S. 184—188 eine
durchaus neue geworden. Bezüglich des letzteren steht nunmehr
gesetzlich fest, daß nur noch der Besitz an Vieh und an Fischerei-
gerätschaften, die Schiffe mit inbegriffen, der Verzehntung unter-
liegt. Sowohl die einzelnen Arten von Schiffen, als deren Zu-
behör dabei die übrigen Fanggeräthschaften gelten, als auch die
einzelnen Viehgattungen sind übrigens ein für allemal zu einem
bestimmten Werthe angeschlagen, so daß die eidliche Selbsteinschätz-
ung, welche jedem Hauswirthe für sich und seine sämmtlichen Hausgenossen obliegt, sich nur auf die Zahl und Beschaffenheit der in
seinem Besitz befindlichen Thiere und Schiffe bezieht. Nach wie
vor braucht aber eisernes Vieh (innstæðukúgildi) nicht besonders verzehntet zu werden, weil es als im Liegenschaftszehnt mit
verzehntet gilt, wogegen anderes Pachtvieh vom Pächter zu ver-
zehnten ist. Ein Fahrhabebesitz von weniger als einem halben

Hundert, d. h. weniger als einem halben Kuhwerthe, bleibt zehnt-
frei, und dasselbe gilt von einem Siebentel des zehntbaren Vieh-
besitzes; überdies brauchen nur neun Zehntel des geschuldeten Zehnts
wirklich entrichtet zu werden, so daß also ein Zehntel unter allen
Umständen wegfällt. Zehntbeträge, welche von einem Besitze von
unter fünf Hunderten zu entrichten ist, fallen ungetheilt an die
Armen, während größere Beträge nunmehr zu drei gleichen Theilen
an den Pfarrer, die Kirche und die Armen gehen, nachdem das
ursprünglich dem Bischof und später dem König zu entrichtende
Zehentviertel durch ein Gesetz vom 14. Dezember 1877 abgeschafft
wurde. Endlich mag noch erwähnt werden, daß die eigenthümliche
Unterstellung der Vestmannaeyjar unter das norwegische Zehntrecht statt unter das isländische, von welcher die ältere Ausgabe
S. 196 gesprochen hatte, jetzt beseitigt zu sein scheint, da die betreffende Bemerkung in der neuen Ausgabe gestrichen ist, — falls
jene Unterstellung überhaupt jemals stattgefunden hatte, und die
Eigenthümlichkeiten des früheren Zehntrechts auf der Insel
nicht ganz anders zu erklären gewesen waren (vgl. Bd. VII,
S. 408—10). Bezüglich anderer fester Einkünfte des Pfarrers,
wie Tagwerk, Lammfutter, Erträgnisse des Grundbesitzes, dann
die Einkünfte von Filialkirchen, hat sich nichts geändert; dagegen
ist ein wenig erheblicher Absatz der älteren Ausgabe, S. 204,
welcher sich auf die Art der Zahlung des Losmannszolles bezogen
hatte, in der neuen Ausgabe gestrichen. Unter den ungewissen
Einkünften des Pfarrers wird zunächst das Opfer auf S. 197—200
ganz in früherer Weise besprochen, und kann ich mich somit auf
die Bemerkung beschränken, daß die Einwendungen, welche ich
seinerzeit gegen einzelne Behauptungen des Verf. erhoben habe
(vgl. O., S. 420—21), mir nach dem Wortlaute der Verordnung
vom 27. Januar 1847, welche nunmehr in der Lovsamling for
Island. Bd. XIII, S. 582—85, gedruckt vorliegt, noch immer
begründet scheinen. Bezüglich der Accidentien (aukatekjur) ist ebenfalls keine Veränderung eingetreten, soferne die Weglassung des
Schlußsatzes der älteren Ausgabe, S. 211, welche nur das Nicht-

besprechen einiger ganz vereinzelt vorkommender Einnahmsquellen entschuldigt, keinerlei Bedeutung hat. Durchgreifender wurde dagegen der § 48, S. 204—205, umgestaltet, welcher die besonderen Vergünstigungen, deren die Pfarrer genießen, und die Lasten bespricht, welche sie zu tragen haben. Die Aufbesserungsgelder, welche schon von älterer Zeit her zu Gunsten ärmerer Pfarreien, sei es nun des ganzen Landes oder auch des früheren Bisthums Hólar vom Staate gegeben werden, sind jetzt hier eingereiht, und die Befreiung der Pfarrer von der Zahlung des Zehnts, soweit er an die Kirche und an den Pfarrer fällt, dann von der Zahlung des Lichterzolles wird besprochen wie früher, wogegen die auf S. 211 der früheren Ausgabe diesem zuerkannte Befreiung von allen Staatsabgaben nunmehr gestrichen ist. Worauf sich diese Streichung gründet, wird nicht gesagt, und muß ich dahingestellt sein lassen, ob sie sich etwa nur auf § 60 des Verfassungsgesetzes vom 5. Januar 1874 stützt, welches alle an Adel. Titel und Rang geknüpften Vorrechte aufhebt. Nach wie vor wird der Befreiung der Priester von allen Dienstleistungen gedacht, welche nicht in ihrem Amte begründet oder ihnen ausdrücklich auferlegt sind, und insbesondere ihrer Befreiung von der Baulast an Kirchen, Kirchhöfen und Dinghäusern; wenn aber auch die in einer älteren Verordnung ihnen zugestandene Befreiung von der Wegebesserungslast als noch fortbestehend bezeichnet wird, so ist doch dagegen zu bemerken, daß schon zwei Ministerialrescripte vom 29. Februar und 13. Mai 1872 (Lovsamml. Bd. XXI, S. 234 und 407) aus guten Gründen in entgegengesetztem Sinne sich aussprechen. Gestrichen ist ferner auch eine auf die Zahlung des Allbingszolles bezügliche Bestimmung, und verändert ein auf die Abgabe bezüglicher Satz, welcher von einigen besseren Pfarreien an den Staat zu entrichten ist, letzteres auf Grund eines Gesetzes vom 27. Februar 1880. Endlich ist der Anspruch der Pfarrer auf die Zulassung zum Armenrecht in ihren Processen jetzt durch ein Gesetz vom 12. Juli 1878 insoweit festgestellt, als es sich um die Führung von Processen handelt, deren Erhebung ihnen auf-

getragen ist. Im § 50, S. 211—215) werden jetzt die Vorschriften
über die Pensionen der ausgedienten Priester und der
Priesterswittwen vereinigt vorgetragen, während die frühere
Ausgabe beide Materien in zwei Paragraphe zerlegt hatte; beide
sind überdies durch ein Gesetz vom 27. Februar 1880, und ein
weiteres vom 3. October 1884 neu geregelt worden, so daß beide
in einer völlig neuen Bearbeitung auftreten. Nach dem ersteren
Gesetze ist jeder Geistliche, der ein Amt bekleidet hat, pensions=
berechtigt, wenn er dessen wegen Alters, Krankheit oder anderer
von ihm nicht verschuldeter Gründe enthoben wird, wogegen der
Geistliche seinen Pensionsanspruch verliert, wenn er sein Amt
durch eigene Schuld verwirkt; nach zurückgelegtem 70. Lebensjahre
kann aber jeder Geistliche ohne Weiteres seinen Abschied mit Pension
verlangen. Die Höhe der Pension bemißt sich dabei in der Art,
daß einerseits für jedes Jahr thatsächlicher Dienstleistung ein Be=
trag von 10 Kronen berechnet wird, andererseits aber die Pension
keinenfalls weniger als 250 Kronen (== 286 Mark) betragen darf.
Dabei werden alle Pensionen von Pfarrern, deren letztes Amt nach
der neuesten Pfarrmatrikel (brauósamat) weniger als 1200 Kronen
eintrug, voll aus der Landeskasse entrichtet, wogegen die Pensionslast
bei einträglicheren Pfarreien zunächst auf der Pfründe ruht; jedoch
darf diese nicht schwerer belastet werden als so, daß dem Nach=
folger im Amte mindestens 1200 Kronen als jährliche Einnahme
verbleiben, und ist der sich hiernach etwa berechnende Fehlbetrag
der Pension aus der Landeskasse zuzulegen. Außerdem gewährt
das Gesetz den Emeritirten noch einen vorzugsweisen Anspruch auf
die Einräumung eines der Kirche gehörigen und innerhalb der
Pfarrei gelegenen Besitzthumes, gegen Uebernahme der sämmtlichen
Lasten, wie sie ein anderer Pächter auch zu tragen hätte. Ich
übergehe eine Reihe untergeordneter Bestimmungen, und ebenso
bemerke ich bezüglich des zweiten Gesetzes nur, daß die Pension
der Pfarrerswittwen auf ein Zehntel des Betrages der Pfarr=
einkünfte gesetzt ist, doch so, daß sie keinenfalls weniger als 100 Kronen
betragen soll, und daß die Pensionslast bezüglich der Wittwen

denselben Cassen obliegt wie bezüglich der emeritirten Pfarrer
selbst, während jenen zugleich ein ähnlicher Anspruch auf ein Pacht=
gut eingeräumt ist wie diesen. Diesen wie jenen wird überdies
im Falle dringender Not aus der Landeskasse ein weiterer Zuschuß
zu ihrer Pension gewährt. — Bezüglich der besonderen Einkünfte
der Pröpste ist nur bezüglich der Sporteln für die Vornahme
einer Pfarrextradition eine Veränderung eingetreten (vgl. S. 216
mit 164); bezüglich der Einkünfte des Bischofs aber und
seiner Wittwe ist Alles ganz beim Alten geblieben.

Bezüglich des Kirchengutes endlich (vgl. Bd. VII S. 537—57)
ist zunächst daran zu erinnern, daß die Neugründung von Kirchen
jetzt auf Grund des Gesetzes vom 27. Februar 1880 einen Antrag
der Propsteiversammlung und dessen Genehmigung durch den
Bischof und den Landeshauptmann erfordert (S. 219). Unter den
Einkünften der Kirchen steht nach wie vor der Kirchenzehnt
voran, S. 227, welcher indessen nunmehr selbstverständlich nach
der neueren Zehntgesetzgebung sich zu richten hat. Außerdem besteht
der Lichterzoll und der Grabkauf in früherer Weise fort; doch ist
bezüglich des ersteren auf S. 231 und 234 der neuen Ausgabe
eine Bemerkung über eine Controverse, sowie ein weiterer, ziemlich
überflüssiger Satz gestrichen, welchen die ältere Ausgabe, S. 238—39
und 242 enthalten hatte, dafür aber auf S. 232 ein neuer Satz
eingeschoben, welcher sich auf die neuen Vorschriften über die Ver=
änderung der Grenzen von Pfarreien bezieht. Neu hinzugekommen
ist dagegen eine Häusersteuer (kirkjugjald af húsum), welche auf
S. 227 erwähnt und auf S. 236—37 des Näheren besprochen
wird. Diese Abgabe beruht auf einem Gesetz vom 19. September 1879,
und sollen nach diesem für alle Gebäude, welche nicht der Bewirth=
schaftung eines matrikelmäßig veranschlagten Landgutes dienen,
je 5 aurar von 100 Kronen Schätzungswerth, also $\frac{1}{20}$% an die
betreffende Kirche bezahlt werden, gleichviel ob diese Gebäude Privat=
oder Staatsgut seien, mit Ausnahme nur der Kirche selbst. Die
Zahlung liegt dem betreffenden Hauswirthe ob, gleichviel ob er
Eigenthümer oder Pächter des Gebäudes sei, und ist innerhalb

eines jeden Rechnungsjahres zu erlegen. Neben dieser Abgabe hat die Kirche, noch den alten „lausamannstoll“ zu beanspruchen, und außerdem spricht ihr die neuere Ausgabe S. 237 noch ganz wie die frühere einen Antheil an einem gewissen Ertrage der an Festtagen betriebenen Jagd und Fischerei zu, welcher Antheil freilich zufolge der neuen Regeln über die Vertheilung des Zehnts jetzt zu einem vollen Drittel, nicht mehr bloß zu einem Viertel der Kirche gehören soll: indessen bestehen die von mir früher (Bd. VII S. 417 und 543) gegen diese Annahme erhobenen Bedenken meines Erachtens ungeschwächt fort. Ueber die besonderen Einkünfte einzelner Kirchen spricht sich auch die neuere Ausgabe nicht aus; dagegen hat sie eine Bestimmung über die Verjährung der kirchlichen Ansprüche gestrichen, welche die frühere Ausgabe auf S. 244 enthalten hatte. Die Betheiligung der Bauern bei der Instandhaltung der Kirchen und Kirchhöfe ist noch immer in früherer Weise geregelt, nur daß die Umlegung der Last unter die einzelnen Betheiligten nach S. 238 nicht mehr wie vordem durch den Gemeindevorsteher, sondern durch die nun eingeführten Gemeindeausschüsse vorzunehmen ist. Bezüglich des Anspruches der Kirchen auf das Armenrecht endlich bei ihren Proceßführungen wird nunmehr auf das Gesetz vom 12. Juli 1878 verwiesen. — Der § 56, welcher vordem die Ueberschrift getragen hatte: „Adgreining millum ljens-og bændakirkna“ ist jetzt überschrieben: „Adgreining millum ljenskirkna, bændakirkna og safnadarkirkna“; aber wunderlicherweise ist der Text dieses ganzen Paragraphen völlig unverändert geblieben, und wird demnach auch der Gemeindekirchen in ihm mit keinem Worte gedacht. Doch ist dies insofern unschädlich, als im § 59, nachdem die Lehnskirchen und die Bauernkirchen in den beiden vorangehenden Paragraphen ganz wie früher besprochen worden waren, über diese ausführlich gehandelt wird. Der Begriff der Gemeindekirchen (safnadarkirkjur) wurde aber durch ein Gesetz vom 12. Mai 1882 neu eingeführt. Dasselbe versteht unter dieser Bezeichnung eine Kirche, deren finanzielle Ueberwachung und Verwaltung die Gemeinde selbst übernommen

hat, und bestimmt, daß eine Kirche die Eigenschaft einer Gemeinde=
kirche dadurch überkommen solle, daß ⅓ der Gemeindeangehörigen
in einer allgemeinen Gemeindeversammlung den Wunsch aussprechen,
die Verwaltung ihrer Kirche selbst zu übernehmen, daß ferner der
bisherige Verwalter der Kirche zustimmt, und daß auch die Propstei=
versammlung sowie der Bischof sich einverstanden erklären. Mit
Zustimmung der beiden letzteren kann auf Wunsch der Gemeinde
dem Pfarrer an einer Lehnkirche deren Vermögensverwaltung sogar
wider seinen Willen entzogen werden, wenn ihn die Propsteiver=
sammlung sowohl, als der Bischof, für untauglich zu deren Führung
erachten. Aber auch von dem bisherigen Verwalter des Kirchen=
gutes kann der Anstoß zu der Veränderung ausgehen, möge dieser
nun der Patronatsherr einer Bauernkirche oder der Pfarrer einer
Lehnskirche sein; dieser hat solchenfalls seinen Antrag an den
Propst zu richten, welcher sodann für die Haltung einer allgemeinen
Kirchspielsversammlung zu sorgen hat, und wenn hier ⅔ der Ge=
meindeglieder zustimmen, geht die Sache ebenfalls wieder an die
Propsteiversammlung und an den Bischof, wogegen der Antrag im
entgegengesetzten Falle sofort hinfällig wird. Soll eine Kirche hier=
nach an die Gemeinde übergehen, so hat der Propst mit zwei un=
parteiischen Männern die Abschätzung und Extradition des Kirchen=
vermögens an den Kirchspielausschuß vorzunehmen, falls dieser
nicht etwa mit seiner Zustimmung auf eine rechtsförmliche Extradition
verzichtet; die genaueren Bestimmungen über das bei dieser einzu=
haltende Verfahren können hier übergangen werden. Wenn die
Gemeinde die Ueberwachung und Verwaltung des Vermögens ihrer
Kirche übernimmt, gehen sofort alle Verpflichtungen des bisherigen
Verwalters dieser letzteren in Bezug auf ihre Beaufsichtigung, In=
standhaltung und Wiederherstellung auf die Gemeinde über, als
deren Organ dabei der Kirchspielsausschuß dient; dieser hat somit
fortan auch namens der Gemeinde die Einkünfte der Kirche zu
erheben und die Kirchengelder verzinslich anzulegen. Als Entgelt
für seine Bemühungen bezieht derselbe 6% von den Einkünften
der Kirche; dagegen fallen die sonst für die Revision der Kirchen=

rechnungen zu entrichtenden Sporteln weg. — Der § 60 endlich,
mit welchem das Buch schließt, bespricht auf S. 253—54 die
Niederlegung von Kirchen. Dabei ist klar, daß diese nunmehr zufolge des oben schon erwähnten Gesetzes vom 27. Febr. 1880,
von der Zustimmung der Mehrheit der Stimmen in der Propsteiversammlung abhängig gestellt ist, und zwar, ohne daß dabei
zwischen den verschiedenen Arten von Kirchen unterschieden würde.
Nach demselben Gesetze soll ferner im Falle der Niederlegung einer
Lehnskirche deren Kirchenportion, deren Besitz an Ornamenten
und Geräthen, sowie der aus dem Verkaufe der Kirche selbst er-
zielte Erlös an die Kirche oder Kirchen fallen, zu welchen die auf-
gelöste Kirche geschlagen wird, wogegen alle Liegenschaften, Servi-
tuten oder sonstigen Gerechtsame der aufgelösten Pfarrei derjenigen
Pfarrei zuzuwachsen haben, mit welcher jene vereinigt wird. Dagegen läßt jenes Gesetz das Vermögen einer niedergelegten Bauernkirche unberührt, und gelten demnach in Bezug auf dieses nach
wie vor die bereits in der älteren Ausgabe S. 257 vorgetragenen
Grundsätze, so daß also insoweit Bessastaðasamþykkt vom
1. Juli 1555 und der Kgl. Erlaß vom 6. März 1740 auch jetzt
noch in Geltung stehen. Von der Niederlegung von Gemeindekirchen spricht der Verf. nicht, und wird bezüglich ihrer wohl die
Analogie der Lehnskirchen maßgebend werden müssen.

Indem ich hiermit meine Besprechung schließe, fühle ich mich
noch gedrungen, meinem Bedauern darüber Ausdruck zu geben,
daß mir die neuesten Gesetze und Verordnungen für Island nicht
in der wünschenswerthen Vollständigkeit zu Gebot standen. Ein
Versuch, dieselben mir zu beschaffen, blieb bei der Schwierigkeit
der buchhändlerischen Verbindungen mit der Insel erfolglos, und
bitte ich, es diesem Umstande zuschreiben zu wollen, wenn ich mich
über manche Punkte nicht mit der wünschenswerthen Bestimmtheit
auszusprechen vermochte.

Den 16. December 1892.   K. Maurer.

Die neueste Zeit hat eine Reihe hervorragender Leistungen auf dem Gebiete der nordgermanischen Rechtsgeschichte zu Tage gefördert. Einige unter ihnen mögen hier zur Besprechung gebracht werden; alle zu besprechen, verbietet theils das geringere Interesse, welches einige von ihnen für den deutschen Juristen haben, theils die Unmöglichkeit, die eine oder andere Arbeit ohne allzu weitläufiges Eingehen auf das Einzelnste zu besprechen, und die Rücksicht auf den Raum, welcher derartigen Erörterungen in der Krit. Vierteljahresschrift gewährt werden kann. Die Nachweise, welche die neubegründete „Tidsskrift for Retsvidenskab" zu bringen begonnen hat (vgl. Bd. XXX S. 612—17 dieser Zeitschrift), machen überdies Vollständigkeit für diesen Bericht vollends unnöthig. Ich stelle aber zunächst ein paar weiter ausgreifende Schriften voran, und behandle sodann der Reihe nach die den einzelnen Ländern angehörigen Arbeiten.

1. In den „Mittheilungen des Instituts für österreichische Geschichtsforschung", II. Ergänzungsband S. 455—542, hat Julius Ficker eine Abhandlung „Ueber nähere Verwandtschaft zwischen gothisch-spanischem und norwegisch-isländischem Recht" geliefert, welche auch in einem Separatabzuge (88 S. 8°, 1887) erschienen ist, und wie man sich auch zu ihren Ergebnissen stellen möge, jedenfalls die höchste Beachtung verdient.

Durch Untersuchungen über Eheschließung im Mittelalter zum
Durchsehen einer Reihe späterer spanischer Rechtsquellen veranlaßt,
gelangte der Verf. zu der Ueberzeugung, daß in diesen noch vielfache Ueberreste altgothischen Rechtes enthalten seien, von welchen
die uns erhaltene Lex Wisigothorum nichts weiß oder mit welchen
dieselbe sogar in bestimmtem Widerspruche steht; außerdem drängte
sich ihm aber auch noch die weitere Vermuthung auf, daß zwischen
dem gothisch-spanischen und dem norwegisch-isländischen Rechte
eine nähere Verwandtschaft bestehe, wogegen das longobardische
Recht zwar ebenfalls mit den nordgermanischen Rechten zusammen-
zustellen, jedoch deren schwedisch-dänischem Zweige zunächst verwandt sei, welcher sich hinwiderum näher mit dem Rechte der
Westgermanen, insbesondere der Franken, berühre. Auch das
friesische Recht soll der ostgermanischen Hälfte zufallen, also mit
dem Rechte der skandinavischen und gothischen Stämme eine Hauptgruppe bilden; doch wird auf diesen Punkt nicht des Näheren
eingegangen, wogegen der Verf. im Uebrigen seine Aufstellungen
durch Berufung auf einige dem Eherechte und verwandtschaftlichen
Rechte angehörigen Institute, zumal den Concubinat und die Ge-
schlechtsvormundschaft, zu begründen sucht. — Es ist klar, daß
diese Ergebnisse, wenn stichhaltig, tief in die gesammte Auffassung
der germanischen Rechtsgeschichte eingreifen müssen; ihre Stichhaltigkeit aber scheint mir keineswegs über alle Zweifel erhoben,
was ich übrigens nur mit allem Vorbehalt ausgesprochen haben
will, da einem so umsichtigen Forscher gegenüber immerhin ge-
rathen erscheint, die in Aussicht gestellten weiteren Ausführungen
abzuwarten, ehe man sich zu einer endgültigen Meinungsäußerung
entschließt. Die Möglichkeit zwar, daß in späteren spanischen
Rechtsquellen wieder auf gothisches Recht zurückgegriffen worden
sein mochte, von welchem die L. Wisig. nichts wußte, gebe
ich unbedingt zu, und scheinen mir die vom Verf. beigebrachten
Belege hiefür in der That erhebliche Wahrscheinlichkeit erbracht
zu haben; nur kann ich ebensowenig als dies K. v. Amira
(Literaturblatt für germanische und romanische Philologie, 1888,

Sp. 1—4) vermochte, anzuerkennen, daß das damit für die Er-
kenntnis der altgermanischen Rechtszustände gewonnene Hilfsmittel
sich mit dem Werthe der skandinavischen Quellen auch nur annähernd zu messen vermöge. Zahl, Umfang, Sprache, und theilweise auch Feinheit der juristischen Durchbildung dürften vielmehr
immerhin diesen letzteren ein sehr beträchtliches Uebergewicht sichern.
Um so bedenklicher erscheint mir dagegen die nähere Anknüpfung
des gothischen Rechts an das skandinavische überhaupt, und an
das isländisch-norwegische insbesondere, sowie auch die nähere
Anknüpfung des longobardischen Rechts an die dänisch-schwedischen
Rechte. Von vornherein schon macht das sprachliche Moment gegen
diese letztere Annahme bedenklich, und wenn der Verf. (S. 473—74)
von dieser Seite her entnommene Einwendungen darum als un-
statthaft zurückweisen will, weil ja Völker ihre Sprachen wechseln
könnten, ohne darum doch auch ihr Recht aufzugeben, so möchte
ich doch, ohne diese Möglichkeit bestreiten zu wollen, bemerken,
daß solche Vorkommnisse jedenfalls nur seltene Ausnahmen bilden,
und somit von Fall zu Fall strengstens bewiesen werden müssen,
wenn man an deren Existenz glauben soll. Ein solcher Nachweis
scheint mir aber im gegebenen Falle nicht geliefert. Wenn im
Fuero von Daroca von 1142 der Mann, welcher seine Ehefrau
verlassen will, um mit einer anderen fortzugehen, angehalten wird,
jener und ihren Kindern sein ganzes Vermögen zurückzulassen, so
mag zwar die vom Verf. (S. 457) herangezogene gothische Inter-
pretatio zu Cod. Theod. III. 16 L. 1 und die Vergleichung von
L. Burgund. 34 § 4 sehr wahrscheinlich machen, daß dabei altgothisches Recht zu Grunde liege; daß aber diese Vorschrift mit
der in den norwegischen GþL. § 25 enthaltenen nicht das Mindeste
gemein hat, wurde bereits von Amira a. a. O. vollkommen richtig
bemerkt. Zeigt sich in den späteren spanischen Quellen, und auch
schon in L. Wisig. VI. 1 L. 3 der Kesselfang und die Eisenprobe
als Beweismittel benutzt, so mag dabei allenfalls mit dem Verf.
(S. 459 u. 493—96) an ein Zurückgreifen auf altgothisches Recht
gedacht werden, obwohl ganz ebensogut auch fremder Einfluß im

Spiele gewesen sein könnte; in keinem Falle aber darf hier an
eine Verwandtschaft mit dem nordischen Rechte gedacht werden,
da nach Island wie nach Norwegen der Kesselfang wie die Eisen=
probe erst in der christlichen Zeit hinüberkam. Nicht weiter führen
meines Erachtens auch die Erörterungen des Verf. über die
Behandlung des Concubinates und der unehelichen Vaterschaft
(S. 477—500). Der Concubinat soll bei den westgermanischen
Stämmen lediglich als ein thatsächliches Verhältnis gegolten haben,
vom Rechte nicht gehindert, so lange dabei nicht Gewalt oder
Beeinträchtigung der Rechte Dritter mit im Spiele war, aber auch
mit keinerlei Rechtswirkungen ausgestattet, und ebensowenig soll
hier ursprünglich die uneheliche Vaterschaft irgend welche rechtliche
Wirkung geäußert haben; dagegen sollen die ostgermanischen Völker
sowohl dem Concubinate Rechtswirkungen zugestanden haben, als
auch der unehelichen Verwandtschaft, falls nur die Vaterschaft
gehörig festgestellt gewesen sei. Auch in diesem Falle ist mir
wieder keineswegs unwahrscheinlich, daß die vom Verf. auf Grund
späterer spanischer Rechtsquellen geschilderte „barragania" gothi=
schen Ursprunges sei, obwohl allerdings auffällt, daß deren Be=
zeichnung, von barragan d. h. Gefährte, dann Junggeselle abgeleitet,
möge sie nun aus dem Arabischen oder aus dem Baskischen stammen,
jedenfalls nicht germanischer Abkunft ist, und der die Concubine
sonst noch bezeichnende Ausdruck „manceba" auf das lateinische
mancipium zurückweist. Da nach dem Conc. Tolet. a. 400, c. 17,
auf welches schon Wilda, Strafr. S. 807 hingewiesen hat, die
Kirche in Spanien den unverheiratheten Männern das Leben mit
einer Concubine insolange gestattete, als sie sich mit einer einzigen
solchen begnügten, mag der Concubinat immerhin schon zur Zeit
der Gothenkönige, wenn nicht sogar noch früher, daselbst als
Rechtsinstitut gegolten haben. Ebenso dürfte sich für die skandi=
navischen Rechte das Bestehen eines rechtlich ausgeprägten Con=
cubinates wahrscheinlich machen lassen. Eine Stelle des älteren
norwegischen Stadtrechts (Bjark. R. III, 129) und eine von ihr
wenig abweichende Vorschrift des sog. Christenrechts K. Sverrirs, 69

zeigen demselben einen gewissen Rechtsschutz gewährt, und beide
Satzungen scheinen in einer uns verlorenen Redaction des Drontheimer Landrechts ihre gemeinsame Quelle zu finden. Wenn ferner
Hels L. Manh. B. 7 pr. der „amia" eines Mannes, welche von
Jemanden als „skökia", d. h. meretrix bezeichnet wird, dafür
eine Buße zuerkennt, die freilich geringer ist als die der Ehefrau
im gleichen Falle zugebilligte, so deutet auch dies auf einen gewissen
dem Concubinat zukommenden Rechtsschutz, und wenn man sich
an die Bedeutung der „Nöglepige" im späteren dänischen und
norwegischen Leben erinnert (vgl. Joh. Fritzner in den Forhandlinger i Videnskabs-Selskabet i Christiania, 1880, nr. 16 S. 16
bis 17), wird man nicht abgeneigt sein, auch den höheren Rechts=
schutz hierher zu beziehen, welchen WGL. II. GiptæB. 11 und
II. Addit. 12 § 2 der Unfreien gewährt, wenn sie „bær niclæ
bondæns", obwohl hier allerdings die Vergleichung der GþL. 198
die Sache zweifelhaft machen kann. Aber diese dürftigen Anhalts=
punkte genügen doch nicht, um die Schlüsse des Verf. zu tragen.
Einerseits kennt schon Cæsar, bell. Gall. I, 53 die beiden Weiber
K. Ariovist's, und auch Tacitus, Germ. 18 berichtet, daß zwar
die Monogamie bei den Germanen die Regel bildete, aber die
Polygamie rechtlich keineswegs ausgeschlossen war; in der späteren
christlichen Zeit sehen wir den Concubinat allerwärts, und zumal
auch in den fränkischen Königshäusern in häufigstem Gebrauche,
was doch Alles auf dessen allgemeine Verbreitung bei den alten
Westgermanen schließen läßt. Andrerseits zeigen auch die skandinavischen Rechtsquellen nur ganz vereinzelte, halbverloschene Spuren
einer rechtlichen Anerkennung des Concubinates. Aus den uns
erhaltenen Texten der FrþL. sind die oben angeführten Sätze
bereits verschwunden, und wenn nach den GþL. 125 und BþL.
II, 10 der Concubinat nach Ablauf einer gewissen Zeitfrist als
eine rechte Ehe angesehen werden soll, so handelt es sich dabei
nicht so fast um eine Begründung dieser letzteren durch Ersitzung,
als um eine bloße Beweispräsumption (vgl. meine Bemerkungen
in Bd. X S. 398—400 dieser Zeitschrift, sowie E. Hertzberg,

Grundtrækkeno S. 11—12); daß es aber mit der analogen Bestimmung des Jydske Lov I, 27 nicht anders stand, zeigt deren
Bezeichnung als gesetzliche Präsumption durch Bischof Knut (vgl.
Stemann, Den danske Retshistorie S. 323 Anm). Hiernach
liegt denn doch die Annahme nahe genug, daß es nicht eine ur-
anfängliche Verschiedenheit der Stammrechte war, welche die verschiedene Behandlung des Concubinates in den verschiedenen Rechtsaufzeichnungen begründete, sondern nur eine nach Zeit, Art und
Grad verschiedenartige Einwirkung der Kirche auf das ursprünglich allerwärts gleichmäßig geartete Institut. In gleicher Weise
sehen wir im Norden aber auch den Unterschied sich frühzeitig
verlieren, welcher ursprünglich zwischen der rechtlichen Behandlung
der Concubinenkinder und anderer unächter Kinder, zumal den
von einer unfreien Mutter geborenen, gemacht worden war, so
daß die Begriffe „frilluson" und „laungetinn" oder „óskilgetinn"
identisch werden, und höchstens etwa noch, aus leicht begreiflichen
Gründen, bezüglich des Beweises der Vaterschaft für die ersteren
noch etwas Besonderes gilt; auch die verschiedene Behandlung der
unächten Geburt in den verschiedenen Stammrechten dürfte somit
mehr mit zeitlichen Verschiedenheiten der Entwicklung, als mit ur-
alten Stammverschiedenheiten zusammenhängen. — Ganz ebensowenig beweiskräftig scheint mir aber auch, was der Verf. (S. 500
bis 535) über die verschiedene Gestaltung der Geschlechtsvormund-
schaft bei den verschiedenen germanischen Stämmen ausführt. Bekanntlich zeigt diese sich im longobardischen sowohl als im älteren
schwedischen Rechte ziemlich folgerichtig durchgeführt, und zwar
mit besonderer, wenn nicht ausschließlicher Betonung des Rechtes
der Vatermagen gegenüber den Muttermagen; dagegen sucht der
Verf. darzuthun, daß, abweichend von der herrschenden Ansicht,
zunächst dem fränkischen Rechte von Anfang an eine ähnliche Gestaltung fremd gewesen sei. Das Recht der Mutter habe hier
neben dem des Vaters gestanden, und auch bei der eventuell der
Sippe zustehenden Gesammtvormundschaft habe kein Vorrecht der
väterlichen Verwandtschaft vor der mütterlichen gegolten, so daß

13*

also hier die elterliche Gewalt den Ausgangspunkt für das ganze
Institut bilde, nicht wie dort die väterliche; andrerseits soll bei
den Franken auch passiv insoferne von einer eigentlichen Geschlechts-
vormundschaft keine Rede gewesen sein, als die Tochter bezüglich
ihrer Bevormundung überhaupt und ihrer Verehelichung insbesondere nicht anders behandelt worden sei als der Sohn auch,
wie denn auch Wittwen oder elternlose, aber der Altersvormund-
schaft entwachsene Jungfrauen nicht einmal vor Gericht der Vertretung durch einen Mann bedurft hätten, und überdies Weiber
ebensowohl als Männer zur Führung von Altersvormundschaften
berufen worden seien. Aber auch bei den meisten übrigen germanischen Stämmen sollen sich ähnliche Gestaltungen zeigen, wie
bei den Franken, wenn auch diese anderen Stämme in dieser Beziehung eine Art Mittelstellung zwischen den Franken und den
Longobarden und Schweden einnehmen; insbesondere soll dies
auch von den Westgothen und Burgundern gelten, und soll die
Vergleichung des norwegisch-isländischen Rechts zeigen, daß es
sich dabei nicht etwa um einen Einfluß römischer Rechtsgrundsätze
auf die älteren einheimischen Einrichtungen handle. Dem gegenüber erhebt sich aber auch wieder die doppelte Frage, ob die Gestaltung des Weiberrechts, wie sie der Verf. für jeden einzelnen
Stamm annimmt, wirklich quellenmäßig begründet sei, und ob die
Schlüsse zutreffend seien, welche aus derselben gezogen werden
wollen. In der ersteren Richtung macht allerdings die Dürftigkeit
der für die ältere Zeit zu Gebot stehenden Nachrichten das Gewinnen völlig gesicherter Ergebnisse schwierig; indessen möchte ich
doch nicht nur den Einspruch für begründet halten, welchen
v. Amira bereits bezüglich des fränkischen Rechts erhoben hat,
sondern auch dafür halten, daß eine eingehende Würdigung des
norwegisch-isländischen Rechts sehr bestimmt darauf hinweise, daß
dieses ursprünglich von einer ganz ebenso beschränkten Stellung
der Weiber ausgegangen sei, wie sie im älteren schwedischen Rechte
vorliegt, und daß somit nur die freiere Gestaltung ihrer Behandlung dort ungleich rascher und ausgiebiger sich vollzogen habe

als hier. Für höchst bedenklich halte ich aber, wenn der Verf. glaubt in den uns vorliegenden germanischen Rechten noch Sätze aufweisen zu können, deren Entstehung der Zeit des Mutterrechts oder doch einer Zwischenstufe zwischen diesem und dem Rechte der vollwichtigen Ehe angehören; meines Erachtens gehören vielmehr schon die ältesten uns erhaltenen Nachrichten über das Rechts- leben der Germanen einer vergleichsweise viel zu hohen Cultur- stufe derselben an, als daß an Ueberreste so primitiver Gestaltungen noch gedacht werden dürfte. Ich wiederhole übrigens, daß ich diese meine Bedenken nur mit allem Vorbehalte ausgesprochen haben will, und daß ich insbesondere keineswegs verkenne, daß sprachliche Gründe sowohl als einzelne Angaben älterer Geschichts- quellen und einzelne Ortsnamen für einen engeren Zusammen- hang der gothischen Stämme mit den nordgermanischen sich geltend machen lassen; den weiteren Ausführungen des hochverdienten Verf. sehe ich demnach mit Spannung entgegen, und mit dem redlichen Willen mich von ihm belehren zu lassen.

2. Unter dem Titel „Abhandlungen zur germanischen, insbesondere nordischen Rechtsgeschichte“ (Berlin und Leipzig, J. Guttentag, 1888; IV u. 215 S. 8°) hat Professor Karl Lehmann in Rostock drei Abhandlungen veröffentlicht, welche theils nur, theils wenigstens vorwiegend der Rechtsgeschichte des germanischen Nordens angehören, und somit hier ihre Stelle zu finden haben. Die erste und umfangreichste von ihnen behandelt „die Gastung der germanischen Könige“ (S. 1—96), und zwar das gesammte germanische Recht ins Auge fassend; indessen liegt der Schwerpunkt der Arbeit doch auf der Erörterung der nordischen Zustände, und nur auf diesen Theil derselben soll denn auch hier eingegangen werden. Der Verf. betrachtet aber die Ver- pflichtung der Bauern, für die Bewirthung ihrer Herrscher ge- legentlich ihrer Rundreisen im Lande zu sorgen, als eine all- gemeine Unterthanenlast, und will dieselbe von jener anderen Gastungspflicht genau unterschieden wissen, welche den Besitzern von Krongut auf Grund ihrer Belehnung mit solchem obliegt;

indem er die Ansprüche der Bischöfe auf Gastung zur Vergleichung
heranzieht, meint der Verf. die Kirchweihgastung des Bischofs jener
ersteren, dessen Visitationsprocuration dagegen dieser letzteren Art
der Belastung gleichstellen zu dürfen. Dabei soll jene allgemeine
Gastungspflicht der Unterthanen in Bezug auf Zeit, Art und
Maß der Gastung von Anfang an rechtlich fest begrenzt gewesen
sein, wogegen sowohl die Erstreckung des Anspruches auf die
Beamten des Königs als auch die Verwandlung der Gastung in
eine Abgabe, welche dann allenfalls auch ohne persönlichen Besuch
des Ortes der Leistung erhoben werden konnte, erst in der späteren
Zeit aufgekommen sein soll. Mit sorgsamen Fleiß hat der Verf.
aus den Rechtsquellen nicht nur, sondern auch aus den Geschichts=
werken und aus den Urkunden die Materialien zusammengetragen,
auf welche er seine Darstellung stützt; er hat dieselben überdies
mit gesunder Kritik verarbeitet, und damit auf einem bisher noch
wenig behandelten Gebiete festen Fuß gefaßt. Auf einzelnen
Punkten ließe sich indessen vielleicht doch seine Auffassung des
Ganges der Dinge einigermaßen modificiren, oder auch über die=
selbe hinausgehen, und ich will versuchen, in dieser Richtung
einige Andeutungen zu geben, ohne freilich eine erschöpfende quellen=
mäßige Begründung hier bieten zu können. — Für Norwegen zu=
nächst lassen die Rechtsquellen nur erkennen, daß des Königs
Vögte (ármenn) für dessen Bewirthung zu sorgen hatten (GþL.
§ 3 und 170), wogegen die Auflegung allgemeiner Gastungen des
Königs Beamten schon durch K. Hákon Hákonarson verboten wurde,
welches Verbot dann, ausdrücklich auch auf den König selbst er=
streckt, in das allgemeine Landrecht des K. Magnús überging
(Landslög, Landv. b. § 1 und Kèttarb. § 1 nr. 6). Nicht viel
Bestimmteres scheinen auch die Geschichtsquellen zu ergeben. Der
Verf. hat allerdings eine stattliche Reihe von Zeugnissen über das
Vorkommen der Gastung aus diesen zusammengestellt; aber die
meisten von ihnen sprechen nur ganz allgemein von dem Bezuge
der Gastung, ohne anzugeben, wer dieselbe gewährte, oder sie
besprechen nur die Gastung, welche der König auf seinen eigenen

Höfen einnahm, oder allenfalls auch noch die andere, welche Landherrn und [größere Bauern ihm gewährten, wobei jedoch ungesagt bleibt, wie weit diese hiezu verpflichtet waren oder aber die Leistung freiwillig anboten. Ausdrücklich bezeugt ist also insoweit auch durch die Geschichtsquellen nur, was wir aus den Rechtsquellen ohnehin schon wissen, daß die Königshöfe dazu benutzt wurden, um den Königen bei ihren Rundreisen im Reiche als Quartiere zu dienen, und daß es die Vögte des Königs, welche diese Höfe bewirthschafteten, waren, welche dabei für die „veizlur" zu sorgen hatten, deren der König bedurfte. Etwas weiter führen indessen einzelne Ueberlieferungen, welche darauf hindeuten, daß wenigstens die Dienstleute des Königs und alle diejenigen, welche Krongut von demselben zu abhängigem Besitze erhalten hatten, dem König Gastung zu leisten hatten. Aus der Bezeichnung solcher Krongüter als „veizlujardir" oder „veizlur", wie solche auch in den Rechtsbüchern wiederholt vorkommt, dürfte kein sicherer Schluß zu ziehen sein, da ja wie das Gastmahl, welches Einer dem Anderen gibt (die veizla in diesem Sinne), so auch das vom Könige gegebene Land (das „munus regium" also) von dem „veita" d. h. geben benannt sein konnte, und damit die Herleitung des Namens der veizlujörd von einer auf ihr ruhenden Gastungslast keineswegs nöthig ist. Auch den Umstand, daß die nur zu sehr precärem Besitzrechte verliehene veizlujörd immerhin sich noch die Eigenschaft als Krongut bewahrte, halte ich nicht für schlechthin ausschlaggebend; dagegen scheinen mir zwei Berichte über einzelne Vorkommnisse allerdings maßgebend. Das eine Mal wird erzählt (FMS. VI. S. 95—96; Morkinsk. S. 23; Flbk. III. S. 312), wie K. Magnús góði bei þorkell dyrðill. einem Verwandten des königlichen Hauses und seinem Syffelmanne, sich unversehends einfindet, um seine Gastung einzunehmen; da der König es darauf abgesehen hat, daß ein „veizlufall" eintrete, d. h. der Mann, weil unvorbereitet, die Gastung nicht gehörig leisten könne, ist klar, daß in diesem Falle die Leistung keine freiwillige sein konnte, sondern auf einer Rechtspflicht beruhen mußte, oder daß wenigstens der König dieselbe als eine ihm von Rechtswegen geschuldete betrachtete. Sodann aber findet sich in dem kleinen Stücke, welches die Flateyjarbók unter der Ueberschrift „Upphaf ríkis Haralds hárfagra" bringt (I, § 461 S. 570), die Bemerkung: „þat sylgde rett jalla, at þeir skylldu gera Haralldi konungi veitzslu arliga ok allri hird hans", und ist damit wenigstens der obersten Klasse der königlichen Dienstleute gegenüber ausgesprochen, daß sie dem König mit seinem ganzen Dienstgefolge zur Gastung verpflichtet sind. Weiterhin folgt dann eine Erzählung über einen Conflict, in welchen der Jarl Atli hinn mjófi mit des Königs Leuten gerieth, welche in der Fagrskinna § 10—11 ganz ähnlich wiederkehrt. Nach ihr sandte K. Harald, wenn er selbst verhindert war seine veizlur beim Jarle einzunehmen, seine Dienstleute zu 'solchem Behufe ab; diese aber luden dazu ganze Schaaren ihrer Angehörigen ein, und trieben auch sonst mancherlei Unfug, so daß der Jarl, nachdem es 3 Jahre lang so gegangen war, im vierten Jahre die Leute wegjagte, und „bad konúng taka sjálfan veizlu sína eda veizlufè" (veizlugjöld). Da die ganze Stelle in der Heimskringla, Haralds s. hárfagra, cap. 6, S. 51—52 sammt den ihr folgenden Quellen fehlt, mag man ja allenfalls mit G. Storm, Snorre Sturlassöns Historieskrivning S. 75 annehmen, daß der Bericht der Flbk. lediglich aus der Heimskr. und Fagrsk. compilirt sei, und daß die auch in der letzteren fehlenden Eingangsworte lediglich als ein nicht beweiskräftiger Zusatz des Compilators zu betrachten seien; immerhin aber würde schon aus dem unangreifbaren Zeugnisse der Fagrsk. sich ergeben, daß den Jarlen eine Gastungspflicht dem Könige gegenüber oblag, daß dieser die Gastung alljährlich einnehmen konnte, und daß er in den Jahren eine Geldentschädigung beanspruchen mochte, in welchen er sie in natura 'zu beziehen verhindert war. Aber allerdings läßt sich nicht mit Bestimmtheit annehmen, daß die jährliche Wiederkehr der Gastung und deren eventuelle Ablösbarkeit schon in der Zeit des K. Haraldr hárfagri festgestellt gewesen sei, da die Quellen des 13. Jahrhunderts oft genug Einrichtungen ihrer oder der nächst-

vorhergehenden Zeit in weit frühere Zeiten zurücktragen, und über=
dies ist nicht zu übersehen, daß sowohl die Zahl der mitzubringenden
Begleiter als die Frage, ob der König bei eigener Verhinderung
die Gastung auch durch seine Dienstleute einnehmen lassen durfte
oder nicht, nach den obigen Angaben selbst als bestritten galt.
Endlich stehen auch noch einzelne Angaben zu Gebote, aus welchen
man darauf schließen kann, daß den Unterthanen als solchen eine
gewisse Verpflichtung oblag, an der Leistung der Gastung sich zu
betheiligen. In der Heimskr. Ólafs s. ens helga, cap. 72 S. 280
wird erzählt, daß der heilige Olaf nach der Sitte der früheren
Könige in den Hochlanden jedes dritte Jahr die Gastung ein=
genommen habe, und ebenda cap. 172 S. 432 wird von demselben
Könige berichtet, daß er einmal auf einer Rundreise durch dieselbe
Landschaft von seinen Landherren und größeren Bauern zu Gast
geladen worden sei, weil die nach Gesetz und Gewohnheit her=
gebrachte Zeit für die Einnahme der Gastung noch nicht abge=
laufen war, und er somit ohne solche Beihilfe auf eigene Kosten
hätte zehren müssen.   Daß in den Hochlanden wenigstens eine
gewisse Verpflichtung zur Gastung den Bauern oblag, wird sich
aus diesen Angaben wohl schließen lassen, und ebenso daß diese
in jedem dritten Jahre zu erfüllen war; aber den letzteren Satz
wenigstens möchte ich nicht wagen ohne Weiteres zu generalisiren,
denn die Hochlande waren damals längere Zeit unter schwedischer
Oberhoheit gestanden (vgl. Oddr. cap. 48 in den FMS. X. S. 318
und Historia Norwegiæ in Storm, Monumenta S. 111), so daß
auf sie möglicherweise schwedischer Brauch eingewirkt haben konnte,
falls man nicht etwa gar die Einrichtung mit der von K. Harald
beliebten Dreitheilung der Einkünfte unter Oberkönig, Unterkönig
und Jarl in Verbindung bringen will (vgl. Heimskr. Haralds s.
ens hárfagra, cap. 6 S. 52 und cap. 35 S. 74), und wenn der
Verf. die Angabe der Laxdæla, cap. 12 S. 28 hierher beziehen
will, nach welcher der König nach gesetzlicher Vorschrift, alle
3 Jahre die Brenneyjar zu besuchen hatte, um hier mit den Nach=
barkönigen die internationalen Streitsachen auf friedlichem Wege

zu erledigen, so ist dagegen zu bemerken, daß diese Aufgabe mit
dem Einnehmen von veizlur gar nichts zu thun hat. Weiterhin
ist auch richtig, daß der heilige Olaf 60 hirðmenn um sich zu
haben pflegte, und daß die Bauern, als K. Olafr kyrri diese Zahl
verdoppelte, darüber klagten, und den König zur Rede stellten
„fyrir hví hann hefði meira lið en lög váru til eða fyrri konúngar
höfðu haft; þá er hann fór á veizlur, þar sem bœndr gerðu fyrir
honum" (Heimskr. Ólafs s. helga, cap. 55 S. 258, und Ólafs
s. kyrra. cap. 4 S. 630); man wird hieraus immerhin schließen
können, daß den Bauern als solchen, und zwar im ganzen Reiche,
eine Gastungspflicht oblag, dagegen will mir nicht gerechtfertigt
scheinen, wenn der Verf. S. 23 aus diesen Stellen den Schluß
ziehen will, daß die Zahl der Begleiter, mit welchen der König
die Gastung eingenommen hatte, auf 60 begrenzt gewesen sei.
Allerdings ist richtig, daß der „hirðmenn" Anfangs 60 waren;
aber neben ihnen standen noch je 30 „gestir" und „húskarlar",
und überdies wird nirgends gesagt, daß der König bei seinen
Rundreisen einerseits sein ganzes Gefolge, und andrerseits nur
dieses mit sich zu bringen pflegte. Ebensowenig ist darauf zu
geben, daß K. Haraldr hárfagri zu den veizlur 60 hirðmenn mitzubringen pflegte (Fagrsk. § 11 S. 6), denn dabei wird ausdrücklich hervorgehoben, daß dabei nicht alle Anwesende mitgezählt
seien, oder daß bei zwei Gastmählern, welche die Könige Magnús
góði und Haraldr harðrádi einander gaben, jeder von beiden
60 Begleiter mitbrachte (Morkinsk. S. 20), denn derartige Ein-
ladungen haben mit der Gastungspflicht der Bauern gar nichts
zu thun. Nur soviel dürfte sich vielmehr aus jener Beschwerde
über K. Olaf kyrri schließen lassen, daß sich gewohnheitsmäßig
ein gewisses Maß der Begleitung festgestellt hatte, welches die
Könige zu den Gastungen mitzubringen pflegten, und daß die
Bauern nicht ohne Grund befürchteten, die Vermehrung des königlichen Dienstgefolges möchte etwa zu einer Erschwerung ihrer
Gastungslust führen. Ebensowenig darf man daraus, daß die Leute
in den Hochlanden, als der heilige Olaf sie mit 300 kampffähigen

Männern heimsuchte, darüber klagten, daß er mit einem Heer komme, „en ekki með því fjölmenni, er lög váru til" (Heimskr. Ólafs s. ens helga, cap. 73 S. 281), sofort auf eine bestimmte, ziffermäßige Begrenzung der Begleiterzahl schließen, da ja damit recht wohl nur ein erhebliches Uebermaß der Anforderung dem bisher Ueblichen gegenüber bezeichnet sein mag, ohne jeden Gedanken an eine gesetzlich feststehende ziffermäßige Grenze. Ueberdies ist an und für sich schon wenig wahrscheinlich, daß gegenüber der Mannigfaltigkeit der Anlässe, welche Reisen des Regenten nothwendig machen konnten, von Anfang an die Gastung in Bezug auf die Zeit ihrer Einnahme wie in Bezug auf die Zahl der mitzubringenden Begleiter fest begrenzt gewesen sein sollte; einen weiteren Verdachtsgrund bietet aber in gleicher Richtung die Vergleichung des isländischen Rechtes, von welchem wir doch wissen, daß es sich erst zu Anfang des 10. Jahrhunderts vom norwegischen abgezweigt hat. Die isländischen Rechtsquellen erwähnen zwar des Anspruches auf Beherbergung und Stellung der nöthigen Pferde, welcher dem Bischofe bei seinen Visitationsreisen den Bauern seiner Diöcese gegenüber zustand; dabei wird aber der Gastungspflicht der letzteren weder in Bezug auf die Zahl der Begleiter noch in Bezug auf die Zeit der Reise irgendwelche Grenze gezogen, indem die Vorschrift, daß der Bischof von Hólar jedes Jahr, der Bischof von Skálholt aber je binnen dreier Jahre seinen ganzen Sprengel zu visitiren habe, nur dem Bischof, aber nicht den Bauern eine Schranke ·setzt. Bezüglich der Goden hinwiederum enthalten die Rechtsquellen gar keine derartige Bestimmung, und wenn die Geschichtsquellen zwar erkennen lassen, daß auch sie gelegentlich ihrer Rundreisen bei ihren Dingleuten Quartier zu nehmen pflegten, so ist aus ihnen doch weder zu erkennen, ob diesen irgendwelche Rechtspflicht in solcher Richtung oblag, noch auch ob deren allenfallsige Verpflichtung nach irgendwelcher Seite hin bestimmt begrenzt war; die Ljósvetninga s. cap. 6 und 7, welche sich allein etwas genauer über diese Verhältnisse ausspricht, zeigt zwar, daß eine allzugroße Zahl von Begleitern und ein allzulanges Ver-

weilen auf einem und demselben Hofe zumal in futterarmen Jahren
als ein schwerer Mißbrauch empfunden und übel vermerkt wurde,
läßt aber schlechterdings nicht auf das Bestehen einer festen gesetzlichen Grenze nach der einen oder anderen Richtung hin schließen.
Dagegen kennen die Rechtsquellen die Bestimmung, daß jeder
Bauer verpflichtet sei, die Leute, welche mit einem Täufling zur
Kirche, oder mit einer Braut oder einem Bräutigam zur Hochzeit
reisen, ferner Schiffer, welche zu ihrem Schiff, oder Dingleute,
welche zum Ding oder vom Ding fahren, endlich Leute, welche
behufs der Vornahme von Labungen u. dgl. unterwegs sind, zu
beherbergen und zu verköstigen (Kgsbk. § 1 S. 4, § 8 S. 24 und
§ 10 S. 27; Stadarbb. § 1 S. 2, § 19 S. 29, § 20 S. 31,
§ 21 S. 31 und § 25 S. 35 u. f. w.), doch so, daß zwar jeder
Bauer Dach und Fach, aber nur der dingsteuerpflichtige auch Kost
und Heu umsonst zu liefern hat, wogegen der Aermere für diese
letztere Leistung Bezahlung fordern darf; die Zahl der Aufzu-
nehmenden ist dabei aber gesetzlich bestimmt. Aus der Grettla,
cap. 16 S. 29 ist indessen zu ersehen, daß die Dingleute noch zu
Anfang des 11. Jahrhunderts sich selbst zu verköstigen hatten, und
somit ihre Nahrungsmittel bei sich zu führen pflegten; der Aus-
zug aus der Vigastyrs s. cap. 6 S. 289 zeigt überdies, daß sogar
ein Gode damals in die Lage kommen konnte, sich die Aufnahme
bei einem einzelnen Bauern durch besonderen Vertrag ausbedingen
zu müssen. Von hier aus ergibt sich mir folgende Vermuthung
über den Entwicklungsgang der Gastungspflicht im Norden. Wo
immer nicht anderweitig für die Bequemlichkeit der Reisenden gesorgt ist, sehen sich diese nothgedrungen auf die Gastfreundschaft
der Eingesessenen angewiesen, welche zu verweigern einem an-
ständigen Manne gegenüber geradezu als Beleidigung gilt, und
zwar in erhöhtem Maße dann, wenn der um Aufnahme Nach-
suchende solche von Leuten begehrt, welche zu ihm in einem Verhältnisse der Abhängigkeit oder Unterordnung stehen. Es begreift
sich, daß unter solchen Umständen der Anspruch auf die herkömmliche Beförderung, Beherbergung und Bewirthung leicht den Cha-

rakter eines Rechtsanspruches annehmen konnte, zumal dann, wenn
entweder die Reise eine aus zwingenden Gründen unternommene,
nicht eine bloße Vergnügungsreise war, und wenn der Reisende
dem Quartiergeber als der Vornehmere oder Uebergeordnete gegen=
überstand; nicht minder begreift sich aber auch, daß jener An=
spruch noch auf lange hinaus sowohl seiner Existenz als seinem
Umfange nach eine gewisse Unfertigkeit zeigen und zu verschiedenen
Zeiten und an verschiedenen Orten eine sehr verschiedene Aus=
prägung erlangen konnte. In der älteren Zeit, in welcher alle
Regierungsgewalt durch deren Träger persönlich ausgeübt werden
mußte, war dieser nun selbstverständlich schon durch das öffentliche
Interesse selbst zu beständigem Herumreisen in seinem Gebiete ge=
nöthigt, und in einer Zeit der reinsten Naturalwirthschaft und
zugleich sehr wenig entwickelter Verkehrsverhältnisse mußten sich
die Häuptlinge überdies auch aus wirthschaftlichen Gründen zu
fortwährendem Herumziehen veranlaßt sehen, um den Ertrag ihrer
zerstreuten Besitzungen je an Ort und Stelle verzehren zu können.
Natürlich wurden bei den hierdurch bedingten Rundreisen zunächst
die eigenen Güter des Häuptlings in Anspruch genommen, soweit
es galt, für Beherbergung, Bewirthung oder Stellung von Pferden
zur Weiterbeförderung zu sorgen; soweit aber dieses Auskunfts=
mittel nicht reichte, mußte anderweitig Rath geschafft werden, und
griff man dabei zunächst auf die Beamten und Dienstleute, dann
auf die Schutzleute und Hintersassen des Herrschers, eventuell aber
auch auf das gesammte übrige Volk und dessen allgemeine Unter=
thanenpflicht zurück. Bezüglich der Leistungen dieser letzteren Art
mochte nun zunächst recht sehr zweifelhaft sein, wie weit sie auf
rechtlicher Verpflichtung, oder nur auf dem guten Willen der
Leistenden beruhten, und mochte die Gastung Seitens des Königs
als eine von allen Unterthanen geschuldete beansprucht werden,
während diese letzteren doch nur eine freiwillige Leistung in der=
selben sehen wollten, wie etwa Ásgrím Úlfsson dem K. Haraldr
hárfagri zwar Geschenke darbringen, aber keine Schatzung zahlen
mochte (Landnáma, V. cap. 6 S. 292—93). Allmählich erst

wurde durch die Gewohnheit die rechtliche Erzwingbarkeit der
Leistung festgestellt, und theils dieser Umstand, theils aber auch
der Uebergang zu einer minder persönlichen Regierungsweise und
die allmählige Ersetzung der früheren Naturalwirthschaft durch
eine annähernde Geldwirthschaft mußte zur Fixirung der Gastungspflicht, und weiterhin auch wohl zu einer Verwandlung derselben
in eine Abgabe führen, ganz wie sich in Norwegen dieselbe Veränderung auch bezüglich des leiðangr, d. h. der Heerlast, vollzog.
Es begreift sich von hier aus, daß die Gastungspflicht in den
Rechtsbüchern gar nicht, und in den Geschichtsquellen immer nur
in sehr unbestimmter Weise besprochen wird; recht bezeichnend ist
aber, daß nicht nur in Schweden dieselbe Verordnung von Alsnö,
in welcher K. Magnus Laðulás den Großen seines Reiches die
widerrechtliche Forderung der Gastung verbot, sich bemüssigt sah,
zugleich auch für die Beherbergung und Bewirthung der Reisenden
um billiges Entgelt zu sorgen, sondern daß auch K. Eirikr
Magnússon und Hákon Magnússon in letzterer Richtung sich für
Norwegen bemühten, und daß der letztere nach seiner Thron-
besteigung die betreffende Verordnung nochmals zu erneuern für gut
fand (Norges gamle Love, III, S. 136—37, und IV, S. 357—59).
Im Uebrigen glaube ich aber noch besonders hervorheben zu sollen,
daß die fleißigen Ausführungen des Verf. über das Gastungsrecht
der Bischöfe in den verschiedenen nordischen Staaten auch für die
Geschichte des Kirchenrechts ein sehr erhebliches Interesse bieten.

Die zweite Abhandlung bespricht „die altschwedischen
Festiger" (S. 97—173), und hält sich somit ausschließlich auf
dem Boden des schwedischen Rechts. Sie ist der Hauptsache nach
gegen die Darstellung des Institutes gerichtet, welche von Amira
in seinem Nordgermanischen Obligationenrechte I, S. 269—81
gibt, und will zumal die Auffassung der „fastar" als Vertreter
der Dingversammlung nicht gelten lassen. Dabei scheint indessen
doch Amira's Meinung nicht ganz richtig verstanden zu sein.
Derselbe sagt S. 276 „daß die fastar Mitglieder der Thingversammlung oder doch einer solchen Versammlung sein müssen, welche

zum Ersatz der Thingversammlung dienen kann", und gibt damit
zu erkennen, daß er hier, wie dies sonst so oft vorkommt, den
Dingversammlungen andere Versammlungen von Leuten gleichgestellt wissen will, vor denen die betreffenden Handlungen mit
derselben Wirkung sollten vorgenommen werden können wie vor
jenen. Es wird dabei an Versammlungen zu denken sein, wie sie
die norwegischen Rechtsquellen als „fjöldi manna" bezeichnen,
und zu welchen sie die Kirchversammlungen, die Gildezusammen-
künfte und die Mannschaft eines größeren Schiffes zählen, oder
wie sie das isländische Recht unter der Bezeichnung „búar", d. h.
Nachbarn, kennt. Zumal bei den letzteren zeigt sich sehr deutlich
die, freilich begrenzte, Gleichwerthigkeit der Nachbarn mit der Dingversammlung, sofern die Beiziehung der ersteren nicht selten nur
für den Fall als genügend, oder doch provisorisch genügend er-
achtet wird, da eine Dingversammlung nicht rechtzeitig angegangen
werden kann. Hier wie dort haben aber die beigezogenen Personen
nicht etwa bloß zu Zwecken der Beweisführung zu dienen, und
auch nicht bloß dem betreffenden Vorgange größere Offenkundigkeit
zu sichern, sondern unter Umständen auch selbständig in denselben
einzugreifen, nicht etwa weil sie selber an demselben betheiligt
waren, denn es ist etwas rein Zufälliges, wenn hin und wieder
einspruchsberechtigte Verwandte des Veräußerers u. dgl. unter ihnen
auftreten, sondern weil sie als unparteiische Vermittler für die
formelle und materielle Billigkeit und Rechtsbeständigkeit des Vor-
ganges zu sorgen haben, wie dies ja auch bei der Dingversammlung der Fall war, wenn sie z. B. eine Auflassung durch vápnatak
bestätigte. Man mag ja darüber streiten, ob die Bezeichnung „Ersatz der Thingversammlung" für derartige kleinere Versammlungen
strengstens zutreffend ist, wie ich dies allerdings glaube; aber
jedenfalls ist klar, auf welcherlei Versammlungen Amira sich
bezieht, und in welchem Sinne er jene Bezeichnung verstanden wissen
will. Wenn mir hiernach der Unterschied zwischen des Verf. und
Amira's Auffassung nicht so sehr erheblich erscheint, so erkenne
ich doch dankbar an, daß der erstere durch die monographische

Behandlung seines Themas dieses im Einzelnen in ein helleres Licht gerückt hat. Der Gegensatz der verschiedenen Provincialrechte unter sich und gegenüber dem Stadtrechte sowohl als den späteren Landrechten wird namentlich auch durch die fleißige Heranziehung des urkundlichen Materiales ungleich lebendiger von ihm zur Anschauung gebracht, als dieses in der knappen Gesammtdarstellung Amira's der Fall ist, und der Natur der Sache nach sein kann.

Die dritte Abhandlung endlich, deren Gegenstand „der Ursprung des norwegischen Syffelamtes" bildet (S. 175 bis 215), hat es lediglich mit dem norwegischen Rechte zu thun. Der Verf. sucht darzuthun, daß das Amt von Anfang an ein weltliches und obrigkeitliches, und dabei ein hinreichend bedeutsames gewesen sei, um auch Männern höchsten Ansehens verliehen werden zu können; hierdurch habe dasselbe sich von der weit geringer geachteten „ármenning" scharf unterschieden, während es doch andrerseits nicht jenes aristokratische Gepräge gezeigt habe, wie dieses der Würde des „lendrmaðr" eigen gewesen sei. Er vermuthet endlich, daß das Amt ursprünglich nur für die Grenzlande und Schatzlande bestimmt gewesen, und erst hinterher auch auf die Stammlande selbst übertragen worden sei. Der Verf. hält somit, wenn auch etwas modificirt, die von den norwegischen Historikern seinerzeit aufgestellte Annahme fest, daß das Amt der „sýslumenn" in Norwegen im Großen und Ganzen erst in vergleichsweise später Zeit, wenn auch nicht gerade erst unter K. Sverrir, eingeführt worden sei; ich vermag mich indessen dieser Annahme doch nicht anzuschließen. Ich kann zunächst die Bemerkung nicht richtig finden, daß das Amt ursprünglich nur den Grenz- und Schatzlanden angehöre. Der Verf. selbst weist aus den Quellen nach (S. 183 und 204), daß bereits K. Olaf Tryggvason die „sýslur ok ármenningar" im Drontheimischen besetzte, und daß später Eirikr jarl in Rogaland „sýslumenn" hatte; sogar noch etwas weiter hinauf in der Zeit führt der Bericht der Færeyinga s. cap. 14 (Flbk. I, S. 134—36) über þórálf in Heiðmörk, den Syffelmann der hochländischen Könige. In allen diesen Fällen

handelt es sich um norwegische Stammlande; bezüglich der Grenzlande aber reicht nur die Angabe der Eigla über die „konúngs-
sýsla á Hjalli“ in Hálogaland, und bezüglich der Schatzlande die
Angabe der Færeyínga s. über Brestir Sigmundarson unter Hákon
jarl, sowie die Angabe der Njála über zwei Syffelmänner des
Sigurðr Orkneyingajarl noch etwas weiter in der Zeit hinauf,
von welchen letzteren beiden überdies der eine in Straumsey gesessen war, also keinem Schatzlande des Jarles angehörte. Die
geschichtlichen Belege genügen also kaum, um das höhere Alter
des Amtes in den entfernteren Ländern zu beweisen, und wenn
die älteren Quellen desselben zwar allerdings in diesen häufiger
erwähnen, so dürfte sich dies doch einfach daraus erklären, daß
es zumeist Conflicte mit fremden Herrschern sind, welche zu dessen
Erwähnung die Veranlassung geben. Sodann aber ist zwar richtig,
daß in den Provincialrechten sowohl als in den älteren Geschichtsquellen nur wenig von „sýslumenn“ gesprochen wird, während
in den späteren geschichtlichen sowohl als Rechtsquellen sehr häufig
von denselben die Rede ist; aber es fragt sich doch, ob man hieraus
ohne Weiters auf eine spätere Entstehung des Amtes schließen
dürfe, und ob nicht vielmehr dieser Umstand in ganz anderer
Weise zu erklären sei. Der Verf. selbst hat bereits ganz richtig
hervorgehoben (S. 179—80), daß „sýsla“ von Haus aus ganz
allgemein „Geschäft, Verrichtung, Dienst, Auftrag“ bedeute; von
hier aus kann der Ausdruck natürlich auch für jedes Amt gebraucht
werden, welcher Art dasselbe auch sei, und in der That kommt
nicht nur die Bezeichnung „biskupssýsla“ oft genug für das Bisthum gebraucht vor, sondern es sprechen auch die GþL. § 3 (vgl.
Sverris Kr. R. § 2) einmal von einer Zahlung, welche „ármaðr
konúngs eða lendrmaðr, hverr í sinni sýslu“ zu entrichten hat,
und in § 30 (vgl. Sverris Kr. R. § 80) von „yfirsóknarmenn er
þar eigu sýslur bæði af konúngs hendi ok biskups“, und wenden
somit den Ausdruck unbedenklich auf das Amt und den Bezirk
aller und jeder Beamten, insbesondere auch der ármenn und
lendirmenn an, ganz wie anderwärts von „umboð“ und „umboðs-

menn" oder „erindrekar konúngs" in gleich umfassendem Sinne
gesprochen wird. Von hier aus läßt sich die Frage aufwerfen,
ob nicht etwa dem späteren häufigeren Auftreten der Syffelmänner
ein bloßer Wechsel in der üblichen Bezeichnung des Amtes zu
Grunde liegen möge, welche das Amt selbst völlig unberührt ließ,
und in der That scheinen mir überwiegende Gründe für die Be=
jahung dieser Frage zu sprechen. Der „lendrmaðr" wird bereits
durch diesen seinen Namen als ein mit Land ausgestatteter Mann
bezeichnet, und in der That war der Besitz vom König verliehener
„veizlur" für den Erwerb der Würde nothwendig; von hier aus
kann gesagt werden, daß der Sohn eines Landherrn nur inso=
lange an dem Stande seines Vaters Antheil nahm, als er „í landvonum" sei, d. h. noch begründete Aussicht habe, selbst vom
König mit Land ausgestattet zu werden (BþL. I, § 12; II, § 20),
und es ist nur ein anderer Ausdruck desselben Gedankens, wenn
es anderwärts heißt, daß ein solcher nur bis zum vollendeten
40. Lebensjahre den Stand seines Vaters theile (GþL. § 206,
vgl. § 37; EþL. I, § 48), von da an aber nur noch zu den
„höldar" zähle, wenn er nicht selbst wieder Land vom König
erhalte (GþL. § 200). Aber allerdings war die Theilnahme am
Stande der „lendirmenn" doch wieder nicht schlechthin an den
Besitz von „veizlur" geknüpft. Wie der Sohn eines Landherrn
innerhalb gewisser Grenzen den Stand seines Vaters theilte, so
behielt andrerseits auch der Landherr dann seine Würde, wenn der
König ihm seine „veizlur" wieder nahm (GþL. § 206), und im
einen wie im anderen Falle gab es also Landherren, welche doch
kein geliehenes Krongut besaßen. Ueberdies zählten auch nicht
alle Inhaber von veizlur zu den Landherren, obwohl der Name
sprachlich auf sie alle paßte; die Hirðskrá, § 18 und 36, fordert
für diese veizlur von mindestens 15 M. Ertrag, und der Königs=
spiegel, cap. 27 (S. 70 ed. Brenner) rechnet die Inhaber kleinerer
„veizlur" zwar zu den „húskarlar konúngs", aber nicht zu den
„lendirmenn". Neben dem ihnen verliehenen Krongute sehen wir
aber die Landherren auch noch über bestimmte Landschaften gesetzt,

über welche ihnen des Königs „sýsla" oder „umboð" anvertraut
war, wie denn die Hirðskrá, § 19, selbst noch der Möglichkeit
gedenkt, daß ein solcher vom König mit einer sýsla beliehen sein
könne; das Amt konnte dabei entweder als „veizla" oder als „lèn"
gegeben sein (oder selbst theils das eine, theils das andere, vgl.
z. B. Heimskr. Ólafs s. ens helga, cap. 132, S. 366), und konnte
im ersteren Falle geradezu die Grundlage der Landherrnwürde
abgeben. War nun dem einzelnen Landherrn eine sýsla über=
tragen, so zählte er der Natur der Sache nach zu den sýslumenn
so gut wie alle anderen Inhaber einer solchen, und es war nur
sein höherer Titel und Rang (nafnbót), was ihn von seinen übrigen
Collegen unterschied; der Natur der Sache nach wird ferner der
weit vornehmere Landherr auch über größere Bezirke gesetzt gewesen
sein als die Syffelmänner geringeren Schlages. Es begreift sich
nun leicht, daß der Titel der sýslumenn auf die geringeren An=
gehörigen der Klasse sich beschränkte, während die höherstehenden
mit dem ihnen zukommenden vornehmeren Titel der lendirmenn
bezeichnet wurden, und andrerseits die allergeringsten, die ármenn
nämlich, nicht einmal jenes Titels gewürdigt wurden, und ist dies
in der That um nichts auffälliger, als daß man umgekehrt nur
die größeren Kronvasallen als lendirmenn bezeichnete, während sich
die kleineren mit dem geringeren Titel der húskarlar begnügen
mußten. Daß aber die sýslumenn in den Rechtsquellen sowohl
als in den Geschichtsquellen erst seit der zweiten Hälfte des
12. Jahrhunderts häufiger genannt werden, erklärt sich theils
daraus, daß in den Rechtsbüchern mit Vorliebe andere, gleich weit
reichende Titel, wie umboðsmenn, erindrekar, yfirsóknarmenn
konúngs gebraucht wurden, während gleichzeitige, und darum auch
auf Persönlichkeiten geringeren Schlages näher eingehende Geschichts=
werke erst seit der Mitte des 12. Jahrhunderts zu Gebote stehen,
theils aber möglicherweise auch daraus, daß die Begrenzung der
Klasse der lendirmenn vielleicht nicht zu allen Zeiten die gleiche
war, vielmehr in der älteren Zeit auch wohl die Besitzer kleinerer
Krongüter als von 15 M. Ertrag mit umfassen mochte. An ein
14*

späteres Auftommen der sysla selbst braucht meines Erachtens
jedenfalls nicht gedacht zu werden.

3. Bezüglich Norwegens möchte ich zunächst auf einige
Werke hinweisen, welche, ohne unmittelbar rechtsgeschichtliche Zwecke
zu verfolgen, doch auch für den Rechtshistoriker von der höchsten
Bedeutung sind, nämlich auf Ernst Sars, Udsigt over den
norske Historie, von welchem Werke kürzlich (1887) der dritte
Band erschienen ist, nachdem der erste bereits im Jahre 1873 (zweite
Auflage 1877), und der zweite im Jahre 1877 erschienen war, —
A. Chr. Bang, Udsigt over den norske Kirkes Historie
under Katholicismen (1887), — endlich Joh. Fritzner,
Ordbog over det gamle norske Sprog (zweite Ausgabe,
1886 ff., bis jetzt 13 Hefte, bis „lamabarningr“, S. 400 des
zweiten Bandes reichend). Fritzner's Wörterbuch zeichnet sich,
zumal in dieser seiner zweiten, um mindestens das Dreifache ver=
mehrten Ausgabe, durch sorgsame Beachtung des juristischen Sprach=
gebrauches, fleißige Angabe von Belegstellen, zumal auch aus den
sonst weniger benutzten Urkunden, endlich durch umsichtige Ver=
weisungen auf die neuere Literatur aus, und bietet in allen drei
Richtungen der rechtsgeschichtlichen Forschung ein ausgezeichnet
brauchbares Hilfsmittel dar. Bang's Kirchengeschichte zeigt nicht
nur einsichtsvolle Benutzung der neueren Literatur seit R. Keyser's
bahnbrechendem Werke (1856—58), sondern beruht auch auf eigenem
ausgebreitetem Quellenstubium, und gewährt zumal in ihrem 6. und
7. Abschnitte, welche die kirchlichen Institutionen, dann Leben und
Praxis der Kirche behandeln, dem Rechtshistoriker ebensogut wie
dem Kirchenhistoriker vielfach willkommene Belehrung. Endlich der
dritte Band von Sars, welcher die Geschichte Norwegens in den
Jahren 1319—1536 enthält, zeigt dieselbe geistreiche und anregende
Behandlung seines Stoffes, wie diese den beiden früheren Bänden
eigen ist; aber mit Bedauern vermißt man ein näheres Eingehen
auf die Rechtszustände des Landes während der Unionszeit, und
überdies dürfte die Stellung des Verf. zu den heutigen politischen
Bewegungen seines Vaterlandes in einer übertrieben scharf aus=

geprägten unionsfeindlichen und antiroyalistischen Beurtheilung der
Ereignisse jener früheren Zeit sich bemerkbar machen. — Zur eigentlich rechtsgeschichtlichen Literatur mich wendend, sehe ich zunächst
ab von zwei Bereicherungen, welche das Quellenmaterial seit der
Zeit erfahren hat, da ich zum letzten Male in dieser Zeitschrift
„über neuere Ausgaben älterer nordgermanischer Rechtsquellen"
zu berichten hatte (Bd. XXVIII S. 65—77). Die von Edw.
Sievers herausgegebenen „Tübinger Bruchstücke der älteren
Frostuthingslög" (1886) wären in dieser Richtung zu nennen,
und „Borgarthings ældre Kristenret i fotolitho-
grafisk Gjengivelse efter Tönsbergs Lovbog fra
c. 1320" (1886); aber die letztere Publication liefert nur ein
vortrefflich ausgeführtes Facsimile einer früher schon bekannten
und benutzten Handschrift, die erstere dagegen, welche Bruchstücke
eines völlig neuen Textes einer der wichtigsten Quellen bringt,
regt so verwickelte quellengeschichtliche Fragen an, daß ich vorzog,
über dieselben mich in einer norwegischen Zeitschrift (Historisk
Tidsskrift, II. Reihe, 6. Bd., S. 203—35) einläßlicher auszusprechen, als dies in einer deutschen hätte geschehen können, und
ich kann auf die dort gegebene Erörterung um so leichter verweisen,
als diese zufolge der ungewöhnlichen Zuvorkommenheit der Redaction in deutscher Sprache erscheinen durfte. Aus ähnlichen
Gründen muß ich hier auch auf die Besprechung der sehr inter-
essanten Untersuchung „zur Textgeschichte[1]) der Frosta-
þingsbók" verzichten, welche K. v. Amira im 32. Bande der
Germania, S. 129—64 veröffentlicht hat; die detaillirten Erörterungen über die verschiedenen norwegischen und isländischen
Wergeldstafeln, von welchen dieselbe ausgeht, können nur mittels
eines ebenso genauen Eingehens auf alle Einzelnheiten geprüft und
beurtheilt werden, wozu hier schlechterdings der Raum fehlt. Dagegen habe ich hier eine Schrift von Dr. Max Pappenheim
(jetzt Professor in Kiel) „Ein altnorwegisches Schutzgilde-

---

[1]) Nicht „Texteskritik", wie auf S. 616 des XXX. Bandes dieser Zeitschrift
durch ein unliebsames Versehen gedruckt steht!

statut, nach seiner Bedeutung für die Geschichte des
nordgermanischen Gildewesens erläutert" (Breslau,
Wilh. Köbner, 1888; VIII u. 168 S. 8°) zur Sprache zu bringen,
nachdem ich besselben Verf. Schrift über die altdänischen Schutzgilden bereits in Bd. XXVIII dieser Zeitschrift, S. 341—53, einer
eingehenderen Besprechung unterzogen habe.

Das Werk bietet mehr, als sein Titel verspricht, denn statt
eines norwegischen Gildestatutes bringt dasselbe deren zwei, und
seine einleitenden Untersuchungen reichen weit über eine bloße Erläuterung des von ihm so bezeichneten Schutzgildestatutes hinaus.
Der Verf. betrachtet nämlich zunächst in 7 Paragraphen „die altnorwegischen Gilden und Gildeskraen, insbesondere das Bartholinsche Statut" (S. 1—10), „die Gildegelage und Gildeversamm-
lungen" (S. 11—29), „die Begründung der Gildebrüderschaft nach
Art und Bedeutung" (S. 30—59), „die Verfassung der Gilde"
(S. 60—79), „das Strafrecht der Gilde" (S. 79—98), „die gegenseitige Unterstützungspflicht der Gildebrüder" (S. 98—120), endlich „Schicksale und Bedeutung der altnorwegischen Schutzgilden"
(S. 120—42); sodann aber bringt er anhangsweise in Abdruck
und Uebersetzung sowohl das „Bartholinsche Schutzgildestatut" als
auch das „Gildestatut von Onarheim" (S. 145—59 u. 160—67).
Von den drei uns erhaltenen norwegischen Gildestatuten werden
also zwei neuerdings herausgegeben, und rechtfertigt sich sowohl
deren Herausgabe als die Weglassung des dritten Statutes vollkommen. Das letztere gehört einer deutschen Gilde in Bergen an,
wie es denn auch in plattdeutscher Sprache abgefaßt ist; es wurde
überdies von Yngvar Nielsen mit dessen bekannter Sorgfalt
veröffentlicht, und bedarf somit keines Neudruckes. Dagegen wurde
das vom Verf. so genannte Bartholin'sche Statut nur von Grimur
Jónsson Thorkelin (1786), und das Statut von Onarheim
nur von Markus Schnabel, bezw. Hans Ström (1781),
und dann nochmals von Suhm, bezw. Nyerup (1828) herausgegeben, und sind alle diese Ausgaben sehr fehlerhaft; ein sorg-
samer Abdruck beider Statute ist demnach sehr erwünscht, und

beibe sind überdies zweifellos norwegischer Herkunft. Schwer hält
es, Ort und Zeit der Entstehung beider Statute zu bestimmen.
Das zuerst von H. Ström edirte Statut liegt in einer Handschrift vor, welche zu Strandebarm im Harbangerfjord gefunden
wurde. Es bezeichnet sich selbst als einer Olafsgilde angehörig,
und da ein Eintrag auf dem ersten Blatte der Handschrift eine
Schenkung bespricht, welche im Beisein eines Mannes aus Tysnes
und aller Gildebrüder an diese Gilde gemacht wurde, und deren
Gegenstand ein Hof im Myrdale bildete, liegt der Schluß nahe,
daß diese Gilde ihren Sitz auf der Insel Tysnes gehabt haben
möge, welche nicht allzuweit von Strandebarm entfernt am Eingange des Harbangerfjordes liegt, während zugleich nicht allzu entfernt im Kvindeherred ein Myrdalsvand und Myrdalstinder, dann
ein Hof Myren vorkommt, und wenig nördlicher, Strandebarm
gegenüber, ein Myrdalsfoß sich findet. Da überdies in einer Urkunde aus dem Jahre 1327 eine St. Olafsgilde zu Onarheim auf
Tysnes besprochen wird, kann es kaum als zu gewagt erscheinen,
wenn man das Statut gerade auf diese bezieht; da ferner unsere
Handschrift vom Jahre 1394 datirt ist, kann das Statut jedenfalls nicht jünger sein, während dessen Sprache immerhin auf ein
etwas höheres Alter desselben hinzuweisen scheint. Zweifelhafter
steht die Sache bezüglich des zweiten Statutes. Dasselbe liegt
uns nur in einer Abschrift von Árni Magnússon's Hand vor,
welche in den Bartholin'schen Collectaneen aufbewahrt ist, während
das Original, welches ein Student aus Bergen besessen hatte,
längst verschollen ist. Thorkelin's Vermuthung, daß das Statut
der Gilde zu Onarheim angehören möge, scheint sich nur darauf
zu stützen, daß er von dem Bestehen einer Olafsgilde daselbst
wußte, und von jener anderen auf diese bezüglichen Aufzeichnung
keine Kenntnis hatte. Wenn ferner Chr. Lange (De norske
Klostres Historie, S. 410 der ersten und S. 263 der zweiten
Ausgabe) das Statut auf Kinsarvig in Harbanger bezieht, so liegt
dem doch wohl nur die doppelte Thatsache zu Grunde, daß die
Handschrift aus der Gegend von Bergen gekommen war und daß

Bischof Neumann auf Grund von Mittheilungen des Propstes
Niels Hertzberg das Bestehen einer großen Gildstube in Kinsarvig
nachgewiesen hatte, welche noch bis in das vorige Jahrhundert
herab in Gebrauch gewesen war (Urda, I, S. 98—100; vgl. jetzt
auch L. Daae, Norske Bygdesagn, 2. Ausg., I, S. 61—69);
indessen dürfte doch auch diese Stütze zu schwach sein, um den
auf sie gebauten Schluß zu tragen. Nicht einmal soviel scheint
mir festzustehen, daß das Statut nach Hardanger gehöre, wie
Yngvar Nielsen in seinem Vortrage über die St. Katharinen-
und Dorotheengilde in Bergen S. 2 annimmt (Forhandlinger i
Vidensk. Selsk. i Christiania, 1878); ich möchte vielmehr, worauf
auch unser Verf. gelegentlich hinbeutet (S. 56—58, dann S. 74
bis 75), darauf Gewicht legen, daß nicht nur neben landwirth-
schaftlichem Betriebe der Gildebrüder (art. 27—29) auch Kaufleute
als solche genannt werden (art. 30), sondern daß überdies der
Besitz eines Hauses, nicht eines Bauernhofes, als Grundlage der
Zugehörigkeit zur Gilde bezeichnet wird (art. 8 u. 12; vgl. art. 14,
25 u. 34), und hieraus den Schluß ziehen, daß das Statut einer
Stadt und nicht dem flachen Lande angehört habe. Es ließe sich
zunächst an Bergen denken, wo frühzeitig zahlreiche Gilden bestanden, unter denen ich freilich keine Olafsgilde nachzuweisen vermag (vgl. Yngv. Nielsen, Bergen fra de ældste Tider indtil
Nutiden, S. 161). Mit Sicherheit ergibt sich nur, daß das Statut
norwegischer Herkunft ist, worauf nicht nur dessen Sprache und
Orthographie, sondern auch dessen Inhalt hinweist, wie z. B. die
Erwähnung des fylki in dessen art. 26; aus sprachlichen Gründen
setzt der Verf. dessen Entstehungszeit ferner in das 13. Jahrhundert
(S. 6), genauer nicht vor die Mitte des 13. Jahrhunderts (S. 102),
oder etwa um 1250 (S. 121), was ja richtig sein mag, obwohl
mir auch der Anfang des 14. Jahrhunderts nicht ausgeschlossen
zu sein scheint. — Bezüglich der Entstehung der Gilden hält der
Verf. die in seinem früheren Werke dargelegte Ableitung derselben
vom „fóstbrœðralag" fest, und sucht dieselbe gegen die von mir
erhobenen Bedenken zu vertheidigen, indem er an drei verschiedenen

Stellen (in § 2, 3 u. 7) auf die Frage zurückkommt. Auch er
erkennt zwar an, daß schon in der heidnischen Zeit Gelagsgenossenschaften bestanden, welche sich zu bestimmten Zeiten zu gemein-
samem Trunke zu vereinigen hatten, und daß diese als Gilden
bezeichnet wurden; daß ferner diese Genossenschaften unter diesem
ihrem Namen in die christliche Zeit übergingen, und daß ihnen
für ihre Versammlungen ein höherer Frieden, eine gewisse Gerichtsbarkeit über die hier vorfallenden Streitigkeiten, und eine gewisse
Publicität für die hier vorgenommenen Rechtshandlungen zugestanden gewesen sei. Aber er meint doch, daß die zur städtischen
oder auch ländlichen Schwurbrüderschaft Zusammentretenden höchstens etwa an jene bereits bestehenden Gelagsgenossenschaften an-
geknüpft haben könnten, um ihrem Bunde einen Ausdruck zu geben,
daß aber das über die Gelage weit hinausgehende, die Person
der Gildebrüder in ihrer Totalität ergreifende, deshalb an allen
Orten und zu allen Zeiten wirksame, und eine Verwerthung in
den verschiedensten Richtungen gestattende Brüderschaftsverhältnis
auf der Grundlage der Gelagsgenossenschaft allein nicht erwachsen
sein könne (S. 12—16). Während ich also annehme, daß an
die alten, gesetzlich vorgesehenen Trinkgenossenschaften, welche bereits als „gildi" ebensowohl wie als „samburðaröl" oder als
„hvirfingsdrykkjur" bezeichnet worden waren, hinterher da und
dort weitere und bleibendere Beziehungen unter den Verbundenen
sich angeschlossen haben, und als Beleg für die Möglichkeit einer
solchen Entwicklung geltend mache, daß erbrechtliche sowohl als
Befugnisse zu Blutrache und Bußbezug auch an andere genossen-
schaftliche oder herrschaftliche Verbände nach norwegischem wie nach
isländischem Rechte sich nachweisbar angeschlossen haben, will der
Verf. hierauf kein Gewicht gelegt wissen, wogegen er ganz natürlich
und unanstößig findet, daß aus dem höchst persönlichen und ganz
individuell gestalteten „fóstbrœðralag" hinterher territorial fundirte,
einem beliebigen Wechsel der Personen unterliegende Corporationen
erwachsen seien, welche den Namen nicht nur, sondern auch die ganze
äußere Erscheinungsform jener Trinkgenossenschaften angenommen

hätten. An einer anderen Stelle (S. 32—46) sucht derselbe sodann seine Ableitung der Gilden von der Blutbrüderschaft noch
specieller zu begründen. Als das entscheidende Moment betrachtet
er dabei die eibliche Eingehung beider, ein Moment rein äußer-
licher Art also, auf dessen Unwesentlichkeit schon die bekannten
Worte Karls des Großen im Cap. Heristallense von 779, § 16:
„De sacramentis per gildonia invicem coniurantibus, ut nemo
facere præsumat; alio vero modo de illorum elemosinis aut
de incendio aut de naufragio, quamvis convenientias faciant,
nemo in hoc iurare præsumat", hätten aufmerksam machen können,
welche ganz deutlich eine nichteibliche Eingehung der Gilden neben
die eibliche stellen. Wenn somit im Frankenreiche die Gilden bestehen und ihre Zwecke verfolgen konnten, gleichviel ob sie eiblich
eingegangen worden waren oder nicht, warum sollte da nicht auch
im Norden die eibliche Eingehung für ihren Bestand unwesentlich gewesen sein können? Weiterhin soll der Typus des „fóstbrœdralag"
in der Gilde mit einer Reihe ihm ursprünglich fremder und erst im
Lauf der Entwicklung mit ihm verbundener Elemente vermischt worden
sein, und werden die Localisirung der Gilde, ihre Christianisirung
und ihre Verbindung mit den Gelage als solche fremde Elemente
bezeichnet; aber vergeblich sieht man sich nach einem Beweise dafür
um, daß diese angeblich fremden Elemente wirklich erst später in
das Gildewesen hineingekommen, und daß in den Zügen, welche
die Gilde im späteren Sinne des Wortes mit der Blutbrüderschaft
gemein hat, in dem Antheile nämlich der Gildbrüder an der Verfolgung der Tödtung eines ihrer Angehörigen, der Ausgangspunkt
ihrer Entwicklung zu suchen sei. Dies führt mich auf ein Bedenken, welches ich schon dem früheren Werke des Verf. gegenüber, wenn auch nur im Vorübergehen, zu erheben im Falle war
(a. a. O. S. 342—43). Auch in seiner neueren Schrift geht dieser
wieder von dem Begriffe der Schutzgilde als von einem feststehenden
aus, und behandelt insbesondere die Eigenschaft einer religiösen
Genossenschaft bei den Gilden als etwas Späteres (vgl. z. B.
S. 2, 5, 109 u. s. w.), ganz wie er die gelegentliche Function

der Gilde als Assecuranzgesellschaft nur als eine spätere Zuthat zu behandeln scheint (S. 110 ff.); für das Gildewesen überhaupt und dessen Entstehung wird demnach von ihm ein Moment als entscheidend betrachtet, welches doch nur einzelnen Gilden eigen, anderen dagegen völlig fremd ist. Nun finden wir aber in den Quellen nirgends zwischen Schutzgilden und anderen Gilden unterschieden, und vergebens suchen wir in denselben nach einer die ersteren bezeichnenden Benennung; Begriff und Name der Schutzgilden ist vielmehr lediglich eine Erfindung Wilda's, wie dieser selbst offen ausgesprochen (das Gildenwesen im Mittelalter, S. 41 bis 42), und auch der Verf. gelegentlich angedeutet hat (S. 73). Nach den Quellen erscheint der gegenseitige Schutz in strafrechtlicher Beziehung eben nur als ein Moment, welches den Gilden zukommen konnte oder nicht, ohne daß sie darum aufhörten, Gilden zu sein, wie denn auch schon das oben angeführte Cap. Heristall. unter anderen Gilden auch solche nennt, welche lediglich als Anstalten zur Versicherung gegen Brand oder Seeschaden sich darstellten; wie die eidliche Eingehung, so darf demnach auch die Beziehung zur Blutrache nicht als ein wesentliches Merkmal der Gilde und als Ausgangspunkt ihrer Entstehung angesehen werden, vielmehr werden wir ganz wie bei anderen genossenschaftlichen oder herrschaftlichen Verbänden Beides als Etwas betrachten dürfen, was „nur aus Zweckmäßigkeitsrücksichten" (vgl. S. 38) je nach Umständen bei den Gilden vorkommen oder nicht vorkommen konnte, wie denn in der That die Statuten der Gilde von Onarheim von beiden Momenten nichts wissen, und nur in ihrem § 17 der allgemeinen gegenwärtigen Unterstützungspflicht gedenken, welche dann freilich je nach Umständen jeden beliebigen Inhalt annehmen konnte. Stehen bereits diese Bedenken der Herleitung der Gilden von der Blutbrüderschaft im Wege, so möchte ich in gleicher Richtung auch den § 239 der GþL. verwerthen. Neben den nächsten Verschwägerten gesteht diese Stelle den „eiðbrœðr" und den „fóstbrœðr", falls solche vorhanden sind, in Todtschlagsfällen neben einander und ganz gleichmäßig einen kleinen Bußbezug zu; die letzteren werden

dabei ausdrücklich als Milchbrüder bezeichnet, und können demnach
unter den ersteren nur Blutbrüder verstanden werden, wie dies
auch unser Verf. (S. 44 u. 100) ganz richtig annimmt. Höher
als in das 12. und 13. Jahrhundert können wir das Alter unserer
GþL. und ihrer Vorlagen nicht hinaufführen, und im 12. Jahrhunderte wenigstens bestand somit die Blutbrüderschaft noch ganz
in der Gestalt fort, welche sie in der ersten christlichen Zeit angenommen hatte; wie reimt sich dies aber mit der Annahme des
Verf. zusammen, daß aus ihrer Umbildung die Gilden hervorgegangen seien, als deren Blüthezeit gerade das 12. Jahrhundert
von ihm bezeichnet wird, während ihre Anfänge noch in das
11. Jahrhundert hinaufreichen sollen (S. 121)? Sehr leicht begreiflich wird dagegen dieses Fortbestehen der alten Eibbrüderschaft
neben den Gilden, wenn wir die Entstehung dieser letzteren statt
an sie vielmehr an die alten Trinkgenossenschaften anknüpfen, von
welchen sie ihren Namen, ihre religiöse und conviviale Haltung
und, wie der Verf. selber meint (S. 25), auch ihre Gildestuben
überkommen hatten. Endlich spricht für diese Annahme auch, worauf
ich schon früher aufmerksam gemacht habe (a. a. O. S. 347—48),
das Zeugnis der Geschichtsquellen, mit welchem sich unser Verf.
freilich sehr kurz abgefunden hat (S. 121—23). Er beschränkt sich
auf die Anführung der bekannten Stellen, Heimskr. Ólafs. s.
kyrra, cap. 2, und Ágrip, cap. 37, sowie auch die Bemerkung,
es werde sich nicht leicht feststellen lassen, „was an diesen Er-
zählungen wahr ist, und was nur späteren Vorstellungen über die
Zustände eines goldenen Zeitalters seinen Ursprung verdankt",
beachtet aber weder, daß neben diesen auch noch andere Berichte zu
Gebote stehen, noch auch untersucht er, ob es denn nicht doch möglich
sei, zu einem bestimmteren Ergebnisse über deren Glaubwürdigkeit
zu gelangen. Genaueres Zusehen zeigt aber, daß im Ágrip nur
von einer vergnüglichen Rede gesprochen wird, welche K. Olaf
„i mikla gilde" einmal gethan habe, ohne daß dabei von irgend
einer Veränderung Erwähnung geschähe, welche zu seiner Zeit in
Bezug auf das Gildewesen eingetreten wäre. Dagegen fehlt in

ber Fagrsk. jene Anekdote, während dafür ausführlich über K. Olaf's
Wirksamkeit für die Hebung der Kaufstädte seines Reichs und die
Neugestaltung der königlichen Hoforbnung gesprochen, und dabei
bezüglich ber Gilben gesagt wirb (§ 219): „nú hófusk drykkjur ok
skytningar í kaupstöðum, miklu meir en fyrr hafði verit", b. h.
damals kamen die Trinkgelage und bie auf gemeinsame Kosten
gehaltenen Festmahle in den Städten viel mehr in Aufschwung, als
bies früher der Fall gewesen war. In der Morkinskinna kehrt sobann
zunächst der Bericht der Fagrskinna fast wörtlich wieder, und gilt
bies insbesonbere auch von ben auf bie Trinkgenossenschaften bezüglichen Worten (S. 125); weiterhin schließt sich bann aber ein mit
Ágrip nahezu wörtlich übereinstimmendes Stück an, in welchem zumal
auch jene von bem Könige „í mikla gildi" gesprochenen Worte sich
finben (S. 127). In ber Heimskríngla aber, und ebenso in ber
Hrokkinskinna unb bem Hryggjarstykki (FMS. VI, S. 440), bann
in der Fríssbók (S. 256—57) finbet sich einerseits ber Bericht
über ben Aufschwung der Städte unb ihrer Gilben erheblich erweitert, unb anbrerseits (Heimskr. cap. 8, FMS. S. 441, Fríssb.
S. 258—59) bie Erzählung über K. Olaf's Bemerkung „í mikla
gildi" ziemlich unverändert wieder; dabei mag ja sein, baß ein
einzelner Punkt, die Einsetzung nämlich der „großen Gilbe" in
Drontheim, aus einer mißverständlichen Deutung dieser letzteren
Erzählung hervorgegangen ist, indem der Ueberarbeiter bas „große
Gastmahl" auf bie später in Drontheim nachweisbare „große
Gilbe" (vgl. Lange a. a. O., S. 197, Ausg. 2) beziehen zu
sollen glaubte, im Uebrigen scheinen aber boch auch selbstänbige
Nachrichten der Erweiterung zu Grunde zu liegen, wie z. B. bie
über bie große Glocke in Drontheim. Wie bem aber auch sei,
gewiß ist, baß bie sämmtlichen Quellen, welche überhaupt bes
Umsichgreifens ber Gilben unter K. Olaf erwähnen, beren spätere
Gestaltung auf eine bloße Umbilbung ber älteren Trinkgenossenschaften zurückführen, und ba wir wissen, baß bes Ari fróði Werk
ben norwegischen Königssagen zu Grunde lag, bürfen wir boch
wohl bie Nachricht über bie Gilben in ihrer älteren Fassung auf

ihn zurückführen, also auf einen Zeitgenossen K. Olaf's, so daß
an „spätere Vorstellungen über die Zustände eines goldenen Zeitalters" in alle Weite nicht zu denken ist. — Dies zur Unterstützung meiner Bedenken gegen die neue Theorie des Verf. über
die Entstehung der Gilden. Im Uebrigen enthält auch dieses
Werk desselben wieder eine Fülle der verdienstlichsten Ausführungen
über das Recht der Gilden, und fühlt man sich ihnen gegenüber
nur selten zu einzelnen kleineren Ausstellungen veranlaßt. Bei
Besprechung des Einspruchsrechts, welches der „hirð" gegenüber
der Aufnahme neuer Genossen zustand, hat der Verf. (S. 49,
Anm. 2) ein sehr belehrendes Beispiel übersehen, welches das Verhalten des Königs Haraldr harðráði gegen den isländischen Dichter
Stúfr þórðarson bietet (FMS. VI, S. 393). Bei Besprechung der
Altersgrenze für den Eintritt der vollen Rechts- und Handlungs-
fähigkeit (S. 50—54) hätte er die Bemerkungen benutzen können,
welche ich vor nahezu 30 Jahren schon im II. Bande dieser Zeitschrift, S. 85—91 über diese Frage gemacht habe. Falsch übersetzt sind (S. 59 u. 149) die Worte: „kona skal taka hús eftir
móður sína ef hon er erfð hin eldsta" im § 12 des Bartholin-
schen Statutes; sie können nicht bedeuten: „ein Weib soll das
Haus nehmen nach ihrer Mutter, wenn es die älteste Erbin ist",
sondern nur: „das älteste Weib soll das Haus nehmen nach ihrer
Mutter, wenn diese beerbt wird". Wie er schon in seinem früheren
Werke gethan hatte, so legt der Verf. auch jetzt wieder (S. 60,
Anm. und S. 131—32) darauf Werth, daß in der Gullþóris s.
þórir als „fyrirmaðr" der 10 Blutbrüder bezeichnet wird, und
meint diesen Umstand mit der Wahl der Gildevorsteher in Verbindung bringen zu dürfen; aber ganz abgesehen von der geringen
Verläßigkeit der angeführten Quelle bezeichnet der Ausdruck fyrirmaðr nur den, der die erste Rolle spielt, ohne dabei eine formelle
Berufung zu dieser durch Wahl oder Ernennung vorauszusetzen
u. dgl. m. Solche kleine Correcturen sollen und wollen aber natürlich dem Danke keinen Abbruch thun, welcher dem Verf. für seine
tüchtige Arbeit vollauf gebührt.

Endlich erwähne ich noch einer sehr tüchtigen Abhandlung des norwegischen Archivbeamten A. Taranger, welche unter dem Titel „Om Betydningen af Herað og Heraðs-kirkja i de ældre Kristenretter" zunächst in der Historisk Tidsskrift, II. Reihe, VI. Band, S. 337—401, dann aber auch in einem Separatabzuge erschienen ist (Christiania, 1887). Die norwegischen Volklande (fylki) zerfallen in Bezirke, für welche einerseits Bezeichnungen wie fjórðúngar, þriðjúngar, sèttúngar, áttúngar, und andrerseits die Bezeichnung hèrað vorkommt, welche letztere, auch in Dänemark und Schweden nachweisbar, der Hundertschaft oder centena der südgermanischen Stämme entspricht. Dabei entsteht die Frage, ob jene beiderlei Bezeichnungen insoweit mit einander identisch seien, als das hèrað je nach Umständen mit dem fjórðúngr oder þriðjúngr, dann etwa auch mit dem áttúngr oder sèttúngr zusammenfalle, aber ob unter dem hèrað eine andere und kleinere Bezirksabtheilung zu verstehen sei als unter jenen anderen Bezeichnungen? Die Norweger R. Keyser und E. Hertzberg, dann ich selbst sind für die erstere Annahme eingetreten, und zwar ich in der Art, daß ich die áttúngar und sèttúngar als Unterabtheilungen der fjórðúngar und þriðjúngar auffaßte, nicht in dem Sinne, als ob ich diese, wie der Verf. mich verstanden hat, je 6 oder 8 solcher Unterabtheilungen enthalten lassen wollte, sondern vielmehr so, daß ich eine Spaltung der Viertel einerseits und der Drittel andrerseits in Hälften vermuthete, vermöge deren dann dort Achtel, hier aber Sechstel sich ergeben mußten; dagegen entschieden sich in Norwegen P. A. Munch und theilweise auch Fr. Brandt, dann in Dänemark A. D. Jörgensen für die zweite Auffassung, deren Richtigkeit nun auch Taranger an der Hand der Rechtsquellen nicht nur, sondern auch der Urkunden, und unter Zuhilfenahme der späteren Zustände zu erweisen sucht. Den Fleiß, den Scharfsinn und die methodische Correctheit seiner Forschung unumwunden anerkennend, vermögen deren Ergebnisse mir doch nicht einzuleuchten, und ich will versuchen meine Ablehnung derselben in möglichster Kürze zu begründen. — Die Angaben

über den südlichsten sowohl als über den nördlichsten unter den
4 Dingverbänden Norwegens geben meines Erachtens für die vorliegende Frage keinen Ausschlag. Jedes der 3 Volklande, in welche
das Borgarþing sich ursprünglich theilte, zerfiel in eine Anzahl
von „hèröð“, deren jedes einen gesonderten Gerichtsbezirk (þingsóku)
bildete. In kirchlicher Hinsicht fallen aber zur Zeit der Entstehung
der BþL. die hèröð zugleich auch mit den Kirchspielen (kirkjusóknir)
zusammen, während zugleich in jedem Volklande je zwei „fylkiskirkjur“ bestehen, welche neben ihrer Bedeutung als „hèraðskirkja“
ihres besonderen Kirchspieles die alleinigen Grabkirchen (græftar-
kirkjur) des Volklandes sind, und somit den übrigen Bezirkskirchen
gegenüber eine übergeordnete Stellung als Hauptkirchen beanspruchen.   Die mit der Zeit eingetretene Vermehrung der Kirch-
gemeinden hat aber, wie es scheint, den Begriff des hèrað nicht
weiter berührt, als daß sich die Pfarrgemeinde von dem Zusammenfallen mit demselben wieder losgelöst hat, ganz wie schon früher
die Eintheilung der Küste in Schiffsrheden (skipreiðar) sich von
der Eintheilung des Landes in hèröð völlig unabhängig gehalten
hatte; Drittel, Viertel u. dgl. lassen sich ferner als Unterabtheilungen der Volklande in diesem Dingverbande überhaupt nicht
nachweisen, und die hœgindiskirkjur, welche als reine Privatcapellen im Rechtsbuche erwähnt werden, haben mit der Bezirkseintheilung des Landes gar nichts zu thun.   Innerhalb des
Frostaþinges kommen dagegen allerdings hálfur, þriðjúngar
und fjórðjúngar, dann sèttúngar und áttúngar als Unterabtheilungen der Volklande vor; aber sie spielen weder in der kirchlichen noch in der Gerichtsverfassung irgendwelche Rolle. In der
letzteren ist das fylkisþing die unterste Dingversammlung, und es
scheint mir kein Grund für die Annahme des Verf. vorzuliegen,
daß in irgendwelcher älteren Zeit unter diesem noch ein kleineres
Ding gestanden sei; vielmehr scheint mir das nachweisbar spätere
Auftreten des skipreiðuþings sehr deutlich auf das erst mit dem
Steigen der Bevölkerung hervortretende Bedürfnis eines solchen
hinzudeuten. In kirchlicher Beziehung aber standen den fylkiskirkjur

hier nur hœgindiskirkjur gegenüber, und wenn zwar der Kirchspiele mehrere innerhalb der einzelnen Volklande waren, so standen
denselben doch nur dem fylkisprestr untergeordnete Priester dieser
Privatcapellen vor. Den Ausdruck hèrað endlich gebrauchen die
FrþL. nur in ganz untechnischer Weise für das flache Land im
Gegensatze zur Stadt, oder für die Heimat im Gegensatze zur
Fremde, oder endlich für Gegend überhaupt, dagegen nie als Bezeichnung irgend eines bestimmten Bezirkes, oder speciell für das
fylki, wie der Verf. bezüglich einiger Stellen annehmen möchte, und
wenn an einer Stelle, FþL. XIV, 3, der Ausdruck „innan hèraðs
ok innan kirkjusóknar" gebraucht wird, so dürfte auch hier die
eigenthümliche Zusammenstellung beider Ausdrücke darauf hindeuten, daß der erstere nur in ganz untechnischem Sinne gebraucht
sein will. Anders steht die Sache dagegen bezüglich der übrigen
beiden Dingverbände. Innerhalb des Eiðsifjaþinges zunächst
nennt das Rechtsbuch den Namen des fylki nicht, sondern nur
den des þriðjúngr und des hèrað; von Kirchen aber werden nur
höfuðkirkjur und hœgindiskirkjur genannt, dagegen weder fylkiskirkjur noch hèraðskirkjur. Daß dabei die höfuðkirkja dem þriðjúngr
angehört steht fest; nicht gelungen scheint mir dagegen der Versuch,
nachzuweisen, daß dieser þriðjúngr nicht etwa mit dem hèrað zusammenfalle, sondern nur eine Unterabtheilung desselben bilde.
In EþL. I, 33 wird gesagt, daß der Mann, welcher des Bischofs
Gebühr einzuheben habe, im hèrað eine Ladung zu deren Ent-
richtung ausgehen lassen solle; die säumigen Schuldner soll er
dann in das zweite hèrað, und die wieder Ausbleibenden in das
dritte laden, an die auch jetzt noch nicht Zahlenden aber einen
letzten öffentlichen Verruf in der höfuðkirkja erlassen. Da kann
man nun allerdings annehmen, daß die 3 erwähnten hèröð Unterabtheilungen des Drittels seien, in dessen Hauptkirche der letzte
Aufruf zu erlassen ist; indessen ist doch auch ebensogut möglich,
daß unter ihnen die 3 zu einem und demselben Volklande gehörigen
Drittel zu verstehen sind und unter der Hauptkirche, an welcher
der letzte Aufruf zu erfolgen hat, die Hauptkirche desjenigen Drittels,

welches der Bischof zuletzt auf seiner Visitationsreise besucht, und
entscheidend ist die Stelle somit nicht. Wenn ferner in EþL. I, 48
im Hinblicke auf den Bezug der priesterlichen Gebühren der Fall
besprochen wird „ef maðr fær or heraðe, eða or þriðiunge sinum,
oc værðr i aðrum þriðiunge dauðr", so darf man hieraus nicht mit
dem Verf. folgern, daß hèrað und þriðjúngr verschiedene Bezirke seien,
weil sonst eine Tautologie vorliege. Da es unter allen Umständen
der „höfuðprestr" sein soll, welcher das Begräbnis vornimmt und
die Gebühr dafür bezieht (doch wohl weil, wie im Borgarþinge,
seine Kirche allein eine Grabkirche war), so kann vielmehr doch
nur das Verlassen des Drittels zur Folge haben, daß ein anderer
Priester den Mann begräbt als sein eigener Hauptpriester, und
daß darum die Vertheilung der Gebühren einer besonderen Regelung
bedarf, wogegen völlig gleichgültig bleibt, in welchem Theile des
Drittels der Tod den Mann erreicht; die Stelle scheint mir dem=
nach gerade umgekehrt nur unter der Voraussetzung verständlich,
daß hèrað und þriðjúngr als gleichbedeutend genommen werden,
wie denn insbesondere nur unter dieser Voraussetzung sich begreift,
daß dem Ausscheiden aus hèrað oder Drittel sofort der Tod in
einem anderen Drittel gegenübergestellt wird, ohne daß dabei des
hèraðs gedacht würde. Die immerhin auffällige Nebeneinander=
stellung beider Ausdrücke in den ersten Worten der Stelle erklärt
sich aber leicht daraus, daß in manchen Theilen der Hochlande,
in Gudbrandsdalen nämlich und Oesterdalen, die Eintheilung in
Drittel nicht vorkam, die Hauptkirchen vielmehr Bezirken angehörten,
welche den Dritteln zwar entsprachen, aber nicht so genannt werden
konnten, weil ihrer nicht gerade 3 auf die Landschaft gingen; aus
der Berücksichtigung dieser Landschaften entsprang sehr einfach die
eigenthümliche Wortfassung der Stelle. Weiterhin schließt der
Verf. mit Recht aus EþL. I, 47 auf das Nebeinanderbestehen
von Hauptpriestern und geringeren Priestern, welche letzteren nur
die Priester der hœgindiskirkjur gewesen sein können, und mit
vollem Recht hebt er auch hervor, daß die ersteren die eigentlichen
Pfarrer je ihres Drittels waren, die letzteren dagegen nur residi=

rende Capläne, welche indessen immerhin] eine Art von Gemeinden, unter sich hatten, die nach seiner Meinung als hèröð bezeichnet wurden; aber wenn er von hier aus folgert, daß jedes hèrað im weltlichen und technischen Sinne eine untergeordnete Gemeinde innerhalb des Drittels mit einer eigenen hœgindiskirkja gebildet habe, und aus der in späterer Zeit nachweisbaren großen Zahl dieser untergeordneten Kirchen auf die große Zahl und somit verhältnismäßige Kleinheit der hèröð schließen will, kann ich ihm insoweit nicht mehr folgen. Daß zunächst für die Gemeinden der hœgindisprestar die Bezeichnung hèrað gebraucht worden sei, scheint sich mir nämlich aus der Stelle nicht mit Sicherheit zu ergeben, da der Ausdruck in ihr recht wohl, wie sonst so oft, nur ganz untechnisch für die heimatliche Gegend im Gegensatze zu dem vorübergehenden Aufenthalte auswärts gebraucht sein kann; anbrerseits erscheint aber auch sehr wenig glaubhaft, daß die im Privatbesitze stehenden hœgindiskirkjur gerade mit der Zahl der hèröð übereingestimmt haben sollten, während doch der öffentlichen Gewalt jedes Mittel fehlte, den Bau von je einer, und nur einer solchen in jedem hèrað zu erzwingen. Keinen entscheidenden Werth möchte ich ferner dem Umstand beilegen, daß die wenigen Bezirksnamen, in welchen sich die Bezeichnung hèrað erhalten hat, heutzutage Gegenden geringerer Ausdehnung angehören; der Name konnte im Verlaufe der Zeit wohl verengerte Geltung angenommen, oder auch erst in einer Zeit sich gebildet haben, in welcher die ursprüngliche Bedeutung des hèrað bereits verschollen war. Endlich erschüttern auch die Erörterungen meine Ueberzeugung nicht, welche der Verf. über das uns erhaltene Bruchstück des weltlichen Rechts der Hochlande anstellt. Dasselbe läßt in gewissen Fällen den Zug vom örvarþinge zum hèraðsþinge gehen (§ 1 u. 3), und spricht in einem anderen Falle (§ 2) von einem Urtheile des þriðjúngsþings oder hálfuþings, von welchem der Zug an das fylkisþing oder ályktaþing, und sodann weiter an das 3. fylknaþing ging. Das örvarþing sowohl als das hèraðsþing wird in § 2 nicht erwähnt; nimmt man demnach das þriðjúngsþing in diesem als die erste

15*

Instanz an, so bestätigt die Stelle das Zusammenfallen des hèraðs
mit dem þriðjúngr, wogegen man zu dem entgegengesetzten Schlusse
gelangt, wenn man mit dem Verf. annimmt, daß die Verhandlungen
am örvarþinge und hèraðsþinge aus § 1 herüberzubeziehen seien,
und daß somit die Worte „flytia dom eptir þeim til þriðjúngs-
þíngs" u. s. w. bereits auf den Zug vom hèraðsþinge zum þriðjúngs-
þinge als zu einem höheren Gerichte gehen. Entscheidend ist hiernach lediglich die Auslegung der Worte „flytja dóm"; diese scheinen
aber ein ἅπαξ λεγόμενον zu sein, und jedenfalls ist die technische
Bezeichnung für das Ziehen des Urtheils an einen Oberhof nicht
diese, sondern „skjóta dómi" oder „skjóta máli á þíng". Wendungen wie „flytja tíðir", Gottesdienst halten, „flytja fórnir",
Opfer darbringen, und zumal „flytja járnburð" oder „skírslu",
ein Gottesurtheil oder eine Eisenprobe bestehen (Heimskr. Ólafs
s. ens helga, cap. 145, S. 389; dann Sverris s. cap. 59, S. 149
in den FMS. VIII, oder cap. 53 in der Flbk. II, S. 587) dürften
indessen doch wohl dafür sprechen, daß unter dem Ausdrucke an
unserer Stelle nur das Erholen eines Urtheiles am Drittelsþinge,
nicht aber das Ziehen eines anderwärts gefundenen und gescholtenen
Urtheiles an dasselbe zu verstehen sein möchte. Im Gulaþinge
aber ist nicht nur von fylki und hèröð, sondern auch noch von
fjórðjúngar und áttúngar die Rede, und fragt sich demnach auch
wieder, wie sich diese letzteren Bezirke zum hèröð verhalten. Die
von mir früher ausgesprochene Vermuthung, daß in den GþL. 12
die Worte „heraðskirkjur ok hœgendiskirkjur" deren älterem
Texte angehören, welcher K. Olafs Namen trägt, dagegen die
Worte „fjórðungskirkjur ok áttongskirkjur" der jüngeren Magnús-
schen Redaction, habe ich bereits in Bd. XXVIII dieser Zeitschrift,
S. 69, zurückgenommen, nachdem G. Storm die Stelle in der
unvermischt überlieferten älteren Redaction glücklich entziffert und
damit festgestellt hat, daß diese bereits die einen wie die anderen
Worte enthielt. Dagegen fällt mir auf, daß dieser nunmehr ent-
zifferte älteste Text die Reihenfolge der Worte geändert zeigt,
indem er liest: „fjórðongskirkjur ok áttongskirkjur, hœgelde-

kirkjur ok hèraðskirkjur", was bann doch zeigt, baß bie
hèraðskirkjur nicht als eine britte und unterfte Art von Bezirks=
kirchen mit den Viertels= und Achtelskirchen zufammengeftellt,
fonbern nur in einen Gegenfat zu den hœgindiskirkjur gebracht
werben wollten, als Kirchen, welche den Angehörigen eines Be=
zirkes gehören und von biefen erhalten werben müffen, gegen=
über von Privatkirchen, bezüglich deren die Baulaft allein ben
Privateigenthümer trifft. So aufgefaßt, und auch die gewöhnliche
Lesart läßt biefe Auffaffung zu, kann die Stelle aber nur ent=
weber ben Ausbruck hèraðskirkja als zufammenfaffende Bezeich=
nung für die Viertels= und Achtelskirchen brauchen, oder aber von
der Vorausfetzung ausgehen, baß biefe letzteren beiden Arten von
Kirchen in Bezug auf Befitzrecht und Baulaft entweber hèraðs=
kirkjur oder hœgindiskirkjur fein können; im einen wie im anderen
Falle aber erfcheint der Ausbruck hèrað als zufammenfaffende Be=
zeichnung für Viertel und Achtel gebraucht. Auf die Angabe der
Heimskríngla, baß K. Haraldr hárfagri feinerzeit vier oder mehr
„hersar" in jedem fylki angefetzt habe, will ich bei der zweifel=
haften Glaubwürdigkeit biefer Angabe weiter kein Gewicht legen;
um fo mehr muß ich aber auf den fehr bedeutfamen Inhalt der
GþL. 266 näher eingehen.   Die Stelle behandelt den Inftanzen=
zug beim Verfahren in Ôbalsfachen. Wenn fich die Streittheile
bei bem am skiladóme gefprochenen Urtheile nicht beruhigen wollen,
fo follen fie das Urtheil verwetten, und über die Eingehung der
Wette unbetheiligte Leute als Zeugen aufrufen, welche außerhalb
des Gerichtes ftehen; fodann aber follen fie das verwettete Ur=
theil an das Viertelsbing ziehen (skal skjóta dóme vedjaðom á
fjórðúngsþing). Hier follen nun die Dingleute ein weiteres Ur=
theil fällen; können fie fich aber über biefes nicht einigen, fo follen
fie den Zug an das Volklandsbing nehmen (skjóta dóme þeirra
vedjaðom á fylkisþing). Es kann nun aber auch vorkommen,
baß die Leute über ben Zug nicht einig werben, der ja eine noch=
malige Wette, und fomit ein Zufammenwirken beider Theile vor=
ausfetzt, und baß burch biefe ihre Uneinigkeit berjenige, der das

höhere Gericht angehen will, verhindert wird, den Zug an dasselbe in der üblichen Weise zu nehmen (þó at hann mege eigi
skote orka); da soll nun der Mann über die erlittene Rechts-
weigerung Leute als Zeugen aufrufen, welche dem hèrað und dem
Dingbezirke nicht angehören, und dennoch seinen Zug an das Volklandsþing nehmen (þó skal hann þó skírskota lögráne því er
þingmenn hafa hánom veitt undir úthèraðsmenn, þá er eigi
ero þingat þingsóknarmenn; þó skal hann þó skjóta dóme
sínom á fylkisþing). Nun ist denn doch klar, daß am skiladóme
die Feststellung des ergangenen Urtheiles, gegen welches der Zug
ans Dinggericht genommen werden wollte, nur darum vor Zeugen
erfolgen mußte, welche außerhalb des Gerichtes standen, weil diese
Zeugen an der Urtheilsfällung unbetheiligt gewesen sein mußten,
und wir werden nicht bezweifeln dürfen, daß derselbe Gesichtspunkt auch für den anderen Fall maßgebend sein mußte, da es
sich um die Feststellung des zwiespältigen Urtheils am Viertelsþinge handelte, gegen welches der Zug an das Volklandsþing genommen werden wollte, oder da, was auf dasselbe hinausläuft,
vor Zeugen constatirt werden mußte, daß der Zug wegen widerrechtlichen Verhaltens der Gegenpartei am Viertelsþinge nicht in
der an sich üblichen Weise genommen werden könne. Auch in
diesem Falle müssen also die Zeugen Leute gewesen sein, welche
an der Urtheilsfällung keinen Antheil genommen hatten, und nur
dies kann damit gemeint sein, wenn gefordert wird, daß sie einem
anderen hèrað angehören, und nicht zu dem Gerichte þingpflichtig
seien, welches das angefochtene Urtheil gefällt hatte; da nun aber
am fjórðungsþinge und am fylkisþinge nicht etwa eine lögrètta
ernannt wurde wie am lögþinge, vielmehr die Gesammtheit der
anwesenden Dingleute die Urtheile fällte, ist klar, daß an unserer
Stelle die Ausdrücke hèrað, þingsókn und fjórðungr schlechterdings dasselbe bedeuten müssen. Der Einwand des Verf., daß
bei der hier vertheidigten Ansicht eine überflüssige Tautologie in
der Stelle angenommen werden müsse, scheint mir wenig erheblich,
da die Verbindung mehrerer gleichbedeutender Bezeichnungen in

den Rechtsbüchern öfter vorkommt, und überdies im gegebenen
Falle recht sehr am Platze sein mochte, weil der Ausdruck hèrað
neben seiner technischen Bedeutung nicht selten auch in ganz untechnischem Sinne gebraucht wurde, und somit sich immerhin
empfehlen mochte, ausdrücklich hervorzuheben, daß er hier technisch
die þingsókn des fjórðúngr bezeichnen solle; gerade umgekehrt
würde durch des Verf. Auffassung eine unliebsame Tautologie in
die Stelle hereinkommen, indem ja nach ihr alle nicht zur þingsókn
gehörigen Leute ganz selbstverständlich úthèraðsmenn sein müßten,
soferne das hèrað ja nur ein Theil der þingsókn wäre. Aber
auch darauf dürfte noch einiges Gewicht zu legen sein, daß nach
unserer Stelle sowohl als nach GþL. 35 der Zug vom skiladóme
weg sofort an das fjórðúngsþíng geht; für ein hèraðsþíng, wie
es doch anderwärts vorkommt, ist demnach nur unter der Voraussetzung Platz, daß dasselbe mit dem fjórðúngsþínge identisch
ist. Die schwierige Frage, wie die überreiche Gestaltung und die
vielfache Abnormität der von seinem Standpunkte aus sich ergebenden Bezirkseintheilung im Gulaþínge zu erklären sei, sucht
nun der Verf. in folgender Weise zu beantworten. Die Eintheilung
in hèrað hält er für uralt und für gleichzeitig mit der Besiedelung
der Volklande; dagegen soll die Eintheilung in Viertel erst später
und nach der Entstehung eines größeren Dingverbandes erfolgt,
und dazu bestimmt gewesen sein, gegenüber der verschiedenen Zahl
und Größe der hèrað in den verbundenen Volkslanden eine einheitliche Eintheilung für den ganzen Dingverband zu gewinnen.
Später habe sich das Viertel dann auch in gerichtlicher Hinsicht
an die Stelle des hèraðs gedrängt, und damit soll zusammenhängen, daß nur der fjórðúngr in unserm GþL. als þingsókn
auftrete, wogegen der Ausdruck hèrað hier nie als Bezeichnung
eines Gerichtsbezirkes auftrete, sondern nur entweder als Bezeichnung des flachen Landes im Gegensatze zur Stadt, oder aber als
Bezeichnung eines bestimmten geographischen Bezirkes, dessen einzelne Theile weder durch Berge, Fjorde noch unüberschreitbare
Flüsse von einander geschieden seien, und soll in dieser letzteren

Begriffsbestimmung (GþL. 88) eine alte Legaldefinition zu erkennen sein, welcher dann auch die wenigen mit hèrað zusammengesetzten Localnamen völlig entsprechen sollen, die überhaupt noch nachweisbar seien. Diese Vermuthung ist nun allerdings recht geistreich ausgedacht; aber es steht ihr vor allem schon der Umstand entgegen, daß es ihr an jeder quellenmäßigen Begründung fehlt, und außerdem lassen sich doch wohl auch sonst noch gar manche Bedenken gegen sie erheben. Der Verf. bemerkt, daß die Vierteleintheilung nur auf 4 von den 6 Volklanden Anwendung gefunden habe, welche unsere GþL. zum Dingverbande zählen, nämlich weder auf das Egðafylki noch auf Sunnmœri, und er erklärt diese Ausnahme aus dem nachweisbar späteren Anschlusse dieser beiden Bezirke an das Gulaþing. Nun läßt sich aus der Eigla, cap. 56, S. 187 (ed. Finnur Jónsson) ersehen, daß um das Jahr 933—34 nur das Hörðafylki, Sygnafylki und Firðafylki das Gulaþing beschickten, also noch nicht Rogaland, und andrerseits muß Sunnmöri am Schlusse des 11. oder doch am Anfange des 12. Jahrhunderts dem Dingverbande beigetreten sein, so daß der Anschluß zuerst des Rygjafylki und dann des Egðafylki zwischen diese beiden Endpunkte fallen muß. Bezüglich Rogalands möchte man hiernach etwa an die Zeit des heiligen Ólafs denken, dem ja die Quellen eine einschneidende gesetzgeberische Wirksamkeit zuschreiben, und zu dessen selbstherrlicher Art auch jene centralisirende Tendenz ganz gut passen würde, auf welche der Verf. die Vierteleintheilung zurückführen möchte. Aber wie soll man sich erklären, warum dieser König eine völlig neue Vierteleintheilung durchgeführt habe, nachdem erst knapp hundert Jahre zuvor K. Hákon góði seine Eintheilung in Schiffsreheden durchgeführt hatte, welche ganz ähnliche Zwecke wie jene verfolgte, und welche doch, wie der Verf. selbst treffend ausführt, mit der Eintheilung in Viertel und Achtel ganz ebensowenig im Einklange stand, wie mit des Verf. Eintheilung in hèröð? Wenn sich ferner K. Ólaf aus Zweckmäßigkeitsgründen zu der neuen Eintheilung veranlaßt sah, warum wurde diese dann nicht auch auf Agðir und Sunnmöri ausgedehnt, als diese innerhalb des nächsten Jahrhunderts dem Dingverbande beitraten? Sollten die früher maßgebenden Zweckmäßigkeitsrücksichten so wenig später nicht mehr bestanden haben? In den GþL. 88 vermag ich ferner keine Legaldefinition des hèrað im technischen Sinne zu erkennen. Ganz abgesehen davon, daß sich bezweifeln läßt, ob die Worte „ok hanna eigi sjoll nè firðir nè ár úfærar" überhaupt eine Erläuterung des „liggja samhèraðs" geben, und nicht vielmehr eine weitere Bedingung zu den beiden in der Stelle vorher schon erwähnten hinzufügen wollen, läßt sich nämlich auch noch fragen, ob der Ausdruck denn hier überhaupt in technischem Sinne gebraucht stehe? Ich hatte schon wiederholt darauf hingewiesen, daß hèrað in norwegischen Quellen oft das flache Land im Gegensatze zur Stadt, oder auch die Heimat im Gegensatze zu einem nur vorübergehenden Aufenthaltsorte fern von dieser bezeichne; in isländischen Quellen bezeichnet dasselbe Wort außerdem auch wohl das bewohnte Land im Gegensatze zum unbewohnten, oder wieder einen bestimmten, von natürlichen Grenzen umschlossenen Bezirk, der dann je nach Umständen bald größer, bald kleiner sein kann, mit der politischen Eintheilung des Landes aber in gar keiner Verbindung zu stehen braucht (vgl. Fritzner, h. v., zumal auch K. Lehmann, der Königsfriede der Nordgermanen S. 264—71). Warum sollte nun der Ausdruck nicht auch in Norwegen gelegentlich in einem ähnlich unbestimmten Sinne gebraucht worden sein können, und zumal nachdem, wie der Verf. selbst sehr einleuchtend darlegt, mit der Zeit die Zerfällung der älteren Bezirke in kleinere Unterabtheilungen immer weiter fortschritt, auch auf diese kleineren Bezirke ebenso gut als auf jene größeren Anwendung gefunden haben? Endlich scheint mir auch, daß man die Zahl der im 14. Jahrhundert und noch später in den einzelnen Volklanden nachweisbaren Kirchen nicht ohne Weiters zu Rückschlüssen auf die Zahl und Bedeutung der hèraðskirkjur in unseren Rechtsbüchern benutzen darf, wie der Verf. dies thut; was wir über die Geschichte des Kirchenbaues im alten Norwegen wissen, dürfte derartigen Folgerungen

vielmehr sehr bestimmt im Wege stehen. Der Verf. erkennt an,
daß auf K. Ólaf Tryggvason und K. Ólaf ben Heiligen zu=
nächst nur der Bau der fylkiskirkjur mit Bestimmtheit zurück=
zuführen sei; aber er meint doch, auf biesen habe sich die Wirk=
samkeit zumal des letzteren Königs unmöglich beschränken können.
Ich halte auch biese letztere Bemerkung für ganz zutreffend, nur
wird sich eben fragen, wie weit und welche Wege diese seine Wirk=
samkeit in der einen und der anderen Richtung ging? Ich glaube
nun vor allem daran festhalten zu müssen, daß unsere Geschichts=
quellen nur ben Bau und die Dotirung der fylkiskirkjur in bem
Sinne auf ein Gesetz des heiligen Ólafs zurückführen, daß in
jedem Volklanbe eine solche gebaut, unb mit einem bestimmten
Maße von Grundbesitz ausgestattet werden mußte; bezüglich der
héraðskirkjur dagegen, unter welchen ich hier alle von den An=
gehörigen kleinerer Bezirke zu erhaltenden Kirchen begreife, kennen
sie ebensowenig eine berartige Bestimmung als bezüglich der
hœgindiskirkjur, bei welchen letzteren ja in der That ihre Eigen=
schaft als Privatkirchen jede Möglichkeit eines gesetzlichen Zwanges
zum Bauen ausschloß. Aber auch der § 12 der GþL. kennt bei
diesen letzteren beiden Arten von Kirchen ganz gleichmäßig keinen
Zwang zum Bauen, sondern nur einen Zwang zum Instandhalten
solcher Kirchen, welche einmal gebaut worden sind, und ein Ver=
bot des „tuft eyða", b. h. des Verödenlassens der einmal bebauten
Stelle, ganz wie auch das isländische Kirchenrecht zwar den Eigen=
thümer der einmal gebauten Kirche zu beren Instandhaltung ver=
pflichtet, aber Niemanden zum Bau von Kirchen zwingt, wo noch
keine solche gestanben hatten. Der § 15 der GþL. verpflichtet
serner zwar die Bauern ganz allgemein, den Priestern nach der
von König Ólaf und Bischof Grimkell erlassenen Vorschrift ihren
Unterhalt zu gewähren; aber diese Bestimmung kann sich, trotz
ihrer allgemeinen Wortfassung, boch nur auf die fylkisprestar
beziehen, da sofort beigefügt wird, daß bezüglich der héraðsprestar
die freie Uebereinkunft der Bauern mit ihrem Priester entscheide,
was bezüglich der hœgindisprestar natürlich analog ganz ebenso

gelten mußte. Wenn ich demnach zwar allerdings mit dem Verf.
darüber einverstanden bin, daß der in GþL. 10 gemachte Unter=
schied zwischen den Kirchen, welche bereits zu K. Ólafs Zeit ge=
baut worden waren, und solchen, welche erst später entstanden,
keineswegs mit der Unterscheidung von Volklandskirchen einerseits
und geringeren Kirchen andererseits zusammenfalle, so halte ich
doch immerhin soviel für sicher, daß K. Ólaf nur den Bau und
die Dotirung der Volklandskirchen und ihrer Priester gesetzlich
vorschrieb, dagegen bezüglch der hèraðskirkjur ganz ebenso wie
bezüglich der hœgindiskirkjur nur die Erhaltung des Baues
forderte, wenn er einmal aufgeführt worden war, sowie die Ein=
haltung des Vertrages, welcher von Fall zu Fall mit dem Priester
über seine Bezüge geschlossen worden war, von den Stolgebühren
natürlich abgesehen, deren Betrag doch wohl von Anfang an
gesetzlich festgestellt worden sein wird. Es wäre kaum abzusehen,
warum die Geschichtsquellen dem Könige nur das Gebot des
Baues der fylkiskirkjur zugeschrieben haben sollten, wenn er,
gleichviel ob gleichzeitig oder etwas später auch noch den Bau
von geringeren Bezirkskirchen vorgeschrieben hätte; kaum abzusehen
auch, warum nur die Volklandskirchen einen Vorrang vor allen
anderen Kirchen je ihres Volklandes besessen und bis in die
spätere Zeit herab behauptet haben sollten, nicht aber die Viertels=
und Achtelskirchen, wenn auch diese letzteren von Anfang an
gesetzlich eingeführt gewesen wären, und wie der Verf. annimmt
in den hèraðskirkjur wieder andere, geringere Kirchen mit be=
stimmten Sprengeln unter sich gehabt hätten. Dagegen ist klar,
daß auch ohne staatliches Gebot die Zahl der Kirchen im Laufe
der Zeit sich rasch vermehren mußte; schon der Glaube an die
Verdienstlichkeit des Kirchenbaues, und mehr noch die Ver=
pflichtung zum Besuche des Gottesdienstes verbunden mit der
Unbequemlichkeit eines allzuweiten und allzubeschwerlichen Kirch=
weges mußte dazu führen, ganz abgesehen von dem allmählichen
Steigen der Bevölkerung. Mag sein, daß gerade diese ganz
regellos sich vollziehende Mehrung der Gemeinkirchen das Ihrige

dazu beigetragen hat, wenigstens in manchen Gegenden den
Begriff des hèraðs allmählich um seine frühere technische Geltung
zu bringen, indem er, wie im Gulaþinge, ursprünglich nur das
Viertel bezeichnend, hinterher auch zugleich auf das Achtel und
auf noch kleinere Bezirke Anwendung fand, als auch diese zu
selbständigen Gemeinden erwuchsen; mag auch sein, daß gerade
damit das Aufkommen von Bezeichnungen, wie fjórðúngr, áttúngr
zusammenhing, deren man von dem Momente an beburfte, da
die Bezeichnung hèrað nicht mehr ausreichend, oder nicht mehr
bestimmt genug war. — Am Schlusse seiner Abhandlung zieht
der Verf. noch die Vergleichung der schwedischen und dänischen Bezirksverfassung heran, um seinen Schluß auf die
große Zahl und verhältnismäßige Kleinheit der norwegischen
hèröð zu verstärken. Ich glaube, daß sich auch diese Stütze als
trügerisch erweist. Die Landschaften, für welche der Verf. nach
Styffe's, auf die Unionszeit bezüglichen Angaben die Zahl der
Harden angibt, sind guten Theils mehr den Dingverbänden als
den Volklanden Norwegens vergleichbar, wie denn z. B. das
schwedische Upland seinem Hauptbestandtheile nach in 3 Volklande zerfiel, welche durch ihre Namen schon als Complexe von
10, 8 und 4 Hundertschaften sich zu erkennen gaben (Schlyter,
Juridiska Afhandlingar, II, S. 70—71); überdies berechnen sich
nach jenen Angaben für das ganze schwedische Reich nur 176,
und für das ganze dänische nur 187 Harden, während wir für
Norwegen, wenn wir zu den 8 Volklanden Drontheims und den
4 an dessen Dingverband sich anschließenden äußeren Volklanden,
den 6 des Gulaþinges, den 4 (seit der Mitte des 12. Jahrhunderts) des Borgarþinges und den 3 des Eidsifjaþinges noch
die außerhalb der Dingverbände stehenden oder nur entfernter
ihnen angegliederten Bezirke wie Valders und Hallingdal, Tele-
marken und Sätersdal, Gudbrandsdal und Oesterdal, dann
Jemptland und Herjedal hinzurechnen, über 30 Volklande erhalten, was, 4 hèröð auf jedes derselben berechnet, immerhin
eine Gesammtsumme von 120—130 solchen ergeben würde, —

eine den für Dänemark und Schweden gefundenen Ziffern über-
reichlich entsprechende Zahl, wenn man bedenkt, daß gegen das
Ende der Unionszeit noch Schweden etwa doppelt, und Dänemark etwa dreimal so viele Einwohner gehabt zu haben scheint
als Norwegen (vgl. Sars, Udsigt over den Norske Historie,
III, S. 75, Anm. 1).

Dies meine Einwendungen gegen die Ergebnisse des Verf.,
welche übrigens nur zu weiterer Untersuchung anregen, nicht der
Verdienstlichkeit seiner vortrefflichen Arbeit irgendwie Abbruch
thun wollen.

(Schluß folgt.)

München, den 29. Oct. 1888.   K. Maurer.

11

4. In Bezug auf Island sind zunächst einige neuere Ausgaben von Geschichtsquellen zu verzeichnen, welche für die rechtsgeschichtliche Forschung von Werth sind. Ich nenne als solche die Ausgabe der Íslendingabók, welche Finnur Jónsson für die isländische gelehrte Gesellschaft (1887), und die Ausgabe der Egils saga Skallagrímssonar, welche derselbe für die Gesellschaft für Herausgabe altnordischer Literatur besorgt hat (1886, 1887 und 1888); vor allem aber die Ausgabe der älteren isländischen Annalen, welche G. Storm für den norwegischen historischen Quellenschriftenfond veranstaltet hat (Islandske Annaler indtil 1578; 1888). Wenn man auch nicht vor dem letzten Drittel des 13. Jahrhunderts auf Island Annalen zu schreiben begann, und wenn auch die uns vorliegenden Handschriften von solchen nicht einmal so weit in der Zeit hinaufreichen, so bieten diese doch für die Geschichte Norwegens sowohl als Islands vom Schlusse des 13. Jahrhunderts ab eine der wichtigsten Quellen, und gewähren auch schon für die frühere Zeit einzelne brauchbare Notizen, welche uns anderwärts nicht überliefert sind. Nicht wenige von diesen sind von großer rechtsgeschichtlicher Bedeutung, wie wir denn z. B. über die Geschichte der gesetzgeberischen Thätigkeit des Königs Magnús lagabœtir nur sehr unzureichend unterrichtet wären, wenn wir nicht die Einträge der Annales regii zu den Jahren 1267, 1268 und 1269, dann 1271—73 und 1277, sowie die der Annales

---

[1] Vgl. Bd. 31 (N. F. Bd. 12) S. 190 ff.

Reseniani zu den Jahren 1269, 1271—72 und 1277 besäßen.
Die Kopenhagener Ausgabe vom Jahre 1847, mit welcher man
sich bisher behelfen mußte, soweit nicht für einzelne Annalentexte
besondere Abbrücke von einiger Zuverläßigkeit zu Gebote standen,
war wenig brauchbar, theils weil sie die verschiedenen Annalentexte nicht vollständig und nicht hinreichend correct wiedergab,
theils weil sie dieselben in unentwirrbarer Weise durcheinander
mischte; jetzt erst liegen die sämmtlichen älteren Bearbeitungen (10)
in gesonderten, sorgsamen Abbrücken vor, und ist damit eine
methodische Benutzung dieser wichtigen Quellen um so mehr ermöglicht, als der Herausgeber auch durch eine mühselige Untersuchung hinsichtlich der Geschichte und der Quellen der verschiedenen Annalentexte, dann über deren Verhältnis zu einander
tüchtig vorgearbeitet hat. Nach langer Unterbrechung ist ferner
nunmehr das erste bis dritte Heft einer Fortsetzung des Diploma-
tarium Islandicum erschienen (1888—90), von Dr. Jon þorkelsson besorgt, und steht nunmehr die rasche Förderung des wichtigen
Werkes in gesicherter Aussicht. Sonst bemerke ich noch, daß der
6. Band des „Tímarit hins íslenzka Bókmentafèlags" (1885)
eine sehr tüchtige Arbeit über die Graugans vom Procurator
Páll Briem (S. 133—226), und der 8. Band derselben Zeitschrift (1887) eine solche über die Klöster auf Island vom
Propste Janus Jonsson (S. 174—265) bringt; doch bietet
die letztere Abhandlung keine directen Aufschlüsse über die rechtlichen Verhältnisse der Klöster und ihrer Insassen, vielmehr befaßt
sie sich lediglich mit deren äußerer Geschichte, welche für den Rechtshistoriker nur nebensächliche Bedeutung hat. Endlich enthält der
Jahrgang 1887 der Aarböger for nordisk Oldkyndighed og
Historie, S. 1—72, sehr tüchtige Studien über die isländischen
Kirchenstiftungsbriefe aus der Zeit des Freistaates von Dr. Gustaf
Cederschiöld, auf welche ich zumal unsere Canonisten aufmerksam machen möchte. Als eine ganz außerordentliche Bereicherung der rechtshistorischen Literatur über Island ist dagegen eine Abhandlung „über die ursprüngliche Ordnung einiger

Institutionen des isländischen Freistaats" zu begrüßen, welche Wilh.
Finsen kürzlich in den Schriften der wissenschaftlichen Gesellschaft
in Kopenhagen veröffentlichte (Om den oprindelige Ord-
ning af nogle af den islandske Fristats Institutioner;
Vidensk. Selsk. Skr., 6 Række, historisk og philosophisk Afd.,
II, 1, 1888; 177 S. 4°); auf sie muß hier näher eingegangen
werden, da sie von einschneidendster Bedeutung ist für die ganze
ältere isländische Rechtsgeschichte.

Nach einer Einleitung (S. 5—31), welche zunächst dazu be=
stimmt ist, die Rechtsordnung des Freistaates festzustellen, wie sie
sich aus der sog. Graugans ergibt, erörtert der Verf. in einem
zweiten Abschnitte (S. 31—98) die Aufschlüsse, welche uns die
Íslendingabók des Ari fróði über die ursprüngliche Verfassung
der Insel gibt, prüft in einem dritten (S. 98—131), wieweit die
Njála Schlüsse in gleicher Richtung erlaube, und untersucht in
einem weiteren (S. 131—71), ob die Vergleichung des norwegischen
Rechtes mit der Graugans bestimmte Folgerungen in gewisser Be=
ziehung gestatte, worauf er dann in einem fünften und letzten
Abschnitte (S. 171—77) die Endergebnisse der ganzen Untersuchung
zusammenfaßt. Die Ueberschriften der einzelnen Abschnitte, wie
solche in dem vorangehenden Inhaltsverzeichnisse angegeben werden,
entsprechen jedoch nur theilweise dem wirklichen Inhalte dieser
Abschnitte, und es sind überdies zumeist nur einzelne Fragen,
welche eingehender behandelt werden; ich will darum auch meiner=
seits nur diese letzteren hier kurz berühren, ohne mich um deren
Zusammenhang mit einander viel zu bekümmern.

In seiner Einleitung beschäftigt sich der Verf. zunächst ein=
läßlich mit der vielbestrittenen Frage nach der Mitgliederzahl
der Viertelsgerichte (S. 10—29), welchen er nach wie vor
nur 9 Richter zugestehen will, während Andere, und darunter auch
ich, ihnen deren je 36 zuerkennen. Die Entscheidung der Frage ist
in der That sehr schwierig; die Ausführungen des Verf. vermögen
mich aber, so scharfsinnig sie sind, zum Aufgeben meiner Ansicht
nicht zu bestimmen. Die Hauptstelle, welche von der Richter=

ernennung handelt, Ⰽ. 20/38 ist meines Erachtens nicht entscheidend; sie lautet: „so ist gesagt in unseren Gesetzen, daß wir 4 Viertels- gerichte haben sollen; jeder Gode soll einen Richter ernennen in das Gericht (nefna mann í dóm)“ u. s. w., was ebensogut bedeuten kann, daß jeder Gode je einen Richter in jedes der 4 Gerichte, als daß jeder nur einen Richter für die 4 Gerichte zusammen zu ernennen habe, also nur einen Richter in eines dieser Gerichte, während er von der Besetzung der übrigen 3 ausgeschlossen ge- wesen wäre. Ebensowenig erscheint schlechthin beweisend, daß wiederholt an Stellen, welche der Richterernennung gedenken, in der Einzahl von den Ernannten gesprochen wird; der Gebrauch der Einzahl (nefna sinn þriðjúngsmann í dóm, setja niðr dómanda sinn) in Bezug auf die einzelne Handlung schließt eben-doch nicht nothwendig aus, daß diese sich viermal wiederholte, nämlich je einmal für jedes Viertelgericht. Eine Schwierigkeit bereitet aller- dings, daß uns nirgends gesagt wird, wie sich die 12 Goden des Nordlandes bezüglich ihres Antheiles an der Besetzung der Viertels- gerichte mit den je 9 Goden der drei anderen Landesviertel aus- glichen, während wir doch wissen, daß sie auf dieselbe keinen größeren Einfluß auszuüben hatten als diese; aber diese Schwierig- keit liegt ganz gleichmäßig vor, möge man nun 9 oder 36 Mit- glieder für jedes einzelne Viertelsgericht annehmen, und sie läßt sich auf dem vom Verf. versuchten Wege kaum beseitigen. Derselbe will die Worte in Ⰽ. 20/38 hierher beziehen „ef goðorð ero smæra deild, ok skolo þeir svá til skipta, er hlut hafa af fornum goðorðum, at svá sè nefnt sem nú er talit“; aber diese Worte beziehen sich zweifellos ganz ebenso wie die Bestimmungen in Ⰽ. 22/43 und zumal 84/141 auf den Fall, da ein einzelnes Goðorð mehreren Miteigenthümern gehört, und kann nicht auf die 12 Goðorðe des Nordlandes bezogen werden, da bei diesen, auch wenn man mit dem Verf. annehmen will, daß ihre Zwölfzahl erst hinterher an die Stelle einer früheren Neunzahl getreten sei, doch unmöglich diese spätere Vermehrung als eine Theilung in kleinere Theile be- zeichnet werden könnte, weshalb denn auch unter den den „forn

godord" gegenübergestellten Godorden hier wie anderwärts (z. B.
K. 43/77) nur die durch die „fimtardómslög" zugelassenen
neuern Godorde verstanden werden können, nicht die überschüssigen
Godorde im Nordlande. Ganz dieselbe Schwierigkeit kehrt übrigens
auch an einer anderen Stelle (43/77) wieder, wo ebenfalls die
Ernennung je eines Richters für jedes der alten Godorde vorgeschrieben und beigefügt wird, daß deren je 9 aus jedem Landesviertel hervorgehen sollen, ohne daß dabei angegeben würde, wie
es dabei bezüglich der 12 nordländischen Godorde gehalten werden
sollte; hier wie dort muß die in den gesetzlichen Bestimmungen
vorliegende Lücke durch Vermuthungen ergänzt werden, und kann
man bezüglich derselben verschiedene Wege einschlagen, welche jedoch
für unsere Frage zunächst nicht weiter in Betracht kommen. Auch
aus der Benennung der Viertelsgerichte und aus der Bestimmung
ihrer Zuständigkeit läßt sich kein bindender Schluß für unsere
Frage ziehen. Richtig ist ja allerdings, daß die Viertelsgerichte
nach den vier Landesvierteln benannt waren, und daß bezüglich
ihrer Zuständigkeit, vorbehaltlich einer Reihe von Ausnahms-
bestimmungen, der Grundsatz galt, daß jede Klage bei dem Gerichte
desjenigen Landesviertels anzubringen sei, welchem der Beklagte
im Hinblicke auf seine Dingzuständigkeit angehörte. Durch den
letzteren Umstand ist indessen nur festgestellt, daß in einer bestimmten Beziehung, nämlich hinsichtlich der Begrenzung seiner
Competenz, jedes einzelne Viertelsgericht als das Gericht eines
bestimmten einzelnen Landesviertels galt, und dies genügt vollständig, um zu erklären, daß diese Gerichte als Viertelsgerichte
bezeichnet und je nach dem Namen der einzelnen Landesviertel
benannt wurden. Eben darum ist nicht ausgeschlossen, daß in
anderen Beziehungen, und zumal bezüglich ihrer Besetzung diese
Gerichte einen einheitlichen Charakter trügen; vielmehr mochte die
Gerichtshoheit ganz wohl eine einheitliche sein, wenn auch die Zuständigkeit eine nach Provinzen getheilte war, und gerade wegen jener
Einheitlichkeit konnte man in Ausnahmsfällen dem einzelnen Gerichte
auch wohl eine über sein Landesviertel hinausreichende Competenz

einräumen. Der Grund aber, welcher für jene Scheidung der
Competenz nach territorialen Grenzen bestimmend wurde, scheint
mir nicht in dem Bestreben gelegen zu haben, größere Sachkenntniß
der Richter und ein höheres Interesse derselben an der richtigen
Entscheidung der Processe zu erzielen, sondern lediglich in der
Nothwendigkeit, für eine annähernd gleichmäßige Vertheilung der
Arbeitslast unter die vier Gerichte zu sorgen, und damit die Möglichkeit der Bewältigung aller Processe während der kurzen Dingzeit zu sichern. Auf ziemlich äußerliche Motive dürften sodann auch
die Bestimmungen über die „dómvörðslumenn" oder Gerichts-
schützer zurückzuführen sein (K. 41/72). Wenn nämlich die Richter,
welche sich durch widerrechtliche Störungen bedroht fühlen, angewiesen werden, um die Bestellung von Gerichtsschützern drei Goden
aus dem Landesviertel anzugehen, nach welchem ihr Gericht benannt ist, so scheint dabei doch nur die Nothwendigkeit bestimmend
geworden zu sein, einerseits auf die Goden zurückzugreifen als
auf die alleinigen Inhaber der vollziehenden Gewalt, und andrerseits die Auswahl aus denselben nicht allzusehr von der Willkür
der Betheiligten abhängig zu machen; der gebrauchte Ausdruck:
„er í þeim fjórðúngi ero, er dómrinn er við kendr", läßt jedenfalls darauf schließen, daß es nur die Benennung, nicht die Zusammensetzung des Gerichtes war, welche dabei maßgebend wurde. —
Scheinbarer, aber meines Erachtens auch nicht beweisend, ist ein
anderes Argument des Verf. Wiederholt wird ausgesprochen, daß
in gewissen Fällen die Anwesenheit von 6 Richtern genügen solle,
um das Viertelsgericht als vollzählig erscheinen zu lassen (K. 29/53;
41/74 u. 75); der Verf. bezieht überdies auch die bezüglich der
Gerichtsspaltung in den Viertelsgerichten ausgesprochene Regel
(K. 42/75) hieher: „skolot þeir færi til véfangs gauga enn 6",
indem er sie dahin versteht, daß zu einer Gerichtsspaltung nur
dann geschritten werden dürfe, wenn das Gericht mit mindestens
6 Richtern besetzt sei, und zugleich voraussetzt, daß das Princip
der Einstimmigkeit in den Viertelsgerichten gegolten, und somit
bereits der Widerspruch eines einzigen Richters genügt habe, um

die Gerichtsspaltung zu ermöglichen. Aber die Geltung des Prin-
cipes der Einstimmigkeit in den Viertelsgerichten wird in den
Quellen nirgends ausgesprochen, und ist auch keineswegs so selbstverständlich, wie der Verf. dies annimmt, vielmehr dem isländischen
Rechte, wie sich leicht zeigen läßt, in seiner Absolutheit völlig
fremd. Nicht nur im fünften Gerichte und im Gemeindegerichte
galt ja der Grundsatz der einfachen Stimmenmehrheit, sondern
auch im Wiesengerichte und im Hochweidengerichte, wobei gleichgültig erscheint, daß für den Fall der Stimmengleichheit dort eine
subsidiär eintretende Rechtsregel entscheiden, hier aber ein Verfahren mit vèfang eintreten soll. Beim Frühlingsdinge gilt wieder
dieselbe Bestimmung, und somit auch derselbe Zweifel, wie bei
den Viertelsgerichten; beachtenswerth ist dagegen, daß auch beim
Zeugnisse der Grundsatz der Stimmenmehrheit galt, und die
Minderheit der Zeugen sich einfach der Mehrheit unterzuordnen
hatte (K. 32/57), und daß auch innerhalb der gesetzgebenden Versammlung keineswegs ein grundsätzliches Princip der Einstimmigkeit
galt. Nur bei der Bewilligung von Gnaden und Privilegien galt
hier unbestritten der Grundsatz der Einstimmigkeit, und außerdem
auch noch nach meiner, von V. Finsen bestrittenen Meinung bei
der Erlassung neuer Gesetze, wogegen jedenfalls bei der Entscheidung
von Streitigkeiten über das bestehende Recht, und nach Finsen's
Annahme überdieß auch bei der Erlassung neuer Gesetze, ein dem
vèfang ähnliches Verfahren einzutreten hatte, wenn auch nicht
unter allen Umständen. Unter allen Umständen sollte nämlich in
derartigen Fällen die Stimmenmehrheit entscheiden, und bei gleicher
Stimmenzahl der Stichentscheid dem Gesetzsprecher zustehen; falls
aber die Minderheit mindestens 12 Köpfe zählte, konnte die Ableistung eines vèfangseiðr gefordert werden, beruhigte man sich
also nicht bei der bloßen Abstimmung der Mehrheit. Man sieht, das
Princip der Einstimmigkeit galt, wenn wir von den Viertelsgerichten
und den Frühlingsgerichten absehen, um die sich der Streit dreht,
bei keinem einzigen Gerichte, und auch nicht beim Zeugnisse und
innerhalb der lögrètta, mit Ausnahme nur der Bewilligung von

Gnaden und allenfalls auch der Erlassung neuer Gesetze; andrerseits aber ist das regelmäßig geltende Princip der Stimmenmehrheit nicht in ganz gleichmäßiger Weise durchgeführt. Beim Zeugnisse, im fünften Gerichte und im Gemeindegerichte entscheidet die einfache Stimmenmehrheit, und für den Fall der Stimmengleichheit ist durch eine eventuell eintretende Rechtsregel gesorgt; dagegen soll im Wiesengerichte und im Hochwiedengerichte zwar ebenfalls zunächst die Stimmenmehrheit entscheiden, aber im Falle der Gleichheit der Stimmen zum vèfang geschritten werden, welcher auch bei der Rechtsrichtung in der lögrètta dann, aber auch nur dann einzutreten hatte, wenn die Minderheit aus mindestens 12 Personen, also einem Viertel der stimmberechtigten Mitglieder bestand. Diese letzteren Vorschriften scheinen mir nun den Weg anzudeuten, welcher zum richtigen Verständnisse der für die Viertelsgerichte und Frühlingsgerichte geltenden Bestimmungen führt, wobei wohl zu beachten ist, daß gerade zwischen der Rechtsrichtung in der lögrètta und der Urtheilsfällung in den Viertelsgerichten die engste begriffliche, und meiner Ansicht nach überdies auch geschichtliche Verwandtschaft besteht. Wie im engidómo und afrèttardómo nur dann zum vèfang geschritten werden sollte, wenn die eine Hälfte der Richter der anderen gegenüberstand, so scheint auch bei dem verwetteten Privatgerichte des norwegischen Rechtes Stimmengleichheit vorausgesetzt worden zu sein, damit der Zug an das Dinggericht genommen werden könne (GþL. 266; FrþL. X. 15); wie dagegen in der lögrètta bei der Rechtsrichtung ein vèfangseiðr nur dann gefordert und geleistet werden sollte, wenn mindestens ein Viertel der Mitglieder von der Mehrheit abging, eine geringere Minderheit aber ohne Weiteres dem Beschlusse der Mehrheit sich zu unterwerfen hatte, so ging auch nach den GþL. 35 und 266 der Zug vom fylkisþinge zum lögþinge nur unter der Voraussetzung, daß mindestens ein volles Viertel der Dingleute gegenüber dem Mehrheitsbeschlusse abstimmig gewesen war, und zum Zeichen dessen das Ding verlassen hatte und dieselbe Regel galt auch nach den FrþL. X. 30 hinsichtlich des Zuges vom fylkisþinge zum 2. fylknaþinge.

Ganz wie den erwähnten isländischen Bestimmungen liegt demnach
auch diesen norwegischen die Anschauung zu Grunde, daß die
Gültigkeit eines Urtheiles dadurch bedingt ist, daß die etwa vor-
handene abstimmige Minderheit eine bestimmte gesetzliche Grenze
nicht erreicht; innerhalb dieser Grenze muß sich die Minderheit
der Mehrheit fügen und gilt demnach ohne Rücksicht auf sie das
Urtheil als ein formell einstimmiges, wogegen im Falle ihrer Ueberschreitung Gerichtsspaltung eintritt und der Zug an den Oberhof
geht.   Spricht schon diese Erwägung für die hier vertretene Auffassung, nach welcher die Minorität im Viertelsgerichte mindestens
6 Köpfe stark sein mußte, wenn es zum vèfang kommen sollte, so
ergibt sich deren Richtigkeit noch deutlicher aus einer eingehenderen
Untersuchung der Gründe, auf welchen diese Bestimmung beruhte.
Der maßgebende Gesichtspunkt bei dem Verfahren mittels vèfangs
war, wie dies auch von Finsen anerkannt wird, einfach der, daß
zwei sich widersprechende Urtheile vorlagen, bezüglich deren erst zu
ermitteln kam, welches von beiden das richtige sei. Vorausgesetzt
wird also, daß die beiden sich gegenüberstehenden Urtheile formell
rechtsgültig zu Stande gekommen sind, und nur darum nicht zugleich bestehen können, weil sie unter sich in einem unlösbaren
Widerspruche stehen; erinnert man sich nun daran, daß ein Viertelsgericht nur dann als rechtmäßig besetzt galt, wenn wenigstens
6 seiner Mitglieder anwesend waren, so wird auch sofort klar,
warum die Minorität mindestens 6 Köpfe stark sein mußte, wenn
es im Gerichte zum vèfang kommen sollte. Weniger als 6 Richter
konnten eben kein gültiges Urtheil finden; eine schwächere Minorität
vermochte somit auch nicht Urtheil gegen Urtheil zu setzen, mußte
sich vielmehr ohne Weiteres der Majorität unterwerfen, und verfiel
schwerer Strafe, wenn sie dem von dieser gefundenen Urtheile nicht
zustimmte (K. 41/75). Aus diesen Schlußfolgerungen ergibt sich
aber sofort mit Nothwendigkeit, daß die Zahl der Richter im Viertelsgerichte eine weit größere als die von 9 gewesen sein muß, und
meines Erachtens schließt nichts die Möglichkeit aus, daß sie 36
betragen haben könnte. Der Verf. hält freilich für unmöglich, daß

ein Gericht, welches bei Anwesenheit von 6 Richtern bereits als
rechtsgültig besetzt galt, volle 36 Mitglieder gezählt haben könne.
Aber auch nach den GþL. 151 genügte für die Gültigkeit eines
an rechter Dingstätte zu erlassenden Urtheiles die Anwesenheit eines
Viertels der Dingleute, also wieder derselben Zahl, deren Ab-
stimmigkeit zu einer regelrechten Gerichtsspaltung erforderlich war;
auf Island selbst genügt für die Rechtsgültigkeit einer lýsing oder
stefna am lögberg die Anwesenheit von mindestens 20 Männern
(K. 32/58), obwohl die Dingleute sicherlich nach Hunderten zählten,
und noch heutigen Tags gilt das englische Unterhaus bei Anwesenheit von 40 Mitgliedern als beschlußfähig, obwohl es deren Alles
in Allem 658 zählt! Hiemit ist auch recht wohl vereinbar, daß
das isländische Recht durch mancherlei Bestimmungen, und unter
Anderen auch durch Androhnng von Strafen, dafür zu sorgen
suchte, daß die Urtheile soweit nur irgend möglich von vollständig
besetzten Gerichten gefunden wurden; auch in Norwegen hatten sich
in den Untergerichten alle Dingpflichtigen bei Strafe einzufinden,
und doch genügte für die Gültigkeit der hier erlassenen Urtheile
das Erscheinen eines Viertels derselben. Bei rein formalen Vorgängen, wie z. B. dem Ausloosen der Reihenfolge für die Verhandlung der einzelnen Streitsachen, mochte der einzelne Richter
unbedenklich ausbleiben, und in solchen Fällen wird dem Ausbleibenden auch keine Strafe angedroht; handelte es sich dagegen
um die Urtheilsfällung, so wies man den Richter, der aus
zwingenden Gründen sich entfernen mußte, an, sich im Voraus
schon dem Beschlusse der übrigen anzuschließen, wogegen der schuld-
haft Ausbleibende schweren Strafen verfiel. In Fällen der letztern
Art konnte es sich um eine scharfe Parteiung handeln, vermöge deren
ein Theil der Richter sich böslicherweise seiner Pflicht entzog, oder
allenfalls sogar durch Waffengewalt an deren Erfüllung verhindert
wurde, wie etwa bei dem Processe des Hafliði Márson gegen
þorgils Oddason die Klagspartei nach dreimaligem vergeblichem
Versuche, an ordentlicher Dingstätte das Gericht zu halten, sich
gezwungen sah, die Sitzung an einen durch Natur und Kunst

22*

befestigten Ort zu verlegen, wobei aber nur die Richter ihres eigenen
Anhanges sich einfanden (Sturlunga, II, 18/26), oder wie in dem
Gotteslästerungsprocesse gegen Hjalti Skeggjason das Urtheil erst
gesprochen werden konnte, nachdem man das Gericht auf die Brücke
über die Oexará verlegt und beide Zugänge zu dieser mit bewaffneter
Hand vertheidigt hatte (Kristnis., 9/17; Flbk., I, 338/426—27).
Im Hinblicke auf derartige Fälle mochte es sich nun recht wohl
empfehlen, die Zahl der für ein gültiges Urteil nöthigen Richter
möglichst niedrig anzusetzen, was natürlich keineswegs ausschloß,
daß die gesetzlichen Bestimmungen dennoch von der Voraussetzung
ausgehen, daß es zumeist nur einzelne (sumir) unter den Richtern
sein würden, die sich ihrer Pflicht entziehen; wie wenig aber auf
derartige Redewendungen zu geben ist, zeigt sich schon darin, daß
auch einmal der Fall gesetzt wird (K. 41/74): „nú vilja dómendr
sumir dœma enn sumir eigi", wo also aus zweimal „sumir"
das ganze Gericht besteht. Ebensowenig entscheidet, was über den
Sitzungsplatz der Viertelgerichte und über die Zahl der Gerichts-
schützer gesagt wird. Wollte man freilich die Vorschrift (K. 24/45),
daß der Gesetzsprecher den Ort zu bestimmen habe, an welchem
jedes Viertelsgericht zu sitzen habe, dahin auslegen, als ob durch
denselben von Jahr zu Jahr der Ort völlig frei zu bestimmen
gewesen sei, an welchem alle diese Gerichte zu sitzen hatten, so
würde damit allerdings für die hier vertretene Ansicht einige
Schwierigkeit entstehen, indem der Platz, an welchem 36 Richter
zu sitzen hatten, eben doch für deren Aufnahme hergerichtet werden
mußte; aber nichts steht der Annahme entgegen, daß das Bestim=
mungsrecht des Gesetzsprechers sich nur auf die Vertheilung der
4 ein für allemal bestehenden Gerichtsplätze unter die 4 Gerichte
bezog, und damit ist diese Schwierigkeit gehoben. Wenn ferner für
den Fall, da das Gericht gewaltsam verhindert wurde, an seinem
bestimmten Orte zu sitzen, dem Vertreter der Klagpartei überlassen
wurde, dasselbe an einen anderen, gesicherten Ort zu berufen
(K. 41/74), so handelte es sich dabei nur um seltene Nothfälle, in
denen nur auf das Erscheinen eines Bruchtheiles der Richter zu

rechnen, und überdies von einem geregelten Sitzen keine Rede war.
Den Gerichtsschützern endlich, welche zur Behütung des Gerichtes
in minder bedrohlichen Fällen bestellt wurden, lag nur ob, zwei
Furchen um den Gerichtsplatz zu ziehen, — zu überwachen, daß
diese von Niemanden überschritten wurden — endlich gegen diejenigen Klage zu stellen, welche sich dies dennoch erlaubten; dazu
konnten aber 3 Männer ganz ebensogut genügen, wenn das Gericht
aus 36 als wenn es nur aus 9 Richtern bestand. — Die zwei
gewichtigsten Einwände gegen Finsen's Ansicht sind bisher noch
unerwähnt geblieben. Den einen bietet die Vergleichung der auf
die Gerichtsspaltung am Frühlingsdinge bezüglichen Bestimmungen.
Während für das várþing grundsätzlich dieselbe Dingordnung gelten
sollte wie für das alþingi (K. 57/98—99), wird für dasselbe die
Regel aufgestellt (K. 58/101): „en ef þeir verða eigi somdóma,
þá skolo þeir vèfengja, ok ganga til vèfangs eigi færi enn 6,
ok fara svá at vèfangi sem í alþingisdómi", und doch bestand
hier das Gericht zweifellos aus 36 Richtern (K. 57/98). Der
Schluß auf die gleiche Richterzahl in den Viertelsgerichten liegt
hier klar zu Tage; wenn der Verf., um ihm zu entgehen, eine
Textescorruptel annehmen will (S. 22, Anm. 5), so spricht dagegen,
was er selber (S. 12, Anm.) gegen eine von anderer Seite her
gewagte Conjectur einwendet: „wo es einer so vortrefflichen
Membrane gilt, wie die Konúngsbók der Graugans, muß man
mit der Annahme vorsichtig sein, daß Schreibverstöße vorliegen".
Zweitens aber kommt noch die bekannte Stelle der Njála in Betracht,
bezüglich deren freilich die Lesart schwankt. Die ältere, von Ólafr
Ólafsson besorgte Ausgabe liest, 98/150: „skaltú, sagði Skapti,
nefna fimtardóminn, er fyrir forn goðorð er nefndr fjórðúngsdómr, þrennar tylftir í fjórðúnge hverjum", was sich nur dahin
verstehen läßt, daß von den Vertretern der alten Goðorðe je
36 Richter in jedes Viertelsgericht zu ernennen waren; diese Lesart
zeigen dabei, mit unbedeutenden, für den Sinn ganz gleichgültigen
Abweichungen, 7 von den 8 Membranen, welche die Stelle überhaupt enthalten, darunter Handschriften, welche nach dem überein-

stimmenden Zeugnis Guðbrand Bigfússon's und des von Kr. Kålund
herausgegebenen Handschriftenkataloges der Arnamagnæana den
ersten Jahren des 14., wenn nicht dem Schlusse des 13. Jahrhunderts
angehören. In der neueren, von Konráb Gislason und Eiríkur
Jónsson besorgten Ausgabe, 97/501—2, lautet die Stelle dagegen:
„hversu skalt þú, sagði Skapti, nemna fimtardóminn, er fyri
forn goðorð er nemndr fjórðúngsdómr, fernar tylftir, í fjorðúngi
hverjum", und die so gestalteten Worte will Finsen auf das
fünfte Gericht beziehen, in welches ja wirklich 48 Richter ernannt
wurden, wenn auch hinterher nur 36 das Urtheil fällten. Aber
diese Lesart stützt sich nur auf ein einziges Membranfragment
(AM. 162 fol.), über dessen Alter und Werth die Ansichten sehr
auseinandergehen (vgl. die Mittheilungen Guðbrand Bigfússon's
an mich in der Germania, Bd. XXIV S. 101; den Katalog over
den Arnamagnæanske Håndskriftsamling, S. 118—19, Njála, II,
S. 771—72 u. 783, und Finsen, S. 27 Anm. 1), und sie entspricht sogar diesem nicht völlig, indem hier geschrieben steht:
„Scaltu Skapti s. N. (b. h. segir Njáll.) nefna fimtardóminn, er
fyrir forn goðorð er nefndr fiorðungsdómr fernar tylftir í fiorðungi
hverium". Zwei Corruptelen liegen demnach in der Lesung der
Handschrift zweifellos vor, und ist es demnach kaum zu gewagt,
auch die Substituirung von „fernar" für „þrennar" auf einen
Schreibverstoß zurückzuführen; dazu kommt aber, daß selbst die
emendirte Lesart weder den von Finsen ihr beigelegten, noch
sonst einen vernünftigen Sinn gibt. Allerdings wurden nämlich
vier Dutzende von Richtern in das fünfte Gericht ernannt, aber
nur 36 von den Inhabern der alten Goborde, also je 9 aus jedem
Landesviertel, während die Inhaber der neuen Goborde das vierte
Dutzend ernannten (K. 43/77; Njála 97/503—4); nicht „í fjórðungi
hverjum" wurden also die „fernar tylftir" ernannt, sondern im
ganzen Lande, und dieser Zusatz ist gänzlich sinnlos, wenn man
an das fünfte Gericht denken will. So wird man also an der
übereinstimmenden Lesung aller übrigen Handschriften festhalten,
und in ihr eine Bestätigung der Annahme finden dürfen, daß

jedes der 4 Viertelsgerichte mit 36 Richtern besetzt gewesen sei;
ein Zeugnis aber, welches über diesen Punkt kaum 40 Jahre nach
dem Untergange des Freistaates und seiner Verfassung abgelegt
wurde, ist jedenfalls als entschieden glaubwürdig zu bezeichnen.
Nur im Vorbeigehen bemerke ich, daß die Besetzung der isländischen
Frühlingsgerichte mit 36 Richtern und die Urtheilsfällung durch
ebensoviele im fünften Gerichte, dann die Besetzung der norwegischen lögrètta mit 36 Mitgliedern von vornherein die gleiche
Mitgliederzahl für die Viertelsgerichte wahrscheinlich macht, und
daß kaum glaublich ist, daß die letzteren, an welche doch der Zug
von den Frühlingsgerichten ging, nur den vierten Theil der Mitglieder dieser letzteren, gezählt haben sollten, wenn ich auch gerne
zugebe, daß dieser Zug keine Berufung im Sinne unseres derzeitigen Gerichtsverfahrens gewesen ist. Dagegen möchte ich noch
daran erinnern, daß schon Munch (Det norske Folks Historie,
II, S. 1010 Anm. 3) bemerkt hat, daß die oben besprochene Stelle
der Njála den Ausdruck „fjórðúngsdómr" collectiv für die Gesammtheit der 4 Viertelsgerichte braucht, und daß Kr. Kålund (Bidrag
til en historisk-topografisk Beskrivelse af Island, I, S. 113—14)
einen ähnlichen Sprachgebrauch auch in der Húngrvaka, 13/77
und Hrafnkels s. Freysgoða, S. 17—18, nachweist. Diese Stellen
lassen sich nicht, wie dies bei einer Stelle der Bandamanna s.
(S. 15—17 ed. Halldórr Friðriksson; S. 7—8 ed. Cederschiöld)
angeht, daraus erklären, daß diese 4 Gerichte in nächster Nähe
von einander saßen, sie weisen vielmehr, wie ich dies längst ausgesprochen habe (Die Entstehung des isländischen Staats und
seiner Verfassung, S 177—78 Anm. 3) und wie dies auch von
Finsen anerkannt wurde (Aarböger for nordisk Oldkyndighed
og Historie, 1873, S. 176 Anm.) unzweifelhaft darauf hin, daß
die Viertelsgerichte trotz ihrer Vierzahl doch als ein einheitliches
Gericht betrachtet werden konnten; eine Thatsache, aus welcher
sich vielleicht ebenfalls der oben erwähnte Sprachgebrauch erklären
läßt, von einem „nefna mann í dóm" u. dgl. in der Einzahl
zu sprechen.

Seine Anschauungen über den Verlauf der geschichtlichen Entwicklung der isländischen Verfassung legt
der Verf. zumal im zweiten Abschnitte dar; diese Anschauungen
weichen aber von denen weit ab, welche trotz mancher Verschiedenheiten in Bezug auf einzelne Punkte im Ganzen ziemlich übereinstimmend in der Literatur vertreten worden waren. Man hatte
angenommen, daß zunächst innerhalb der ersten 60 Jahre nach dem
Beginne der nordischen Einwanderungen auf Island in mehr oder
minder zufälliger Weise eine Reihe von Tempelgemeinden sich gebildet haben, innerhalb deren eine gewisse öffentliche Gewalt in
der Hand jedes Tempelbesitzers erwuchs; daß ferner innerhalb
einiger solcher Gemeinden wenigstens, oder auch durch freiwillige
Übereinkunft unter mehreren solchen bereits hier und da gemeinsame Dingversammlungen begründet wurden, auf welchen zumal
Gericht gehalten wurde. Nach Ablauf jener Frist, also etwa um
das Jahr 930, habe man sich über den Zusammenschluß zu einem
Gesammtstaate geeinigt, welcher in den Úlfljótslög sein Grund-
gesetz, und in einer Landsgemeinde, dem Allding, und in dem
Amte des Gesetzsprechers seine Organe erhalten habe; über die Frage,
ob damals schon die Zahl der Goborde gesetzlich bestimmt worden
sei, dann auch über die Einrichtung der gesetzgebenden und richtenden Versammlung am Allbinge gingen dabei die Ansichten mehrfach auseinander. Um reichlich drei Jahrzehnte später, um das
Jahr 965 etwa, läßt man sodann einen zweiten Fortschritt erfolgen, welcher einerseits in der Zerlegung des Landes im 4 Viertel,
jedes Viertels in 3 (des Nordviertels ausnahmsweise in 4) Dingverbände, jedes Dingverbandes endlich in 3 Goborde, dann in der
Einführung regelmäßiger Frühlings- und Herbstdinge für jeden
Dingverband, sowie regelmäßiger Viertelsdinge für jedes Landesviertel bestand, andrerseits aber in einer Neuorganisation der
obersten Versammlungen am Allbinge, bei welcher jedenfalls der
richtende Ausschuß in 4 Viertelsgerichte zerlegt wurde. Endlich
wieder um etwa vier Jahrzehnte später, im Jahre 1004 nämlich,
habe dann die Verfassung des Freistaates ihren Abschluß erreicht,

einerseits durch die Errichtung eines fünften Gerichtes am Allbinge, und andrerseits durch die Zulassung der Errichtung neuer
Godorde, welche ganz außerhalb der bisherigen Bezirksverfassung
standen, und deren Inhaber auch am Allbinge weder an der Be-
setzung der gesetzgebenden Versammlung noch der Viertelsgerichte
Antheil hätten, sondern nur an der Besetzung des neuen fünften
Gerichtes Theil nahmen. Ein ganz allmählicher, von Stufe zu
Stufe sich vollziehender Fortschritt sollte demnach von den ältesten,
nahezu chaotischen Anfängen der Staatsbildung auf Island bis
zum völligen Ausbau der Verfassung des Freistaates hinüberführen.
Ganz anders verlief dagegen die Sache nach Finsen's Darstellung.
Nach ihr sollen in den ersten 60 Jahren nach dem Beginne der
Einwanderung sogar die ersten Anfänge der staatlichen Entwicklung
auf Island gefehlt haben, indem erst durch die Úlfljótslög den
Goden weltliche Gewalt übertragen worden sei; andrerseits soll
aber auch durch dieselbe Gesetzgebung bereits nicht nur das All-
bing und das Gesetzsprecheramt eingeführt, sondern auch die Zahl
der Goden auf 36 beschränkt worden sein, die Eintheilung des
Landes in 12 Dingbezirke zu je 3 Godorden stattgefunden haben,
und überdies am Allbinge bereits neben dem alþíngisdómr eine
lögrètta eingesetzt worden sein, in welcher letzteren die Goden
allein die entscheidende Stimme führten. Dem gegenüber habe das
Gesetz des Jahres 965 nur die Eintheilung des Landes in Viertel
und die Errichtung von Viertelsdingen, ferner die Zerlegung des
Allbingsgerichtes in 4 Viertelsgerichte, endlich die Errichtung eines
vierten Dingbezirkes zu 3 Godorden für das Nordland sammt der
dadurch bedingten Veränderung in der Besetzung der lögrètta eingeführt, und das Gesetz des Jahres 1004 sich auf die Einführung
des fünften Gerichtes und der zum Behufe seiner Bildung nöthigen
12 neuen Godorde beschränkt. Im Wesentlichen erscheint also hier
die Verfassung des Freistaates als das Erzeugnis eines einmaligen
Actes der Gesetzgebung, nämlich der Úlfljótslög, welchen die
frühere Zeit nicht vorgearbeitet, und die spätere Zeit nur Weniges,
und theilweise wenig Haltbares beigefügt hat; die wesentlichen

Abweichungen zumal, welche die isländische Verfassung von der
norwegischen zeigt, gehören bereits jener ersten Gesetzgebung an,
und sind somit keineswegs das Ergebnis einer allmählichen, längeren
Entwicklung. In letzter Instanz läßt sich die Controverse, wie sie
insbesondere zwischen Finsen und mir besteht, auf einen zweifachen Gegensatz der Grundanschauungen zurückführen, wie solcher
auch schon in früheren Schriften beiderseits hervorgetreten ist.
Während Finsen das gesammte isländische Recht als das Er-
zeugniß der formalen gesetzgeberischen Thätigkeit ansieht, glaube
ich dem unbewußten Gange der Rechtsgewohnheit einen bedeutenden
Einfluß auf dessen Gestaltung beilegen zu sollen, welche in der
Uebung der Gerichte und den Vorträgen der Gesetzsprecher sehr
bedeutsame Stützpunkte fand; während ihm das isländische Recht
gleich von Anfang an mit einem Schlage von dem norwegischen
losgelöst wurde, ist es mir nur ein Sprößling dieses letzteren,
welcher ganz allmählich auf bestimmt nachweisbarem Wege von
diesem sich mehr entfernte. Die Dürftigkeit der Quellen bringt
freilich mit sich, daß man die eine wie die andere Auffassung nur
mit Zuhilfenahme mehrfacher Hypothesen begründen kann; ich will
aber versuchen, wenigstens anzudeuten, welche Einwendungen sich
gegen die Beweisführung Finsen's geltend machen lassen.

Daß die isländische Häuptlingschaft weder aus der Führung
einzelner Einwandererschaaren, oder aus dem Eigenthum an
occupirtem Lande und dessen Auftheilung unter abhängige Leute
hervorging, noch auch als eine Fortsetzung des norwegischen Klein-
fürstenthums zu betrachten ist, sondern lediglich auf den Tempel-
besitz und das Priesterthum sich begründete, habe auch ich schon
früher nachzuweisen gesucht; andrerseits kann aber auch keinem
Zweifel unterliegen, daß wenigstens in manchen Fällen schon vor
dem Jahre 930 aus dem Tempelbesitze zugleich auch eine weltliche
Herrschaft sich entwickelte, und daß wenigstens hin und wieder schon
vor diesem Jahre Dingversammlungen im Anschlusse an solche
Herrschaften entstanden. In buntester Weise dürften sich dabei
allerdings die Verhältnisse gestaltet haben. Einen Tempel konnte

sich bauen, wer dazu die Lust und die Mittel hatte; aber von den
Umständen hing es ab, ob es dem einzelnen Tempelbesitzer gelang,
sich eine Gemeinde zu sammeln, welche ihm den Tempelzoll zahlte
und ihn auch im Uebrigen als ihren Führer und Häuptling betrachtete. Auch da, wo eine Häuptlingschaft wirklich aus dem
Tempelbesitze erwuchs, fragte es sich ferner immerhin noch, ob sich
im Anschlusse an dieselbe eine geordnete Dingerichtsbarkeit aus-
bildete, und ob diese, wie dies beim þórsnessþinge der Fall gewesen zu sein scheint, lediglich aus einem einzelnen Goborde hervorging, oder aber, wie beim Kjalarnessþinge, aus einer von
mehreren Goden eingegangenen Verbindung. Manche Bezirke ent-
behrten demgemäß jedes Dingverbandes, so daß die Eingesessenen
entweder auf jeden gerichtlichen Rechtsschutz verzichten (vgl. Gullþóris s., 15/71), oder diesen im Compromißwege von irgend einem
fremden Dinggerichte sich erbitten mußten (vgl. Grettla, 10/14—15);
indessen darf man doch andrerseits auch wieder nicht so weit gehen,
anzunehmen, daß eben nur die beiden Dinggerichte schon vor dem
Jahre 930 entstanden seien, deren frühere Entstehung uns zufällig
ausdrücklich bezeugt ist, vielmehr weist die Bezeichnung der Unter-
gebenen des Goden als seiner þingmenn, seines Machtgebietes
als seiner þinghá u. dgl. sehr bestimmt darauf hin, daß ganz
allgemein Dingeinrichtungen mit dem Goborde verbunden zu sein
pflegten. — Ueber den Inhalt der Úlfljótslög sagen uns die
Geschichtsquellen, von einigen wenig erheblichen und hierher nicht
gehörigen Punkten abgesehen, bekanntlich nur, daß gelegentlich
ihrer das Allding eingesetzt und die Würde des Gesetzsprechers
eingeführt wurde; aus wenig späteren Begebenheiten können wir
überdies ersehen, daß am Allbinge sowohl Gesetzgebung geübt als
Recht gesprochen wurde, und daß auch über die Competenz der
unteren Gerichte Bestimmungen getroffen waren, — ungesagt bleibt
uns aber, in welchen Formen am Allbinge die gesetzgebende und
richterliche Thätigkeit gehandhabt wurde, sowie ob und wie die
Zahl der Goborde und der unteren Dingbezirke festgestellt wurde.
Der Versuch, diese Lücke in den Nachrichten durch Vermuthungen

zu ergänzen, stößt sofort auf zwei Schwierigkeiten. Quellenmäßig
bezeugt ist uns, daß für die Úlfljótslög die norwegischen Gulaþingslög als Vorbild gedient haben, jedoch so, daß an diesem Vorbild Manches gestrichen, Anderes verändert oder hinzugefügt wurde.
Dem gegenüber zeigen die isländischen Rechtsbücher des 13. Jahrhunderts gar manche tiefgreifende Abweichungen von der norwegischen Verfassung. Während am norwegischen lögþinge der
als lögrètta bezeichnete Ausschuß zugleich die gesetzgebende und
richterliche Gewalt ausübt, hat am isländischen alþingi die lögrètta
nur die gesetzgebende Gewalt, wogegen die richtende den 4 fjórðungsdómar anvertraut ist; während ferner die norwegische lögrètta
mit 36 Männern besetzt war, welche von den Trägern der Regierungsgewalt ernannt wurden, ohne daß diese letztere selbst in
ihr Sitz und Stimme hatten, sehen wir die isländische lögrètta
durch die Goden selbst (mit einer unten noch zu besprechenden
Ergänzung) besetzt, wogegen von ihnen ernannte Mitglieder nur
mit berathender, nicht entscheidender Stimme saßen, und nur die
fjórðungsdómar mit Richtern besetzt, welche von den Goden ernannt wurden, wogegen diese selbst in den Gerichten keinen Sitz
hatten. Quellenmäßig bezeugt ist uns ferner, daß um das Jahr
965 erst das Land in Viertel getheilt, und jedem Viertel 3 Dingbezirke zugewiesen wurden, mit Ausnahme des Nordlandes, welches
der Dingbezirke 4 erhielt, wobei jedoch ausdrücklich bestimmt wurde,
daß bezüglich der Besetzung der lögrètta und der Gerichte am
Allþinge das Nordland nicht mehr Einfluß üben solle als jedes
der drei anderen Landesviertel. Da entsteht nun die Frage: haben
schon die Úlfljótslög die gesetzgebende Gewalt von der richterlichen
getrennt, oder ist diese Trennung erst im Jahre 965 erfolgt?
war ferner schon im Jahre 930 das Allþingsgericht, gleichviel ob
zugleich auch gesetzgebende Versammlung oder nicht, mit 36 Richtern
besetzt, und hatten schon damals in der gesetzgebenden Versammlung die Goden Sitz und Stimme oder nicht? wurden endlich
schon im Jahre 930 die 12 Dingbezirke gebildet und jedem derselben 3 Godorde zugewiesen, so daß die Nennung des Jahres 965

sich insoweit nur auf die Einführung der Eintheilung des Landes
in Viertel und die Gründung eines vierten Dingbezirkes für das
Nordland beschränkte, oder erfolgte erst im letzteren Jahre die
Beschränkung der Goborde auf 39 und die Beschränkung der Dingbezirke auf 13, während vorher die Zahl beider gesetzlich nicht
beschränkt gewesen war? Da ist nun zuvörderst klar, daß die
Einrichtung der fjórðúngsdómar nicht vor dem Jahre 965 erfolgt
sein konnte, da sie das Bestehen der landsfjórðúngar voraussetzt,
deren Einführung erst in dieses Jahr fällt, und liegt auch die
Vermuthung nahe, daß vorher am isländischen Allding nur ein
ein einziger Gerichtshof bestanden haben werde, wie am norwegischen Lögbinge; es spricht hiefür auch die oben schon erörterte
Thatsache, daß auch nach der Bildung der 4 Viertelsgerichte jeder
einzelne Gode in jedes derselben seinen Richter ernannte (eine Ausnahme bezüglich des Nordlandes vorbehalten) und daß auch nachher
noch diese 4 Gerichte wiederholt als ein einziges bezeichnet werden
konnten. Von hier aus ergibt sich dann aber sofort auch noch
die weitere Wahrscheinlichkeit der Vermuthung, daß im Jahre 930
noch eine lögrètta nach norwegischem Vorbilde eingerichtet worden
sei, welche zugleich die gesetzgebende und richtende Gewalt übte,
und welche mit von den Goden ernannten Mitgliedern besetzt
war, ohne daß die Goden selbst in ihr Sitz und Stimme hatten.
Kein Grund ist ersichtlich, der im Jahre 930 zum Abgehen von
dem norwegischen Herkommen bestimmen konnte [1]; im Jahre 965
dagegen mußte die Zerlegung des bisher einheitlichen Gerichtes in
4 Senate die Trennung der gesetzgebenden Versammlung von der
richtenden möglich machen, da die erstere eine derartige Zerlegung
nicht ertrug, und diese Trennung einmal als gegeben vorausgesetzt,
mußte es sich ganz von selbst ergeben, daß man den regierenden

---

[1] In seiner Besprechung der Schrift Finsen's in den Göttinger gelehrten
Anzeigen, 1889, Nr. 7, S. 256, macht v. Amira für die Annahme desselben
geltend, „daß die isländische Verfassung von Anfang an auf das Godenthum
gebaut war". Aber das war in gleichem Umfange auch bei dem norwegischen
Königthume der Fall.

Herren Sitz und Stimme in der gesetzgebenden Versammlung ein-
räumte, da ihr Ausschluß doch nur durch die Rücksicht auf die
richterliche Thätigkeit bedingt gewesen war. Ob und wie im Jahre
930 die Mitgliederzahl der lögrètta bereits begrenzt wurde, steht
dahin. Wenn man indessen berücksichtigt, daß einerseits am Gulaþinge der Mitglieder 36 waren, andrerseits in den isländischen
fjórðúngsdómar sowohl als várþingisdómar dieselbe Zahl von
Richtern wiederkehrt, und selbst bezüglich des fimtadómr festgehalten
wurde, obwohl es hier eines ziemlich verwickelten Verfahrens bedurfte, um zu ihr zu gelangen, während sich die abweichende Mitgliederzahl in der gesetzgebenden Versammlung sehr einfach daraus
erklärt, daß man, wenn einmal die Goden in dieser Sitz und
Stimme haben sollten, doch ihnen allen, und somit mehr als
36 Männern in ihr Aufnahme gewähren mußte, so dürfte sich
immerhin nicht geringe Wahrscheinlichkeit für die Annahme ergeben,
daß diese Zahl bereits im Jahre 930 beliebt wurde. Nur darf
man freilich hieraus nicht weiter folgern, daß in diesem Jahre
auch bereits die Zahl der Godorde bestimmt begrenzt worden sei;
so gut man seit dem Jahre 965 von 39 Goden doch nur 36 Richter
in das Viertelsgericht, und seit dem Jahre 1004 von mindestens
48 Goden zwar 48 Richter in das fünfte Gericht erneuern lassen
konnte, von denen doch nur 36 das Urtheil zu sprechen hatten,
konnte man ja auch nach den Úlfljótslög möglicherweise die 36 Mitglieder des Allþinggerichtes von einer unbestimmten Zahl von
Goden ernennen lassen, mochte nun für den Fall des Nichtgelingens
einer Einigung unter diesen das Loos entscheiden, oder ein Alters-
vorzug, oder eine bestimmte Reihenfolge, oder was immer. In
der That läßt sich gegen die von Finsen vertretene Ansicht schon
der Umstand geltend machen, daß wir zwei Godorde nachweisen
können, welche erst nach dem Jahre 930 neubegründet wurden,
nämlich das des Arnkell goði im Westlande und das zweite Godord
des Hrafnkell Freysgoði im Ostlande, und überdies wird ungleich
begreiflicher, daß man im Jahre 1004 so leichthin zur Errichtung
von neuen Godorden schreiten konnte, wenn die Begrenzung der

Zahl dieser letzteren erst um nicht volle 40 Jahre zuvor erfolgt war, als wenn schon seit dem Jahre 930 eine Neubegründung von solchen ausgeschlossen gewesen war; im Übrigen aber steht die Frage, ob schon im Jahre 930 oder erst im Jahre 965 die Zahl der Goborbe gesetzlich begrenzt, und somit die Bildung neuer Goborbe gesetzlich ausgeschlossen wurde, mit der anderen Frage in Verbindung, ob schon in jenem oder erst in diesem Jahre die Bildung einer bestimmt begrenzten Zahl von Dingbezirken erfolgte. — Wären wir auf die Angaben der uns erhaltenen Íslendíngabók beschränkt, so würde wohl Niemand einen Zweifel daran haben, daß die Eintheilung in eine fest bestimmte Zahl von Dingbezirken, deren jeder aus je 3 Goborben bestand, erst im Jahre 965 gleichzeitig mit der Eintheilung des Landes in Viertel entstanden sei, denn diese Quelle erwähnt gelegentlich ihrer Besprechung der Úlfljótslög mit keiner Silbe der Dingbezirke, und bemerkt aus Anlaß der Vorgänge im Jahre 965: „þá vas landino scipt í fiórþunga, suá at 3 urþu þing í hueriom fiórþungi, oc scylldo þingonautar eiga huar sacsócner saman, nema í Norþlendinga fiórþungi vóro 4“ u. f. w., was doch zunächst nur dahin verstanden werden kann, daß gleichzeitig mit der Eintheilung des Landes in 4 Viertel grundsätzlich jedem dieser Viertel 3 Dingbezirke zugewiesen wurden, mit Ausnahme nur des Norblandes, welchem aus localen Gründen deren 4 zugestanden wurden. Niemand würde aus diesen Worten herauslesen, daß 12 Dingbezirke schon im Jahre 930 errichtet, im Jahre 965 aber nur ein 13tes zu denselben hinzugefügt worden sei, und ein augenscheinlich der verlorenen ersten Redaction der Íslendíngabók entstammendes Einschiebsel in der Hænsa-þóris saga bestätigt diese Auffassung vollständig; wenn nichtsdestoweniger schon früher eine gegentheilige Meinung aufkommen konnte, und noch jetzt von Finsen vertheidigt werden kann, so gaben hiezu zunächst vier Berichte geschichtlicher Quellen die Veranlassung, welche unter sich im Wesentlichen übereinstimmen, und welche ich gleichfalls auf jene erste Redaction der Íslendíngabók zurückführen zu können glaube. Alle 4 Berichte

erzählen hinter einander von den Úlfljótslög und von der Ordnung
der Bezirksverfassung Islands, und alle vier lassen dabei nur je
3 Dingbezirke in jedem Viertel entstehen, deren wieder jeder aus
je 3 Goborden bestand, ohne dabei des überschüssigen vierten Ding=
bezirkes mit seinen 3 Goborden im Nordlande zu gedenken; daraus
soll nun folgen, daß die Eintheilung in 12 Dingbezirke und
36 Goborde schon dem Jahre 930 angehörte, und somit im Jahre
965 nur der 13. Dingbezirk mit seinen 3 weiteren Goborden hinzugefügt wurde, und damit soll auch zusammenhängen, daß noch
in unseren Rechtsbüchern die Eintheilung des Landes in 4 Viertel
mit 12 Dingbezirken und 36 Goborden als die normale vorausgesetzt, des vierten Dingbezirkes im Nordlande mit seinen 3 Goborden
dagegen immer nur in ausnahmsweisen Bestimmungen gedacht
wurde (Finsen, S. 71—73), und daß sogar an ein paar Stellen
die Zeit als eine längst vergangene bezeichnet wird, in welcher
das Viertel 3 Dingbezirke und der Dingbezirk 3 Goborde enthielt,
und die Dingbezirke noch unzerrissen waren (K. 20/38 u. 117/211;
vgl. St. 382/401—2). Da ist nun aber zu bemerken, daß die
Zusammenstellung der Angaben über die Bezirkseintheilung mit
denen über die Úlfljótslög in jenen geschichtlichen Berichten eine
rein äußerliche ist; die jüngere Melabók läßt die letztere ausdrücklich erst „am daga Þórðar gellis" erfolgen, ganz wie unsere
Íslendíngabók, und die mit ihr eine Gruppe bildende Þórðar saga
hreðu deutet ebenfalls an, daß die Eintheilung in Dingbezirke zu
einer anderen Zeit erfolgte als zu der der Úlfljótslög, wodurch
denn doch bereits die Anknüpfung der Eintheilung in 12 Dingbezirke an diese letzteren mittels der Worte „þá var landinu skipt"
u. s. w. in der Hauksbók und dem Þorsteins þáttr uxafóts
bringend verdächtig wird. Dazu kommt nun aber, daß alle vier
Berichte übereinstimmend die Eintheilung in 12 Dingbezirke zu je
3 Goborden als mit der Eintheilung des Landes in 4 Viertel
gleichzeitig erfolgt bezeichnen; wenn man sich demnach nicht dazu
entschließen will, mit Jón Sigurðsson und Guðbrand Vig-
fusson anzunehmen, daß auch diese letztere schon den Úlfljótslög

angehört habe, wird man sich dazu entschließen müssen, zuzugeben, daß die Wortfassung in der Hauksbók und im þorsteins þáttr eine verkehrte sei, wahrscheinlich dadurch veranlaßt, daß zwei in der älteren Íslendingabók an zwei verschiedenen Stellen gebrachte Angaben an einander gerückt wurden, ohne daß man dabei die nöthige Aenderung des Wortlautes vornahm, wie dies in der Melabók und der þórðar saga hreðu richtig geschehen ist. Daß aber jene vier Berichte sowohl als die Rechtsbücher nur der Eintheilung jedes Viertels in 3 Dingbezirke zu je 3 Goborden erwähnen, ohne dabei der für das Nordland zugelassenen Ausnahme zu gebenken, erklärt sich meines Erachtens sehr einfach daraus, daß sie eben nur die grundsätzliche Regel aussprechen wollten, ohne nöthig zu finden, dabei auch die von ihr gemachte Ausnahme zu berücksichtigen; ganz ebenso wird ja auch (K. 117/211) von den 3 Bankreihen der lögrétta gesprochen, auf deren jeder 48 Männer sitzen sollen, und dabei ungesagt gelassen, wo denn der Gesetzsprecher und die 2 Bischöfe zu sitzen hatten, welchen doch auch Sitz und Stimme in der Versammlung zukam, — ungesagt gelassen ferner, ob auch sie sich je zwei Beisitzer zu ernennen hatten, wie die Goden und Ersatzgoden, und wie sich bejahendenfalls deren und ihr eigener Sitz in der Versammlung mit der wiederholten Angabe zusammenreime, daß je 48 Männer auf jeder Bankreihe zu sitzen kommen. So glaube ich denn nach wie vor an der Annahme festhalten zu sollen, daß im Jahre 930 weder die Zahl der Goborde noch die der Dingbezirke festgestellt wurde, vielmehr nach wie vor die Neubegründung von Goborden wie von Dingverbänden zulässig war, und daß erst im Jahre 965 gleichzeitig mit der Eintheilung des Landes in Viertel auch die Feststellung der 13 Dingverbände und 39 Goborde erfolgte.

Bezüglich des dritten Abschnittes habe ich wenig zu sagen. Was zunächst die Bedeutung der Njála im Allgemeinen betrifft, so kann einerseits keinem Zweifel unterliegen, daß dieselbe in der Gestalt, in welcher sie uns erhalten ist, nicht vor der zweiten Hälfte des 13. Jahrhunderts entstanden sein kann; andrerseits aber steht

nicht minder fest, daß dieser Gestalt weit ältere Bearbeitungen, sei
es nun der Sage im Ganzen oder ihrer einzelnen Hauptbestandtheile zu Grunde liegen, und es bleibt demnach von Fall zu Fall
festzustellen, was der älteren Vorlage, und was der Ueberarbeitung
angehöre. Auch Finsen gesteht (S. 105—6) spätere Zusätze zu,
und wenn er (S. 101) bestreitet, daß solche theilweise aus Rechts-
oder Formelbüchern entlehnt seien, so genügt, um von gar manchen
anderen Beweisen abzusehen, die Verweisung auf Propst Fritzner's
Erörterung über den Gebrauch des Namens Jón in Formularen
(Arkiv for nordisk Filologi Bd. III S. 320—29; 1886), um
diesen Satz zu widerlegen. Was aber speciell den Bericht der
Njála über die Einführung des fünften Gerichts und die mit ihr
zusammenhängenden weiteren Neuerungen betrifft, so kann hinsichtlich der ersteren im Wesentlichen kein Zweifel bestehen; ob man
den Zweikampf, an dessen Stelle das fünfte Gericht zunächst zu
treten bestimmt war, als ein Rechtsinstitut bezeichnen will oder
nicht, läuft im Grunde auf einen Wortstreit hinaus, da derselbe
zweifellos an rechtlich geordnete Formen gebunden und vom Recht
als ein Mittel zur Entscheidung von Streitigkeiten zugelassen war,
und die Unklarheiten, welche bezüglich der Feststellung der Zuständigkeit des fünften Gerichtes sich allenfalls ergeben, sind nur
von vergleichsweise geringer Bedeutung. Bezüglich der Veränderungen aber, welche Njáll in Bezug auf die lögrètta beantragt und
durchgesetzt haben soll, halte ich an meiner früheren Ansicht fest;
ch finde, mit v. Amira hierin einverstanden, keinen Grund, die
hieher bezüglichen Angaben der Njála völlig zu verwerfen, wenn
auch einzelne irrthümliche Sätze allerdings in dieselben sich ein-
geschlichen haben mögen. Ich nehme also an, daß die Beschränkung
der beschließenden Stimme auf die Inhaber der Mittelbank, also
auf die 36 Goden und 12 Ersatzgoden, erst im Jahre 1004 eingeführt, dagegen die Besetzung dieser Bank mit gewählten Männern
zwar beantragt, aber abgelehnt wurde; daß ferner die Einführung
der Entscheidung nach Stimmenmehrheit damals zwar nicht für
alle Angelegenheiten, welche unter die Competenz der lögrètta

fielen, aber doch für einige derselben eingeführt wurde, nämlich
für die Fälle der Rechtsrichtung; daß endlich auch die Möglichkeit
einer Verhinderung jeder Beschlußfassung in der lögrètta durch
Einlegung eines Protestes in gewissem Umfange damals zugelassen
wurde. Da die betreffenden Angaben der Sage mit den gemachten
Einschränkungen dem späteren Rechte ganz entsprechen, und die
Ungenauigkeiten derselben sich aus flüchtiger Berichterstattung leicht
erklären; da ferner diese Angaben in keiner Weise durch die roman-
hafte Ueberarbeitung der Quelle bedingt sind, also kein Grund
ersichtlich ist, welcher zu deren willkürlichen Erfindung hätte bestimmen können, wüßte ich nicht, was uns zu deren völliger Ver-
werfung bestimmen könnte, zumal da es ganz gut in den Gang
der Entwicklung paßt, daß von 930—65 nur von den Goden ernannte Mitglieder die lögrètta bildeten, wie in Norwegen, dagegen
von 965 diese Regel nur für die fjórðúngsdómar beibehalten, dagegen für die gesetzgebende Versammlung durch die Aufnahme der
Goden neben den ernannten Mitgliedern geändert wurde, wobei
dann von 965—1004 die beiderlei Mitglieder gleiches Stimmrecht
hatten, wogegen seit 1004 die entscheidende Stimme auf die Goden
und Ersatzgoden beschränkt wurde. Die ganz allmähliche Umbildung
der von Norwegen herübergenommenen Verfassung in die spätere
isländische zeigt sich auch hier sehr deutlich.

Endlich der vierte Abschnitt gibt mir ebenfalls nur zu wenigen
Bemerkungen Veranlassung. Soweit derselbe die Bedeutung
der Privatgerichte auf Island betrifft (S. 131—59), sucht
er meine Annahme zu widerlegen, daß diese ursprünglich wie im
norwegischen Rechte eine ziemlich ausgedehnte gewesen, und erst
im Verlaufe der Zeit mehr beschränkt worden sei; soweit er dagegen
das Alter der sog. Grágás und den Gang der isländischen
Rechtsbildung überhaupt erörtert (S. 159—71) sucht er
darzuthun, daß die Hauptmomente des Inhaltes der Grágás der
Gesetzgebung von 1117—18 angehöre, oder doch, wenn auch später
aufgezeichnet, zu deren Zeit bereits existirt habe, und daß zumal
die Zeit zwischen den Jahren 930 und 1030 die gesetzgeberisch

fruchtbarste gewesen sei. Ohne mich hier auf des Verf. ausführliche Polemik gegen meine Abhandlung über die Rechtsrichtung des älteren isländischen Rechts (in der Festgabe unserer Facultät zum Doctorjubiläum v. Planck's; 1887) einlassen zu wollen, kann ich mich, zumal was die Verfassungsgesetzgebung betrifft, mit den letzteren Auseinandersetzungen im Wesentlichen einverstanden erklären; aber von diesem Zugeständnisse bleibt die Thatsache unberührt, daß nach meiner Ansicht neben dem legislativen Stoffe auch der gewohnheitsrechtliche eine sehr bedeutende Rolle im isländischen Rechte spielt, wie denn wesentlich auf ihm der allmähliche Verfall der isländischen Verfassung beruht, und daß auch dieser einen bedeutenden Theil des Inhaltes unserer Rechtsbücher ausmacht. Bezüglich der Privatgerichte aber erkenne ich zwar bereitwillig an, daß die Frage, wie weit deren in den Rechtsbüchern uns entgegentretender Zustand als Product der Zersetzung eines älteren geschlossenen Systemes, oder als Beginn einer Neubildung zu betrachten sei, überaus schwer zu beantworten sei; in Anbetracht jedoch der mancherlei Spuren einer früheren weiteren Ausdehnung der Privatgerichtsbarkeit, welche sich in den Geschichtsquellen sowohl als in den Rechtsquellen finden, möchte ich immerhin die erstere Annahme als die wahrscheinlichere betrachten, zumal da ihr auch die Vergleichung des norwegischen Rechts eine weitere Stütze gewährt.

Alles in Allem genommen kann ich hiernach, ebenso wie v. Amira, meines hochverehrten Freundes Darstellung in ihren Hauptpunkten nicht überzeugend finden; den wärmsten Dank habe ich ihm aber nichtsbestoweniger für die eindringende Kritik auszusprechen, mit welcher er alle schwachen Seiten der bisherigen Literatur beleuchtet, und damit einem sorgsamen Ausbau der bisherigen Anschauungen den Weg gewiesen hat.

(Schluß folgt.)

K. Maurer.